Kohlhammer

Maike Schult/Peter J. Winzen (Hrsg.)

Das Unbewusste in der religiösen Praxis

Interdisziplinäre Erkundung eines unsichtbaren Phänomens

Kleine Festgabe zum 50. Bestehen der Deutschen Gesellschaft für Pastoralpsychologie und zum 70. Geburtstag von Ulrike Wagner-Rau

Verlag W. Kohlhammer

Die Publikation wurde gefördert durch die Deutsche Gesellschaft für Pastoralpsychologie e.V., die Evangelische Kirche in Hessen und Nassau und die Evangelische Kirche von Kurhessen-Waldeck.

Umschlagabbildung: © Sara Egger

1. Auflage 2025

Alle Rechte vorbehalten
© W. Kohlhammer GmbH, Stuttgart
Gesamtherstellung: W. Kohlhammer GmbH, Heßbrühlstraße 69, 70565 Stuttgart
produktsicherheit@kohlhammer.de

Print:
ISBN 978-3-17-044945-9

E-Book-Format:
PDF: ISBN 978-3-17-044946-6

Für den Inhalt abgedruckter oder verlinkter Websites ist ausschließlich der jeweilige Betreiber verantwortlich. Die W. Kohlhammer GmbH hat keinen Einfluss auf die verknüpften Seiten und übernimmt hierfür keinerlei Haftung.
Dieses Werk einschließlich aller seiner Teile ist urheberrechtlich geschützt. Jede Verwendung außerhalb der engen Grenzen des Urheberrechts ist ohne Zustimmung des Verlags unzulässig und strafbar. Das gilt insbesondere für Vervielfältigungen, Übersetzungen, Mikroverfilmungen und für die Einspeicherung und Verarbeitung in elektronischen Systemen.

Inhaltsverzeichnis

Vorwort von Maike Schult 9

Grußwort des Vorstandes der Deutschen Gesellschaft für
Pastoralpsychologie (Andreas Hasenkamp) 23

Grußwort der Evangelischen Kirche von
Kurhessen-Waldeck (Regina Sommer) 25

A. Einführung

Maike Schult
Mitregent unter der Schwelle:
Das Unbewusste als kreative Denkfigur 29

B. „Das Unbewusste" – Eine Denkfigur wird besichtigt

I. Pastoralpsychologische Perspektiven

Michael Klessmann
Bewusstes und Unbewusstes in der Seelsorge:
Beispiele ausgewählter pastoralpsychologischer Positionen 45

Annette Haußmann
Das Unbewusste bewusst machen? Impulse aus der Kognitiven
Verhaltenstherapie für die Reflexion religiöser Praxis 59

Wolfgang Winter
Der Einfluss der Generationenfolge auf die religiöse Verarbeitung von Traumata:
Zwei Fallvignetten aus der Arbeit mit Kriegskindern und deren Kindern 73

Constanze Thierfelder
Unbewusste Dynamiken in einer Gebetsgruppe in der Psychiatrie:
Eine Fallvignette aus der Klinikseelsorge 86

Anne M. Steinmeier
Poetische Differenz:
Zur Prägnanz des Unbewussten in der Kultur religiöser Rede 102

Eilert Herms
Das „dynamische Unbewußte": Fundament menschlichen Personseins:
Transformative Aneignung eines Freudschen Konzepts
durch die Theologie 119

II. Praktisch-theologische Perspektiven

Matthias Marks
„Darum wird ein Mann Vater und Mutter verlassen und an seiner
Frau hängen" (Gen 2,24; Mt 19,5): Zur Dynamik des Unbewussten
im Gemeindealltag am Beispiel der Kirchlichen Trauung 145

Regine Munz und Ulrich Dällenbach
„Du hast mich mit meinem schönsten Kleid bekleidet."
Das Gebet als Zugang zum Unbewussten 158

Gerhard Marcel Martin
Unbewusstes in Diskursfeldern der Homiletik 173

Christoph Wiesinger
Formen des Unbewussten im Kontext religiöser Bildung 187

Sonja Beckmayer
Formen der Bedeutungslosigkeit: Die religiöse materielle Kultur als Beispiel
für blinde Flecken der praktisch-theologischen Forschung 201

III. Perspektiven zum Unbewussten in Judentum, Islam
    und Buddhismus

Barbara Traub
Das Unbewusste in der religiösen Praxis des Judentums:
Eine jüdische Perspektive 219

Inhaltsverzeichnis 7

Tarek Badawia
Das Unbewusste in der religiösen Praxis des Islams:
Eine Perspektive der muslimischen Seelsorge 235

Daniel Rumel
Das Konzept des Unbewussten im Gespräch mit
buddhistischen Denk- und Sprachmustern 250

IV. Psychoanalytische Perspektiven

Timo Storck
Die Dialektik der Offenbarung: Psychoanalyse, religiöse Praxis und
Apokalypse angesichts des Unbewussten 265

Herbert Will
Mutter Teresa betet.
Zur Konzeptualisierung unbewusster Vorgänge in der Gebetspraxis 279

Peter J. Winzen
Von der Anwesenheit der Abwesenden:
Zur Geste des Kniefalls 294

C. Im Gespräch bleiben

„Wir halten es aus, nicht zu verstehen."
Das Unbewusste in Seelsorge und Supervision
Maike Schult im Gespräch mit Anne Reichmann 311

Nachwort von Peter J. Winzen 321

Autorinnen und Autoren 323
Register 327

Vorwort von Maike Schult

Die Praktische Theologie in Marburg gehört zu den wichtigsten universitären Standorten pastoralpsychologischer Arbeit in Deutschland. Sie hat diese Tradition mit aus der Taufe gehoben, über drei Professuren hinweg fortgeführt und bringt sich mit diesem spezifischen Profil bis heute in die poimenische Landschaft ein.

Im Jahr 2022 gab es in diesem Zusammenhang gleich zwei Jubiläen zu feiern: das 50jährige Bestehen der Deutschen Gesellschaft für Pastoralpsychologie (DGfP), die Dietrich Stollberg 1972 mitbegründet hat,[1] sowie den 70. Geburtstag seiner Nachfolgerin Ulrike Wagner-Rau, die, von Joachim Scharfenberg und dem Kieler Zweig der Pastoralpsychologie herkommend, als Professorin für Praktische Theologie an der Philipps-Universität Marburg Theologiestudierende für diesen Zugang gewonnen und ihre Wahrnehmungsfähigkeit für unbewusste Dynamiken in Kirche und Gemeinde sensibilisiert hat.

In diese Tradition habe ich mich gern eingereiht, als ich, ebenfalls in Kiel habilitiert und ebenfalls Mitglied der DGfP, nach Marburg berufen wurde, und habe im Juni 2022 anlässlich der beiden runden Geburtstage zu einer Fachtagung eingeladen, die den Titel trug „Das Unbewusste in der religiösen Praxis". Trotz mancher Einschränkungen in Zeiten der Pandemie war es möglich, in Präsenz zu tagen,[2] und mehr als 70 Personen – Freundinnen, Kolleginnen, Weggefährten von Ulrike Wagner-Rau, darunter viele Mitglieder der DGfP –, waren gekommen, um in der Alten Universität dem Thema nachzugehen und mit Studierenden über die Pastoralpsychologie als Handwerk und Hermeneutik so ins Gespräch zu kommen, wie es sich die Jubilarin gewünscht hatte: in einem generationenübergreifenden Dialog. Dafür wurde die Tagung mit meinem Seelsorgeseminar „Einführung in die Pastoralpsychologie" des parallellaufenden Sommersemesters verbunden – eine Lehrveranstaltung mit 30 Studierenden, nicht nur der Evangelischen Theologie, sondern auch anderer Fachrichtungen, von denen sich einige aktiv ins Tagungsprogramm eingebracht und neben den Vorträgen von Michael Klessmann, Annette Haußmann, Peter J. Winzen, Wolfgang Winter und Sonja Beckmayer eigene Impulse gesetzt haben für den intergenerationellen

---

1   Die Gesellschaft wurde am 10. April 1972 in Altenkirchen im Westerwald als ökumenischer Verbund gegründet. Der Vorsitzende war Klaus Winkler, 2. Vorsitzender Dietrich Stollberg. Er war zu dem Zeitpunkt Professor für Praktische Theologie mit dem Schwerpunkt Seelsorge an der Kirchlichen Hochschule Bethel. 1979 wurde er nach Marburg berufen.
2   Die Gesellschaft selbst hat ihr Jubiläum pandemiebedingt erst im Jahr darauf als „50 plus 1" an der Evangelischen Akademie Hofgeismar gefeiert: „Und brannte nicht unser Herz?' Jubiläumskongress der DGfP".

Dialog.³ Die Tagung wurde von der DGfP unterstützt, aus Eigenmitteln der Professur für Praktische Theologie finanziert und hätte doch nicht gelingen können ohne die Hilfe der Evangelischen Kirche von Kurhessen-Waldeck (EKKW) und der Evangelischen Kirche in Hessen und Nassau (EKHN), die es möglich machten, dem ganzen Unterfangen einen gastlichen Rahmen zu geben. Dafür sei OKR apl. Prof. Dr. Regina Sommer und OKR Dr. Holger Ludwig, aber auch allen Beteiligten vor und hinter den Kulissen noch einmal herzlich gedankt.

Nun erscheinen die Vorträge der Tagung in diesem Band, um neue Perspektiven erweitert, um der Denkfigur des Unbewussten interdisziplinär nachzugehen und es als vitales Konstrukt fachübergreifend zu besichtigen. Denn auch wenn mit Marburg ein Stand-Ort für dieses Thema sichtbar zu sein scheint, bleibt seine Ver-Ortung doch schwierig: Hat das Unbewusste Raum und Gestalt? In welchen Formen findet der unsichtbare Gegenstand seinen sichtbaren Ausdruck, und wie wäre davon angemessen zu reden? Ist das Unbewusste ein Substantiv oder eine Dynamik, deren Bewegungen besser adjektivisch oder gar adverbial zur Sprache kommen sollten? Wie ist es um den Stellenwert dieser Größe bestellt in einem Wissenschaftsbetrieb, der von empirischer Forschung und dem Wunsch nach Nachweisbarkeit dominiert ist? Und welche Bedeutung hat dieser „Mitregent unter der Schwelle", wie man das Unbewusste nennen könnte im Anschluss an Oskar Pfister, den Schweizer Pfarrer und Psychoanalytiker, Freud-Vermittler und ersten Pastoralpsychologen überhaupt,⁴ welche Bedeutung hat es in der religiösen Praxis, in Theologie und Kirche? In solche Fragen führt der einleitende Beitrag ein (*Maike Schult*). Er ist wissenschaftsgeschichtlich angelegt, blickt noch einmal zurück auf die Anfänge der tiefenpsychologisch fundierten Pastoralpsychologie und ihre Vorprägungen im Raum der Literatur, nennt gegenwärtige Rezeptionshürden und plädiert dafür, die Denkfigur des Unbewussten als hochschuldidaktische Herausforderung anzunehmen und im Gespräch zu halten.

Doch was ist diese Denkfigur überhaupt, welche Wahrnehmungsgewinne sind mit ihr verbunden, und wie lässt sich das, was in der Praxis zu beobachten ist, wissenschaftstheoretisch konzeptualisieren? Dies zu erkunden, ist die Aufgabe der 17 Beiträge im Hauptteil des Bandes, arrangiert zu vier Perspektiven, um ‚das Unbewusste' genauer unter die Lupe zu nehmen: pastoralpsychologisch, praktisch-theologisch und psychoanalytisch. Zudem wird der christliche Kontext der Pastoralpsychologie bewusst überschritten, indem auch Sichtweisen aus dem Judentum, Islam und Buddhismus zu Wort kommen.

---

3   Pars pro toto seien genannt: Sophia Danklmaier, Franka Klapp, Lena Klieber, Jasmin Riemeier, Sarah Schlageter und Melina Vogt, die sich kreativ und engagiert einen Stationenweg erdacht hatten, so dass auf der Tagung auch die Digitalisierung und das einsame Lernen während der Pandemie im Generationenverbund verhandelt wurden.

4   Pfister, Oskar: Analytische Seelsorge. Einführung in die praktische Psychanalyse [sic!] für Pfarrer und Laien, Göttingen 1927, 12: Es gehe darum, „die unter der Schwelle des Bewußtseins befindlichen Mitregenten" ernst zu nehmen.

Vorwort 11

Im ersten Kapitel sind *pastoralpsychologische Perspektiven* zusammengestellt. Alle Beitragenden hier sind evangelisch und Mitglied der DGfP, aber in unterschiedlichen Bereichen von Theorie und Praxis tätig. Den Anfang macht *Michael Klessmann*, ordinierter Theologe, Pastoralpsychologe, Gestalttherapeut, Lehrsupervisor und emeritierter Professor für Praktische Theologie mit dem Schwerpunkt Seelsorge an der Kirchlichen Hochschule Wuppertal und vielen gut bekannt durch seine Lehrbücher, die allgemeinverständlich in die Seelsorge und Pastoralpsychologie einführen. Klessmann hatte schon im Auslandsstudium in den USA eine Ausbildung in Clinical Pastoral Education (CPE) absolviert und war von 1974 bis 1978 Wissenschaftlicher Assistent am Lehrstuhl von Dietrich Stollberg an der Kirchlichen Hochschule Bethel. Zwischen 1984 und 1987 nahm er auch Lehraufträge am Fachbereich Evangelische Theologie in Marburg wahr, wurde 1978 an der Westfälischen Wilhelms-Universität Münster promoviert mit einer Arbeit zum Verhältnis von psychischer Struktur und Glaube und hat sich nach vielen Jahren in der Krankenhausseelsorge 1993 in Bethel habilitiert. 1998 wurde er Professor für Praktische Theologie an der Kirchlichen Hochschule Wuppertal und ist über seinen Ruhestand hinaus nach wie vor wissenschaftlich tätig. Die DGfP hat ihn 1980 als Supervisor für Klinische Seelsorgeausbildung (KSA) anerkannt. 1989 bis 1996 war er Vorsitzender der Sektion KSA und von 1996 bis 1999 1. Vorsitzender der DGfP insgesamt. Im vorliegenden Beitrag skizziert er den Einfluss amerikanischer und niederländischer Konzepte auf die Anfänge der deutschsprachigen Seelsorgebewegung in den 1960er Jahren und fragt nach der Bedeutung bewussten und unbewussten Seelenlebens in den Ansätzen von Dietrich Stollberg, Joachim Scharfenberg und Ulrike Wagner-Rau. Zentraler Impulsgeber ist ihm Ernst Langes Programmformel von der „Kommunikation des Evangeliums", um Seelsorge als einen Verständigungs- und Aushandlungsprozess zu bestimmen, der von verborgenen Motiven und anhaltenden Ambivalenzen geprägt ist und damit die in den Kirchen verbreitete Sehnsucht nach Nähe, Harmonie und Verstehen „auf eine harte Probe" stellt.

Annette Haußmann ist Professorin für Praktische Theologie mit dem Schwerpunkt Seelsorgetheorie an der Ruprecht-Karls-Universität Heidelberg und Wissenschaftliche Direktorin des Zentrums für Seelsorge der Evangelischen Landeskirche in Baden. Sie verantwortet dort die Seelsorgeausbildung der ersten und zweiten Ausbildungsphase, also in Studium und Vikariat, und entwickelt das dortige Modell einer Integrativen Pastoralpsychologischen Seelsorgefortbildung weiter, das KSA, Systemtheorie und die Analytische Psychologie nach C. G. Jung verbindet und nun auch neuere Ansätze der KVT aufnimmt. Genau vierzig Jahre jünger als Michael Klessmann, steht Haußmann für eine neue Generation pastoralpsychologischer Arbeit: Sie ist promovierte Theologin und Psychologische Psychotherapeutin für Kognitive Verhaltenstherapie (KVT) – eine Schulrichtung, die derzeit die Fakultäten für Psychologie dominiert, von der kirchlichen Seelsorge (-theorie) aber bislang kaum aufgegriffen und auch von der DGfP nicht mit einer eigenen Sektion bedacht worden ist. Annette Haußmann ist darum sektionsunabhängig Mitglied des Fachverbands. In ihrem Beitrag sucht sie über den Begriff der automatisierten Prozesse tiefenpsychologische Konzepte mit verhaltenstherapeutischen Ansätzen in Kontakt zu bringen und gute Gründe zu erheben, warum gerade mit Blick auf die religiöse Praxis das Unbewusste auch seitens der KVT wieder ins Bewusstsein zu holen ist.

Wie der pastoralpsychologische Blick die seelsorgliche Wahrnehmungs- und Deutungspraxis vertiefen kann, zeigen die Fallvignetten, die *Wolfgang Winter* und *Constanze Thierfelder*, beide Mitglied der Sektion Tiefenpsychologie der DGfP, aus ihrer Arbeit einbringen. *Wolfgang Winter*, Pastoralpsychologe und Pastor im Ruhestand, lange Jahre Leiter einer Evangelischen Ehe-, Lebens- und Erziehungsberatungsstelle, Rektor des Studienseminars der Evangelischen Landeskirche Hannovers und Lehrbeauftragter für Pastoralpsychologie an der Theologischen Fakultät der Georg-August-Universität Göttingen, hat mit der Frage nach den Langzeitfolgen kriegsbedingter Traumatisierungen schon vor zwanzig Jahren ein Thema entdeckt, das in der kirchlichen Arbeit eigentümlich beschwiegen geblieben ist. Geboren 1941 und damit selbst ein „Kriegskind", berichtet er aus der von ihm initiierten Gruppenarbeit mit Kriegskindern des Zweiten Weltkriegs und deren Kindern und zeigt auf, wie die Generationenfolge die religiöse Verarbeitung traumatischer Erlebnisse beeinflusst. Wird damit die *transgenerationale* Dynamik des Unbewussten zugänglich gemacht, so widmet sich *Constanze Thierfelder* am Beispiel einer Gebetsgruppe in der Psychiatrie der Frage, welchen Einfluss unbewusste Prozesse auf *Gruppen* und deren Leitung entfalten können. Constanze Thierfelder, lange Zeit als Klinikseelsorgerin der EKHN in Darmstadt tätig, wurde 1998 mit einer Arbeit zum religionspsychologischen Ansatz der Psychoanalytikerin Ana-Maria Rizzuto promoviert und habilitierte sich 2005 mit einer Studie zur „Wahrnehmung von Fremdheit und Differenz in Seelsorge und Beratung". Sie ist seit vielen Jahren Privatdozentin für Praktische Theologie an der Philipps-Universität Marburg, dort regelmäßig mit Lehrveranstaltungen in der Seelsorge betraut und trägt auf diese Weise zur pastoralpsychologischen Grundausrichtung des Standorts bei. Beide Beiträge geben Einblick in die Arbeitsweise tiefenpsychologisch fundierter Seelsorge und zeigen, dass diese Arbeit nicht nur darauf ausgerichtet ist, unbewusste Prozesse *im Anderen* zu entbergen, sondern auch den *eigenen* Anteilen auf der Spur zu bleiben durch Instrumente wie Lehranalyse, Balintgruppen, kollegiale Fallberatung und Supervision, die über die Pastoralpsychologie in den kirchlichen Raum eingeführt worden sind.

Dass Pastoralpsychologie nicht nur mit bestimmten psychologischen Schulrichtungen und konkreter Praxistheorie verbunden ist, sondern auch hermeneutisch vorgeht und zu theologischer Konzeptbildung anregen kann, zeigen die Beiträge, die diesen ersten Durchgang zum Unbewussten beschließen: *Anne M. Steinmeier*, die bereits in ihrer Hamburger Habilitationsschrift „Wiedergeboren zur Freiheit. Skizzen eines Dialogs zwischen Theologie und Psychoanalyse" an Freud und Scharfenberg anknüpft, hat sich als Professorin für Praktische

Theologie an der Martin-Luther-Universität Halle-Wittenberg den Dialog zwischen Religion, Kunst und Psychoanalyse zur Aufgabe gemacht. Mit Werken wie „Schöpfungsräume" und die „Kunst der Seelsorge" hat sie den poimenischen Diskurs bereichert und war zudem zwanzig Jahre lang Geschäftsführende Herausgeberin der Fachzeitschrift „Wege zum Menschen", dem zentralen Publikationsorgan der DGfP, das auch Scharfenberg über Jahrzehnte verantwortet hat. Sie ist Mitglied der Sektion Tiefenpsychologie und wählt für die Erkundung des Unbewussten in diesem Band einen kulturwissenschaftlich-hermeneutischen Zugang: „Poetische Differenz: Zur Prägnanz des Unbewussten in der Kultur religiöser Rede" heißt ihr Beitrag, der im Gespräch mit Ernst Cassirer, Walter Benjamin und Sigmund Freud poetische Differenz als eine Suchbewegung zeigt, die im Zwischenraum der Texte gründet und dynamische Formprozesse adressiert, denen die Hermeneutik als „Kultur der Bedeutung" nachzugehen hat, ohne an ein Ende zu kommen.

Dass auch Systematische Theologen Mitglied der DGfP sind, ist selten. Doch *Eilert Herms*, emeritierter Professor für Systematische Theologie an der Eberhard Karls Universität Tübingen, schien diese Zugehörigkeit so wichtig zu sein, dass er den Hinweis in der Darstellung seines Werdegangs selbst gegeben hat: „Seit 1984 gehöre ich der Deutschen Gesellschaft für Pastoralpsychologie, Sektion Tiefenpsychologie, an."[5] Der Kontakt zur DGfP entsteht während seiner Zeit als Assistent an der Christian-Albrechts-Universität zu Kiel, wo die sogenannte „Empirische Wende" mit ihrer Orientierung an den Humanwissenschaften der Theologie neue Themen und Methoden zuspielt. Herms geht diese Öffnung mit, will sie aber nicht der Praktischen Theologie allein überlassen, sondern auch und vor allem von der Systematischen Theologie aufgegriffen sehen: „Die Kieler Fakultät der 70er Jahre bot dafür ideale Bedingungen, vor allem durch zwei herausragende akademische Lehrer mit jeweils ihrem Schülerkreis: H.-J. Birkner und J. Scharfenberg."[6] In Kiel habilitiert sich Herms mit einer Arbeit über den US-amerikanischen Psychologen William James und beginnt, angeregt durch Scharfenberg, dessen Oberseminar er besucht, 1975 eine pastoralpsychologische Zusatzausbildung mit Selbstanalyse, Fallbesprechungen und supervisierter Beratungstätigkeit an den evangelischen Beratungszentren Kiel und München. Diese Ausbildung hat er 1984 abgeschlossen, was ihm die Aufnahme in die DGfP als ordentliches Mitglied ermöglichte. Ihr gehörte er lange Jahre an, ehe sich seine Arbeitsschwerpunkte auf die klassischen Felder der Systematischen Theologie verschoben. Für den vorliegenden Band angefragt, ließ er sich trotz anderer Verpflichtungen sofort gewinnen, noch einmal auf diese wichtige „Langzeitanregung"

---

5   Eilert Herms: Eilert Herms [sic!], in: Henning, Christian / Lehmkühler, Karsten (Hg.): Systematische Theologie der Gegenwart in Selbstdarstellungen, Tübingen 1998, 316–350, 331, Anm. 7. Für diesen Hinweis und die Ermutigung, der Spur nachzugehen und Eilert Herms um einen Beitrag zu bitten, bin ich wie stets verbunden: Prof. Dr. Philipp David, Justus-Liebig-Universität Gießen.
6   Herms, Herms, 330.

durch Scharfenberg zurückzuschauen, und hat für uns einen Beitrag erarbeitet, mit dem er auf Freud zurückkommt und zugleich gedankliches Neuland betritt. Er greift darin auf, dass das Verhältnis von „bewusst" und „unbewusst" bei Freud auch als Verhältnis von Primär- und Sekundärvorgang bezeichnet wird, wobei in psychoanalytischen Konzeptionen dieses Verhältnis als eine leidvolle, also verengende und begrenzende Übersetzung des Primären, d. h. des unmittelbar Affektiv-Leiblichen, in etwas Sekundäres, d. h. etwas Gedachtes bzw. sprachlich Repräsentiertes, beschrieben wird. Herms arbeitet demgegenüber heraus, dass der Übergang vom Primären zum Sekundären auch als Anlass zu Freude und einer sinnstiftenden Begrenzung erlebt werden kann, und bietet damit eine theologische Transformation des Konzepts des „Unbewussten", in der das Subjekt zu der Selbstbestimmung ermächtigt wird, die ihm zugemutet ist. Der Beitrag mündet in den Imperativ, selbst konfliktbeladen mit anderen Konfliktbeladenen in einer kommunizierenden Gemeinschaft zu bleiben und dafür nicht nur die „cura animarum *specialis*", sondern auch die Institutionen der „cura animarum *generalis*" wieder stärker in den Blick der Seelsorgepraxis zu nehmen: etwa den Gottesdienst.

Wird Pastoralpsychologie bei den einen zu einer Grundhaltung, die alle theologischen Felder durchdringt, ist sie für andere eher als Teildisziplin der Praktischen Theologie zu verstehen. Doch kann man dem Unbewussten natürlich auch nachgehen, ohne einer pastoralpsychologischen Schule oder gar der DGfP anzugehören. Das zeigt das zweite Kapitel, das *praktisch-theologische Zugangsweisen* versammelt und die Frage nach dem Unbewussten für verschiedene Handlungsfelder durchspielt. *Matthias Marks*, der sich schon länger mit der religionspsychologischen Deutung christlicher Kasualien befasst, greift hier ein Thema auf, das ihm in seinem Alltag als Gemeindepastor oft begegnet und das auch Ulrike Wagner-Rau stets ein besonderes Anliegen gewesen ist: Am Beispiel der kirchlichen Trauung unternimmt er eine „kleine Exkursion ins Land des Unbewussten". Er schildert die Schwierigkeiten, die Bedeutung eines biblischen Lesungstextes wie Gen 2,18ff in das Leben von Traupaaren heute zu verdolmetschen, zeigt aber auch, welche Erkenntnisgewinne mit dem zunächst fremden Gedanken verbunden sein können, „Vater und Mutter zu verlassen", um ein Paar zu werden, mit dem Neues beginnt. Mutter-Imago, im Anschluss an Ulrike Wagner-Rau, und Ödipuskonflikt werden dabei nicht als lediglich untergehend gedacht, wie Freud es einmal eigentümlich formuliert hat, sondern als etwas, das sich auch in späteren Lebensphasen wieder meldet und gerade in lebensgeschichtlichen Schwellensituationen der weiteren Bearbeitung bedarf.

In dem Beitrag, den *Regine Munz* und *Ulrich Dällenbach* aus ihrem reformierten Schweizer Kontext einbringen, wird zunächst wie bei Constanze Thierfelder das Gebet als Zugang zum Unbewussten in Seelsorgesituationen im Rahmen der Psychiatrie genauer beleuchtet. Im dargestellten Fall einer Frau aus Afrika schildern sie den „Übersetzungsversuch", traumatische und damit eigentlich nicht übersetzbare Fluchterfahrungen über kulturelle Unterschiede hinweg so in

Sprache zu bringen, dass sich im „sicheren Vertrauensraum Seelsorge" eine neue Selbstwahrnehmung einstellen kann, die auch da etwas verändert, wo sich die einschränkende Realität selbst nicht ändern lässt. Dabei greifen sie auf Jean Laplanches Theorem vom „eingeklemmten Unbewussten" zurück und erkunden zudem mit Donald W. Winnicott, welche Möglichkeiten das Gebet im Gottesdienst bereithält, um unbewusste Räume in Gemeinschaft zu erschließen.

Gerhard Marcel Martin, bis 2007 Professor für Praktische Theologie an der Philipps-Universität Marburg und hier Kollege von Ulrike Wagner-Rau, hat mit seiner Marburger Antrittsvorlesung von 1983 nicht nur die Predigttheorie für rezeptionsästhetische Perspektiven geöffnet, sondern auch erfahrungsbezogene Zugangsweisen wie das Bibliodrama in die homiletische Ausbildung an den Hochschulen eingebracht. Im vorliegenden Beitrag weist er auf die „wenig prominente Rolle des Unbewussten" in der bisherigen Homiletik hin und zeigt auf, wie unbewusste Anteile in Aktions- und Interaktionsfeldern homiletischer Praxis nicht nur präsent sind, sondern in ihrem spielerisch-kreativen Potential noch weitgehend unabgegolten bereitliegen.

Christoph Wiesinger, Professor für Religions- und Gemeindepädagogik an der Evangelischen Hochschule Darmstadt, erkundet Formen des Unbewussten im Kontext religiöser Bildung. Der Religionsunterricht, der grundsätzlich mit Unmöglichkeiten umgehen und mit dem rechnen muss, was nicht zum Vorschein kommen kann, sei dafür besonders geeignet – nicht nur dort, wo das Konzept des Unbewussten explizit wird, in der Symboldidaktik etwa, sondern immer dann, wenn es um die Pflege des Risses, der Leerstelle, den nicht aufgehenden Rest geht. Der Religionsunterricht ist somit ein entscheidender Lernort, um über die Grenzen der Erkenntnismöglichkeiten ins Gespräch zu kommen, die damit verbundenen Spannungen auszuhalten und offen zu bleiben für das, worüber man nicht verfügen kann.

Nach den Beiträgen aus der Seelsorgepraxis einerseits und der Theoriereflexion für zwei praktisch-theologische Handlungsfelder andererseits fragt *Sonja Beckmayer*, Wissenschaftliche Mitarbeiterin am Seminar für Praktische Theologie an der Evangelisch-Theologischen Fakultät der Johann Gutenberg-Universität Mainz, am Beispiel der lange vernachlässigten Forschung zur Materialkultur noch einmal grundsätzlicher nach den blinden Flecken der Praktischen Theologie als Wissenschaftsdisziplin: Warum blieben die religiösen Dinge, also die materiellen Seiten von Religion, evangelisch-theologisch so lange unbeachtet, während sie für Einzelne und ihr Familiengefüge oft bedeutungsvoll sind? Welche untergründigen Mechanismen sorgen dafür, dass manche Themen schwer oder gar nicht verhandelt werden? Gibt es so etwas wie das Unbewusste einer Fachdisziplin, das Unbekanntes und Ungewöhnliches abwehrt, und wie kann dann überhaupt Neues ins Feld finden? Die Autorin plädiert mit Blick auf die religiöse Praxis dafür, Materielles in Kasual- und Seelsorgegespräche einzubeziehen, um unbewusste Besetzungen bewusst zu machen, wirbt aber auch für doppelt qualifizierte, interdisziplinäre Grenzgänge, die den pfarramtlich gesteckten Rahmen religiöser Praxis als implizite Norm praktisch-theologischer Forschung überschreiten und damit erst „wirklich neue Ansätze" hervorbringen.

Im dritten Kapitel werden die christlich-evangelischen Zugangsweisen bewusst verlassen und um religionsvergleichende Perspektiven erweitert. Zunächst fragt *Barbara Traub*, Psychologische Psychotherapeutin, Vorstandssprecherin der Israelitischen Religionsgemeinschaft Württembergs, Mitglied im Präsidium des Zentralrats der Juden in Deutschland und Honorarprofessorin an der Evangelischen Hochschule Ludwigsburg, nach dem Unbewussten in der religiösen Praxis des Judentums aus jüdischer Perspektive. Sie negiert nicht die Schwierigkeiten, die beim Transfer des Unbewussten als Gegenstand der Psychoanalyse auf den Bereich der Religion entstehen, und will dennoch erkunden, welche Schnittmengen es gibt zwischen den im Judentum tradierten religiösen Vorstellungen von „Seele" einerseits und der Vorstellung vom Unbewussten in der Psychoanalyse andererseits. Die Autorin zeigt, wie die Texte der Hebräischen Bibel in diesem Zusammenhang neu zum Sprechen kommen und welche Deutungspotentiale in ihnen bereitliegen. Am Anfang der Thora stehen Lust- und Unlusterfahrungen, Eifersucht, Hass und Brudermord, und doch zeigen Figuren wie Kain und Josef auch, wie destruktive Energien bewusst werden können, durch Träume zum Beispiel, und dass sie Veränderbarkeit in sich tragen. So sind die Textwelten in doppelter Hinsicht mit Lernen verbunden: Sie demonstrieren vor, wie sich durch Bewusstmachung neue Entwicklungs- und Beziehungsmöglichkeiten auftun, und wirken zugleich unbewusst auf ihre Rezipienten, auf Kinder zumal, indem sie innere Einstellungen prägen, etwa die Ehrfurcht vor allem Lebendigen. Auch Feste, Riten und Gebete lassen sich als solche Formen unbewussten Lernens verstehen, die durch regelmäßige Übung die Bindung an den Mitmenschen und an die religiöse Gemeinschaft fördern. Auf diese Weise mischen sich in der jüdischen Religionspraxis verbale und nonverbale Tradierungswege, die Unbewusstes bewusst machen, aber auch die Ausprägung von unbewussten Haltungen initiieren.

Diese „Spurensuche nach dem Konstrukt des Unbewussten" im Bereich der Religion wird fortgesetzt von *Tarek Badawia*, Professor für Islamisch-Religiöse Studien mit Schwerpunkt Religionspädagogik / Religionslehre am Department Islamisch-Religiöse Studien an der Friedrich-Alexander-Universität Erlangen-Nürnberg. Sein Beitrag steht nicht nur für die vergleichsweise junge Disziplin der muslimischen Seelsorge in Deutschland, er spielt auch die modernen Begriffe Bewusstes und Unbewusstes für die dritte monotheistische Religion durch. Eine ausformulierte Theorie des Unbewussten gebe es in der islamischen Gedankenwelt nicht, wohl aber Begriffe, die der damit verbundenen Dynamik nahekommen und die man ins fachübergreifende Gespräch einbringen kann, sofern man den historisch-kulturellen Abstand berücksichtigt und die Begriffe durch hermeneutische Übersetzungsarbeit in ein angemessenes Verhältnis setzt. Das Denkkonstrukt des Unbewussten werde im Islam weder abgelehnt noch negativ bewertet. In der konkreten Begleitung gehe es aber eher darum, das eigene Handeln als bewusst und verantwortungsvoll gestaltbar zu erkennen: „Betrachte! Erkenne! Kultiviere das Selbst!" – mit dieser Ausrichtung soll Theologie zu aufgeklärtem Handeln verhelfen und damit bildend wirken, doch ziele muslimische Seelsorge auch darauf, die Ambivalenz von Religiosität bewusst zu machen, nicht zuletzt angeregt durch konzeptionelle Ansätze aus dem deutschsprachigen Bereich etwa von C. G. Jung, Viktor E. Frankl und Klaus Winkler.

Auch für *Daniel Rumel* ist der Versuch, das westliche Konzept vom Unbewussten mit den Denkmustern und der spirituellen Praxis des Buddhismus ins Gespräch zu bringen, eine herausfordernde, vielschichtige Übersetzungsaufgabe. Rumel, Pastoralreferent und Lehrbeauftragter für buddhistisch-christlichen Dialog am Institut für Katholische Theologie der Universität Paderborn, will schlichte Projektionen vermeiden und aus einer lernoffenen Grundhaltung heraus zu einer wirklichen Begegnung der kulturellen Systeme vordringen. Dafür soll das Trennende ebenso benannt sein wie das Verbindende. Die Vorstellung der Ich-Psychologie etwa, dass das Unbewusste an ein autonomes, unabhängiges, zur Selbstreflexion fähiges Subjekt geknüpft ist, zeigt sich hier wenig anschlussfähig. Das Unbewusste wird im Buddhismus nicht als ein aus verdrängten Aspekten bestehender Bereich der individuellen Psyche verstanden. Wird es aber als eine umfassende Alterität begriffen, die über die eigene Person hinausführt und durch Auflösung jeglicher Intentionalität, durch Stillung von Durst und Verlangen, Leiden beendet, werden Bezugnahmen möglich. Den größten Berührungspunkt zwischen westlichen und buddhistischen Konzepten sieht Rumel in der gemeinsamen Vorstellung, „dass unser bewusstes Erleben weitreichend geprägt wird durch unbewusste Mechanismen und dass die Einsicht in diese Mechanismen ein großes Heilungspotential beinhaltet."

Im vierten Kapitel kehrt die Denkfigur des Unbewussten schließlich in ihr Ursprungsland, die Psychoanalyse, zurück. Hier erfährt sie noch einmal eine konzeptionelle Schärfung – nicht zuletzt dadurch, dass das Figürliche selbst infrage gestellt wird. Zugleich werden die psychoanalytischen Konzepte aber auch auf neue Weise konstruktiv verknüpft mit Elementen der religiösen Praxis, die exemplarisch durchgespielt werden für Offenbarung/Apokalypse, Gebet und die Geste des Kniefalls. Alle drei Autoren sind Psychoanalytiker. Sie verstehen das Unbewusste als dynamische Kraft mit einer gewissen Nähe zum Unverfügbaren – eine im Grunde eigene Denkfigur, die aber Schnittmengen zum Unbewussten aufweist und durch Rudolf Bultmann ihrerseits eng mit Marburg verbunden ist.[7]

---

7 Der Begriff der Unverfügbarkeit ist theologisch geprägt und prominent in Marburg entwickelt worden von dem Neutestamentler Rudolf Bultmann (1884–1976). Er kam als Substantiv vermutlich Anfang der 1930er Jahre in Bultmanns Umfeld auf, hat sich von dort in die Kirche, aber auch in verschiedene Wissenschaftsdisziplinen verbreitet, in die (Religions-) Philosophie, Soziologie und Psychoanalyse etwa, findet sich in unserer Alltagssprache und ist zudem ein typisch deutscher Begriff, für den das Englische kein hinreichendes Äquivalent kennt. Den Weg dieses Begriffs, der in Marburg aufgekommen und vielleicht sogar von dort aus überhaupt in die deutsche Sprache eingeführt worden ist, hat nach-

Timo Storck, Professor für Klinische Psychologie und Psychotherapie an der Psychologischen Hochschule Berlin, macht hier den Anfang durch eine begriffliche Nachjustierung, die am Ende der bisherigen Besichtigungsversuche noch einmal deutlich macht, dass es ‚das' Unbewusste nicht gibt. Zwar könne man den Begriff verwenden, „um all das zu bezeichnen, was unbewusst ist, jedoch nicht als Ort oder Region des Psychischen." Das psychoanalytische Unbewusste sei vielmehr als *dynamisch* Unbewusstes gekennzeichnet. Es verdanke sich einem Zusammenspiel (ver-)drängender und entstellender psychischer Kräfte und sei durch Abwehrmechanismen wie Verdrängung und Verschiebung dem bewussten Erleben nicht (mehr) zugänglich. Es ist also ein psychischer Konflikt, entstanden aus dem Bedürfnis, Lust aufzusuchen und Unlust zu vermeiden, der dazu führt, dass das Unbewusste nicht einfach abgedrängt wird in dem Sinne, dass es für das bewusste Erleben nicht mehr auffindbar ist, sondern so, „dass etwas nicht mehr als das bewusst wird, was es bedeutet, sondern als etwas anderes", und darum in der Dialektik steht von Verbergen und Entbergen. Stork schlägt vor, „unbewusst" im adjektivischen Sinne zu verwenden für ein Verhältnis unterbrochener Verbindungen, nicht aber im Sinne einer Verörtlichung, „in" das etwas gelangt oder „von wo" es Wirkungen ausübt. Wie solche Wirkungen konkret werden und was biblische Sprachbilder dabei als Wahrnehmungshilfe leisten können, spielt er exemplarisch durch für ein Thema, das als Krisenerleben gegenwärtig viele beschäftigt: die Angst vor dem Untergang angesichts des Nicht-mehr-weiter und der offenen Zukunft, die sich als Katastrophenangst meldet. Wie kann dieser angstvollen Ungewissheit begegnet werden, fragt er, und es ist kein Zufall, dass sein Beitrag am Käte Hamburger Centre for Apocalyptic and Postapocalyptic Studies an der Ruprecht-Karls-Universität Heidelberg entstanden ist. Vor diesem Hintergrund bietet Storck eine religiöse und psychoanalytische Ethik der dialogischen Begegnung, sei es als Dialog mit Gott oder als Dialog in der psychoanalytischen Praxis, in der die Begegnung selbst helfen könne, sich zum Unbewussten und Unverfügbaren so zu stellen, dass es weniger ängstigend ist und die Angst als weniger überwältigend erlebt werden muss. Das schaffe natürlich nicht einfach eine neue Realität. Doch gehe es für die Psychoanalyse ohnehin nicht darum, die psychische Welt wieder so ‚zurechtzurücken', dass danach dem Individuum nichts mehr unbewusst wäre. Vielmehr gehe es darum, eine Art von Bezugnahme auf das zu ermöglichen, was die innere Welt

---

gezeichnet: Härle, Wilfried: Rudolf Bultmanns Theologie der Unverfügbarkeit, in: Landmesser, Christof / Klein, Andreas (Hg.): Rudolf Bultmann (1884–1976) – Theologie der Gegenwart. Hermeneutik – Exegese – Theologie – Philosophie, Neukirchen-Vluyn 2010, 69-86. Vgl. auch: Schult, Maike: „Allen Gewalten zum Trutz sich erhalten": Freiräume finden in einem Leben, das einem nie ganz gehört, in: Werkstattheft Nr. 5 „Das Unverfügbare offen halten". Tagungsband zum Fachtag des Zentrums für Seelsorge und Beratung und dem 50. Jubiläum des Pastoralpsychologischen Dienstes in der Evangelisch-Lutherischen Landeskirche Hannovers am 20./21. Oktober 2022. Dr. Herbert Will, Prof. Dr. Maike Schult. Theologie und Psychoanalyse im Gespräch, Hannover 2023, 18-29.

strukturiert: „Das kann derart aussehen, dass jemand einen mentalen Spielraum oder eine Neugier auf sich selbst entwickelt, ohne dass das hieße, sich selbst vollkommen transparent, in seinen Handlungen vollkommen steuerbar oder in seinem Erleben unbedingt rational zu werden." Eine so veränderte Haltung im Inneren setzt dann auch Veränderungen in der äußeren Welt in Gang.

Einen Einblick in eine solche innere Welt gewährt *Herbert Will*, evangelischer Theologe, Psychoanalytiker, Facharzt für Psychotherapeutische Medizin und viele Jahre Herausgeber der psychoanalytischen Fachzeitschrift PSYCHE, am Beispiel von Mutter Teresa, indem er seine Forschungsschwerpunkte Religion, Spiritualität und Psychoanalyse ins Gespräch bringt und unbewusste Vorgänge in der Gebetspraxis als Kommunikation mit Unverfügbarem in den Mittelpunkt stellt. Als Quelle dient ihm die Gebetspraxis der katholischen Ordensschwester und Missionarin Mutter Teresa, die gut dokumentiert zur Verfügung steht und für den Prozess ihrer Selig- und Heiligsprechung herangezogen worden ist. Will versteht dabei, in Abgrenzung zu Freuds religionskritischer Grundhaltung, Religion zunächst konstruktiv als eigenständige Dimension des Menschseins, die den Glaubenden aber nicht einfach zur Verfügung steht, sich auch nicht einfach operationalisieren lässt und nicht frei ist von destruktiven Anteilen. So kannte auch Mutter Teresa, die 1979 den Friedensnobelpreis erhalten hat und für viele sicher ein Vorbild im Glauben ist, Phasen, in denen das Beten keinen Kontakt zu Gott und Christus garantierte, und hat diese Phasen der Kontaktlosigkeit mit dem Unverfügbaren als außerordentlich quälend erlebt. Obwohl sie einem Orden angehörte, für den das Beten eine zentrale Rolle spielt, um religiöse Musikalität auszubilden und zu pflegen, erlebte sie selbst das, was „spirituelle Trockenheit" genannt wird, und fand trotz intensiver Gebetsanstrengung keinen Kontakt zu Gott. Will spricht damit in seinem Beitrag Erfahrungen an, die in pastoraltheologischen Entwürfen bis heute weitgehend tabuisiert sind: spirituelle Trockenheit und Krisen bei katholischen Priestern, Glaubensleere und Verlust religiöser Überzeugungen bei evangelischen Pfarrern und Pfarrerinnen. Mutter Teresa war es schließlich möglich, die Kontaktlosigkeit, die sie im Gebet erlebte, in ihre Glaubensvorstellungen aufzunehmen und sie als Kontakt mit der Alterität und Negativität von Gott selbst zu deuten, was ihr eine Ahnung von seiner Fremdheit zugänglich gemacht habe. Dennoch stehen gelingende und scheiternde Gebetserfahrungen nicht gegeneinander, sondern oft nebeneinander. Beides gehört zum Menschen dazu, der den Kern seines eigenen Unbewussten nicht kennen kann.

Auch *Peter J. Winzen* ist als evangelischer Theologe, Soziologe und Psychologischer Psychotherapeut in verschiedenen Disziplinen zu Haus. Vor dem Hintergrund eines evidenzbasierten Wissenschaftsbetriebs, in dem sich die Rede vom Unbewussten nicht von selbst versteht und zunehmend unter Druck gerät, führt er in seinem Beitrag zunächst noch einmal konzeptionelle Überlegungen zum deskriptiven, dynamischen und leiblichen Unbewussten an und greift philosophiegeschichtliche Traditionen auf, um die facettenreichen Erscheinungen des

Unbewussten zu verdeutlichen und seine Eigenart herauszustellen: Wir können das Unbewusste eben nicht unmittelbar oder evidenzbasiert greifen. Wir können seiner nicht habhaft werden. Alle Aussagen, die das Unbewusste betreffen, stehen im Konjunktiv. Was dieses nicht-repräsentierte Unbewusste konkret bedeuten kann, wird exemplarisch sichtbar an der leiblichen Bewegung des Kniefalls als einer Geste, die biblisch-theologisch und ikonographisch eine lange Tradition hat. Willy Brandt kommt sie 1970 wohl weitgehend unbewusst in den Sinn, als er als Bundeskanzler vor dem Mahnmal zum Gedenken an den jüdischen Aufstand im Warschauer Ghetto nach der unmöglichen Möglichkeit sucht, öffentlich Verantwortung für die deutschen Verbrechen zu übernehmen und vor den Opfern, ihren Angehörigen und der Weltgemeinschaft um Vergebung zu bitten. Seine Geste, eine Bewegung der Dekonstruktion, erfolgte ungeplant in einem Moment der Stille. Sie griff Traumatisches auf, berührte aber zugleich den vitalen Grund des Seins und eröffnete einen Bezug zum Gegenüber – auch zu den Ermordeten, die in dieser Geste als Abwesende anwesend sein konnten. Für Winzen lässt sich Brandts Geste darum auch als eine Einstimmung in die eigene Abhängigkeit deuten und als ein zeitgeschichtlich motiviertes Beispiel dafür, dass nicht nur das Unbewusste, sondern auch das Bewusste erklärungsbedürftig werden kann.

Die siebzehn Beiträge, die im Hauptteil zu vier Kapiteln sortiert sind, stehen damit je für sich und versuchen je eigenständig zu zeigen und zu klären, was die Denkfigur des Unbewussten in ihrem jeweiligen Arbeitsfeld bedeuten oder bewirken kann. Zugleich sind sie aber auch *miteinander* verbunden in ihren Bemühungen um Begriffsklärung und über gemeinsame Referenzgrößen wie Winnicott und Laplanche, in thematischen Schwerpunktsetzungen wie dem Gebet oder in dem Bemühen, über die Denkfigur des Unbewussten Raum zu lassen für das, was dem Menschen nicht zur Verfügung steht, was sich nicht definitorisch niederringen lässt, sondern angewiesen bleibt auf Begegnung und Gespräch. Sie führen damit so etwas wie untergründige Zwiegespräche über das Unbewusste in Theorie und Praxis und suchen den fachübergreifenden Dialog über die engen Grenzen von Schulrichtungen und Professionen hinweg.

„Im Gespräch bleiben", so heißt denn auch der letzte Teil des Bandes, der das Vorangestellte für den Bereich der pastoralpsychologischen Aus- und Fortbildung weiterführt. Er greift den bekannten Buchtitel von Joachim Scharfenberg – „Seelsorge als Gespräch" – aus dem Jahr 1972 auf, der sich schnell zu einer Programmformel pastoralpsychologisch fundierter Seelsorge entwickelt hat, und sucht auch selbst die Form des Gesprächs, hier in Form eines Interviews mit *Anne Reichmann*, die bis 2019 in der Institutionsberatung der Nordkirche in Hamburg tätig war und Generationen von Pfarrern und Pfarrerinnen pastoralpsychologisch begleitet hat. Reichmann, Mitglied der DGfP, Mitglied der Fort- und Weiterbildungskommission der Sektion Tiefenpsychologie und langjährige Weggefährtin von Ulrike Wagner-Rau, lässt sich hier zu einem Rückblick verlocken und prospektiv befragen. „Theologie allein genügt nicht, um zwischenmenschliche Dynamiken und konflikthafte Situationen in der religiösen Praxis zu verstehen" – das war der Ausgangsgedanke, der 1972 zur Gründung der DGfP geführt hat. Er hat die unbewussten Dynamiken in Theologie und Kirche bewusster gemacht und den Fachverband als kirchenbezogene, aber kirchenunabhängige, mitunter auch kirchenkritische, manchmal sogar subversive Größe über ein halbes Jahrhundert lang am Leben gehalten – was davon ist heute im kirchlichen Kontext noch bewusst? Was davon ist kirchenpolitisch noch gewollt? Und würde inzwischen nicht auch die Psychologie von der Theologie profitieren?[8]

Das Besondere an der (tiefenpsychologisch fundierten) Pastoralpsychologie war und ist, dass sie dezidiert die Verbindung sucht von Theologie und Psychologie. Ließ sich dies in den Anfangsjahren auch ablesen an einer doppelten beruflichen Qualifikation – Joachim Scharfenberg zum Beispiel war ja eben alles zugleich: Pfarrer, Professor, Psychoanalytiker, und damit damals nicht der einzige –, so war das nach der Neuregelung des Psychotherapeutengesetzes in den 1990er Jahren nicht mehr möglich. *Peter J. Winzen*, der in seiner Person ebenfalls die fruchtbare Verknüpfung von Theologie und Psychologie verkörpert, bündelt in seinem Nachwort Gedanken zum Band und verweist dabei auch auf die Chancen, die im Gefolge Freuds seitens der Psychologie verpasst wurden, „die Rolle des Glaubens für den Menschen genauer zu durchdringen" (Timo Storck).

Der vorliegende Band ist keine Festschrift und kein Kniefall. Er ist aber doch eine Festgabe, die beiden gilt: der Deutschen Gesellschaft für Pastoralpsychologie und Ulrike Wagner-Rau, die als Mitglied der DGfP und als meine Vorgängerin auf der Professur für Praktische Theologie an der Philipps-Universität Marburg viel dazu beigetragen hat, dass sich Kirche und Universität nicht nur mit dem befassen, was am Tage ist, sondern auch nach dem fragen, der untergründig mitbestimmt: der Mitregent unter der Schwelle. Ich danke allen, die geholfen haben, die beiden runden Geburtstage zu würdigen und diese Festgabe zu realisieren: den Autoren und Autorinnen für ihre Beiträge; der EKKW, der EKHN und der DGfP, namentlich Claudia Enders für den Gesamtvorstand, für die großzügige finanzielle Unterstützung; Sara Egger, Wissenschaftliche Angestellte am Lehrstuhl für Praktische Theologie in Marburg, für das Coverbild; Dr. Mirko Roth vom Verlag Kohlhammer für die redaktionelle Betreuung und Dr. Sebastian Weigert, der als Lektoratsleiter mit großem persönlichem Engagement den gesamten Entstehungsprozess begleitet und dem Buch zu Druck und Leben verholfen hat.

Mein besonderer Dank aber gilt meinem Mitherausgeber Peter J. Winzen für die verlässliche und vertrauensvolle Zusammenarbeit. Er hat diesen Band Silbe

---

8 So schon Herms, Herms, 332: Nur alteingeschliffene Denkkonventionen hindern die pastorale Seelsorge daran, sich auf eigene Füße zu stellen und sich von Pseudoselbstverständlichkeiten zu befreien, die da lauten: „Nur die theologische Theorietradition ist einer kritischen Überprüfung durch die Humanwissenschaften bedürftig, nicht aber diese auch einer Überprüfung durch jene".

für Silbe begleitet, hat Ideen eingebracht, Beiträge eingeworben, hat organisiert, korrigiert und über jede Hürde hinwegmotiviert, die sich unterwegs aufgetan hat. Über solche Art der Zusammenarbeit kann man nicht verfügen. Man bekommt sie geschenkt.

Maike Schult

Grußwort des Vorstandes der Deutschen Gesellschaft für Pastoralpsychologie, Sektion Tiefenpsychologie, anlässlich des 70. Geburtstages von Ulrike Wagner-Rau

Am 17. und 18. Juni 2022 lud Prof. Dr. Maike Schult an den Fachbereich Evangelische Theologie der traditionsreichen Philipps-Universität Marburg zu der Tagung „Das Unbewusste in der religiösen Praxis", um ein Doppeljubiläum zu würdigen:

50 Jahre Deutsche Gesellschaft für Pastoralpsychologie (DGfP) und der 70. Geburtstag der Hochschullehrerin für Praktische Theologie, Frau Prof. i. R. Dr. Ulrike Wagner-Rau, der dieser Band gewidmet ist.

Viele Mitglieder der DGfP sind der Einladung ihrer Nachfolgerin, Maike Schult, gerne gefolgt, sowohl zuhörend als auch mitgestaltend (Prof. em. Dr. Michael Klessmann, Jun.-Prof. Dr. Anette Haußmann, Pastor i. R. Wolfgang Winter), mitdiskutierend wie auch feiernd.

In der Person von Ulrike Wagner-Rau spiegelt sich dabei zugleich auch ein gehöriges Kapitel DGfP-Geschichte wider. Seit 1994 ist sie Mitglied der DGfP, dort beheimatet in der Sektion T (Tiefenpsychologie). Dem „Unbewussten" in der Praktischen Theologie galt und gilt ihr besonderes Augenmerk in Lehre und Forschung, wie Regina Sommer und Michael Klessmann in diesem Band ausführen. Nach ihrem Eintritt in den Ruhestand 2018 engagierte sie sich weiter für die DGfP, etwa in der Fort- und Weiterbildungskommission der Sektion Tiefenpsychologie (FuWK) in unserer Gesellschaft, deren Vorsitz sie 2021 übernommen hat.

Zur primären Aufgabe dieser Kommission gehört, die Fort- und Weiterbildung in der Sektion Tiefenpsychologie nachhaltig weiterzuentwickeln – etwa über Kooperationen mit Universitäten und Fachhochschulen (Master in Pastoralpsychologie). Diese Zusammenarbeit ist in praxi bei diesem Doppel-Jubiläum in wunderbarer Weise, wie ich meine, gelungen und ermutigt, diese produktiv fortzusetzen. Der hieraus entstandene Tagungsband ist ein Zeugnis des fruchtbaren Dialogs zwischen Pastoral-Psychologie und Universitäts-Theologie und zeigt auf besondere Weise, dass das Bedenken der Erscheinungsformen des – wie auch immer zu nennenden – deskriptiven, dynamischen, leiblichen, kollektiven „Unbewussten" immer auch eine Reflexion „religiöser Praxis" hervorruft.

„In Marburg hat die Pastoralpsychologie eine lange Tradition. Dietrich Stollberg gehört zu ihren Gründungsfiguren, Ulrike Wagner-Rau zu den Vermittlerinnen pastoralpsychologischer Ansätze in die kirchliche Praxis", so Maike Schult in ihrem damaligen Einladungsflyer. Wir vom Vorstand der DGfP und

Vorstand der Sektion Tiefenpsychologie danken Ulrike Wagner-Rau sehr für diesen „Vermittler*innen-Dienst" und gratulieren ihr aus gegebenem Anlass herzlich und mit guten Wünschen für die kommenden Jahre.

Stehen bleiben wird die „Pastoralpsychologie" dabei nicht. Dafür sorgt allein schon das dynamische und leibliche „Unbewusste" selbst, dessen Bedeutung zwischen den Disziplinen immer wieder kontextabhängig neu bestimmt werden muss, wie Peter J. Winzen, MTh, am Ende seines Marburger Festvortrags zu Recht hervorhob: „Hieß es vor 50 Jahren anlässlich der Gründung der DGfP, dass Theologie allein nicht genüge, um zwischenmenschliche Dynamiken zu verstehen, und es u. a. der Integration der psychotherapeutischen Wissenschaften bedürfe, so wäre heute anzumerken, dass es der theologischen Stimmen bedarf, um die psychotherapeutischen Wissenschaften und die Psychoanalyse um Entscheidendes zu bereichern." In diesem Sinne dürfen wir gespannt sein, wohin uns das „Unbewusste" und der „Heilige Geist" in diesem interdisziplinären Dialog noch führen werden.

Pfarrer Andreas Hasenkamp

Vorstand DGfP, Sektion T; Mitglied Gesamtvorstand DGfP

Grußwort der Evangelischen Kirche von Kurhessen-Waldeck anlässlich des 70. Geburtstages von Ulrike Wagner-Rau

Die Erforschung und Reflexion von Religion als einer kommunikativen und sozialen Praxis ist ein Herzensanliegen der praktisch-theologischen Arbeit von Ulrike Wagner-Rau, die zu ihrem 70. Geburtstag mit vorliegendem Buch geehrt wird.

Besondere Aufmerksamkeit widmet Wagner-Rau in ihren Arbeiten der christlichen Kasualpraxis. In diesem Bereich sieht sie Pfarrerinnen und Pfarrer in besonderer Weise herausgefordert, Menschen in Krisen und Lebensübergängen zu begleiten, zu erspüren, was der Fall ist und welche religiösen Praktiken und Überzeugungen in diesen existentiell bedeutsamen Lebenssituationen hilfreich sein können. Gleichzeitig zeigen Wagner-Raus Analysen, wie sich in diesem Feld der Kasualien ein gesellschaftlicher Wandel vollzieht. Es ist keineswegs selbstverständlich, dass Menschen in Krisen- und Schwellensituationen bei der Kirche und ihrem Personal anfragen und Begleitung erbitten. Die Konkurrenz im Angebot der lebensbegleitenden Rituale ist groß. Umso wichtiger ist es, angehende Pfarrerinnen und Pfarrer sorgsam auf diese wichtige Aufgabe der Begleitung von Lebensübergängen vorzubereiten. Dabei gilt es immer auch, von jenen zu lernen, die Rituale im säkularen Kontext anbieten.

Das zeichnet Ulrike Wagner-Raus Wirken als Praktische Theologin aus: Der Blick über den Tellerrand der theologischen Wissenschaft und der Kirche, Grenzgänge in andere Wissensgebiete und das Interesse am Gespräch mit Menschen, die aus anderen Kontexten kommen und unvertraute Perspektiven vertreten. Deshalb passt es auch, dass ihr 70. Geburtstag zusammen mit einer Tagung zum 50jährigen Bestehen der Deutschen Gesellschaft für Pastoralpsychologie begangen wurde, deren langjähriges Mitglied sie ist. Auch die Pastoralpsychologie geht davon aus, dass es den Einbezug verschiedener, vor allen Dingen psychologischer und psychotherapeutischer Perspektiven braucht, um Menschen in der religiösen Praxis zu begleiten.

Vor kurzem ist Ulrike Wagner-Raus neuestes Werk erschienen: Eine praktisch-theologische Erkundung zur Frage, wie Menschen mit dem Tod umgehen (Im Umfeld des Todes leben. Religiöse Transformation und kirchliche Praxis, Stuttgart 2024). Auch in diesem Werk geht ihre Forschungsperspektive weit über den christlichen Kontext hinaus. Christliche Überzeugungen im Umfeld des Todes können ihrer Ansicht nach in der postsäkularen Gesellschaft nur zur Geltung kommen, wenn sie an Grundbedingungen menschlichen Daseins (Unverfügbarkeit, Angewiesenheit, Verletzlichkeit) anschließen. Kirchliches Handeln im

Umfeld des Todes muss zudem an eigensinnige Orientierungen und Handlungsformen der vom Tod Betroffenen anknüpfen können, um sich als „religionsfähig" (Volker Drehsen) zu erweisen.

Für all diese Impulse danke ich Ulrike Wagner-Rau persönlich und im Namen der Evangelischen Kirche von Kurhessen-Waldeck herzlich! Sie hat Generationen von Pfarrerinnen und Religionslehrkräften geprägt. Sie hat in ihren Lehrveranstaltungen, bei Vorträgen und Fortbildungen dazu angeregt, sorgsam darauf zu hören, was Menschen, z. B. im Feld der Kasualpraxis, äußern, was sie bewegt, und dann nicht vorschnell mit Antworten zu kommen, sondern weiter zu fragen, um zu verstehen und in einen Austausch zu treten. Theologie als „Hermeneutik von Fragen" (Henning Luther) zu betreiben – das ist auch Wagner-Raus Ansatz, den sie als theologische Lehrerin vielfältig weitergegeben hat.

Über ihre Tätigkeit als Theologieprofessorin hinaus hat sie sich über viele Jahre in unserer Kirche eingebracht. Sie hat in verschiedenen Gremien mitgedacht und diskutiert, hat lange in unserer Landessynode mitgearbeitet und an schwierigen Debatten über den Reformkurs unserer Kirche teilgenommen. Auch hier hat sie häufig den Blick über den kirchlichen Kontext hinaus empfohlen und damit an den Auftrag erinnert, auch in Sparzwängen Kirche für andere zu bleiben.

Ulrike Wagner-Rau ist 2018 als Professorin in den Ruhestand getreten, hat damit aber ihr Engagement für unsere Kirche noch nicht beendet. Noch über ihren Ruhestand hinaus war sie als Direktorin des, von beiden hessischen Kirchen getragenen, Hans-von-Soden-Instituts für theologische Forschung in Marburg tätig und hat in diesem Rahmen zahlreiche wissenschaftliche Arbeiten im Schnittfeld von wissenschaftlicher Theologie und kirchlicher Praxis betreut. In der Liturgischen Kammer unserer Landeskirche hat sie weiter mitgearbeitet und sich u. a. mit ihrem kasualtheoretischen Blick in die Reform unserer Agenden zur Trauung und zur Taufe eingebracht.

Eine Fülle des Engagements für unsere Kirche, für die ihr 2022 von Bischöfin Prof. Dr. Beate Hofmann der Titel Kirchenrätin verliehen wurde, ein Ehrentitel, der ausdrücken soll, wie viel wir ihr als Evangelische Kirche von Kurhessen-Waldeck verdanken.

Pfarrerin apl. Prof. Dr. Regina Sommer

Evangelische Kirche von Kurhessen-Waldeck

A. Einführung

Mitregent unter der Schwelle

Das Unbewusste als kreative Denkfigur

Maike Schult

Theologie allein genügt nicht, um zwischenmenschliche Dynamiken und konflikthafte Situationen in der religiösen Praxis zu verstehen. Sie braucht auch das Gespräch mit Psychologie und Psychoanalyse sowie professionelle Aus- und Fortbildungswege. Das war die Einsicht, die 1972 zur Gründung der Deutschen Gesellschaft für Pastoralpsychologie (DGfP) geführt hat, dem Fachverband für Seelsorge, Beratung und Supervision in Deutschland, dem heute rund 700 Personen angehören.[1] Mit ihr fand seinen institutionalisierten Ausdruck, was oft als „die" Seelsorgebewegung bezeichnet wird, in Wirklichkeit aber „eine ganze Fülle sehr unterschiedlicher Impulse, Transfairs [sic!] und Aktivitäten im Dienste einer neuen Seelsorgetheorie und -praxis"[2] unter einem Dach zusammenbrachte. Darunter der von Joachim Scharfenberg (1927–1996)[3] und anderen prominent vertretene Versuch, psychoanalytische Ansätze, Verfahren und Deutungsmuster für die Seelsorge fruchtbar zu machen und alle so geschulten Personen in einer eigenen Sektion zusammenzufassen. Diese tiefenpsychologisch orientierte „T-Fraktion" war eine der Gründungssektionen der DGfP und zeichnet sich bis heute durch die Bereitschaft aus, „die unter der Schwelle des Bewußtseins befindlichen Mitregenten"[4] in die Arbeit einzubeziehen, wie der

---

1 Zur Geschichte der DGfP vgl. auch den Beitrag von Michael Klessmann in diesem Band. Nicht alle Seelsorgenden in Deutschland sind Mitglied der DGfP. In der Praxis finden sich unterschiedliche Professionalisierungsgrade. Personen, die eine mehrjährige pastoralpsychologische Weiterbildung durchlaufen haben, über Fachkenntnisse verfügen und Supervision und Selbsterfahrung nutzen, um darüber ihre religiösen und konzeptionellen Vorannahmen zu reflektieren, findet man vor allem in den Funktionspfarrämtern der sogenannten Spezialseelsorge wie Krankenhaus-, Schul-, Militär-, Polizeiseelsorge. Vgl. Wagner-Rau, Ulrike: Seelsorge, in: Fechtner, Kristian/Hermelink, Jan/Kumlehn, Martina/Wagner-Rau, Ulrike: Praktische Theologie. Ein Lehrbuch, Stuttgart 2017, 171–192, 174.
2 Ziemer, Jürgen: Seelsorgelehre. Eine Einführung für Studium und Praxis, 4., neu bearbeitete und erweiterte Auflage, Göttingen/Bristol 2015, 99.
3 Scharfenberg, Pastor, Psychoanalytiker und Professor für Praktische Theologie an der Christian-Albrechts-Universität zu Kiel, gilt als der entscheidende Initiator und Nestor der Pastoralpsychologie in Deutschland. Vgl. Raschzok, Klaus: Joachim Scharfenberg (1927–1996). Begründer der deutschen Pastoralpsychologie, in: Raschzok, Klaus/Röhlin, Karl-Heinz (Hg.): Kleine Geschichte der Seelsorge im 20. Jahrhundert. Biografische Essays. Festgabe für Richard Riess zum 80. Geburtstag, Leipzig 2018, 267–273.
4 Pfister, Oskar: Analytische Seelsorge. Einführung in die praktische Psychanalyse [sic!] für

Schweizer Pfarrer und Psychoanalytiker Oskar Pfister (1873–1956), früher Freud-Vermittler an die Theologie und „erster Pastoralpsychologe"[5] überhaupt, die unbewussten Einflüsse genannt hat, die die konzeptionelle Basis tiefenpsychologisch fundierter Pastoralpsychologie bilden und deren Wahrnehmung und Deutung über Selbsterfahrungs- und Supervisionseinheiten, Balintgruppen, Verbatim- und Fallbesprechungen eingeübt werden:

> Die Anerkennung der Tatsache, dass menschliches Zusammenleben durch **das Unbewusste** beeinflusst wird, ist der Kerngedanke in der Psychoanalyse und der tiefenpsychologisch orientierten Pastoralpsychologie. Das Unbewusste bereitet uns Probleme; es ist aber auch eine reiche Ressource. Es ist nicht nur individuell, sondern sozial zu verstehen. Mit den Konzepten von Übertragung und Gegenübertragung, dem szenischen Verstehen und den Instrumenten der psychodynamischen Perspektive auf Organisationen hat die Psychoanalyse Instrumente entwickelt, die einen Zugang zum Unbewussten in unterschiedlichen sozialen Kontexten ermöglichen.[6]

Die anfangs offene Frage, wie die DGfP als neue Gesellschaft zu gliedern sei – nach Arbeitsfeldern und Aufgaben (Beratung, Bildung, Seelsorge in Institutionen etc.) oder nach Methoden und therapeutischen Schulen (nach Fachsektionen also) – wurde schnell zu Gunsten des Sektionenprinzips entschieden.[7] Alle Sektionen waren von Anfang an selbstständig: Sie formulierten und modifiziert-

---

Pfarrer und Laien, Göttingen 1927, 12: Es gehe darum, „die unter der Schwelle des Bewußtseins befindlichen Mitregenten" ernst zu nehmen. Eine ähnliche Metapher nutzt für den transgenerationalen Zusammenhang die Slavistin Hausbacher, Eva: „Untermieter der Geschichte": Formen und Funktionen transgenerationaler Erinnerungsnarrative, in: Drosihn, Yvonne/Jandl, Ingeborg /Kowollik, Eva (Hg.): Trauma – Generationen – Erzählen. Transgenerationale Narrative in der Gegenwartsliteratur zum ost-, ostmittel- und südosteuropäischen Raum, Berlin 2020, 203–221.

5 So Nase, Eckart: Oskar Pfisters analytische Seelsorge. Theorie und Praxis des ersten Pastoralpsychologen, dargestellt an zwei Fallstudien, Berlin/New York 1993; Schmidt-Rost, Reinhard: Oskar Pfister. Der erste Pastoralpsychologe, in: Möller, Christian (Hg.): Geschichte der Seelsorge in Einzelporträts, Bd. 3, Göttingen 1996, 185–200; Ziemer, Jürgen: Oskar Pfister (1873–1956). Analytische Seelsorge, in: Raschzok, Klaus/Röhlin, Karl-Heinz (Hg.): Kleine Geschichte der Seelsorge im 20. Jahrhundert. Biografische Essays. Festgabe für Richard Riess zum 80. Geburtstag, Leipzig 2018, 213–218. Pfister war ein Vordenker der Bewegung, hat sich aber nicht selbst als Pastoralpsychologe bezeichnet.

6 Vgl. das von Anne Reichmann geschriebene und Ulrike Wagner-Rau verantwortete Konzept: Die Steuerungsgruppe der Sektion T-Nord der Deutschen Gesellschaft für Pastoralpsychologie/Wagner-Rau, Ulrike (Hg.): Konzept Pastoralpsychologische Weiterbildung nach den Standards der DGfP – Sektion Tiefenpsychologie in drei Modulen (Seelsorge, Lebensberatung, Supervision), Kiel 2021, 7. Die Arbeit der T-Sektion sei darum auch nicht in erster Linie an ein bestimmtes Handlungsfeld gebunden. Das besondere Profil zeige sich vielmehr in der Arbeitsweise: „Die Berücksichtigung und Bearbeitung unbewusster Prozesse und Konfliktkonstellationen, der Umgang mit Übertragung und Gegenübertragung, Widerstand und Deutung im Kontext der christlichen Tradition sind zentrale methodische Anliegen." So Klessmann, Michael: Pastoralpsychologie. Ein Lehrbuch, Neukirchen-Vluyn ²2004, 645.

7 Für die Hinweise zu den Anfängen der DGfP und zu ihrem Aufbau, die ich hier paraphrasieren darf, danke ich sehr herzlich Lothar Mischke.

en ihre Standards, legten die Zugangsmöglichkeiten für neue Mitglieder fest, entwickelten ihr eigenes Curriculum, förderten ihre spezifischen Praxisfelder und gestalteten ihre Sektionstagungen in Eigenregie. Die Standards sollten allerdings denen der nicht-kirchlichen Berufsfachverbände vergleichbar sein und dafür sorgen, die jeweilige Ausbildungstradition theologisch reflektieren zu können.[8]

Die DGfP war eine westdeutsche Gründung,[9] die ihre wichtigsten Impulse aus den USA und den Niederlanden importierte.[10] Sie ist als ein unabhängiger Verein organisiert, in dem Theologen und Theologinnen verschiedener Konfessionen zusammenkommen, um Psychologie im kirchlichen Raum anzubieten, als Seelsorge, Beratung oder Supervision, und oft waren die tiefenpsychologisch orientierten Pastoralpsychologen in den Anfangsjahren der Gesellschaft sogar in mehreren Berufswelten zu Haus: als Pfarrer in der Gemeinde, als Professor an Hochschulen und Universitäten, sowie als Psychoanalytiker in eigener Praxis. Das integrierende Moment war aber nicht die Psychologie. Die psychologischen Ansätze konnten sich sogar stark unterscheiden. Die Gemeinsamkeit war die Theologie, und die psychologischen Importe waren mit dem Wunsch verbunden, nicht nur einzelne Menschen, sondern auch die kirchliche Arbeit und Kirche als Institution von unten nach oben zu erneuern, neue Sichtweisen und neue Kommunikationsformen einzubringen, biblische Traditionen neu wahrzunehmen und eine neue Sprache zu finden.[11]

---

8   Die Sektionen bieten bis heute soziale Beheimatung, fachliche Klarheit, Identität und Sicherheit nach innen, sowie Erkennbarkeit nach außen und sollen ‚Wildwuchs' unterbinden. Schwerer zu sagen ist, wie sie untereinander kooperieren können. Vgl. Schult, Maike: Ende der Enthaltsamkeit? Abstinenz, Kooperation und Integration aus Sicht der tiefenpsychologisch orientierten Seelsorge, in: Wege zum Menschen, 74. Jg. (2022), Heft 3 (Mai/Juni), 261–270.

9   Die Impulse der Seelsorgebewegung wurden auch im anderen Teil Deutschlands aufgenommen, mit dem man über die Grenze hinweg Sprache und konfessionelle Bindung teilte, doch verlief die Ausbildung hier wie in allen Organisationen der DDR zentral. Zeitstrukturen und Zulassungsverfahren, wie sie im Westen üblich waren, ließen sich nicht einfach kopieren, sondern mussten dem politischen Kontext angepasst werden. Standards und Prüfungsordnungen der Kurse wurden bis 1990 durch den Beirat des Bundes der Kirchen in der DDR (BEK) entwickelt. Nach der Wiedervereinigung und dem Ende der BEK konnten sich die ostdeutschen Mitglieder der DGfP anschließen, die in der DDR entwickelten Formate wurden aber nicht übernommen. Für diese Hinweise danke ich Jürgen Ziemer und Günther R. Eisele, die ihre Erfahrungen im Oktober 2021 auf der Tagung „Die Rezeption pastoralpsychologischer Seelsorge und Seelsorgeausbildung in den Kirchen der DDR" vorgetragen haben, veranstaltet von der Forschungsstelle „Kirchliche Praxis in der DDR. Kirche sein in Diktatur und Minderheit" an der Universität Leipzig.

10 Die Seelsorgebewegung, die wir mit der DGfP im Kopf haben, war genau genommen die zweite, die ihre Anleihen schon bei Konzepten und Ausbildungsstrukturen in den USA machen konnte. Dort hatten einige der ersten Generation deutscher Pastoralpsychologen studiert, Impulse der amerikanischen Seelsorgebewegung aufgegriffen, diese mit nach Deutschland zurückgebracht und eigenständig fortgeführt.

11 Vgl. dazu den informativen Rückblick von Jochheim, Martin: Die Anfänge der Seelsorge-

Dabei spielten auch zeitgeschichtliche Faktoren eine wichtige Rolle, wie der Marburger Praktische Theologe Dietrich Stollberg (1937–2014) in einem Interview aus dem Jahr 1997 erinnert, in dem er selbst als Zeitzeuge zu Wort kommt.[12] Viele der Gründungsmitglieder hatten ihre Kindheit während des Zweiten Weltkriegs erlebt und ihr Theologiestudium nicht ohne Skepsis den theologischen Vätern und der Kirche gegenüber absolviert.[13] Erst die (Tiefen-)Psychologie habe ihnen „einen neuen Zugang zur Welt"[14] eröffnet, so dass sich die „Lebendigkeit überlieferter religiöser Symbole" neu entdecken ließ.[15] Diese Rückgewinnung an Lebendigkeit und Kreativität war, wie sich vermuten lässt, auch dadurch in Gang gebracht, dass die „Mitregenten unter der Schwelle", insbesondere die oft unbewussten Konflikte der Kriegskinder-Söhne mit ihren ‚Vätern', nun dem eigenen Selbst zugänglicher wurden und ins theologische Denken eingebracht werden konnten.[16] Stollberg selbst erwähnt die Abkehr vom „heldischen Kirchenkampfpathos" der Dialektischen Theologie.[17] Ihre Vertreter hatten sich zwar in der NS-Zeit als politisch wach erwiesen, doch je mehr nach 1945

---

bewegung in Deutschland. Ein Beitrag zur neueren Geschichte der Pastoralpsychologie, in: Zeitschrift für Theologie und Kirche, Vol. 90 (Dezember 1993), Nr. 4, 462–493. Die mit der Bewegung verbundene radikale „Wende zur Erfahrungswelt" (Dietrich Rössler) sei durch den „Problemdruck" der pastoralen Praxis entstanden, habe die theologische Ausbildung, auch dank der Unterstützung durch Kirchenleitungen, strukturell verändert und der in ihrer Berufsrolle verunsicherten Pfarrerschaft ein neues Selbstverständnis zugespielt. Die Seelsorge habe so Ende der 1960er Jahre die Homiletik als Leitbegriff abgelöst, ohne die Seelsorge in Abgrenzung zur Dialektischen Theologie einerseits und in Hinwendung zu den Human- und Kommunikationswissenschaften andererseits *theologisch* neu konzipieren zu können.

12 Stollberg, Dietrich: Wie es begonnen hat. Ein Interview, in: Janowski, Gudrun/Miethner, Reinhard (Hg.): Lebendige Systeme. Martin Ferel zum 60. Geburtstag, Seminar für Seelsorge der Evangelischen Kirche in Hessen und Nassau, Frankfurt a. M. 1997, 1–20.

13 Stollberg gehört zu den Gründungsfiguren der DGfP, gibt aber selbst eine „ganze Reihe pastoralpsychologischer Ahnen" an, darunter einen seiner Lehrstuhlvorgänger in Marburg, den liberalen Praktischen Theologen Friedrich Niebergall: Stollberg, Wie es begonnen hat, 14. Vgl. dazu: Schult, Maike: Vom Nachzügler zum Klassiker: Der Weg zur ersten Fachprofessur für Praktische Theologie in Marburg, in: Schäufele, Wolf-Friedrich (Hg.): 500 Jahre Theologie in Marburg. Beiträge zur Geschichte der Evangelisch-Theologischen Fakultät, Münster 2024, 71–85 mit der Besetzungsgeschichte dieses Lehrstuhls von Ernst Christian Achelis über Friedrich Niebergall, Dietrich Stollberg, Ulrike Wagner-Rau bis heute.

14 Stollberg, Wie es begonnen hat, 1. Und ebd., 17: Jeder habe angenommen, er sei weit und breit der einzige, der über die Tiefenpsychologie Zugang zur Welt der Symbole gefunden habe.

15 Stollberg, Wie es begonnen hat, 14.

16 Diese Auseinandersetzungen konnten auf die realen (Groß-) Väter bezogen sein, die – manchmal auch als Pfarrer und Theologen – als Soldaten am Ersten oder Zweiten Weltkrieg teilgenommen hatten. Es konnte aber auch auf die theologischen Väter bezogen sein, von denen sich die 1968er-Generation politisch abgrenzen wollte. Vgl. dazu Jochheim, Anfänge, 486–491 („*Seelsorge und das Gespräch mit den Vätern*") sowie die Fallvignetten von Wolfgang Winter in diesem Band.

17 Stollberg, Wie es begonnen hat, 14.

der konkrete Situationsbezug durch den politischen Wandel verlorenging, desto befremdlicher wirkte der alte Habitus, der bis in die 1960er Jahre kirchliche Kommunikationsprozesse, auch in der Seelsorge und bei Kasualien, dominierte und „Unverständlichkeit, Ratlosigkeit, ja sogar Enthumanisierung" bewirkte.[18] In dieser Zeit des „floskelhaften Pragmatismus"[19] und der allgemeinen Sprachlosigkeit den Verbrechen der Nazizeit gegenüber[20] fand die nachfolgende Theologengeneration über Studienaufenthalte in den USA ihre entscheidenden innovativen Impulse. Durch sie wurde der „Mensch als Text"[21] lesbarer, und mit Freuds Aufmerksamkeit für unbewusste Dynamiken schien auch eine Verstehenshilfe für die eigene Tradition und Situation in Deutschland gefunden.[22] Im Anschluss an Freud ließ sich sogar die Sprache selbst als Therapeutikum entdecken, und so war mit ihm eine neue Autorität gefunden, die als „‚Fremdprophetie'"[23] die christlichen Sprachbilder vitalisierte und der jungen Theologengeneration Freiheitsgewinne ermöglichte – während die jungen Literaten der Nachkriegszeit Gott bereits zu Grabe getragen hatten.[24]

Nach der Machtübernahme der Nationalsozialisten war die Gleichschaltung der kulturellen Bereiche eine der ersten Maßnahmen des totalitären Regimes gewesen.[25] Dabei ging es um die Beeinflussung der Bevölkerung durch Einschärfung der neuen Ideale, ohne ausschließlich Gewalt anzuwenden. Der Nationalsozialismus hatte die soziale Bedeutung der Kunst erkannt und suchte diese strategisch zu nutzen. Dabei lag der besondere Wert der Kunst darin, dass die angestrebte soziale Kontrolle auf zwei Wegen zu realisieren war: Sie konnte direkt erfolgen über kulturpolitisch sichtbare Institutionen, Gesetze und Zensurvorgaben, was sich vor allem auf die Kulturschaffenden, ihren Produktionsprozess und ihre wirtschaftliche Situation auswirkte. Sie ließ sich aber auch informell ausüben über die Rezeption von Kunst, indem diese Leitbilder schuf, Identifika-

---

18 Stollberg, Wie es begonnen hat, 14.
19 Stollberg, Wie es begonnen hat, 17.
20 Vgl. Hermle, Siegfried/Oelke, Harry (Hg.): Kirchliche Zeitgeschichte_evangelisch, Bd. 3: Protestantismus in der Nachkriegszeit (1945-1961), Leipzig 2021; Krondorfer, Björn/Kellenbach, Katharina von/Reck, Norbert: Mit Blick auf die Täter. Fragen an die deutsche Theologie nach 1945, Gütersloh 2006.
21 Stollberg, Wie es begonnen hat, 11.
22 Stollberg, Wie es begonnen hat, 12.
23 Ziemer, Seelsorgelehre, 125: Die konstruktive Vermittlung von Freud war das Verdienst von Scharfenberg. Seine Habilitationsschrift, die an Pfister anknüpfte und zugleich über ihn hin auswies, markierte 1968 „den Beginn der modernen Pastoralpsychologie im deutschen Sprachbereich", so Ziemer, Oskar Pfister, 217. Vgl. Scharfenberg, Joachim: Sigmund Freud und seine Religionskritik als Herausforderung für den christlichen Glauben, Göttingen 1968.
24 Vgl. exemplarisch: Schnurre, Wolfdietrich: Das Begräbnis (1946), in: Ders.: Man sollte dagegen sein. Geschichten, Olten und Freiburg i. Br. 1960, 23-34.
25 Vgl. für den folgenden Abschnitt Schult, Maike: Kultur, in: Hermle, Siegfried/Oelke, Harry (Hg.): Kirchliche Zeitgeschichte_evangelisch, Bd. 2: Protestantismus und Nationalsozialismus (1933-1945), Leipzig 2020, 151-162.

tionsangebote machte, das Selbst- und Gruppenerleben prägte, Feindbilder formte und Angst vor Ausschluss erzeugte. Gerade diese subtilen, unter der Schwelle des Bewusstseins angelegten Strategien waren ungeheuer wirksam und erreichten auch diejenigen, die der neuen Ideologie nicht folgen wollten. Institutionalisierte und nicht-institutionalisierte Mechanismen waren also miteinander verschränkt und konnten im Verbund nicht nur den Kulturbetrieb, sondern auch weite Teile der Bevölkerung effektiv steuern. Nach dem „Umschwung", wie die frühe Phase der Gleichschaltung genannt wurde, in der viele Vertreter des Kulturlebens durch Beurlaubung, Entlassung, Verfemung, Flucht oder Verhaftung bereits aus der Öffentlichkeit verschwunden waren, schufen die Nationalsozialisten per Gesetz vom 22. September 1933 als erste Einrichtung ihrer staatlichen Kulturpolitik die Reichskulturkammer. Sie war Joseph Goebbels (1897–1945) als dem Reichsminister für Volksaufklärung und Propaganda unterstellt und die organisatorische Basis für die Durchsetzung einer „totalen Kultur". Die Kulturkammer war in sieben Einzelkammern untergliedert, und jeder Künstler musste in einer der Kammern aufgenommen sein. Wer keinen Ariernachweis erbrachte, jüdische Angehörige hatte oder auf andere Weise dem System unliebsam war, wurde aus der Dachorganisation ausgeschlossen und mit Polizeigewalt an der Ausübung seines Berufes gehindert.

Durch die Gleichschaltung des Kulturbetriebs wurde auch die Psychoanalyse im Nationalsozialismus massiv unterdrückt.[26] Freuds Schriften wurden bei der Bücherverbrennung im Mai 1933 öffentlich verbrannt.[27] Das kaum begonnene

---

26 Dräger, Käthe: Bemerkungen zu den Zeitumständen und zum Schicksal der Psychoanalyse und der Psychotherapie in Deutschland zwischen 1933 und 1949, in: Psyche, 25. Jg. (1971), Heft 4, 255–268. Man wird vielleicht sogar sagen dürfen, dass die Geschichte der Psychoanalyse in Deutschland, gleichgeschaltet, „das Unbewusste verloren hat". Vgl. dazu: Brainin, Elisabeth/Teicher, Samy: Kommentar zu: „Die Deutsche Psychoanalytische Gesellschaft 1933-1936" von Michael Schröter in Psyche 63, 2009, Heft 11, in: Psyche – Z Psychoanal 64, 2010, 353–357; Schröter, Markus: Wenn man dem Teufel den kleinen Finger reicht... DPG und IPV unter dem Druck des Nazi-Regimes (1933–1938), in: Psyche – Z Psychoanal 64, 2010, 1134–1155; Kreuzer-Haustein, Ursula: Die Beziehungsgeschichte von DPV und DPG 1945 bis 1967: Offene und verborgene Auseinandersetzungen mit der NS-Geschichte, in: Psyche – Z Psychoanal 67, 2013, 715–734. Für diese Hinweise danke ich Peter J. Winzen.

27 Er selbst konnte das von den Deutschen besetzte Wien 1938 in letzter Minute verlassen und in London Zuflucht finden, während vier seiner Schwestern im Konzentrationslager ermordet wurden. In der „Neuen Zürcher Zeitung" stellte der peruanische Literaturnobelpreisträger Mario Vargas Llosa im September 2022, wenige Wochen nach der Marburger Tagung „Das Unbewusste in der religiösen Praxis", die These auf, dass die Entdeckung des Unbewussten als „Nachtseite des Bewusstseins" zu eben der Zeit erfolgt sei, als sich der Nationalsozialismus auszubreiten begann. Llosa, Mario Vargas: In Wien wurde das Unbewusste entdeckt – und zur gleichen Zeit begann sich der Nationalsozialismus auszubreiten, in: NZZ vom 11.09.2022, abzurufen unter: www.nzz.ch/feuilleton/mario-vargas-llosa-ueber-sigmund-freud-und-das-unbewusste-ld.1698047 (zuletzt abgerufen am 11.03.2025). Freud selbst hatte über das individuelle Unbewusste hinaus auch Vorstellungen entwickelt eines „Arten-, sowie eines Rassen-Unbewussten", die sich aber eben wegen ihrer

Gespräch zwischen Theologie und Tiefenpsychologie kam zum Erliegen, und das Unbewusste als „Schlüsselkonzept der Psychoanalyse"[28] konnte angesichts der manifesten Zensurbedingungen erst nach dem Ende der Diktatur seine aufdeckend-entschlüsselnde Kraft neu zur Geltung bringen. Gleichwohl entstand in eben dieser Situation das Gemälde „Die vier Evangelisten" von Otto Fischer-Lamberg (1886–1963).[29] Obwohl selbst seit 1933 Mitglied der NSDAP, legte Fischer-Lamberg mit diesem Gemälde aus dem Jahr 1935 ein bildnerisches Bekenntnis ab zu vier Idolen der damals verfemten Expressionisten: Sigmund Freud (1856–1939), Vincent van Gogh (1853–1890), August Strindberg (1849–1912) und Fëdor M. Dostoevskij (1821–1881),[30] dem hier mit den zum Gebet gefalteten Händen der traditionelle Platz des vierten Evangelisten zugewiesen wird.[31] Das Gemälde gilt als ein Schlüsselwerk, mit dem Fischer-Lamberg seine geistige Nähe zu Persönlichkeiten bekundet, die bei den Nazis längst in Ungnade gefallen waren und denen er sich, trotz seiner Mitgliedschaft in verschiedenen Parteiorganisationen,[32] offenbar so zugehörig fühlte, dass er sich – spielerisch-verfremdend und religiös-normativ zugleich – öffentlich zu ihnen bekannte.[33]

Nähe zu rassistisch-völkischen Konzepten nicht durchsetzen konnten: Erdheim, Mario: Das Unbewusste in der Kultur. Erinnern und Verdrängen als Themen der Kulturwissenschaften, in: Jaeger, Friedrich/Rüsen, Jörn (Hg.): Handbuch der Kulturwissenschaften, Bd. 3: Themen und Tendenzen. Sonderausgabe, Stuttgart 2011, 92–108, 92.

28 Feldmann, Doris: Art. Unbewusstes, individuelles, in: Nünning, Ansgar (Hg.): Metzler Lexikon. Literatur- und Kulturtheorie. Ansätze – Personen – Grundbegriffe, fünfte, aktualisierte und erweiterte Auflage, Stuttgart/Weimar 2013, 775–776, 775.

29 Fischer-Lamberg stammt aus einer evangelischen Familie, die 1888 aus Lettland nach Berlin gekommen war, und studierte in Berlin und Weimar. Von 1912 bis 1946 lehrte er als Zeichenlehrer an der Universität Halle. 1946 wurde er im Zuge der Entnazifizierung entlassen, unterrichtete jedoch weiter privat in seinem Atelier am Weidenplan. Fischer-Lamberg hat an beiden Weltkriegen als Soldat teilgenommen.

30 Zum Zeitpunkt der Anfertigung des Gemäldes war von den vieren nur Sigmund Freud noch am Leben.

31 Hüneke, Andreas: Dostojewski und sein Werk im Bild von Künstlern der ersten Hälfte des 20. Jahrhunderts, in: Jahrbuch der Deutschen Dostoevskij-Gesellschaft, Bd. 13 (2006), 97–114, 97. Im Unterschied zu Freud waren die Werke des russischen Schriftstellers durch Goebbels' persönliche Protektion nicht der Bücherverbrennung zum Opfer gefallen. Vgl. Schult, Maike: Im Banne des Poeten. Die theologische Dostoevskij-Rezeption und ihr Literaturverständnis, Göttingen/Oakville 2012, 169–176.

32 Fischer-Lamberg war bis 1930 Mitglied der Deutschnationalen Volkspartei. Obwohl seine künstlerischen Ansichten der Nazi-Ideologie widersprachen, trat er 1933 der NSDAP bei, möglicherweise in der Hoffnung, so seine berufliche Existenz absichern zu können. Dennoch wurden 1937 im Rahmen der Aktion „Entartete Kunst" zwei seiner Druckgraphiken beschlagnahmt und zerstört. Ab 1946 war Fischer-Lamberg Mitglied der CDU in der DDR. Vgl. https://www.catalogus-professorum-halensis.de/fischerlambergotto.html (zuletzt abgerufen am 21.05.2025).

33 Ein gewisses Pathos findet sich später auch bei den jungen Pastoralpsychologen, als diese sich auf Freud als ihren Gewährsmann berufen. Die Landeskirchen hingegen hätten die Pastoralpsychologie domestiziert und „ihr die innovativ-kritischen Zähne" gezogen, so

Fischer-Lamberg, Otto: Die vier Evangelisten (1935); Öl auf Leinwand, 97 x 130 cm, Staatliche Galerie Moritzburg, Halle an der Saale.

Zwei von ihnen, Freud und Dostoevskij, waren dabei als ‚Entdecker' des Unbewussten[34] auch untereinander verbunden[35] und hielten für Fischer-Lamberg vielleicht die Hoffnung aufrecht, dass die vorfindliche politische Regentschaft nicht das letzte Wort haben werde.

An dem Gemälde wird nicht nur die Frage nach der schwierigen Darstellung des Unbewussten als einem abstrakten Konzept deutlich,[36] das als bildreich

---

Stollberg, Wie es begann, 17. Er selbst forderte zu Beginn der 1980er Jahre den „Abschied vom Pathos der Veränderung": Stollberg, Dietrich: Abschied vom Pathos der Veränderung. Gruppendynamik, Psychoanalyse und Theologie – Anspruch und Wirklichkeit, in: Stollberg, Dietrich/Riess, Richard (Hg.): Das Wort, das weiterwirkt. Aufsätze zur Praktischen Theologie in memoriam Kurt Fror, München 1981, 169–178.

34 Das Jahr 1900 gilt gemeinhin als ‚Geburtsstunde' des Unbewussten. Doch findet sich seine Verwendung schon vorher, etwa bei Karl Philipp Moritz (1756–1793), Jean Paul (1763–1825) und Johann Wolfgang von Goethe (1749–1832). Der erste Gebrauch der deutschen Wörter „Unbewusstsein"/„bewusstlos" wird dem Leipziger Philosophen und Mediziner Ernst Platner (1744–1818) zugeschrieben. Die bis heute anhaltende Beschäftigung mit dem Unbewussten verdankt sich zweifellos Freud, der aber auch auf Vorheriges zurückgreifen konnte. Etwa auf Eduard von Hartmanns mehrfach aufgelegte „Philosophie des Unbewußten" (1869) und die Werke Dostoevskijs.

35 Dabei ließ sich Freud allerdings etwas zu schnell zu psychologisierenden Lesarten hinreißen. Vgl. Schult, Maike: Verlockende Vatertötung – Freuds Phantasien zu Dostojewskij, in: Jahrbuch der Deutschen Dostojewskij-Gesellschaft, Bd. 10 (2003), 43–55.

36 Greve, Gisela: Das Unbewusste im Bild. Psychoanalytische Kunstbetrachtungen, Göttingen 2015. Die Sichtbarmachung des Unbewussten war auch für die Marburger Tagung nicht

arbeitend gedacht wird, sich aber selbst kaum ins Bild fassen lässt. Es lässt sich an ihm auch die schwierige Frage politischer Bewertungen ablesen: Für seine Mitgliedschaft in nationalsozialistischen Organisationen wurde Fischer-Lamberg 1946 aus dem Dienst als Hochschullehrer der Martin-Luther-Universität Halle-Wittenberg entlassen. Welche bewussten oder unbewussten Motive den Künstler zu diesen Mitgliedschaften bewogen haben, ist bislang so ungeklärt geblieben wie die Frage, was er selbst als Soldat an „Schuld und Sühne"[37] auf sich geladen und wie er sich später dazu verhalten hat. Dies zu recherchieren und kritisch auszuwerten, ist zunächst einmal eine zeitgeschichtliche Aufgabe. Es ist aber oft auch eine pastoralpsychologische Aufgabe,[38] Menschen „als Text" zu lesen und die Widersprüche ihres Lebens zusammenzuhalten.[39] Im Fall von Fischer-Lamberg also zum Beispiel: die Anpassungen an das Regime ebenso wahrzunehmen wie die kreativ-subversiven Impulse, die von ihm ausgegangen sind und die den nationalsozialistischen Herrschaftsanspruch in einer Weise unterliefen, dass die Kunsthistorikerin Ingrid Schulze (1929–2009) in der führenden Kunstzeitschrift der DDR, die „Bildende Kunst", 1975 Fischer-Lamberg als einen Künstler anführt, „der nach 1933 einen leider bis jetzt noch nicht gewürdigten Beitrag zur antifaschistischen Kunst" geleistet habe.[40]

In solche Lesarten einzuführen und sie einzuüben als eine Mischung aus Haltung und Hermeneutik, das ist nach meinem Eindruck die Aufgabe der gegenwärtigen Poimenik als dem akademischen Lehrfach, das Selbst- und Fremdwahrnehmung, Theologie und Psychologie zusammenbringt. Hier können Studie-

---

einfach. Für das Coverbild zum Tagungsband, das das Schlüsselmotiv aufgreift, danke ich herzlich meiner Mitarbeiterin Sara Egger. Vgl. auch den Sammelband von Bauer, Annemarie/Fröse, Marlies W./Seigies, Jörg (Hg.): Verborgene und unbewusste Dynamiken in Organisationen. Systeme psychoanalytisch verstehen in Beratung, Coaching und Supervision, Gießen 2023. Dessen Beiträge suchten unbewusste Vorgänge in Beziehungen und Systemen bewusst zu machen und nutzten „Sweep it Under the Carpet" von Bansky als Coverbild. Das Streetart-Motiv war 2006 an einer Londoner Hauswand aufgetaucht und zeigt eine als Dienstmädchen gekleidete Frau, die mit einem Kehrblech Schmutz unter eine Ziegelsteinmauer fegt. Das Werk soll nach Bansky die Tendenz der westlichen Welt aufdecken, globale Probleme wie Armut unter den Teppich zu kehren.

37 Für Vertreter der Theologiegeschichte vgl. Schult, Maike: „Schuld und Sühne" für Verbrechen ohne Strafe? Verdeckte Motive in der theologischen Dostoevskij-Rezeption nach 1945, in: Theologische Zeitschrift (ThZ), 79. Jg. (2023), Heft 1, 89–103.

38 Zur Verbindung von Seelsorge und (kirchlicher) Zeitgeschichte allgemein vgl. Schult, Maike: Freiheit finden in Tradition: Plädoyer für eine zeitgeschichtlich informierte Seelsorge im 21. Jahrhundert, in: Pastoraltheologie, 112. Jg. (2023), Heft 10, 426–436.

39 Das gilt auch für Fischer-Lambergs Gemälde, das einen religionskritischen jüdischen Wissenschaftler, einen sich selbst verstümmelnden niederländischen Maler, einen psychisch labilen, dem Pietismus zugeneigten, aber auch gotteslästerlich schreibenden schwedischen Autor und einen russisch-orthodoxen Schriftsteller, der im deutschen Sprachraum eine religiöse Autorität sui generis war, nebeneinander stellt.

40 Schulze, Ingrid: Zur Halleschen Künstlergruppe „Die Fähre", in: Bildende Kunst, 23. Jg. (1975), Heft 4, 167–171, 167.

rende mit pastoralpsychologischen Denktraditionen in Kontakt kommen und dabei das Unbewusste als eine Denkfigur erkunden, die hilft, auch das in die Deutung religiöser Praxis einzubeziehen, was das Bewusstsein unter der Schwelle belassen und unter dem Teppich halten will. Eine Denkfigur über das Verdrängte also, das selbst gerade massiven hochschulpolitischen Verdrängungstendenzen unterliegt, so dass in Seelsorge-Lehrveranstaltungen Studierende der Theologie mit Studierenden der Psychologie zusammenkommen, die manchmal überhaupt nur noch im Rahmen theologischer Lehrangebote einen konstruktiven Zugang zu Freud, zur Psychoanalyse und zum ‚Unbewussten' finden, weil ihre eigenen Ausbildungswege immer stärker verhaltenstherapeutisch monopolisiert werden.[41] Das mag auf den ersten Blick anachronistisch wirken, ist aber angesichts der gegenwärtigen Zerbrechlichkeit von Organisationen und Institutionen, den Herausforderungen für unsere Demokratie und angesichts vieler zeitgeistiger Verkennungen auch durch den Einfluss von Social-Media Formaten[42] ein nicht

---

41 Vgl. dazu den anhaltenden Streit um die Neubesetzung oder Streichung der Professur für Psychoanalyse an der Goethe-Universität Frankfurt, die manche gern „entsorgt" sähen, so kritisch: Geyer, Christian: Aufschlüsse wagen, in: FAZ Nr. 111 (14.05.2025), N 4. Vgl. zudem: Ist das Unbewusste international? Uffa Jensen im Gespräch mit Stephanie Rohde (14.04.2019): https://www.deutschlandfunkkultur.de/globalgeschichte-der-psychoanalyse-ist-das-unbewusste-100.html; Leuzinger-Bohleber, Marianne: Wo bleibt die dritte Aufklärung? Soziale Medien fördern das Schwarz-Weiß-Denken und die Komplexitätsreduktion, in: FAZ.net (11.11.2021): www.faz.net/aktuell/karriere-hochschule/keine-psychoanalyse-mehr-an-der-goethe-uni-in-frankfurt-17627685.html; Tlustry, Ann-Kristin: Freud ist out, in: ZEIT Campus (06.12.2021): www.zeit.de/campus/2021-12/universitaet-frankfurt-lehrstuhl-psychoanalyse-psychologie (jeweils zuletzt abgerufen am 11.05.2025). Zur gegenwärtigen Verdrängung des Unbewussten aus dem Psychologiestudium vgl. Meffert, Christine: Würden wir Freud vermissen? Ein Gespräch mit den Analytikern Cécile Loetz und Jakob Müller über das Unbewusste und seine soziale Sprengkraft, in: ZEITMAGAZIN No. 3 (12.1.2023), 12–20. Und für die Hintergründe dieses Lehrstuhls für Psychoanalyse, den als erster Alexander Mitscherlich erhielt, der die NS-Verbrechen der deutschen Mediziner öffentlich gemacht hatte: Freimüller, Tobias: Psychoanalyse und Selbstaufklärung. Alexander Mitscherlich und die Gründung des Frankfurter Sigmund-Freud-Instituts, in: Kroll, Thomas/Reitz, Tilman (Hg.): Intellektuelle in der Bundesrepublik Deutschland. Verschiebungen im politischen Feld der 1960er und 1970er Jahre, Göttingen/Bristol 2013, 200–216.

42 So war in dem Seelsorgeseminar, das ich in Marburg begleitend zur Tagung „Das Unbewusste in der religiösen Praxis" im Sommersemester 2022 angeboten hatte, über Wochen das Missverständnis im Raum, der von mir pastoralpsychologisch geforderte Bedarf an Selbstreflexion sei eine weitere Forderung nach Selbstoptimierung, gegen die die Studierenden aufbegehrten. Erst in passivem Groll, dann zum Glück als lauthals geäußerter Protest gegen die ‚Über-Ich'-Professorin. Durch den Mut, den Konflikt auszutragen, konnte das Missverständnis geklärt und auf *beiden* Seiten Neues verstanden werden. Wir haben die Diskussion dann später mit Vera King fortgesetzt, Professorin für Soziologie und psychoanalytische Sozialpsychologie an der Goethe-Universität Frankfurt sowie Geschäftsführende Direktorin des Sigmund-Freud-Instituts ebenda, und uns generationenübergreifend mit gegenwärtigen Perfektionsforderungen auseinandergesetzt. Vgl. King,

zu unterschätzender Lernort für die Einsicht: Das Ich versteht sich nicht von selbst, und manchmal braucht es lange, bis verdrängte, tabuisierte und geschönte Anteile der Reflexion zugänglich werden. Das betrifft eben nicht immer nur die Anderen. Es betrifft immer auch die eigene Person und die Persönlichkeiten der eigenen Tradition, wie sich pars pro toto an dem Theologen und Pastoralpsychologen Hans-Joachim Thilo (1914–2003) zeigen lässt. Wie Otto Fischer-Lamberg hatte Thilo als junger Wissenschaftler Zugeständnisse an den Nationalsozialismus gemacht. Er war dabei aber nicht einfach Mitglied der NSDAP geworden, um kein Berufsverbot fürchten zu müssen, sondern war der Partei, später auch der SS, bereits 1932 ohne Not beigetreten. Thilo war Mitglied der Thüringer Deutschen Christen, hatte seine Doktorarbeit im Sinne der NS-Ideologie verfasst und war beim sogenannten Eisenacher „Institut zur Erforschung und Beseitigung des jüdischen Einflusses auf das deutsche kirchliche Leben" als Mitarbeiter geführt.[43] Nach dem Krieg hat er – als Teil des Reeducation-Programms – in Oxford ein Studium der Psychoanalyse absolviert und dann trotz anfänglichen Publikationsverbots noch eine beachtliche Laufbahn in der Evangelischen Kirche, als Praktischer Theologe an der Universität und als Psychoanalytiker in eigener Praxis realisieren können. Er gilt, nicht zu Unrecht, als wichtiger Vorbereiter der Pastoralpsychologie und namhafter Vermittler zwischen Theologie und Tiefenpsychologie. Doch eine Einsicht in die eigenen politischen Verstrickungen und eine Einsicht in eigene Schuld war ihm auch als Pastoralpsychologe nur zum Teil gelungen. Seine Autobiographie benennt zwar die „Narben", die die Weltkriege hinterlassen haben.[44] Sie kommt aber nicht aus ohne beredte Aussparungen, von denen Björn Krondorfer befunden hat: „so viel Apologetik und so wenig Bekenntnis".[45] Die Kenntnis der Psychoanalyse als Behandlungsmethode wie als Kulturtheorie allein hilft also noch nicht, dass Menschen vernünftig und verantwortungsvoll agieren könnten. Das Unbewusste als Denkfigur bietet aber die Möglichkeit, manche Dynamiken des „Mitregenten unter der Schwelle" überhaupt zu bemerken. Eben darin liegt die heuristische Bedeutung des Konzepts, das wir in diesem Band aus unterschiedlichen Fachdisziplinen besichtigen und kreativ durchspielen wollen – in der Hoffnung, dass mit seiner Hilfe bisher unbeachtete Zusammenhänge unseres sogenannten Zivilisa-

---

Vera/Gerisch, Benigna/Rosa, Hartmut (Hg.): Lost in Perfection. Zur Optimierung von Gesellschaft und Psyche, Berlin 2021.

43 Arnhold, Oliver: „Entjudung" – Kirche im Abgrund. Die Thüringer Kirchenbewegung Deutsche Christen 1928–1939 und das „Institut zur Erforschung und Beseitigung des jüdischen Einflusses auf das deutsche kirchliche Leben" 1939–1945, Bd. 2, Berlin 2010, 765–767 und 835.

44 Thilo, Hans-Joachim: Unter den Narben tut es noch weh. Gratwanderung einer Generation, Göttingen/Zürich 1996. Vgl. etwas zurückhaltend auch: Kölsch, Ruth-Erika: Pastoralpsychologie als Suchbewegung und Erfüllung in Begegnung und Verantwortung. Hans-Joachim Thilo – Leben und Werk, Münster/Hamburg/London 2001.

45 Krondorfer, Björn: Nationalsozialismus und Holocaust in Autobiographien protestantischer Theologen, in: Krondorfer/Kellenbach/Reck, Mit Blick auf die Täter, 23–170, 138.

tionsprozesses sichtbar werden können. Etwa die Einsicht, „wie dessen dunkle Seiten verdrängt oder abgespalten, auf Fremdes projiziert und dort weiter bekämpft worden sind."[46] Ohne den Begriff des Unbewussten blieben solche ab und an aufscheinenden Einsichten dem Bewusstsein entzogen und tendierten die Kulturwissenschaften, aber auch Psychologie und Theologie dazu, Verdrängungsprozesse und Abspaltungen nur zu reproduzieren statt sie punktuell rückgängig zu machen.[47]

Eben das punktuelle Rückgängigmachen aber muss das Ziel unserer Arbeit bleiben in dem Bewusstsein, dass wir es nie vollständig beherrschen und nicht darüber verfügen.

Literatur

Arnhold, Oliver: „Entjudung" – Kirche im Abgrund. Die Thüringer Kirchenbewegung Deutsche Christen 1928–1939 und das „Institut zur Erforschung und Beseitigung des jüdischen Einflusses auf das deutsche kirchliche Leben" 1939–1945, Bd. 2, Berlin 2010.

Bauer, Annemarie/Fröse, Marlies W./Seigies, Jörg (Hg.): Verborgene und unbewusste Dynamiken in Organisationen. Systeme psychoanalytisch verstehen in Beratung, Coaching und Supervision, Gießen 2023.

Brainin, Elisabeth/Teicher, Samy: Kommentar zu: „Die Deutsche Psychoanalytische Gesellschaft 1933–1936" von Michael Schröter in Psyche 63, 2009, Heft 11, in: Psyche – Z Psychoanal 64, 2010, 353–357.

Dräger, Käthe: Bemerkungen zu den Zeitumständen und zum Schicksal der Psychoanalyse und der Psychotherapie in Deutschland zwischen 1933 und 1949, in: Psyche, 25. Jg. (1971), Heft 4, 255–268.

Erdheim, Mario: Das Unbewusste in der Kultur. Erinnern und Verdrängen als Themen der Kulturwissenschaften, in: Jaeger, Friedrich/Rüsen, Jörn (Hg.): Handbuch der Kulturwissenschaften, Bd. 3: Themen und Tendenzen. Sonderausgabe, Stuttgart 2011, 92–108.

Feldmann, Doris: Art. Unbewusstes, individuelles, in: Nünning, Ansgar (Hg.): Metzler Lexikon. Literatur- und Kulturtheorie. Ansätze – Personen – Grundbegriffe, fünfte, aktualisierte und erweiterte Auflage, Stuttgart/Weimar 2013, 775–776.

Freimüller, Tobias: Psychoanalyse und Selbstaufklärung. Alexander Mitscherlich und die Gründung des Frankfurter Sigmund-Freud-Instituts, in: Kroll, Thomas/Reitz, Tilman (Hg.): Intellektuelle in der Bundesrepublik Deutschland. Verschiebungen im politischen Feld der 1960er und 1970er Jahre, Göttingen/Bristol 2013, 200–216.

Geyer, Christian: Aufschlüsse wagen, in: FAZ Nr. 111 (14.05.2025), N 4.

Greve, Gisela: Das Unbewusste im Bild. Psychoanalytische Kunstbetrachtungen, Göttingen 2015.

Hausbacher, Eva: „Untermieter der Geschichte": Formen und Funktionen transgenerationaler Erinnerungsnarrative, in: Drosihn, Yvonne/Jandl, Ingeborg /Kowollik, Eva (Hg.): Trauma – Generationen – Erzählen. Transgenerationale Narrative in der Gegenwartsliteratur zum ost-, ostmittel- und südosteuropäischen Raum, Berlin 2020, 203–221.

---

46 Erdheim, Das Unbewusste in der Kultur, 94–95.
47 Erdheim, Das Unbewusste in der Kultur, 95.

Hermle, Siegfried/Oelke, Harry (Hg.): Kirchliche Zeitgeschichte_evangelisch, Bd. 3: Protestantismus in der Nachkriegszeit (1945–1961), Leipzig 2021.

Hüneke, Andreas: Dostojewski und sein Werk im Bild von Künstlern der ersten Hälfte des 20. Jahrhunderts, in: Jahrbuch der Deutschen Dostojewskij-Gesellschaft, Bd. 13 (2006), 97–114.

Jensen, Uffa im Gespräch mit Stephanie Rohde (14.04.2019): https://www.deutschlandfunkkultur.de/globalgeschichte-der-psychoanalyse-ist-das-unbewusste-100.html.

Jochheim, Martin: Die Anfänge der Seelsorgebewegung in Deutschland. Ein Beitrag zur neueren Geschichte der Pastoralpsychologie, in: Zeitschrift für Theologie und Kirche, Vol. 90 (Dezember 1993), Nr. 4, 462–493.

King, Vera/Gerisch, Benigna/Rosa, Hartmut (Hg.): Lost in Perfection. Zur Optimierung von Gesellschaft und Psyche, Berlin 2021.

Klessmann, Michael: Pastoralpsychologie. Ein Lehrbuch, Neukirchen-Vluyn ²2004.

Kölsch, Ruth-Erika: Pastoralpsychologie als Suchbewegung und Erfüllung in Begegnung und Verantwortung. Hans-Joachim Thilo – Leben und Werk, Münster/Hamburg/London 2001.

Kreuzer-Haustein, Ursula: Die Beziehungsgeschichte von DPV und DPG 1945 bis 1967: Offene und verborgene Auseinandersetzungen mit der NS-Geschichte, in: Psyche – Z Psychoanal 67, 2013, 715–734.

Krondorfer, Björn: Nationalsozialismus und Holocaust in Autobiographien protestantischer Theologen, in: Krondorfer/Kellenbach/Reck, Mit Blick auf die Täter, 23–170.

Krondorfer, Björn/Kellenbach, Katharina von/Reck, Norbert: Mit Blick auf die Täter. Fragen an die deutsche Theologie nach 1945, Gütersloh 2006.

Leuzinger-Bohleber, Marianne: Wo bleibt die dritte Aufklärung? Soziale Medien fördern das Schwarz-Weiß-Denken und die Komplexitätsreduktion, in: FAZ.net (11.11.2021): https://www.faz.net/aktuell/karriere-hochschule/keine-psychoanalyse-mehr-an-der-goethe-uni-in-frankfurt-17627685.html (zuletzt abgerufen am 11.05.2025).

Llosa, Mario Vargas: In Wien wurde das Unbewusste entdeckt – und zur gleichen Zeit begann sich der Nationalsozialismus auszubreiten, in: NZZ vom 11.09.2022, abzurufen unter: www.nzz.ch/feuilleton/mario-vargas-llosa-ueber-sigmund-freud-und-das-unbewusste-ld.1698047.

Meffert, Christine: Würden wir Freud vermissen? Ein Gespräch mit den Analytikern Cécile Loetz und Jakob Müller über das Unbewusste und seine soziale Sprengkraft, in: ZEITMAGAZIN No. 3 (12.1.2023), 12–20.

Nase, Eckart: Oskar Pfisters analytische Seelsorge. Theorie und Praxis des ersten Pastoralpsychologen, dargestellt an zwei Fallstudien, Berlin/New York 1993.

Pfister, Oskar: Analytische Seelsorge. Einführung in die praktische Psychanalyse [sic!] für Pfarrer und Laien, Göttingen 1927.

Raschzok, Klaus: Joachim Scharfenberg (1927–1996). Begründer der deutschen Pastoralpsychologie, in: Raschzok, Klaus/Röhlin, Karl-Heinz (Hg.): Kleine Geschichte der Seelsorge im 20. Jahrhundert. Biografische Essays. Festgabe für Richard Riess zum 80. Geburtstag, Leipzig 2018, 267–273.

Scharfenberg, Joachim: Sigmund Freud und seine Religionskritik als Herausforderung für den christlichen Glauben, Göttingen 1968.

Schmidt-Rost, Reinhard: Oskar Pfister. Der erste Pastoralpsychologe, in: Möller, Christian (Hg.): Geschichte der Seelsorge in Einzelporträts, Bd. 3, Göttingen 1996, 185–200.

Schnurre, Wolfdietrich: Das Begräbnis (1946), in: Ders.: Man sollte dagegen sein. Geschichten, Olten und Freiburg i. Br. 1960, 23–34.

Schröter, Markus: Wenn man dem Teufel den kleinen Finger reicht... DPG und IPV unter dem Druck des Nazi-Regimes (1933–1938), in: Psyche – Z Psychoanal 64, 2010, 1134–1155.

Schult, Maike: Vom Nachzügler zum Klassiker: Der Weg zur ersten Fachprofessur für Praktische Theologie in Marburg, in: Schäufele, Wolf-Friedrich (Hg.): 500 Jahre Theologie in

Marburg. Beiträge zur Geschichte der Evangelisch-Theologischen Fakultät, Münster 2024, 71–85.

Schult, Maike: Freiheit finden in Tradition: Plädoyer für eine zeitgeschichtlich informierte Seelsorge im 21. Jahrhundert, in: Pastoraltheologie, 112. Jg. (2023), Heft 10, 426–436.

Schult, Maike: „Schuld und Sühne" für Verbrechen ohne Strafe? Verdeckte Motive in der theologischen Dostoevskij-Rezeption nach 1945, in: Theologische Zeitschrift (ThZ), 79. Jg. (2023), Heft 1, 89–103.

Schult, Maike: Ende der Enthaltsamkeit? Abstinenz, Kooperation und Integration aus Sicht der tiefenpsychologisch orientierten Seelsorge, in: Wege zum Menschen, 74. Jg. (2022), Heft 3 (Mai/Juni), 261–270.

Schult, Maike: Kultur, in: Hermle, Siegfried/Oelke, Harry (Hg.): Kirchliche Zeitgeschichte_evangelisch, Bd. 2: Protestantismus und Nationalsozialismus (1933–1945), Leipzig 2020, 151–162.

Schult, Maike: Im Banne des Poeten. Die theologische Dostoevskij-Rezeption und ihr Literaturverständnis, Göttingen/Oakville 2012.

Schult, Maike: Verlockende Vatertötung – Freuds Phantasien zu Dostojewskij, in: Jahrbuch der Deutschen Dostojewskij-Gesellschaft, Bd. 10 (2003), 43–55.

Schulze, Ingrid: Zur Halleschen Künstlergruppe „Die Fähre", in: Bildende Kunst, 23. Jg. (1975), Heft 4, 167–171.

Steuerungsgruppe der Sektion T-Nord der Deutschen Gesellschaft für Pastoralpsychologie/Wagner-Rau, Ulrike (Hg.): Konzept Pastoralpsychologische Weiterbildung nach den Standards der DGfP – Sektion Tiefenpsychologie in drei Modulen (Seelsorge, Lebensberatung, Supervision), Kiel 2021.

Stollberg, Dietrich: Wie es begonnen hat. Ein Interview, in: Janowski, Gudrun/Miethner, Reinhard (Hg.): Lebendige Systeme. Martin Ferel zum 60. Geburtstag, Seminar für Seelsorge der Evangelischen Kirche in Hessen und Nassau, Frankfurt a. M. 1997, 1–20.

Stollberg, Dietrich: Abschied vom Pathos der Veränderung. Gruppendynamik, Psychoanalyse und Theologie – Anspruch und Wirklichkeit, in: Stollberg, Dietrich/Riess, Richard (Hg.): Das Wort, das weiterwirkt. Aufsätze zur Praktischen Theologie in memoriam Kurt Fror, München 1981, 169–178.

Thilo, Hans-Joachim: Unter den Narben tut es noch weh. Gratwanderung einer Generation, Göttingen/Zürich 1996.

Tlustry, Ann-Kristin: Freud ist out, in: ZEIT Campus (06.12.2021): https://www.zeit.de/campus/2021-12/universitaet-frankfurt-lehrstuhl-psychoanalyse-psychologie.

Wagner-Rau, Ulrike: Seelsorge, in: Fechtner, Kristian/Hermelink, Jan/Kumlehn, Martina/Wagner-Rau, Ulrike: Praktische Theologie. Ein Lehrbuch, Stuttgart 2017, 171–192.

Ziemer, Jürgen: Oskar Pfister (1873–1956). Analytische Seelsorge, in: Raschzok, Klaus/Röhlin, Karl-Heinz (Hg.): Kleine Geschichte der Seelsorge im 20. Jahrhundert. Biografische Essays. Festgabe für Richard Riess zum 80. Geburtstag, Leipzig 2018, 213–218.

Ziemer, Jürgen: Seelsorgelehre. Eine Einführung für Studium und Praxis, 4., neu bearbeitete und erweiterte Auflage, Göttingen/Bristol 2015.

B. „Das Unbewusste" –
Eine Denkfigur wird besichtigt

I. Pastoralpsychologische Perspektiven

Bewusstes und Unbewusstes in der Seelsorge
Beispiele ausgewählter pastoralpsychologischer Positionen

Michael Klessmann

Im Zusammenhang mit dem 50jährigen Jubiläum der Deutschen Gesellschaft für Pastoralpsychologie (DGfP) im Jahr 2022 bietet es sich an, noch einmal auf die neuere Geschichte der pastoralpsychologisch orientierten christlichen Seelsorge in Deutschland zu blicken[1], hier speziell anhand der Frage nach der Bedeutung bewussten und unbewussten Seelenlebens in verschiedenen poimenischen Ansätzen.

1. Zur Vielschichtigkeit seelsorglicher Kommunikation

Seelsorge kann man als ein bewusst initiiertes Kommunikationsgeschehen in einem religiösen Horizont beschreiben zwischen einer Person, die Hilfe, Orientierung und Unterstützung der eigenen Lebens- und Glaubenskräfte in ihrem jeweiligen sozialen Kontext sucht, und einer für diese Aufgabe von einer der Kirchen dazu beauftragten und geschulten Person (hauptamtlich oder ehrenamtlich). Lange Zeit standen die Verkündigung des Evangeliums an die Einzelnen sowie Beichte und Zusage von göttlicher Vergebung im Zentrum des Seelsorgeverständnisses; auch wenn man dabei immer wieder den „dunklen" und rätselhaften Seiten menschlicher Biografien begegnete, galt das seelsorgliche Geschehen doch primär als ein vom Bewusstsein bzw. vom bewussten Willen gesteuertes[2]. Ein großes Vertrauen (vor allem im protestantischen Kontext) in die Kraft des Wortes Gottes, des „solo verbo", erlaubte es, Psychologie und Psychoanalyse höchstens als Hilfswissenschaften (Eduard Thurneysen) in den Blick zu nehmen. Erst der von Ernst Lange in den 1960er Jahren eingeführte Begriff der „Kommunikation des Evangeliums" öffnete die Möglichkeit (im Kontext einer „empiri-

---

1   Es gibt inzwischen erfreulicherweise auch muslimische und jüdische sowie, wenn auch in geringem Umfang, philosophische Seelsorge.
2   Der hoch komplexe Begriff des Bewusstseins wird hier stark vereinfacht als alltägliches waches Erleben und Reflektieren der menschlichen Innen- und Außenwelt verstanden, im Unterschied zu durch Krankheit oder Drogen eingetrübten Bewusstseinszuständen oder dem von der Psychoanalyse beschriebenen dynamischen Unbewussten, das psychisch wirksam ist und in seiner polaren Struktur die Quelle psychischer Konflikte bildet.

schen Wende" der gesamten Praktischen Theologie), Seelsorge als einen Verständigungs- und Aushandlungsprozess zwischen prinzipiell gleichwertigen Subjekten zu begreifen und die Vielschichtigkeit dessen, was eine solche Kommunikation alles beinhalten kann, ernsthaft zu berücksichtigen. Ich erinnere im ersten Abschnitt an einige wichtige Einsichten der Kommunikationstheorie und setze sie im zweiten Teil mit exemplarischen pastoralpsychologisch orientierten Seelsorgekonzeptionen in Beziehung.

Es geht (1) beim Phänomen der Kommunikation um Prozesse eines *wechselseitigen* Austausches zwischen Personen, in denen die bis dahin üblichen Einbahnstraßen kirchlicher Verkündigung durchbrochen werden und der Bedeutungsreichtum der Sprache und der Beziehungsgestaltung neue Spiel- und Zwischenräume, die es zu erkunden lohnt, öffnet. (2) Die psychoanalytische *Unterscheidung eines bewussten von einem dynamisch-unbewussten Seelenleben* regt dazu an, auf verborgene Motive, Interessen und Übertragungen in der Psychotherapie und auch in einer seelsorglichen Begegnung zu achten. Zwar ist Seelsorge keine Psychotherapie, insofern gibt es in aller Regel nicht die Möglichkeit (und nicht die Kompetenz!), Übertragungen und Gegenübertragungen systematisch zu erkennen und durchzuarbeiten; aber es lohnt sich in jedem Fall, mit Hilfe freier Assoziationen, auftauchender Fantasien, von Träumen, mimisch-gestischem Ausdruck und einem absichtslosen Zuhören und Hinsehen das aktuelle Bedeutungsfeld zu erweitern und der latenten Mehrdeutigkeit von Aussagen nachzugehen, was auch verschiedene religiöse Bedeutungsebenen einschließen kann. Auch die selbstkritische Achtsamkeit auf Gegenübertragungsmotive der Seelsorgeperson gehört in diesen Kontext. (3) Die sog. „intersubjektive Wende" in der Psychoanalyse versteht das Unbewusste nicht als etwas, das in einzelnen Individuen quasi abgelagert ist, sondern als etwas, das sich zwischen den Subjekten aktuell konstelliert und in diesem „Zwischenraum" wahrgenommen und bearbeitet werden kann. Für die Seelsorge bedeutet sie eine Aufwertung der Beziehung, der Gedanken und Gefühle, die zwischen den Beteiligten im Prozess der Begegnung entstehen mit dem Ziel einer Stärkung der (religiösen) Autonomie des Klienten, der Klientin.[3] (4) Paul Watzlawick hat die *Unterscheidung von verbaler und nonverbaler Kommunikation* in den Vordergrund gestellt, mit dem oft vergessenen Nachsatz, *dass die nonverbale Ebene darüber bestimmt, wie die verbale verstanden werden soll.* Die nonverbale Dimension ist den Kommunizierenden häufig nicht bewusst, sie nehmen nicht wahr, was sie gestisch und mimisch neben den gesprochenen Worten zum Ausdruck bringen. Es ist die adressierte Person, die u. U. eine Diskrepanz zwischen Inhalt und Ausdruck wahrnimmt. Die von Fritz Perls entwickelte Gestalttherapie, die auch in der Seelsorge eingesetzt wird, hat sich besonders dieser Diskrepanz gewidmet und versucht, von daher die aktuelle Kommunikation zu entschlüsseln. (5) Friedemann Schulz von Thun hat das *Konzept von den vier Seiten einer Nachricht* entwickelt: Sachebene, Selbstmitteilung,

---

3 Vgl. ausführlich Cooper-White 2004; vgl. auch Klessmann 2021.

Beziehungsebene und Appell, die in jeder Kommunikation eine Rolle spielen. Bewusste und unbewusste Dimensionen mischen sich auch hier besonders häufig: Dass sich hinter der Sachebene eine Selbstmitteilung oder ein Appell verbergen, ist der sprechenden Person oft nicht bewusst, wird aber vom Empfänger als Gefühl einer Unstimmigkeit gespürt. (6) Daneben ist das ebenfalls von Schulz von Thun vorgestellte *Konzept des inneren Teams* zu nennen: Vielfältige Stimmen und Stimmungen haben im eigenen Inneren Platz, bestehen gleichzeitig nebeneinander; niemand denkt, fühlt und glaubt so eindeutig und einlinig, wie es psychologische oder theologische Theorien vorsehen. Mit Hilfe dieses Modells kann die Vielschichtigkeit auch des Glaubens verstanden und als reizvoll und kreativ akzeptiert werden statt sie als Bedrohung von Eindeutigkeit und Gewissheit zu beargwöhnen: dass verschiedene Gottes- und Menschenbilder nebeneinander Platz haben, dass innere (und äußere) Konflikte zum ‚normalen' Menschsein dazugehören usw. (7) Pastoralpsychologie übt *symbolisches Verstehen* ein: Wir machen uns Bilder von dem, was wir erleben, was wir hören und sehen, emotional getönte Bilder, je nachdem, in welchen Zusammenhängen uns diese Bilder entgegengekommen sind und wie wir sie aufgenommen haben. Was Menschen in der frühen Biografie erleben, wird als Repräsentanz abgespeichert und prägt (als Vor-Verständnis) späteres Wahrnehmen und Verstehen. Worauf es im vorliegenden Zusammenhang ankommt: Religiöse Symbole wie Gott oder Christus sollen so mit der individuellen Lebenserfahrung eines Menschen verbunden werden (griechisch: sym-ballein), dass es zu einer symbolischen Erfahrung kommen kann: Gott wird als der im Symbol Anwesende erfahren, etwa im Wort, das mich „unbedingt" anspricht (Paul Tillich); in der Gemeinschaft, in der ich mich getröstet fühle; in der Musik, die mich tief bewegt; in einem Bild, das mich lange begleitet – und bleibt doch gleichzeitig der abwesende ganz Andere. Es kommt darauf an, dass eine lebendige subjektive Erfahrung entsteht, gleichzeitig bleibt die symbolische Differenz bestehen. (8) In diesem Zusammenhang ist auch das *Konzept der Ambiguitäts- und Ambivalenztoleranz* als wichtiger Bestandteil der menschlichen Ausstattung zu nennen[4]: Während Ambiguität die Mehrdeutigkeit aller Lebensphänomene meint, bezeichnet Ambivalenz die menschliche Reaktion darauf, nämlich die *Gleichzeitigkeit widersprüchlicher Gedanken, Gefühle und Einstellungen*; je pluralisierter und individualisierter eine Gesellschaft wird, desto mehr breiten sich Ambivalenzen aus (obwohl sie von Vielen nicht gern wahrgenommen und deswegen ausgeblendet werden!), weil es zunehmend mehr Wahlmöglichkeiten im Denken und Handeln gibt. Und natürlich bezieht sich das Ambivalenzkonzept auch auf das, was und wie Menschen glauben und hoffen. Wie soll man zweifelsfrei an die Liebe und Barmherzigkeit Gottes glauben angesichts von unendlich viel Leid und Ungerechtigkeit in der Welt? Im Neuen Testament bringt es der Vater des besessenen Jungen auf den Punkt: „Herr, ich glaube; hilf meinem Unglauben!" (Mk 9,24). In der Kirchengeschichte ist eine solche Selbst-

---

4   Vgl. Klessmann 2018.

verständlichkeit der Ambivalenz im Glauben jedoch selten wertgeschätzt worden. Glaubensgewissheit und Eindeutigkeit der Lehre wurden immer wieder als Forderung oder Ideal in den Vordergrund gestellt, nicht zuletzt als eine Form der Durchsetzung kirchlicher Deutungsmacht. Aber das Verbotene oder Verdrängte setzt sich dann meistens *heimlich* durch, drückt sich aus als Desinteresse oder Ablehnung gegenüber dem christlichen Glauben oder der Kirche insgesamt, weil die Berührung mit dem eigenen Erleben, das eigentlich immer zwiespältig ist, fehlt. Gerade diese ambivalente Erlebensdimension gilt es jedoch wertzuschätzen und zu stärken. (9) Diese Perspektive wird verstärkt, wenn man die sog. *Rezeptionsforschung* aufgreift und die Adressaten und Adressatinnen einer Kommunikation in den Blick nimmt. Sehen und Hören sind aktive Vorgänge: Wahrnehmung ist immer zugleich „Wahr-Gebung", ein aktiver Konstruktions- und Interaktionsvorgang! Man liest, hört und versteht selektiv, abhängig von den kollektiven und individuellen vorgängigen Erfahrungen und Interessen, geprägt von der aktuellen emotionalen Stimmung, der Biografie und der sozialen Situation. Noch wichtiger als die Inhalte ist das darunter liegende spannungsvolle Erleben von Angst und Vertrauen, Einsamkeit und Konkurrenz, Macht und Ohnmacht, Freude und Trauer. So entwickeln sich im Lauf eines Lebens „Glaubenssätze" oder Grundannahmen („core-beliefs"), also zentrale Repräsentationen oder Überzeugungen eines Menschen über sich selbst, über die Welt und über den oder die oder das, was jemand für „Gott" oder das Heilige hält: Wer bin ich? Wo komme ich her? Wo gehe ich hin? Was trägt mich? Was ist der Sinn dieses Lebensereignisses? Je nachdem, wie Menschen diese Fragen – meistens unausgesprochen, eher im Sinn eines grundlegenden und oft diffusen, vor- bzw. unbewussten Lebensgefühls – beantworten, sind davon auch ihr Verhalten und ihre Beziehungsmuster geprägt: Ob sie offen und eher vertrauensvoll auf andere zugehen oder sich eher misstrauisch und vorsichtig von anderen fernhalten, ob sie gut gelaunt oder eher missmutig ihren Alltag angehen usw. (10) Schließlich sind Menschen immer zu verstehen im Kontext der Systeme, in denen die leben: Familie, Ausbildung, Beruf, gesellschaftliches und/oder kirchliches Milieu etc. Diese meistens vorbewussten (aber prinzipiell bewusstseinsfähigen) Lebenskontexte einer Person im Blick zu haben, schützt vor falschen Individualisierungen und Schuldzuweisungen und regt kreative Veränderung, Heilung und Versöhnung im gesamten System an.

2. Exemplarische pastoralpsychologische Anstöße

Pastoralpsychologisch orientierte Seelsorge in Deutschland verdankt sich im Wesentlichen der amerikanischen Seelsorgebewegung. Der vielzitierte Satz Antons Boisens, dass es in der Seelsorge um „the study of living human documents in all their complexity"⁵ gehe, bedeutet u. a., dass sich Seelsorgende ernsthaft auf die Begegnung mit anderen Menschen einlassen und in diesen Begegnungen ihre Wahrnehmung, ihre Introspektion und ihre theologische Theoriebildung schulen sollten. Boisen war kein Freund der klassischen Psychoanalyse⁶, aber die erfahrungsbezogene Grundlage der Seelsorge – und dann auch der Theologie insgesamt – waren ihm zentral wichtig.

In Deutschland erschienen 1968 zwei Bücher, die den Beginn einer pastoralpsychologisch orientierten Seelsorge markieren: Die holländischen Autoren Heije Faber und Ebel van der Schoot machten mit ihrem Buch „Praktikum des seelsorgerlichen Gesprächs" die Methoden der nondirektiven Gesprächsführung, wie sie durch Carl Rogers in der amerikanischen Seelsorgeausbildung, der Clinical Pastoral Education, eingeführt waren, für den holländischen Kontext, dann in der Übersetzung von Hans-Christoph Piper auch für die deutschen Kirchen bekannt. Rogers zeigt an Fallbeispielen, dass ein Mensch unter günstigen therapeutischen Bedingungen (unbedingte Wertschätzung, Akzeptanz und Echtheit der therapeutischen Person) sich entwickeln, wachsen und psychisch reifen und zu der Person werden kann, die er oder sie im Tiefsten ist. Zwar weiß Rogers um die Bedeutung unbewusster Konflikte, aber sie spielen in seiner Therapie keine große Rolle. Er spricht von verschiedenen, miteinander in fließendem Austausch stehenden Schichten: Unter einer sozial kontrollierten Oberfläche verbirgt sich häufig eine Schicht destruktiver Gefühle, unter der man wiederum eine Schicht konstruktiver Empfindungen und Einstellungen entdecken kann, die den eigentlich sozialen und vorwärts gerichteten Wesenskern des Menschen ausmachen.⁷ Diese Schichten seien prinzipiell bewusstseinsfähig; in einer nach Rogers' Kriterien hilfreichen Beziehung kann es gelingen, dass Menschen ihr „eigentliches" Selbst⁸ entdecken.

Zum ersten Mal wurde im deutschen Sprachraum in dem Buch von Faber / van der Schoot die Empirie der Seelsorge systematisch vorgestellt: Gedächtnisprotokolle von geführten Seelsorgegesprächen, Verbatims, werden hier veröffentlicht und gesprächsmethodisch analysiert. Das Konzept der therapeutischen Annahme und der unbedingten Wertschätzung als zentrale Theorieelemente der personenzentrierten Gesprächsführung werden veranschaulicht und können eingeübt werden, zumal dazu eingeladen wird, gelungene und weniger gelungene Antwortvarianten durchzuspielen. Das mutet im Rückblick etwas technizistisch an, trotzdem wurde ansatzweise deutlich, dass die Seelsorgeperson mit ihren Einstellungen, Wahrnehmungen und Emotionen, auch ihren Glaubensannahmen persönlich herausgefordert ist und sich der Begegnung mit

---

5 Boisen 1971, 248.
6 Das Unbewusste nannte er „unassimilierte Erfahrungen", ebd. 152.
7 Vgl. Rogers 1961, 73ff.
8 Rogers spricht oft von der durch Erziehung und andere gesellschaftliche Erwartungen induzierten Maske, hinter der es das „eigentliche Selbst" zu entdecken gilt, so dass jemand mehr er/sie selbst werden kann. Vgl. Rogers 1961, 108ff.

einer anderen Person stellen muss. Durch Selbsterfahrung in der Gruppe konnte man mehr über die persönlichen Eigenheiten, Stärken und Grenzen im biographischen Zusammenhang lernen und verstehen, warum man in bestimmten Situationen so und nicht anders geneigt ist zu reagieren. Das war im deutschen Seelsorgekontext neu und hat viele, die sich mit der bisherigen kerygmatischen Seelsorge in einer Sackgasse fühlten, fasziniert. Allerdings zeigte sich auch, wie schwer es den Autoren fiel, sich wirklich vom Verkündigungsparadigma zu verabschieden; außerdem hatten sie, auch das scheint charakteristisch für die Mühe des Übergangs, ein Element, das bei Rogers eine zentrale Rolle spielt, nämlich die Authentizität[9], die Echtheit der Seelsorgeperson, weitgehend ausgeblendet; man konnte mit Hilfe des Buches von Faber / van der Schoot Methoden lernen (Praktikum!), wurde aber nicht wirklich angeregt, sich auf die vielschichtige Dynamik von Beziehungen einzulassen. Vor allem in ihrer popularisierten und leider verzerrten Form (unter dem Label „Spiegeln") erschien diese Art von Seelsorge relativ leicht handhabbar. Vielleicht gerade deswegen war die Wirkung des Buches unter deutschen Pfarrerinnen und Pfarrern erstaunlich groß. Die Wirkung wurde verstärkt dadurch, dass ein Jahr später, 1969, die Dissertation von Dietrich Stollberg erschien mit dem Titel „Therapeutische Seelsorge"[10] – ein Titel, mit dem die Seelsorgebewegung später insgesamt bezeichnet wurde und sich durch diesen Titel griffig von der „kerygmatischen Seelsorge" unterschied. Stollberg stellt in diesem Buch die amerikanische Seelsorgebewegung und ihre führenden Vertreter dar; dabei rechtfertigt er die „neue" Seelsorge gleichsam, indem er sie mit zentralen dogmatischen Topoi abgleicht und zu verstehen sucht, um sie quasi theologisch zu legitimieren. Erst ein paar Jahre später in dem Buch mit dem die pastoralpsychologische Seelsorge treffend charakterisierenden Titel „Wahrnehmen und Annehmen" kommt Stollberg zu der entscheidenden These, dass sich in dieser Form der Seelsorge „Mitteilung des Evangeliums im Medium der Beziehung" vollzieht[11] und dass dies nicht explizit verbal geschehen muss. In der (begrenzten) Annahme und Zuwendung, welche die Seelsorgeperson zu praktizieren sucht, kann die (unbegrenzte) göttliche Annahme und Zuwendung durchscheinen und erfahrbar werden. Die Beziehung zwischen den Gesprächspartnern, für deren Gestaltung die Seelsorgeperson verantwortlich ist, bekommt in diesem Verständnis eine theologische Deutung, die sich trotz verschiedener Kritik weitgehend und, wie ich meine, zu Recht durchgesetzt hat. Gleichwohl bleiben Fragen nach den komplexen unbewussten Dimensionen jeder Beziehungsgestaltung: Welche (unbewussten) Übertragungen könnten hier eine Rolle spielen? Ist das anscheinend geglückte Gespräch im Grunde vielleicht ‚nur' eine Neuauflage eines alten, vom Seelsorger nicht durchschauten Bezie-

---

9   Im Amerikanischen finden sich bei Rogers Begriffe wie *genuiness, congruence, transparent realness*. Vgl. Rogers 1961, 60ff; ausführlicher Schmid 1995, 271.
10 Stollberg 1969.
11 Stollberg 1978, 44ff.

hungsmusters? Welche nicht wahrgenommenen Suggestionen spielen eine Rolle? Etc.

Diese Fragen rücken mit der ebenfalls 1968 erschienenen Habilitationsschrift Joachim Scharfenbergs unter dem Titel „Sigmund Freud und seine Religionskritik als Herausforderung für den christlichen Glauben" in den Vordergrund.[12] Der Anspruch allein schon dieses Titels war im Kontext der christlichen Kirchen ungewöhnlich: Freud galt damals in kirchlichen Kreisen (im Unterschied zu C. G. Jung!) immer noch als mehr oder weniger verpönt, nicht nur wegen seiner expliziten Religionskritik, sondern vor allem wegen seiner Anthropologie, die angeblich das Geistige im Menschen nicht wirklich verstehen könne, weil sie den Menschen vorrangig von seiner unbewussten Triebhaftigkeit her wahrnehme. Scharfenberg entdeckte nun in der *Hermeneutik* eine gemeinsame Schnittstelle zwischen Theologie und Psychoanalyse: Die Sprache hat in beiden Disziplinen befreiende und heilende Intentionen. Menschen, die Erinnerungen an verletzende und beschämende Erfahrungen verdrängt haben, stehen in der Gefahr, von ihrer traumatischen Vergangenheit determiniert zu werden und im unbewussten Wiederholungszwang stecken zu bleiben; sprachliche Deutungen im Kontext einer Psychotherapie machen eine Umkehrung der fixierten Regression in Progression möglich. Arbeit an und mit der Sprache und ihrem symbolischen Gehalt eröffnet neue Existenzmöglichkeiten. Christliche Theologie verfolgt eine ähnliche Intention, wenn sie davon ausgeht, dass Gott im Wort zu den Menschen kommt und durch das Wort Heilung und Heil anbietet. Eine solche Sichtweise machte eine neue, wertschätzende Beziehung zwischen Psychoanalyse und Theologie möglich. Anschaulich wurde das in dem Buch, das Scharfenberg 1972 veröffentlichte, mit dem Titel „Seelsorge als Gespräch";[13] darin werden zentrale psychoanalytische Prozesse wie Übertragung und Gegenübertragung, Widerstand, Deutung und Symbol erläutert und für die Seelsorge fruchtbar gemacht. Hier wird beschrieben, was in einer seelsorglichen Beziehung bewusst und unbewusst ablaufen und wie man als professioneller Gesprächspartner damit umgehen kann. Das Ziel besteht darin, in partnerschaftlicher Gegenseitigkeit die Erfahrung von Freiheit aus alten, zwanghaft-unbewussten Mustern zu ermöglichen. Allerdings stellte sich hier die Frage: Können Pfarrerinnen und Pfarrer mit diesem Ansatz wirklich umgehen? Bringen sie die notwendige Bereitschaft zu einer umfassenden Selbsterfahrung mit, die eine wichtige Voraussetzung bildet, um ein „szenisches Verstehen" des Unbewussten zu ermöglichen? Immerhin, Achtsamkeit auf Träume, Versprecher oder ungelöste Trauer ist immer möglich und fördert oft, weil es hier um unbewusste Prozesse geht, kreative Anregungen und weiterführende Einfälle. In der nordelbischen und hannoverschen Landeskirche entstanden psychoanalytisch orientierte Weiterbildungsmöglichkeiten für Pfarrerinnen und Pfarrer, in der badischen

---

12   Scharfenberg 1968.
13   Scharfenberg 1972.

Landeskirche jungianisch ausgerichtete. Klaus Winkler, ebenfalls Theologe und Psychoanalytiker, war dann der erste, der ein Lehrbuch der Seelsorge auf der Basis psychoanalytischer Grundannahmen herausbrachte, übrigens mit einem Seelsorgeverständnis, das stark ethisch-verhaltensorientiert ausfällt und damit (noch nicht ausgeschöpfte) Verbindungslinien zur Verhaltenstherapie eröffnete: Seelsorge soll verstanden werden als „Freisetzung eines christlichen Verhaltens zur Lebensbewältigung", schreibt Winkler.[14] Das Konfliktthema bildet für Winkler den entscheidenden Bezugspunkt seiner psychoanalytisch geprägten Anthropologie: Innerpsychische Konflikte betrachtet er als „daseinsbestimmend", daraus erwächst „Konfliktbearbeitung" als zentrale Aufgabe der Seelsorge. Damit formuliert Winkler eine deutliche Differenz: Für die Psychoanalyse bilden unbewusste Konfliktkonstellationen den Ausgangspunkt menschlich-neurotischen Leidens; therapeutische Arbeit versucht, durch deutende Arbeit an Übertragung und Gegenübertragung solche Konflikte aufzulösen. Rogers dagegen ist davon überzeugt, dass wertschätzende und annehmende Beziehungen Heilung und kontinuierliches psychisches Wachstum befördern. Diese beiden Grundannahmen sind nicht leicht miteinander (und auch nicht mit Annahmen christlicher Anthropologie) zu vereinbaren.

Durch die Rezeption psychotherapeutischer Grundannahmen, seien sie nun personenzentrierter, psychoanalytischer oder gestalttherapeutischer Art, geschieht noch etwas Anderes: Seelsorge bekommt einen individualisierenden Fokus, den sie nicht zwangsläufig haben müsste, wenn man an historische Konzepte einer *cura animarum generalis* denkt: Heilung und Entwicklung brauchen heilsame Kontexte, in denen Menschen leben können. Insofern ist die individualisierende Perspektive immer darauf verwiesen, die gesellschaftlichen Bedingungen kritisch zu thematisieren, die Menschen einzeln und in Gemeinschaft an einer Entfaltung ihrer Ressourcen bzw. ihrer selbst hindern. Auf diese Dimension hat wiederholt Herrmann Steinkamp, katholischer Pastoralpsychologe aus Münster, aufmerksam gemacht.[15] Er kommt von der südamerikanischen Befreiungstheologie her, mahnt in deren Geist die „Option für die Armen", Solidarität, Parteilichkeit und Compassion an, indem man sich der Befreiungsmotive in den jüdisch-christlichen Traditionen erinnert und sie zu realisieren sucht. Nur dann habe individuelle Seelsorge ihre Berechtigung, wenn sie den aktuellen gesellschaftlichen und milieuspezifischen Kontext ständig kritisch mit in den Blick nimmt und an der Veränderung dessen, was Menschen unterdrückt und einengt, mitarbeitet. Außerdem hat Steinkamp auf das latente (und meistens unbewusste) Machtpotential der Seelsorge aufmerksam gemacht: In Aufnahme von Einsichten von Michel Foucault spricht Steinkamp von der „Pastoralmacht", die es zu durchschauen gilt, um sie begrenzen und abbauen zu können. Seelsorge hat (wie andere Hilfe-Verfahren auch) immer das Potential, Menschen zu

---

14 Winkler 2000, 3.
15 Vgl. Steinkamp 2005.

beherrschen und zu manipulieren, gerade weil diese sich in der Seelsorge in ihrem Innersten offenbaren und damit hochgradig verletzlich zeigen. Wer diese Versuchung in der Seelsorge nicht durchschaut, steht in der Gefahr, die eigene Pastoralmacht, die meistens getarnt daherkommt als Einfühlung, Fürsorge und Wunsch zu helfen, unbewusst zu agieren und damit das Gegenüber für eigene Zwecke zu manipulieren und zu missbrauchen.[16]

In den späten 1990er Jahren beginnt eine signifikante Erweiterung der Seelsorgetheorie durch systemische Perspektiven. Systemische Familientherapie hatte sich schon in der Psychiatrie etabliert, als man erkannte, dass psychische Störungen besser zu verstehen und behandeln sind, wenn man das gesamte System der Familie eines Klienten, einer Klientin in den Blick nimmt. Der Schweizer Pastoralpsychologe Christoph Morgenthaler veröffentlichte 1999 das Buch „Systemische Seelsorge. Impulse der Familien- und Systemtherapie für die kirchliche Praxis".[17] Grundlage ist die Erkenntnis, dass es das Ideal der westlichen Aufklärung, das autonome Individuum, eigentlich gar nicht gibt, dass vielmehr jeder Mensch in und von Beziehungssystemen lebt: Familien, Peergruppen, Arbeitskollegen und -kolleginnen, Organisationen, Milieus, die Gesellschaft als Ganze. Sie umgeben und durchdringen jede Person und machen jede/n auf je spezifische Weise zu dem Menschen, als der er oder sie in Erscheinung tritt. Systeme und Personen wirken in Rückkoppelungsschleifen aufeinander ein, individuelle Pathologien werden nicht als Ergebnis innerpsychischer Konflikte verstanden, sondern als Produkt von sozialen und ökologisch-ökonomischen Interaktionen. Entsprechend arbeitet systemische Therapie und Beratung, wie es vielfach durchaus unterkomplex heißt, nicht primär problemzentriert, sondern ressourcen- und lösungsorientiert – eine Perspektive, die z. B. auch in der Seelsorgeweiterbildung zu tiefgreifenden Umorientierungen geführt hat. Kausalität wird nicht linear, sondern zirkulär aufgefasst, was zu ganz anderen Interventionen in der Beratungssituation anregt. Systemische Perspektiven haben sich erstaunlich schnell auch in der Seelsorgeweiterbildung durchgesetzt, nicht zuletzt, weil in ihnen eine Suggestion der Machbarkeit steckt (z. B. in Gestalt der sog. „Wunderfrage"), die ich für verführerisch halte. Der systemische Ansatz ist nicht zu lösen von einem erkenntnistheoretischen Konstruktivismus: Menschen erkennen die phänomenale Wirklichkeit nicht ‚an sich', quasi objektiv, sondern konstruieren sie in Abhängigkeit von den jeweiligen individuellen, milieubezogenen und kulturabhängigen Vorgaben. Bestandteil der beobachteten bzw. konstruierten Wirklichkeit sind auch Religion oder Spiritualität, ihre „Gotteskonstrukte", ihre Glaubenssätze, die sich zwar individuell und persönlichkeitsspezifisch ausprägen, aber natürlich auch von Kultur und Milieu abhängen. Gotteskonstrukte bilden Ressource *und* Konfliktquelle für Einzelne und Familiensysteme zugleich. Seelsorge als eine Form der Kommunikation über Religion bietet an, die von

---

16 Vgl. ausführlich Klessmann 2023.
17 Morgenthaler (1999) 2019.

Klienten angesprochene Lebensthematik in Beziehung zu deren Spiritualität, zu deren Gotteskonstrukten zu setzen und in ihrer Dynamik vertieft zu verstehen. Damit können konstruktivistische Grundannahmen ein Gespräch verlebendigen, weil sie die individuellen Glaubensannahmen nicht an einem dogmatischen Maßstab bewerten, sondern deren Lebensdienlichkeit und kommunikative Funktion in einer konkreten Lebenskonstellation verstehen wollen. Außerdem gilt hier besonders: Die Wahrheit steht nicht von vornherein fest, sondern muss im Diskurs und in Bezug auf die Lebenssituation dieses Menschen gesucht, gefunden und wieder modifiziert werden. Unbewusstes kommt in der systemischen Therapie und Seelsorge in einer Weise ins Spiel, die allgemein verbreitet ist (deskriptiv Unbewusstes), aber angesichts des dominanten Verständnisses eines dynamischen Unbewussten in der Psychoanalyse meistens zu wenig bedacht wird: Wir sind ständig durch unsere Körperlichkeit und deren jeweils aktuelle Befindlichkeit geprägt, durch unsere Sprache und ihre impliziten Wahrnehmungsmuster, Strukturen und Regeln, durch kulturell-kommunikative Beziehungsmuster und Selbstverständlichkeiten, die uns nicht zu Bewusstsein kommen und die wir entsprechend gar nicht hinterfragen können. Wir sind viel stärker durch diese Formen des Unbewussten geprägt als uns lieb ist, wir überschätzen meistens die Wirkungen unseres reflexiven Bewusstseins.[18] Die Aufgabe von Therapie und Seelsorge kann darin liegen, die Wirkungen solcher unbewussten Einstellungen mehr und öfter aufzudecken und sie – im Kontext eines konkreten Systems – einem bewussten Verhalten zugänglich zu machen.

Die Gender-Thematik hat Ulrike Wagner-Rau aus pastoralpsychologischer Sicht aufgegriffen und speziell für das Pfarramt ausgearbeitet. 1992 fragt sie in ihrer Dissertation „Zwischen Vaterwelt und Feminismus"[19] nach möglichen Wegen, wie Frauen sich von den tief verwurzelten, jahrhundertealten und längst unbewusst gewordenen Vorurteilen einer patriarchalen Kirche befreien und ihre eigene, reflektierte feministische Identität finden können, die durch die rechtliche Gleichstellung mit Männern noch längst nicht einfach gegeben ist. Sie spielt Ansätze einer feministisch-psychoanalytischen Entwicklungspsychologie im Anschluss an die amerikanische Psychoanalytikerin Nancy Chodorow durch für das Selbstbild von Frauen, aber auch für die Fragen nach Gottesbildern und Kirchenbildern. Die Männerdominanz hat sich ja in den Narrativen niedergeschlagen, die in den Kirchen seit Jahrhunderten erzählt werden und sich ausgesprochen machtvoll auswirken – Narrative, die schwierig zu dekonstruieren sind, weil sie vielen Selbstverständlichkeiten der kirchlichen Alltagspraxis selbstverständlich unausgesprochen-unbewusst zugrunde liegen. Ein weiteres wichtiges Thema bei Ulrike Wager-Rau ist die kirchliche Kasualpraxis in der modernen Gesellschaft unter dem Titel „Segensraum": Diese Praxis ist eine fruchtbare Schnittstelle zwischen spätmoderner Gesellschaft und Kirche, hier gibt es

---

18 Vgl. Kriz 2018.
19 Wagner-Rau 1992.

wechselseitige Erwartungen und Berührungspunkte: Das Bild vom Segensraum, das auf den „potential space", den Möglichkeitsraum, des Psychoanalytikers Donald Winnicott zurückgreift, zeigt, wie im pastoralpsychologischen Ansatz theologische, entwicklungspsychologische und ritualtheoretische Überlegungen konvergieren: „Der Segensraum ist aus der Beziehung heraus gehaltener und haltender Raum, und zugleich ist er begrenzender Raum. Wo mit dem Gegenüber Gottes gerechnet wird, müssen Menschen sich nicht selber zu Gott machen, denn sie finden an diesem Gegenüber ihre Grenzen und die Bejahung ihrer Unvollkommenheit. Nicht nur das Gelungene, Heile, Freudige, Liebevolle findet Raum in einer Lebensgeschichte, die gesegnet und im Licht der Verheißung des Segens gedeutet wird, sondern auch das Fragmentarische und Traumatische, das Gescheiterte und Verlorene und mit ihnen die Wut, die Trauer und die Schuld".[20] Kasualtheorie und Seelsorgetheorie haben eine besondere Affinität zueinander: Beide arbeiten mit einer Ausrichtung auf die jeweiligen konkreten Adressaten, darüber hinaus erinnert die Ritualtheorie die Seelsorge daran, in welchem Ausmaß Identitätsbildung in ritualisierte Prozesse eingebettet ist und sich nicht nur reflektiert und gesprächsweise vollzieht.

Aus dem eben zitierten Text wird auch deutlich, wie Ulrike Wagner-Rau Seelsorge wieder entschlossen als religiöse Praxis konzipiert (was in den Anfangsjahren der Pastoralpsychologie in den Hintergrund geraten war), die aber zugleich pastoralpsychologisch informiert vorgeht. Der religiöse Bezugsrahmen kann psychologisch expliziert werden, die psychologische Deutung wird durchsichtig und anschlussfähig für spätmoderne Religion oder Spiritualität.

Inzwischen hat sich unsere Gesellschaft kontinuierlich weiter pluralisiert und ausdifferenziert, Vielfalt, Diversity, Interkulturalität, Multireligiosität etc. sind wichtige Stichworte geworden. Die pastoralpsychologische Seelsorge hat auf diese gesellschaftliche Lage reagiert, indem Christoph Schneider-Harpprecht[21] und andere Theorien interkultureller Seelsorge entwickelt haben, die sich die Sensibilität für die Fremdheit und Andersartigkeit der Gesprächspartner und Gesprächspartnerinnen bewahrt und sie nicht durch hegemoniale Wahrnehmungs- und Denkmuster einer Mehrheitsgesellschaft oder Mehrheitsreligion de facto unterdrückt. Die nondirektive Therapie und Seelsorge im Gefolge von Carl Rogers war gekennzeichnet durch einen gewissen harmonistischen Zug, durch eine Art Konsenshermeneutik: Man kann sich verstehen, indem man sich in den Bezugsrahmen eines anderen Menschen einfühlt und damit Voraussetzungen schafft für einen produktiven seelischen Heilungsprozess. Interkulturelle Seelsorge ist diesbezüglich skeptischer geworden und arbeitet eher mit einer Differenz-Hermeneutik: Es gilt, das Fremde, das nicht Assimilierbare, Unterschiedlichkeit, Uneinheitlichkeit, Ambiguität und Ambivalenz wertzuschätzen und als ständig neue und kreative Herausforderung für den niemals abgeschlos-

---

20 Wagner-Rau 2008, 180.
21 Schneider-Harpprecht 2001.

senen Prozess des Verstehens anzuerkennen. Aber eben, es geht um eine Herausforderung, die nicht immer willkommen geheißen wird. Klaus Winkler hat beschrieben, wie die Begegnung mit Fremdem der Seele Arbeit macht, weil sie anstrengende Ambivalenzen auslöst: Angst *und* Neugier, Gefühle von Bedrohung *und* Bereicherung zugleich. Constanze Thierfelder hat in einem fiktiven Gespräch mit dem früh verstorbenen Klaus Winkler noch einmal herausgearbeitet, dass für Winkler „ein reifer Umgang mit Fremdheit nur im Offenhalten und Aushalten der ambivalenten Gefühle bestehen [kann], für die es dann bewusst nach Konfliktlösungsmöglichkeiten zu suchen gilt, die beide Seiten der Ambivalenz berücksichtigen. Die Lösungen sind dabei niemals endgültig, sondern nur vorläufig, denn ‚der aufgehobene Ambivalenzzustand von heute birgt bereits denjenigen von morgen in sich'."[22] Die in den Kirchen verbreitete Sehnsucht nach Nähe, Harmonie und Verstehen wird damit auf eine harte Probe gestellt.

Ein letzter Punkt: Pastoralpsychologie hat eine deutliche Affinität zur Psychotherapie, so dass auch so geprägte Seelsorge eine therapieanaloge Form bekommt und sich primär Menschen in Situationen einer Krise zuwendet. Nun hat der Praktische Theologe Wilfried Engemann darauf aufmerksam gemacht, dass es in der Seelsorge nicht immer um die Bearbeitung von Krisen oder Konflikten geht, sondern auch um Fragen nach dem guten Leben und nach der Bedeutung des Willens für die Lebensführung.[23] Dabei greift Engemann auf die Philosophie, speziell die antike Tradition der Lebenskunst zurück und schlägt im Kontext dieser Tradition explizite „Willensarbeit" vor, also eine Klärung des eigenen Willens, der eigenen Wünsche und was sie für die aktuelle Lebensgestaltung bedeuten können. Stimmen mein Wille, meine Wünsche überein mit meinem Selbstbild und dem Milieu, in dem ich lebe? In welche Freiheit, in welche Zwänge führen sie mich? Wie kann ich lernen, mich selbst besser zu erkennen und mich selbst zu wählen? Hier deuten sich Konturen einer nicht-theologischen, auch einer nicht-psychologischen Seelsorge an, der in Zeiten immer weiter sich ausbreitender Säkularisierung und eines Verständnisses von Seelsorge als *spiritual care* zunehmend Bedeutung zukommt. Nicht therapeutische Intervention, sondern das kunstvolle sokratische Gespräch ist hier gefordert: eine anregende theoretische und methodische Erweiterung des Seelsorgeverständnisses, die auf den ersten Blick einleuchtend wirkt, auf den zweiten Blick jedoch auch die Frage aufwirft, ob und wie hier unbewusste Gesprächsdynamiken und ihre verborgenen Intentionen berücksichtigt werden.

---

22 Thierfelder 2009, 200.
23 Engemann 2006, vgl. auch Engemann 2024.

3. Eine paradoxe Art von Kommunikation?

In Teil 1 und 2 habe ich verschiedene Faktoren und Konzepte genannt, die in der pastoralpsychologisch orientierten Seelsorge eine Rolle spielen (können). Aber macht das schon Seelsorge im Sinn einer religiösen Kommunikation aus? Religiöse Kommunikation (statt Kommunikation *über* Religion) bedeutet nach meinem Verständnis, damit zu rechnen und es ggf. zur Sprache zu bringen, dass im Gespräch mehr und Anderes im Spiel ist oder ins Spiel kommen kann als methodisch planbar und herstellbar ist, dass, traditionell gesprochen, Gott oder das Heilige (bruchstückhaft, vgl. 1. Kor 13) immer schon da ist und ansatzweise erfahrbar werden kann. Dann geht es, wie der Pfarrer und Psychoanalytiker Wolfgang Wiedemann angemerkt hat, um „eine Haltung von geschehen *lassen*, nicht geschehen *machen*". Und er fügt hinzu: „In jeder menschlichen Begegnung ist Gott mit dabei, weil Gott in jedem Menschen wohnt, und ich vermute, der größte Teil der Wohnung Gottes beim Menschen liegt im Unbewussten"[24].

Dem muss man nicht unbedingt zustimmen, und doch ergibt sich eine paradoxe Situation, die nicht aufgelöst werden muss: Absichtslos zuhören, gleichschwebende Aufmerksamkeit praktizieren, geschehen lassen, „mehr" für möglich halten einerseits, Methoden und Theorien psychologisch-seelsorglicher Gesprächsführung sorgfältig aneignen, durch Selbsterfahrung sich selber vertieft kennen lernen, die eigene Praxis immer wieder kritisch kontrollieren (lassen) und insgesamt die (religiöse) Autonomie des Gegenübers stärken wollen andererseits.

Vor dreißig Jahren hat Klaus Grawe eine zentrale Erkenntnis aus der Wirksamkeitsforschung präsentiert:[25] Der entscheidende Wirkfaktor in jeder Psychotherapie liegt, jenseits der praktizierten therapeutischen Schulrichtung, in der Qualität der zwischenmenschlichen Beziehung zwischen Therapeutin und Klient. Qualität der Beziehung bedeutet, dass Vertrauen entstehen kann, dass emotional belastende Erinnerungen gehalten werden können (containing), so dass eine begründete Hoffnung auf Heilung oder Besserung oder wenigstens besseres Aushalten des belastenden Zustands entstehen kann. Die Beziehungsqualität ist Ziel und Kriterium jeder ernst zu nehmen Psychotherapie. Dieses Ergebnis ist auf die pastoralpsychologische Seelsorge zu übertragen, auch wenn ihre Arbeitsformen und Kontexte sehr andere sind. Gemeinsam ist den Professionellen in der Seelsorge (zu denen auch beauftragte Ehrenamtliche zu zählen sind), dass sie in ihrer Rolle auf eine heilsame Beziehungsqualität achten und dafür ihren Teil der Verantwortung übernehmen. Dazu bedarf es als Vorbereitung intensiver (auch spiritueller) Selbsterfahrung, um die eigenen, häufig unbewussten Anteile an der Beziehungsgestaltung ins Bewusstsein zu heben und diese Einsich-

---

24 Wiedemann 2009, 26 und 230.
25 Grawe/Donati/Bernauer 1994.

ten in Fallbesprechungen bzw. Supervisionen immer wieder empirisch zu überprüfen. Es besteht dann die Chance, dass unbewusste Prägungen und Motive nicht agiert, sondern, in Ansätzen, ins Bewusstsein treten können, so dass man verantwortlich damit umgehen kann – und gleichzeitig bleibt da Vieles im Prozess der seelsorglichen Kommunikation, was man nicht gezielt herstellen kann, sondern geschehen lassen sollte – und dafür hoffentlich offen ist.

Literatur

Boisen, Anton, The Exploration of the Inner World (1936). Philadelphia 1971.
Cooper-White, Pamela, Shared Wisdom. Use of the Self in Pastoral Care and Counseling. Minneapolis 2004.
Engemann, Wilfried, Aneignung der Freiheit. Lebenskunst und Willensarbeit in der Seelsorge. WzM 58 (2006), 28–48.
Ders., Der Mensch ist anders. Anthropologie im Fokus des Pfarrberufs. Leipzig 2024.
Faber, Heije / van der Schoot, Ebel, Praktikum des seelsorgerlichen Gesprächs, übs. und mit einem Anhang von Hans-Christoph Piper, Göttingen ⁴1972.
Grawe, Klaus / Donati, Ruth / Bernauer, Friederike, Psychotherapie im Wandel. Von der Konfession zur Profession. Göttingen / Bern ³1994.
Klessmann, Michael, Ambivalenz und Glaube. Warum sich in der Gegenwart Glaubensgewissheit zu Glaubensambivalenz wandeln muss. Stuttgart 2018.
Ders., Theologie und Psychologie im Dialog. Einführung in die Pastoralpsychologie. Göttingen 2021.
Ders., Verschwiegene Macht. Figurationen von Macht und Ohnmacht in der Kirche. Göttingen 2023.
Kriz, Jürgen, Über das Unbewusste in der Systemischen Therapie. In: Systeme 32 (2018), 29–52.
Morgenthaler, Christoph, Systemische Seelsorge. Impulse aus der Familien- und Systemtheorie für die Seelsorge. Stuttgart ⁶2020.
Rogers, Carl R., On Becoming a Person. A Therapists View of Psychotherapy. Boston 1961.
Scharfenberg, Joachim, Sigmund Freud und seine Religionskritik als Herausforderung für den christlichen Glauben. Göttingen 1968.
Ders., Seelsorge als Gespräch. Göttingen 1972.
Schmid, Peter F., Personale Begegnung. Würzburg ²1995.
Schneider-Harpprecht, Christoph, Interkulturelle Seelsorge. Göttingen 2001.
Steinkamp, Hermann, Seelsorge als Anstiftung zur Selbstsorge. Münster 2005.
Stollberg, Dietrich, Therapeutische Seelsorge. München 1969.
Ders., Wahrnehmen und Annehmen. Seelsorge in Theorie und Praxis. Gütersloh 1978.
Thierfelder, Constanze, Durch den Spiegel der anderen. Wahrnehmung von Fremdheit und Differenz in Seelsorge und Beratung. Göttingen 2009.
Wagner-Rau, Ulrike, Zwischen Vaterwelt und Feminismus. Eine Studie zur pastoralen Identität von Frauen. Gütersloh 1992.
Dies., Segensraum. Kasualpraxis in der modernen Gesellschaft. Stuttgart ²2008.
Wiedemann, Wolfgang, Keine Angst vor der Seelsorge. Praktische Hilfen für Haupt- und Ehrenamtliche. Göttingen 2009.
Winkler, Klaus, Seelsorge. Berlin / New York ²2000.

Das Unbewusste bewusst machen?

Impulse aus der Kognitiven Verhaltenstherapie für die Reflexion religiöser Praxis

Annette Haußmann

Das Unbewusste in der Kognitiven Verhaltenstherapie?

Das Unbewusste spielt vordergründig keine große Rolle in der Kognitiven Verhaltenstherapie (KVT). Doch blickt man etwas tiefer, so kann man Spuren des Unbewussten entdecken, die sowohl in den klassischen als auch in den neueren Strömungen der KVT wirkmächtig geworden sind, obwohl sie selten explizite Erwähnung finden. Auch in Abgrenzung zur psychoanalytischen Tradition, zu der es historisch bedingt schon immer Spannungen gab, war das Unbewusste lange nicht im Fokus.[1] Doch es gibt gute Gründe, das Unbewusste wieder ins Bewusstsein zu holen. In der aktuellen Psychotherapie geht man in weiten Teilen davon aus, dass wesentliche „psychische Prozesse, die im Zusammenhang mit der Entstehung und Aufrechterhaltung von psychischen Störungen stehen, unbewusst sind"[2]. Darüber hinaus gilt diese Einsicht auch für die Funktionsweise der menschlichen Psyche überhaupt, wie Forschungen der Neurowissenschaften, der Wahrnehmungs- und Gedächtnispsychologie oder der Sozialpsychologie heute zeigen können. Insbesondere wird auch durch die Entwicklung der Verfahren der sog. dritten Welle der Verhaltenstherapie zunehmend integrativ und schulenübergreifend gearbeitet.[3] So scheint es denkbar, dass aus einer Perspektive der Re-Aktivierung und transformativen Reintegration eines mächtigen Konzepts der Psychoanalyse neue Impulse für die Praktische Theologie und für eine vertiefte Sicht auf religiöse Praxis gewonnen werden können. Zunächst möchte ich sowohl Klassiker als auch Neuerungen der aktuellen Kognitiven Verhaltenstherapie daraufhin beleuchten, inwiefern sie das Konzept des Unbewussten in theoretische Grundlagen und therapeutische Behandlung integrieren (1).

---

1 Vgl. dazu Strauß, Bernhard u. a. (Hg.): Ideengeschichte der Psychotherapie. Theorien, Konzepte, Methoden, Stuttgart 2021. Zur Verhaltenstherapie vgl. den Beitrag von Linden, Michael: Ideengeschichte der Verhaltenstherapie, a.a.O., 44–58.
2 Benecke, Cord: Psychodynamische Therapien und Verhaltenstherapie im Vergleich. Zentrale Konzepte und Wirkprinzipien, Göttingen 2016, 16.
3 Vgl. dazu Heidenreich, Thomas / Michalak, Johannes (Hg.): Die „dritte Welle" der Verhaltenstherapie. Grundlagen und Praxis, Weinheim u. a. 2013.

Zweitens werde ich überlegen, was diese Perspektive auf das Unbewusste aus verhaltenstherapeutischer Perspektive für das Verständnis der religiösen Praxis austrägt, und daran Reflexionen für die Praktische Theologie und die Pastoralpsychologie anschließen (2). Im Hintergrund steht dabei die Frage, ob und in welcher Weise sich das Unbewusste ins Bewusstsein holen lässt und wie dies für therapeutische und religiöse Kontexte gewinnbringend sein kann.

1. Das Unbewusste: Die transformative Reaktivierung eines tiefenpsychologischen Konzepts in der Verhaltenstherapie

Geht es nach aktuellem psychologischem Lehrbuchwissen, so war die Einbeziehung des Konzepts des Unbewussten in den therapeutischen Kontext ein großes Verdienst Sigmund Freuds.[4] Diese Meinung wird nicht nur in psychoanalytischen Strömungen vertreten, sondern auch in der Breite der aktuellen universitären Psychologie und Psychotherapie festgehalten. Freuds Annahme eines Unbewussten benennt im Grunde, dass es Anteile und Prozesse im Menschen gibt, die dem Bewusstsein nicht oder zumindest vorläufig nicht zugänglich sind. Das Unbewusste ist dabei „auch immer das Andere, das Vergessene, das Nicht-Gemeinte, das Nie-Gewusste, und das Abgelehnte sowieso".[5] Für Freud unterlag das Unbewusste einer Dynamik von Verdrängen, Widerstand und Zum-Bewusstsein-Drängen,[6] in dem die Instanzen von Ich, Es und Über-Ich um Deutungshoheiten und Lenkung ringen.[7] Wie viel Steuerungsfähigkeiten man dem Bewusstsein bzw. dem Unbewussten zuschreibt, wie zentral das Unbewusste für die Manifestation psychischer Erkrankungen ist, wie viel Transformationskraft bzw. Zugänglichkeit man dem Unbewussten zutraut und wie dies therapeutisch nutzbar gemacht werden kann, darin unterscheiden sich die Ansätze erheblich.[8] Deshalb erscheint es sinnvoll, den Ausgangspunkt bei einem ideologisch entladenen Verständnis zu wählen und das Unbewusste zunächst als einen Anteil der Psyche zu

---

4 Freud hat sich diesbezüglich aus bereits existierenden Traditionen inspirieren lassen, die u. a. bei Schopenhauer und Nietzsche vertreten waren und sich bis in die platonische Ideenlehre zurückverfolgen lassen.
5 Boll-Klatt, Annegret / Kohrs, Mathias / Strauß, Bernhard: Ideengeschichte der Psychodynamischen Psychotherapie, in: Strauß, Bernhard u. a. (Hg.): Ideengeschichte der Psychotherapie. Theorien, Konzepte, Methoden (Psychotherapie), Stuttgart 2021, 26–43, 33.
6 A.a.O., 34.
7 Freud, Sigmund: Das Unbewusste, Ditzingen 2016 [1924].
8 Das ist auch für die unterschiedlichen Ansätze innerhalb der Psychoanalyse der Fall, vgl. Benecke, Therapien, 14–16; Vogel, Ralf T.: Verhaltenstherapie in psychodynamischen Behandlungen, Stuttgart 2005, 31–49.

verstehen, der wichtige Inhalte speichert, die dem aktuellen Bewusstsein nicht ohne Weiteres zugänglich sind – analog zum deskriptiven Unbewussten nach Freud, das alles umfasst, was aktuell nicht bewusst ist.[9] Für die Psychotherapie ist zu ergänzen, dass Inhalte des Unbewussten störungsrelevant sind, d. h. psychische Störungen mitbedingen, auslösen und aufrechterhalten können – und daher ganz im Sinne eines dynamischen Unbewussten – mit der aktuellen psychischen Situation interferieren.[10] Insofern macht es durchaus Sinn, auch aus neuerer verhaltenstherapeutisch orientierter Perspektive, an einem „unverzichtbare[n] Paradoxon der Psychodynamischen Psychotherapie"[11] festzuhalten, denn schon nach Freud lässt sich nur ins Bewusstsein holen, was einmal bewusst geworden ist.[12] So bleibt es auch paradox, danach zu fragen, inwiefern ein Bewusstmachen von Unbewusstem, das dem Bewusstsein *per definitionem* zumindest teilweise entzogen bleibt, überhaupt gelingen kann.[13]

1.1 Kognitive Verhaltenstherapie als Veränderung automatisierter dysfunktionaler Denkprozesse

Die klassische Verhaltenstherapie vertrat noch die Prämisse, dass lediglich das beobachtbare Verhalten psychologisch und empirisch zugänglich sei und demnach auch nur dieses therapeutisch adressiert werden könne. Interessanterweise findet sich aber in dieser frühen Phase der Verhaltenstherapie auch ein enger Zusammenhang zwischen Körper und Psyche, da körperlich beobachtbares Verhalten wie physiologische Veränderungen oder Wahrnehmungsvorgänge im Zentrum standen. Der Verhaltensforscher Burrhus Skinner prägte den Begriff der „Black Box"[14], den er als den Bereich der Psyche verstand, in dem Einstellungen, Gedanken und Überzeugungen gespeichert sind, die aber empirisch nicht zugänglich sind. Gerade dieser Bereich könnte als eine Variante des Unbewussten angesehen werden, der per se unzugänglich und daher auch thera-

---

9 Vgl. List, Eveline: Psychoanalyse. Geschichte, Theorien, Anwendungen, Wien ²2014, 80.
10 Vgl. die Unterscheidung von deskriptivem und dynamischem Unbewussten, nach Freud, Das Unbewusste; vgl. Benecke, Therapien, 14.
11 Boll-Klatt, Ideengeschichte, 28.
12 Vgl. Boll-Klatt, Ideengeschichte, 34.
13 Eine breite psychoanalytische Kontroverse kann hier nur gestreift werden, inwieweit das Unbewusste zugänglich werden kann oder ob es nicht auf Dauer unbewusst bleiben muss und darin seine dynamische Kraft entfaltet. Dennoch arbeiten die meisten psychodynamischen Theorien mit der therapeutischen Methodik, das Unbewusste durch Reflexionsprozesse, Erinnerungsleistungen, Assoziationsprozesse ins Bewusstsein zu holen und dann zu bearbeiten. Ziel ist eine Durchbrechung der „Wiederholung des ewig Gleichen", vgl. dazu Mertens, Wolfgang / Kettner, Matthias: Reflexionen über das Unbewusste, Göttingen 2010, bes. 72–108.
14 Vgl. dazu Linden, Ideengeschichte.

peutischen Bemühungen verschlossen bleibt. Erst im Zuge der Kognitiven Wende ab den 1970er Jahren wurden Gedanken, Einstellungen und Überzeugungen wieder interessant für die klinische Forschung, und die klassische Verhaltenstherapie wandelte sich zur *Kognitiven* Verhaltenstherapie (KVT). Diese Veränderung ging auch mit einem Wandel der akademischen Psychologie und neuen Paradigmen psychologischer Forschung einher, die ein verstärktes Interesse für Prozesse der Kognition mit sich brachten. In den Blick kamen in der Kognitionspsychologie nun subliminale, d. h. unterschwellige Wahrnehmungsprozesse und emotional gesteuerte intuitive Entscheidungsprozesse (z. B. Heuristiken oder *priming*). In der Gedächtnispsychologie wurde eine neue Encodierungshypothese entwickelt, die eine schnelle, unbewusste Verarbeitung bildhafter Inhalte postulierte.[15] Das Verständnis des Unbewussten weist in der kognitiven Tradition der Verhaltenstherapie also eine Ähnlichkeit zum Konzept des *deskriptiven* Unbewussten nach Freud auf und umgreift als „Nichtbewusstes" alle Routinen und automatisierten Verarbeitungsprozesse im Organismus.[16]

Für die KVT jedenfalls ist die Berücksichtigung unbewusster Anteile unverzichtbar. Darunter können zunächst Kognitionen gefasst werden, die Erleben und Verhalten steuern – und zwar ohne dass es dem Individuum bewusst sein muss. Zentral ist die Annahme, dass automatisierte Denkmuster für die Symptomatik verschiedener Störungen mitverantwortlich sind, insofern sie als dysfunktional, d. h. der Gesundheit und dem Wohlbefinden abträglich, wahrgenommen werden. Zunächst geht es darum, automatisierte Denkprozesse zu entdecken, in ihre Bestandteile zu zerlegen, sowie ihre Wirkweise auf Gefühle oder Verhalten zu ergründen. Dies ermöglicht, Gedanken zu prüfen, alternative Denkmuster zu entwickeln sowie neue Verhaltensweisen zu erproben. Interessanterweise sind zwei der wichtigsten Begründer der KVT selbst Psychoanalytiker gewesen: Albert Ellis und Aaron T. Beck, die beide automatisierte Denkmuster in ihren Theorien postulierten und therapeutisch damit arbeiteten.[17] Zwar wurde die KVT aus der klassischen Verhaltenstherapie heraus entwickelt, jedoch gab es immer wieder Grenzgängerinnen und Grenzgänger zwischen den Schulrichtungen, die eine kategorische Trennung zwischen Therapierichtungen produktiv und integrativ zu überschreiten verstanden.

Beispielhaft wird an der in der KVT häufig angewandten Verhaltensanalyse explizit, wie die „Macht der Gewohnheiten"[18] verändert werden soll. Im einfacheren ABC-Modell werden ausgehend von einer Situation (A=activating event) die begleitenden Gedanken (B=beliefs, Bewertungen) und die daraus folgenden

---

15 Vgl. Mertens/Kettner, Reflexionen.
16 Vgl. Egger, Josef W.: Integrative Verhaltenstherapie und Psychotherapeutische Medizin. Ein biopsychosoziales Modell, Wiesbaden 2015, 234.
17 Vgl. Scherer, Franziska: Die Wiederentdeckung des ganzen Menschen, in: Hierdeis, Helmwart (Hg.): Austauschprozesse. Psychoanalyse und andere Humanwissenschaften, Göttingen/Bristol 2016, 43–63, 46.
18 Vgl. Egger, Integrative Verhaltenstherapie, 233.

Konsequenzen (C=consequences) benannt.[19] Im komplexeren SORKC-Modell werden eine Organismus-Variable (O), welche die biologischen, charakterlichen, lerngeschichtlichen und kulturellen Ausgangsbedingungen des Individuums beschreiben, und die Variable der Kontingenz (K), welche die Regelmäßigkeit bestimmter Konsequenzen festhält, ergänzt.[20] Ein Zugang zum Unbewussten geschieht auf allen Ebenen: kognitiv (Einstellungen, Denkmuster), emotional (Emotionsregulation), physiologisch (körperliche Reaktionen) sowie verhaltensbezogen (Beobachten von Verhalten).[21] Mit der Hilfe eines solchen Modells stellen sich weitreichende Erkenntnisse ein, die das eigene Erleben in eine schlüssige Verbindung von Auslösern, inneren psychischen Prozessen und Kontextbedingungen zu bringen vermögen. Therapeutisch schließen sich an diesen regulär früh erfolgenden Behandlungsschritt verschiedene Interventionen an. So wird in der kognitiven Umstrukturierung angestrebt, die internalisierten automatisierten Bewertungen und Einstellungen durch neue Gedanken zu ersetzen. Verhaltensexperimente dienen wiederum dazu, neues Verhalten zu erproben und Auswirkungen neuer Gedanken zu beobachten.

Der metakognitive Ansatz, der schon zu den neueren Modellen der KVT gerechnet werden kann, geht noch einen Schritt weiter.[22] Hier werden nicht nur automatische Gedanken bewusst gemacht, sondern auch Gedanken über Gedanken (sog. Meta-Gedanken), Gefühle oder Verhalten, die diese kommentierend begleiten.[23] Unbewusste kognitive Prozesse werden offengelegt, die mit einer Bewertung der eigenen Einstellungen oder Gedanken einhergehen. Nachvollziehbar wird das am Phänomen von Zwangsgedanken. Ein aversiver Gedanke, meist mit schambehaftetem oder tabuisiertem Inhalt, wird als gefährlich eingestuft, und deshalb wird versucht, den Gedanken zu unterdrücken. Das Verbot weist dem Gedanken indes eine hohe Wichtigkeit zu und lässt ihn nur umso häufiger auftauchen. Implizit wird so die Schlussfolgerung gezogen, dass der Gedanke relevant und wahr sein muss, weil er so häufig wiederkommt. Das gilt auch in der positiven Variante: Jemand, der es für nützlich hält, sich viele Sorgen zu machen, wird sich automatisch mehr sorgen. Therapeutisches Ziel ist es, solche Gedanken durch eine Lenkung der Selbstaufmerksamkeit nach außen und das Training von „losgelöster Achtsamkeit" (*detached mindfulness*) gezielt wieder

---

19 Ellis, Albert: Grundlagen und Methoden der rational-emotiven Verhaltenstherapie, Stuttgart ²2008.
20 Vgl. Kanfer, Frederick H.: Selbstmanagement-Therapie. Ein Lehrbuch für die klinische Praxis, Berlin/Heidelberg ⁵2012.
21 Vgl. Egger, Josef: Das Unbewusste in den verhaltenstheoretischen Psychotherapien; in: Psychologische Medizin 23 (2012), 50–52.
22 Vgl. Wells, Adrian: Metakognitive Therapie bei Angststörungen und Depression, Weinheim 2011.
23 Analogien dazu bietet das psychoanalytische Konzept des Über-Ichs in seiner strafenden oder abwertenden Funktion oder des Ich-Ideals. Auch in der Schematherapie gibt es ähnliche Vorstellungen in dysfunktionalen strafenden oder fordernden Eltern-Modi.

zu verlernen, wodurch die Gedanken und zugehörigen Gefühle wieder in Form eines Hintergrundprozesses ablaufen und dadurch weniger wichtig werden.

1.2 Die dritte Welle der Verhaltenstherapie: Transformationsprozesse und Ich-Anteile

Als Weiterentwicklung rücken in diesen Ansätzen neue Verfahren in den Vordergrund, die nicht mehr allein kognitive Prozesse in den Vordergrund stellen, sondern noch stärker als bislang Emotionen, Biografie und Erfahrungen in der Kindheit, aber auch soziale Kontexte mitberücksichtigen. Sie integrieren dabei Elemente aus anderen Therapierichtungen und wenden sich auch wieder der Tiefenpsychologie und ihren Konzepten zu. Die Zeit einer schulenbezogenen Abgrenzung von Verhaltenstherapie und Tiefenpsychologie bzw. Psychoanalyse ist weitgehend überwunden. Deshalb spielen nun auch das Unbewusste und seine dynamischen Prozesse wieder eine Rolle, das als Instanz des Bewusstseins nicht nur respektiert, sondern mit dessen Inhalten und dynamischen Prozessen konstruktiv gearbeitet wird. Zwei Beispiele dieser neueren Ansätze will ich vorstellen.

Die von Jeffrey Young begründete Schematherapie ist eine Weiterentwicklung der KVT von Aaron T. Beck und integriert psychodynamische Konzepte. Unter „Schemata" werden innere Strukturen verstanden, die das Verhalten und Denken unbewusst beeinflussen und aus der Nichtbefriedigung von Bedürfnissen in der Kindheit und später herrühren.[24] Ergänzend zu kognitiven Interventionen werden symbolische, körperliche und emotionale Therapieelemente ergänzt. Kindliche Bewältigungsmuster werden als sog. Modi als Ich-Anteile sichtbar gemacht, die z. B. mit Stuhldialogen symbolisiert und bearbeitet werden. Die Anteile des Ichs treten hierbei miteinander ins Gespräch und tragen so den inneren Konflikt symbolisierend aus. Dadurch werden nicht nur Inhalte aus dem Unbewussten ins Bewusstsein geholt, sondern diese werden zudem transformiert und reguliert: etwa durch veränderte Deutungen, den Austausch von Emotionen und Gedanken sowie deren Verkörperung durch unterschiedliche Stuhlpositionen, ein Nacherleben der Emotionen im Körper oder dem Ausleben spontaner Handlungsimpulse. In der therapeutischen Praxis kommen durch diese Vorgehensweise intensive innere Prozesse in Gang, und ein Intellektualisieren sowie passives „Über-Probleme-Reden" wird umgangen. Das beeinflusst die Therapie günstig, weil die Patientinnen und Patienten ins Erleben, Handeln und Fühlen kommen und so auch näher bei sich selbst sind. Mit der Schematherapie werden so „‚die in der Psychoanalyse vorhandenen Wissensschätze in ihrer wahren Essenz' in den verhaltensthera-

---

24 Young, Jeffrey E. / Klosko, Janet S. / Weishaar, Marjorie E.: Schematherapie. Ein praxisorientiertes Handbuch, Paderborn 2005. In Deutschland wird die Schematherapie u. a. von Gitta Jacob und Eckhard Roediger vertreten.

peutischen Kontext integriert"[25] und zwar in der Aufnahme des Unbewussten, aber auch in der therapeutischen Beziehungsgestaltung oder der Betonung frühkindlicher Prägungen.[26] Auch hier werden Erkenntnisprozesse gegenüber inneren Haltungen und ihrer Auswirkung auf das Verhalten mit der Anregung zur alltagstauglichen Veränderung verbunden. Auf diese Weise vollzieht sich der therapeutische Heilungs- und Veränderungsprozess schrittweise durch das kontinuierliche Einnehmen neuer Perspektiven.

Die *Imagery Reprocessing and Rescripting Therapy* (IRRT) ist eine Form der Traumatherapie und wird mittlerweile auch für Ängste oder Depressionen eingesetzt.[27] Bei ihrer Entwicklung war die Erkenntnis leitend, dass das alleinige Erinnern und Bewusstmachen der traumatischen Ereignisse bei der Verarbeitung nur bedingt hilfreich war. Im Wiedererleben traumatischer Ereignisse treten starke aversive Emotionen auf, die durch Narration allein kaum abgeschwächt werden können. Vielmehr erleben Patientinnen und Patienten eine starke Hilflosigkeit und Ohnmacht der damaligen Situation gegenüber, die sie wiedererlebten, als fände sie jetzt im Moment statt. Mervyn Schmucker und Rolf Köster entwickelten, diese Erfahrungen aufgreifend, das Vorgehen der Aufarbeitung (*reprocessing*) und des Umschreibens (*rescripting*). Imaginativ konfrontiert das erwachsene Ich auf der inneren Bühne den Täter, um dem hilflosen damaligen Ich bzw. dem Kind-Ich eine innere Instanz zur Seite zu stellen, die aus anderer Zeitperspektive eine Veränderung initiieren kann. Es geht dabei nicht so sehr um eine erinnernde Veränderung der Szenerie, sondern darum, die Handlungsfähigkeit im Jetzt wiederherzustellen und dafür die imaginative Kraft zu nutzen. Eine weitere transformative Stufe wurde ergänzt, weil in manchen Fällen eine Täterkonfrontation nicht ausreichte und aversive Emotionen wie Scham und Schuld persistierten. In einem nächsten Schritt wurden die Patientinnen und Patienten angeleitet, sich nach der imaginierten Täterkonfrontation dem inneren Kind bzw. damaligen Ich tröstend, umsorgend, verstehend zuzuwenden und damit die innere Spaltung des Ichs emotional zu überwinden. Beide Ebenen der Transformation sind konstitutiv für eine erfolgreiche Therapie. Ein alleiniges kognitiv orientiertes Ins-Bewusstsein-Holen des Konflikts reicht also zuweilen nicht aus, sondern muss durch emotionsbezogene und transformierende Elemente ergänzt werden, die der faktischen Erinnerung zur Seite gestellt werden. Die IRRT integriert dabei Einsichten aus anderen Therapierichtungen, darunter auch der Psychoanalyse, aus welcher der Ego-States-Ansatz oder das Mentalisierungskonzept aufgenommen werden, aber auch die Imagination auf der inneren Bühne nach C. G. Jung.[28]

---

25 Roediger, Eckhard: Schematherapie. Grundlagen, Modell und Praxis, Stuttgart ³2018, 2 (mit Zitat nach Peter Fiedler).
26 Vgl. Scherer, Wiederentdeckung, 56.
27 Schmucker, Mervyn / Köster, Rolf: Praxishandbuch IRRT. Imagery Rescripting & Reprocessing Therapy bei Traumafolgestörungen, Angst, Depression und Trauer, Stuttgart 2014.
28 Vgl. Schmucker / Köster, IRRT, 31.

1.3 Ein Zwischenfazit

Unbewusstes gibt es auf den Ebenen des Körpers, des Denkens und des Fühlens und des Sozialen. Konflikte werden im Unbewussten ausgetragen, verhandelt, dorthin verschoben oder unterdrückt, aber im Zusammenspiel mit anderen psychischen Funktionen dienen sie – zumindest ursprünglich[29] – der innerpsychischen Regulation. In der Therapie werden diese unbewusst ablaufenden Prozesse ins Bewusstsein geholt, es wird mit ihnen therapeutisch gearbeitet und dabei untersucht, wie sie bewusst bleiben oder von neuen Strukturen ersetzt werden, so dass sie wieder ins Unbewusste transferiert werden können.[30]

Bei allen KVT-Ansätzen, die kognitiv mit dem Unbewussten arbeiten, geht es darum, die unbewusst ablaufenden und damit automatisierten Abläufe des Denkens wahrzunehmen, offen zu legen und damit einen Ansatzpunkt für deren Erkenntnis und Veränderung zu geben. Schon allein durch den Prozess des Erkennens und Offenlegens solcher Schemata und automatisierter Gedanken geschieht Veränderung. Die Funktionsweise der Psyche wird erhellt und durch die Einbettung in lebensgeschichtliche Zusammenhänge verständlich. Im Anschluss wird therapeutisch am Bewussthalten oder am Verlernen gearbeitet, um dadurch neues Verhalten und Erleben zu ermöglichen. Emotionale, kognitive, verhaltensbezogene und körperliche Aspekte sollten miteinander verwoben werden, um eine möglichst effektive Therapie zu erreichen, die von einer wertschätzenden therapeutischen Beziehung getragen ist. Diese vertrauensvolle Beziehung ist die Voraussetzung dafür, dass ein neuer Umgang mit dem Unbewussten als heilsam erlebt wird. Deshalb gehört die therapeutische Beziehung jenseits der konkreten schulenbezogenen Interventionen auch zu den Hauptfaktoren der Wirksamkeit jeglicher Psychotherapie.[31] In der Verhaltenstherapie tritt nun ein transformatives Element hinzu: Mit dem bewusst gemachten Unbewussten geschieht etwas, indem neues Verhalten entwickelt wird, Neubewertungen erfolgen, eine andere Einschätzung, neue Bilder oder andere Gefühle entstehen. Das Unbewusste wird in der KVT keineswegs nur in pathologischer Perspektive gesehen: Es ist nicht primär der Ort des Verdrängten, Negativen, der dunklen Seite des Menschen, sondern – besonders schematherapeutisch – Kraftquelle und Ressource, aus der die Gegenwart ganz neu interpretiert und erlebt werden kann. Diese Perspektive erinnert auch daran, dass entgegen mancher Vorurteile das Unbewusste auch in der psychoanalytischen Theorie als Ort der Lebenskraft verstanden wird.

---

29 Hier ist die Überzeugung leitend, dass jedem dysfunktionalen Verhalten eine ursprünglich sinnvolle Struktur zugrunde liegt, die erst durch Veränderung der äußeren oder inneren Rahmenbedingungen zur Symptomatik wird.
30 Vgl. Vogel, Verhaltenstherapie, 49.
31 Vgl. Grawe, Klaus / Donati, Ruth / Bernauer, Friederike: Psychotherapie im Wandel. Von der Konfession zur Profession, Göttingen ⁵2001.

2. Konsequenzen für religiöse Praxis und Praktische Theologie

2.1 Anthropologische Bemerkungen

Es ist nicht von der Hand zu weisen, „dass die Psychoanalyse von Beginn an sehr viel mehr war als eine neue Behandlungsform spezifischer seelischer Störungen: sie hat auch die Kultur und das Menschenbild des 20. Jahrhunderts immens beeinflusst."[32] Bis heute beschäftigt uns die Annahme des Unbewussten in unseren Konzeptionen des Menschseins, was auch von theologischer Relevanz ist: Ist das Psychische prinzipiell zugänglich oder zugänglich zu machen? Bleibt Unbewusstes unbewusst? Oder kann es bewusst werden, und könnte dadurch menschliches Zusammenleben anders oder gar besser gestaltet werden? Wer oder was lenkt unser Denken und Handeln? Und wie verhält sich das Religiöse zum Unbewussten?

Die Annahme eines Unbewussten kann entlasten, indem sie etwa durch die Inanspruchnahme von Begründungsmustern von Genetik oder frühkindlicher Prägung die Idee unterstützt, dass nicht alles im Leben kontrollierbar oder selbstverschuldet ist. Hiermit wird also ein spezifisches Begründungsmuster anthropologischer Freiheit oder Determiniertheit angeboten. Zugleich kann die Annahme des Unbewussten auch belasten. Welche verborgenen, vielleicht dunklen, der Kontrolle entzogenen Mechanismen spielen sich im Verborgenen des Unbewussten ab und könnten gar in der Therapie ans Licht geholt werden? Viele Patientinnen und Patienten beginnen eine Therapie mit solchen oder ähnlichen Ängsten, dass im Prozess das Verdrängte an die Oberfläche geholt wird und für sie neue Probleme verursachen könnte: Angst vor Kontrollverlust, der niederschlägt statt zu helfen. Angst davor, dass sie in Wahrheit „gestörter" sein könnten, als sie aktuell ahnen. Das Bild eines Eisbergs, bei dem nur die Spitze zu sehen ist, kann eine Bürde auferlegen, denn es wird suggeriert, dass die verborgenen Anteile des Selbst ein Berg seien, der vom Individuum kaum zu (er)tragen und zu bearbeiten ist. Es gibt Elemente in unserem Dasein, die dem Jetzt und dem Bewusstsein nicht zugänglich sind und unbewusst bleiben, weil sie schwer auszuhalten sind. Mit guten Gründen sind Erinnerungen und Gefühle, gerade auch frühe Erlebnisse in diesem Bereich der Psyche verortet. Wer also darf das Unbewusste ins Bewusstsein holen, und wer hat die Macht, dies zu tun?

Aus theologischer und psychologischer Perspektive scheint es mir wichtig, die relative Freiheit in der Auseinandersetzung mit dem Unbewussten zu betonen: Kreative, konstruktive und transformative Auseinandersetzung mit lebensgeschichtlicher Prägung und internalisierten Automatismen wird in der KVT großgeschrieben. Grundsätzlich ist das auch theologisch bedeutsam im Sinne

---

32 Boll-Klatt u. a., Ideengeschichte, 31.

der Annahme eines Handlungs- und Gestaltungsspielraums. Theologisch können wir aber nicht nur am anthropologischen Optimismus festhalten. Ebenso gibt es die Verstrickung, die Unfreiheit, das In-sich-Verkrümmtsein des Menschen, das ihn in seinen psychischen Strukturen ebenso betrifft und klassischerweise im Christentum als Sünde bezeichnet wird. Auch in der KVT herrscht kein grenzenloser (Veränderungs-)Optimismus. Vielmehr wird auch die Anerkennung des Gegebenen mittlerweile stärker gepflegt, wobei solche Akzeptanz Veränderung schenken kann.[33]

Erich Fromm schrieb 1970 über das Unbewusste: „Dass bestimmte Erlebnisinhalte zum Bewusstsein Zugang haben, während andere zurückgewiesen werden, ist in erster Linie gesellschaftlich bedingt und nur am Rande durch die individuellen Kindheitserlebnisse."[34] Auch die Poimenik hat mehrfach darauf verwiesen, dass eine individualisierte Perspektive nur einen Teil menschlichen Erlebens ausmacht: Systemische Zusammenhänge, kollektive Bedingungen, gesellschaftliche Entwicklungen prägen den Menschen.[35] Und so möchte ich an eine bisher im Beitrag wenig thematisierte Facette des Unbewussten erinnern: das gesellschaftliche bzw. kollektive Unbewusste.[36] Religion ist soziale Praxis,[37] die umfassend von der impliziten Weitergabe von Mustern, Praktiken, Vollzügen geprägt ist, die sprachlich nicht umfassend eingeholt werden können, sondern sich in weitgehender Selbstverständlichkeit abspielen. Man denke nur an Rituale und die Voraussetzung von prozeduralem Wissen für religiöse Vollzüge. Das ist etwa bedeutsam für diakonisches Handeln, das vordergründig als tätige Nächstenliebe beschreibbar ist, aber auf Nachfrage kaum versprachlicht werden kann.[38] Umgekehrt sind manche religiösen Praktiken, Gefühle oder Gedanken religiös und/oder gesellschaftlich sanktioniert und müssen daher verdrängt

---

33 Vgl. auch die Akzeptanz-und-Commitment-Therapie: Sonntag, Rainer F.: Akzeptanz- und Commitmenttherapie (ACT), in: Heidenreich, Thomas / Michalak, Johannes (Hg.): Die „dritte Welle" der Verhaltenstherapie. Grundlagen und Praxis, Weinheim u. a. 2013, 20–40.

34 Fromm, Erich: Gesamtausgabe Bd. 8, 1989, 246. [zit. n. Vogel, Verhaltenstherapie, 41]. Dass Fromm noch davon ausging, dass es eine „voll entfaltete Gesellschaft" gibt, die „keines Unterdrückungs- und Manipulationsapparates bedarf", kann als Wunschvorstellung gedeutet und kritisch hinterfragt werden.

35 Vgl. Morgenthaler, Christoph: Systemische Seelsorge. Impulse der Familien- und Systemtherapie für die kirchliche Praxis, Stuttgart ⁶2019.

36 Bereits Freud beschrieb diesen Bereich des Unbewussten als eine Form des kollektiven Menschheitsbewusstseins und wendete diese Idee kulturtheoretisch. C. G. Jung prägte die Vorstellung vom kollektiven Unbewussten, das zudem eine große Nähe zur Religion und Mythologie aufweise; vgl. Boll-Klatt, Ideengeschichte, 34. Heute wird das kollektive Unbewusste besonders in der Ethnopsychoanalyse vertreten.

37 Vgl. Laube, Martin: Religion als Praxis. Zur Fortschreibung des christentumssoziologischen Rahmens der EKD-Mitgliedschaftsstudien, in: Bedford-Strohm, Heinrich / Jung, Volker (Hg.): Vernetzte Vielfalt. Kirche angesichts von Individualisierung und Säkularisierung. Die fünfte EKD-Erhebung über Kirchenmitgliedschaft, Gütersloh 2015, 35–49.

38 Vgl. Haußmann, Annette: Ambivalenz und Dynamik. Eine empirische Studie zu Religion in der häuslichen Pflege, Berlin/Boston 2019, 446–447.

werden, wie am Beispiel des Umgangs mit aversiven Gefühlen wie Wut oder Aggression deutlich wird.[39]

2.2 Wahrheit und Deutung

Die Theorie des Unbewussten mag auch die große Frage evozieren: Was ist Wahrheit? Ist es das Verdrängte, das an die Oberfläche geholt werden muss? Oder geht es darum, dass und unter welchen Bedingungen das Individuum gut weiterleben kann? Immer vermischt sich beim Ans-Licht-Holen des Unbewussten Wahrheit mit Narration. In vielen Ansätzen der dritten Welle der Verhaltenstherapie werden Elemente von Imagination, Konstruktion und Narration integriert, wobei es um Aneignung und Erzählen von Lebensgeschichte geht, nicht um das Finden einer abstrakten objektiven Wahrheit. Dennoch ist es insbesondere im Lichte traumatischer Erfahrungen von eminenter Bedeutung, diese Erzählungen als subjektive Wahrheit anzuerkennen. Denn die Opferperspektive steht allzuoft unter dem Verdacht oder dem Vorbehalt von Verzerrung und Unwahrheit. Im therapeutischen Prozess ist von großer Wichtigkeit, dass traumatisierte Menschen ihre erlebte Geschichte aus ihrer Perspektive erzählen können, auch indem sie auf der inneren Bühne das Unbewusste aktualisieren und es als erwachsenes Selbst kommentierend einordnen im Sinne einer Umschreibung des Erfahrenen.

Deutungsprozesse und Versprachlichung des Erlebten sind durch die Neuerungen der KVT gerade nicht obsolet geworden, sie werden aber ergänzt durch die Einbindung von Gefühlen, Körpererleben und Spiritualität.[40] Es bleibt wichtig, über Dinge zu sprechen, zu streiten, zu diskutieren: Ob in Therapie oder Seelsorge, in Theologie oder Psychologie. Und wichtig bleibt es, um Deutungen zu ringen, die Welt aus subjektiver Sicht interpretieren zu dürfen, jenseits von Evolutionsmechanismen und einer Biologisierung des Selbst am hohen Gut der Interpretationsbedürftigkeit der Wirklichkeit festzuhalten. Überall dort geschieht dies nicht, wo therapeutische Techniken von Körpererfahrungen, Arbeit mit Emotionen oder gar Hypnose ohne professionelle Sachkenntnis und vor allem ohne Transparenz, Gespräch und Auseinandersetzung im therapeutischen oder seelsorglichen Setting angewandt werden. Ich sage das auch, weil sich in der Seelsorgepraxis (und im Übrigen auch im Dickicht des therapeutischen Marktes zwischen Coaching und Selbstoptimierung) neue therapeutische Interventionen

---

39 Vgl. Haußmann, Annette: Mensch ärgere dich (nicht)? Facetten von Wut und Religion, in: dies. / Schleicher, Niklas / Schüz, Peter (Hg.): Die Entdeckung der inneren Welt. Religion und Psychologie in theologischer Perspektive, Tübingen 2021, 323–357.
40 Z. B. Achtsamkeitspraxis, Rituale oder Meditation.

wie Körpererleben (z. B. Somatic Experiencing[41]) oder Hypnose[42] einiger Beliebtheit erfreuen. Solche Ansätze können das vorwiegend sprachbasierte Seelsorgeangebot auf gute Weise ergänzen. Dennoch: Ohne professionelle Ausbildung, Transparenz und Verantwortungsbewusstsein sowie beständige Reflexion sehe ich deren Anwendung mit großer Skepsis.

2.3 Religionsforschung und Erkenntnisgrenzen

Empirisch forschen heißt in praktisch-theologischer Hinsicht auch, danach zu fragen, was Religion ist und welche Bedeutung und Auswirkungen sie hat. Mit Hilfe von Fragebögen oder narrativen Interviews werden Innenwelten teilweise offengelegt. Denkt man über das Unbewusste und seine Macht nach, so wird man der Vorläufigkeit und Begrenztheit solcher Forschung gewahr. Nur ein Bruchteil des Religiösen lässt sich auf solche Weise empirisch zugänglich machen, während große Teile dessen, was Religion und Spiritualität ausmacht, unbewusst bleiben, weil sie sich der kognitiven Beschreibung entziehen. Seit einiger Zeit wird in der Praktischen Theologie die soziologische Praxistheorie rezipiert.[43] Damit ist eine Möglichkeit verbunden, religiösen Strukturen etwa durch Beobachtung und Beschreibung auf der Handlungsebene auf die Spur zu kommen.[44] Das Schwierige am Unbewussten des Religiösen bleibt, dass es mit positivistischen Methoden so schwer zu beobachten, zu kategorisieren, zu operationalisieren ist. Die Annahme aber, dass es etwas gibt, das über das Erforschbare hinausgeht, ließe empirisch Forschende im Prozess zugleich wachsam, gewahr der Vorläufigkeit von Erkenntnis und demütig bleiben.

Die Verknüpfung von Ideen aus Psychoanalyse und Verhaltenstherapie gleicht der „Wiederentdeckung des ganzen Menschen"[45]. Sich das Unbewusste bewusst zu machen, gleicht daher auch einer Wiederentdeckung des *homo religiosus* mit allen kognitiven, emotionalen, sozialen und leiblich-sinnlichen Qualitäten.[46] Denn was wäre Religion ohne den rauchigen Duft des Osterfeuers, das körperlich spürbare Dröhnen der großen Orgelpfeifen, den Geschmack des Abendmahlsweines oder den Klang der Kirchenglocken an Silvester – oder auch:

---

41 Vgl. Levine, Peter A.: Sprache ohne Worte. Wie unser Körper Trauma verarbeitet und uns in die innere Balance zurückführt, München ^{10}2021.
42 Vgl. Kachler, Roland: Hypnosystemische Trauerbegleitung. Ein Leitfaden für die Praxis, Heidelberg ^{5}2019.
43 Vgl. z. B. Reckwitz, Andreas: Toward a Theory of Social Practices, in: European Journal of Social Theory 5/2 (2002), 243–263.
44 Vgl. Laube, Religiöse Praxis.
45 Vgl. Scherer, Wiederentdeckung.
46 Andererseits: Was sollte auch ein „halber" Mensch in theologischer Perspektive unter dem Fürwahrhalten der Gottesebenbildlichkeit sein? Insofern dienen diese Beobachtungen eher als Erinnerung an die Vielschichtigkeit des Menschseins.

tosende Menschenmassen beim Kirchentagsgottesdienst, feierliche Stille bei der Pilgerwanderung durch den Nebel. Die theologischen Überlegungen zu Religion und Gefühl des berühmten Marburger Theologen Rudolf Otto erinnern noch heute daran, dass Religion mehr ist, als wir fassen können. Eine jede Kognition und jedes Bewusstsein übersteigende Ahnung des Ewigen, ein Gefühl des *mysterium tremendum et fascinans*.[47] Zur Religion gehört das Erschauern, das Geheimnis, das Erschreckende und Faszinierende. Diese Schätze der Religion werden und bleiben lebendig durch die Kultivierung von Erinnerung und Tradition. Es gibt also gute Gründe, das Unbewusste wieder ins Bewusstsein zu holen – in demütiger Erinnerung an die Begrenztheit dieses Unterfangens.

Literatur

Benecke, Cord: Psychodynamische Therapien und Verhaltenstherapie im Vergleich. Zentrale Konzepte und Wirkprinzipien, Göttingen 2016.
Boll-Klatt, Annegret / Kohrs, Mathias / Strauß, Bernhard: Ideengeschichte der Psychodynamischen Psychotherapie, in: Strauß, Bernhard u. a. (Hg.): Ideengeschichte der Psychotherapie. Theorien, Konzepte, Methoden, Stuttgart 2021, 26–43.
Egger, Josef: Integrative Verhaltenstherapie und Psychotherapeutische Medizin. Ein biopsychosoziales Modell, Wiesbaden 2015.
Egger, Josef: Das Unbewusste in den verhaltenstheoretischen Psychotherapien; in: Psychologische Medizin 23 (2012), 50–52.
Ellis, Albert: Grundlagen und Methoden der rational-emotiven Verhaltenstherapie, Stuttgart ²2008.
Freud, Sigmund: Das Unbewusste, Ditzingen 2016 [1924].
Grawe, Klaus / Donati, Ruth / Bernauer, Friederike: Psychotherapie im Wandel. Von der Konfession zur Profession, Göttingen ⁵2001.
Haußmann, Annette: Ambivalenz und Dynamik. Eine empirische Studie zu Religion in der häuslichen Pflege, Berlin/Boston 2019.
Haußmann, Annette: Eine Frage der Haltung: integrative Impulse für die Seelsorge aus neueren Ansätzen der Verhaltenstherapie, in: WzM 74/3 (2022), 201–214.
Haußmann, Annette: Mensch ärgere dich (nicht)? Facetten von Wut und Religion, in: Haußmann, Annette u. a. (Hg.): Die Entdeckung der inneren Welt. Religion und Psychologie in theologischer Perspektive, Tübingen 2021, 323–357.
Heidenreich, Thomas / Michalak, Johannes (Hg.): Die „dritte Welle" der Verhaltenstherapie. Grundlagen und Praxis, Weinheim u. a. 2013.
Kachler, Roland: Hypnosystemische Trauerbegleitung. Ein Leitfaden für die Praxis, Heidelberg ⁵2019.
Kanfer, Frederick H.: Selbstmanagement-Therapie. Ein Lehrbuch für die klinische Praxis, Berlin / Heidelberg ⁵2012.
Laube, Martin: Religion als Praxis. Zur Fortschreibung des christentumssoziologischen Rahmens der EKD-Mitgliedschaftsstudien, in: Bedford-Strohm, Heinrich / Jung, Volker (Hg.):

---

47   Otto, Rudolf: Das Heilige, Leipzig / Frankfurt a. M. 2022 [1936].

Vernetzte Vielfalt. Kirche angesichts von Individualisierung und Säkularisierung. Die fünfte EKD-Erhebung über Kirchenmitgliedschaft, Gütersloh 2015, 35–49.

Levine, Peter A.: Sprache ohne Worte. Wie unser Körper Trauma verarbeitet und uns in die innere Balance zurückführt, München ¹⁰2021.

Linden, Michael: Ideengeschichte der Verhaltenstherapie, in: Strauß, Bernhard u. a. (Hg.): Ideengeschichte der Psychotherapie. Theorien, Konzepte, Methoden, Stuttgart 2021, 44–58.

List, Eveline: Psychoanalyse. Geschichte, Theorien, Anwendungen, Wien ²2014.

Mertens, Wolfgang / Kettner, Matthias: Reflexionen über das Unbewusste, Göttingen 2010.

Morgenthaler, Christoph: Systemische Seelsorge. Impulse der Familien- und Systemtherapie für die kirchliche Praxis, Stuttgart ⁶2019.

Otto, Rudolf: Das Heilige, Leipzig / Frankfurt a. M. 2022 [1936].

Reckwitz, Andreas: Toward a Theory of Social Practices, in: European Journal of Social Theory 5/2 (2002), 243–263.

Roediger, Eckhard: Schematherapie. Grundlagen, Modell und Praxis, Stuttgart ³2018.

Scherer, Franziska: Die Wiederentdeckung des ganzen Menschen, in: Hierdeis, Helmwart (Hg.): Austauschprozesse. Psychoanalyse und andere Humanwissenschaften, Göttingen/Bristol 2016, 43–63.

Schmucker, Mervyn / Köster, Rolf: Praxishandbuch IRRT. Imagery Rescripting & Reprocessing Therapy bei Traumafolgestörungen, Angst, Depression und Trauer, Stuttgart 2014.

Sonntag, Rainer F.: Akzeptanz- und Commitmenttherapie (ACT), in: Heidenreich, Thomas / Michalak, Johannes (Hg.): Die „dritte Welle" der Verhaltenstherapie. Grundlagen und Praxis, Weinheim u. a. 2013, 20–40.

Strauß, Bernhard u. a. (Hg.): Ideengeschichte der Psychotherapie. Theorien, Konzepte, Methoden, Stuttgart 2021.

Vogel, Ralf T.: Verhaltenstherapie in psychodynamischen Behandlungen. Theorie und Praxismanual für eine integrative Psychodynamik in ambulanter und stationärer Psychotherapie, Stuttgart 2005.

Wells, Adrian: Metakognitive Therapie bei Angststörungen und Depression, Weinheim 2011.

Young, Jeffrey E. / Klosko, Janet S. / Weishaar, Marjorie E.: Schematherapie. Ein praxisorientiertes Handbuch, Paderborn 2005.

Der Einfluss der Generationenfolge auf die religiöse Verarbeitung von Traumata

Zwei Fallvignetten aus der Arbeit mit Kriegskindern und deren Kindern

Wolfgang Winter

Im folgenden Beitrag richte ich den Blick auf den Einfluss der Generationenfolge bei der religiösen Verarbeitung traumatischer Erlebnisse. Dabei werde ich insbesondere auf die Bedeutung und Funktion transgenerationaler Weitergaben von seelischen Lasten von einer Generation zur anderen eingehen. Ich benutze in diesem Zusammenhang ein von der Konstanzer Literaturwissenschaftlerin Aleida Assmann entwickeltes Konzept von Generation,[1] das durch drei Merkmale bestimmt ist: einmal durch eine gemeinsame Jahrgangszugehörigkeit. Bei den Kriegskindern handelt es sich um die Jahrgänge 1930–1945. Sie haben den Zweiten Weltkrieg als Kinder erlebt. Damit ist ein zweites Merkmal gegeben: Sie haben gemeinsam eine prägende historische Erfahrung gemacht. Ein drittes Merkmal ist eine weitgehende Gleichartigkeit in der Verarbeitung des Erlebten im Sinne einer „spezifischen Welthaltung". Diese Haltung bildet sich in einem sozialen Rahmen, der festlegt, was gefühlt, gedacht und gesagt werden kann und soll. Der Rahmen wird nachhaltig bestimmt durch transgenerationale Prozesse. Wie bei einem Bilderrahmen passt dabei allerdings Manches nicht ins Bild und fällt aus den erzählten Geschichten heraus.

Im Folgenden werde ich prägende Erfahrungen der Kriegskinder beschreiben. Ich bin selber ein Kriegskind, 1941 in Lüneburg geboren. Von besonderer Bedeutung sind in diesem Zusammenhang die Wege und Inhalte transgenerationaler Weitergabe von seelischen Lasten. Ich stelle dazu eine entsprechende Fallvignette zur Diskussion. In gleicher Perspektive folgen dann die Kinder der Kriegskinder. Es sind die in den 1950er bis 1970er Jahren Geborenen. Auch hier folgt eine Fallvignette. Schließlich versuche ich einige Gemeinsamkeiten und Unterschiede in der religiösen Verarbeitung von traumatischen Erlebnissen zwischen den beiden Generationen festzuhalten.

---

1   Vgl. Assmann, Aleida: Grenzen des Verstehens. Generationsidentitäten in der neuen deutschen Erinnerungsliteratur (Wiener Vorlesungen), Wien 2007.

1. Kriegskinder des Zweiten Weltkriegs und ihre Erfahrungen

Vor allem drei Bereiche beschädigender bis traumatisierender Erfahrungen der Kriegskinder sind zu nennen:[2]

1. Verluste von zentralen Beziehungspersonen, insbesondere von Vätern, aber auch von Müttern, Geschwistern, Großeltern. Jedes vierte Kind war 1945 in Deutschland Halbwaise oder Waise.
2. Verluste von Heimat und damit von Sicherheit und Geborgenheit. 12 bis 14 Millionen Menschen aus den deutschen Ostgebieten waren auf der Flucht oder wurden vertrieben. Bis zu zwei Millionen sind vermutlich umgekommen.
3. Unmittelbare Gewalterfahrungen: etwa das Erleben von Bombenangriffen, Tieffliegerangriffen in der letzten Kriegsphase, von Vergewaltigungen (ungefähr zwei Millionen betroffene Frauen und Kinder) und vielfachem Mord an Zivilpersonen.

Ich sprach eben von traumatisierenden Erfahrungen. Dazu eine psychoanalytisch geprägte Definition, die ich übernommen habe: Ein *psychisches Trauma* ist „ein Ereignis, das die Fähigkeit des Ich, für ein minimales Gefühl der Sicherheit und integrativen Vollständigkeit zu sorgen, abrupt überwältigt und zu einer überwältigenden Angst und Hilflosigkeit führt (...) und eine dauerhafte Veränderung der psychischen Organisation bewirkt."[3] Ein solches, wie viele dann später sagen, Urerlebnis in der eigenen Biografie wirkt sich später beispielsweise in einer hohen Verletzlichkeit im Bereich des Selbstwertgefühls aus und in einer Erschütterung des Vertrauens, dass die Welt mir im Prinzip freundlich gesonnen ist und ich etwas Positives in ihr bewirken kann. Die Selbstverständlichkeit dieser Zuversicht ist erschüttert und muss immer wieder neu gewonnen werden.

Von *Beschädigungen* kann man dann sprechen, wenn beispielsweise der Vater in den entscheidenden Kinderjahren fehlte und damit zunächst einmal ein Modell fehlte für Jungen und Mädchen, wie man/frau etwa altersgemäße Herausforderungen bewältigen kann, so dass die spätere Identitätsfindung erschwert ist. Auch eine enge problematische Mutterbindung ist häufig zu beobachten. Die Schriftstellerin Helga Schubert (Jg. 1940) spricht in ihrem viel gelesenen Buch „Vom Aufstehen"[4] ausführlich über den Zusammenhang zwischen

---

[2] Vgl. Radebold, Hartmut: Die dunklen Schatten unserer Vergangenheit. Ältere Menschen in Beratung, Psychotherapie, Seelsorge und Pflege, Stuttgart ³2016.

[3] Bohleber, Werner: Wege und Inhalte transgenerationaler Weitergabe. Psychoanalytische Perspektiven, in: Radebold, Hartmut / Bohleber, Werner u. a. (Hg.): Transgenerationale Weitergabe kriegsbelasteter Kindheiten. Interdisziplinäre Studien zur Nachhaltigkeit historischer Erfahrungen über vier Generationen, Weinheim/München ²2009, 107-118, hier: 108, Anm. 1

[4] Schubert, Helga: Vom Aufstehen. Ein Leben in Geschichten, München ³2021.

frühem Verlust des Vaters („es ist das Trauma meines Lebens") und einer lebenslang hoch ambivalenten Beziehung zur Mutter. Nach heutigen Schätzungen gehören etwa 60 % der Kriegskinder zu den Betroffenen.

1.1 Transgenerationale Weitergabe seelischer Lasten – Wege und Inhalte

Zusätzlich zu den eigenen Beschädigungen und Traumatisierungen kam für viele Kinder noch eine weitere Belastung dazu: Sie sollten ihren Eltern deren unbewältigte seelische Lasten tragen helfen. Sie sollten Container sein für deren Not und so Entlastung bieten. Wege und Inhalte solcher transgenerationaler Weitergaben seelischer Lasten sind verschiedentlich beschrieben worden. Ich referiere kurz:[5]

Häufig war die *Parentifizierung*. Gemeint ist damit eine Rollenumkehrung in der Eltern-Kind-Beziehung. Auch *Delegationen* elterlicher Lebensziele auf die Kinder waren häufig. Die Inhalte solcher Delegationen konnten auf verschiedenen Ebenen liegen, z. B. dem des Ichideals von Vater und Mutter, der Wiedergutmachung einer Schuld oder auch der Wiederherstellung eines verlorenen sozialen Status. Nicht selten waren auch *Funktionalisierungen im narzisstischen Bereich*. Hier ging es darum, dass Eltern das Kind zur Regulierung ihres beschädigten Selbstwertgefühles benötigten. Die Kinder wurden auf dem Wege projektiver Identifizierung dazu gedrängt, die unerträglichen Scham- und Schuldgefühle angesichts des „Zusammenbruchs" 1945 den Eltern abzunehmen, in sich aufzunehmen und damit den Eltern zu helfen, ihre Selbstachtung zu bewahren. Wenigstens zu Hause konnten auf diese Weise die alten Werte weiter gelten: Härte, Verachtung von Schwäche, Krankheit – bei den Kindern aber ständig von Selbstzweifeln und Ängsten vor Beschämung und Verachtung begleitet: bin ich „zu weich"? „zu weinerlich"? „zu ängstlich"?

Zusammenfassend lässt sich sagen: Durch die transgenerationale Weitergabe seelischer Lasten wurde den Kriegskindern der Zugang zu sich selbst, zu eigenen Gefühlen, eigenen Wünschen und Lebensentwürfen erheblich erschwert. Stattdessen entwickelten sie früh die Fähigkeit und Bereitschaft, Erwartungen anderer wahrzunehmen und zu erfüllen. Sie lernten auch, sich „zusammenzunehmen" und gestellte Aufgaben aktiv anzupacken. Andererseits merkt man ihnen häufig ein unsicheres Selbstwertgefühl an und ein verborgenes Streben nach Sicherheit und Geborgenheit – eine Antwort auf frühe Verlassenheits- und Beschämungsängste. Um ihnen gerecht zu werden, sollte man, meine ich, beide

---

5   Vgl. Lamparter, Ulrich / Wiegand-Grefe, Silke u. a. (Hg.): Zeitzeugen des Hamburger Feuersturms und ihre Familien. Forschungsprojekt zur Weitergabe von Kriegserfahrungen, Göttingen 2013.

Seiten sehen und anerkennen: eben diese Tüchtigkeit in der Lebensbewältigung und zugleich die „dunklen Schatten" dahinter.[6]

Ich frage nun nach der *Religiosität* der Kriegskinder und ihrer Kinder im Sinne individuell geprägter Aneignung der (meistens) christlichen Überlieferung. Welche Bedeutung hat sie bei der Verarbeitung damaliger beschädigender bis traumatisierender Erlebnisse? Und weiter: Wie ist Religiosität im Prozess transgenerationaler Weitergabe seelischer Lasten genauer zu verstehen?[7]

In den folgenden beiden Fallvignetten habe ich Beobachtungen festgehalten, die aus meiner langjährigen Gruppenarbeit mit Kriegskindern des Zweiten Weltkriegs und ihren Kindern stammen. Ziel der Gruppenarbeit ist es, den Teilnehmenden Entlastung vom Erinnerungsdruck zu ermöglichen und sich in einem Trauerprozess immer mehr aus den Verwicklungen insbesondere mit den frühen Vater- und Muttergestalten zu lösen. So können dann auch neue Perspektiven für die kommenden Lebensjahre entwickelt werden.[8]

1.2 „Ich war immer im Dienst."

Herr G. ist pensionierter Pfarrer (Jg. 1938). Schon als junger Theologiestudent sei er mit der „Aktion Sühnezeichen" für ein Jahr zur Versöhnungsarbeit in Israel gewesen. Politisch sei er immer links gewesen. Er stehe in der Tradition der Be-

---

6   Vgl. Radebold, Schatten.
7   Ich erinnere hier daran, dass der Nationalsozialismus mit der Ermordung der jüdischen Menschen auch deren religiöse Identität vernichten wollte. So waren die Kinder und Enkel der Überlebenden des Holocaust ganz anderen transgenerationalen Dynamiken ausgesetzt. Deren relativ frühzeitige Erforschung hat später auch der Erforschung der Kriegskindheiten der nichtjüdischen Kinder wichtige Impulse gegeben.
8   Mit meiner Gruppenarbeit habe ich vor zwanzig Jahren begonnen, als „wir Kriegskinder" (Michael Ermann) den innerfamiliären und öffentlichen Schweigepakt brachen und über unsere Kindheitserfahrungen im Zweiten Weltkrieg zu sprechen wagten. Mein Gruppenkonzept nutzt die Wirkfaktoren der Gruppe, etwa die Erfahrung, nicht allein zu sein mit den eigenen Schwierigkeiten und mit ihnen anerkannt zu sein, und ebenso die Erfahrung, anderen etwas Wichtiges geben bzw. von ihnen lernen zu können. Es ist nicht auf Förderung von Regression aus, sondern frühzeitig auf gelingenden Umgang mit auftauchenden Affekten, Wahrnehmungen und Beziehungsangeboten. Als Leiter bin ich entsprechend aktiver und als Person erkennbarer als in der klassischen analytischen Gruppe. Mein theoretischer Bezugsrahmen ist das „Göttinger Modell der Gruppenpsychotherapie" (Staats, Dally, Bolm). Unter dem Titel „Im Krieg war ich noch ein Kind" habe ich in der niedersächsischen Erwachsenenbildung, in Göttinger Kirchengemeinden und in der „Universität des Dritten Lebensalters" Gesprächsgruppen im Format von zehn Sitzungen (90 Min.) für jeweils 10 bis 12 Teilnehmende angeboten. Später kam ein entsprechendes Angebot für Kinder der Kriegskinder dazu unter dem Titel „Bis ins dritte und vierte Glied?". Mehr informierenden und die Spurensuche in der Familiengeschichte anregenden Charakter hatten Wochenend-Workshops, die am Freitagabend begannen und am Samstagnachmittag endeten.

kennenden Kirche. Gott habe, wie es in Barmen 1934 gegen die nationalsozialistische Ideologie gesagt worden sei, „kräftigen Anspruch auf unser ganzes Leben" (These 2). So habe er viel gearbeitet. In seiner Gemeinde seien viele arme und alte Menschen gewesen. Vor allem um sie habe er sich gekümmert und sei deswegen oft angeeckt. Einmal sei er wegen eines Burnout behandelt worden.

Der Vater war höherer Beamter und kam 1944 wegen „defaitistischer" Äußerungen für mehrere Monate ins KZ. Diesen Vater hat Herr G. immer bewundert. Andererseits quälen ihn Erinnerungen an Demütigungen, Enge und Schmutz, die die Mutter mit den Kindern auf dem Lande erlebt hatte – ohne den Vater, der sich 1942 hatte scheiden lassen. Dorthin waren sie geflüchtet, nachdem sie einen schweren Bombenangriff in einem Bunker überlebt hatten. Ihr Haus war zerstört worden. Als Ausgebombte waren sie nicht willkommen auf dem ihnen zugewiesenen Bauernhof. Für die Mutter sei er aber eine Stütze gewesen. Einmal habe er bei der Bäuerin darum betteln müssen, den großen Waschkessel mitbenutzen zu dürfen. Ihr abweisendes Gesicht habe er bis heute nicht vergessen. „Ich wollte es allen zeigen", sagt er über seine weitere Entwicklung.

Auch in der Gruppe will sich Herr G. keine Blöße geben, auch hier eckt er an. „Anpassung ist ein Verbrechen", sagt er in scharfem Ton, als es um das Verhalten der Väter und Mütter in der NS-Zeit geht. Dafür handelt er sich ärgerliche Reaktionen ein. Die Gruppe streitet um Stärke und Schwäche in der NS-Zeit und berührt dabei auch einen inneren Konflikt von Herrn G. Ich mag ihn wegen seiner Aufrichtigkeit und Direktheit und erlebe wohlwollende väterliche Gefühle – andererseits erschreckt mich seine moralische Strenge. Ich fühle mich ein wenig beschämt wegen meiner eigenen moralischen Mittelmäßigkeit.

Vermutlich trägt das akzeptierende Klima in der Gruppe, das das Starke und Schwache bestehen und gelten lässt, dazu bei, dass Herr G. beginnt, mehr von seiner inneren Welt zu zeigen: von seiner Furcht, kleingemacht und ausgelacht zu werden; von seinem untergründigen Misstrauen Gott-Vater gegenüber, der von Abraham fordert, seinen Sohn zu opfern. „Wenn die Leute wüssten, was hinter der Fassade steckt", sagt er einmal. Ein anderes Mal ist er fast zu Tränen gerührt, als eine Teilnehmerin erzählt, sie habe heute etwas Wichtiges geschafft: Sie sei zur Gruppe gekommen, obwohl sie Besuch von Enkeln und deswegen ein schlechtes Gewissen habe. Aber sie habe sich endlich einmal dagegen zur Wehr gesetzt. Sie spüre da ihr eigenes Leben und sei glücklich darüber. Er beginnt in dieser Zeit, die Geschichte seiner Familie genauer zu erforschen. „Ich möchte wissen, wer mein Vater wirklich war", sagt er.

Wie lässt sich sein Verhalten näher verstehen? Abgekürzt lässt sich sagen: Der früh mit vier Jahren verlorene Vater wurde von dem kleinen verlassenen Jungen idealisiert und gab ihm so Rückhalt und Wert. Dazu kam die Bewunderung für das „Anecken" des Vaters beim NS-Regime, das ihn beflügelte in seinem eigenen Einsatz für die gesellschaftlich an den Rand gedrängten Gemeindeglieder. Auch Gott ist in seinem Erleben eine erhebende, faszinierende, aber auch fordernde Größe. In der Beziehung zu ihm kommt es darauf an, sich ganz auf seinen Anspruch einzulassen und in seinem Dienst in der Welt mitzuarbeiten. In der Verbundenheit mit ihm ist das Leben klar ausgerichtet, alles Frustrierende, alle Ambivalenzen und Unklarheiten sind aus dieser Gottesbeziehung ausgeschlossen.

Heinz Kohut[9] hat beschrieben, wie die Idealisierung von Elternimagines die Möglichkeit bietet, quälenden Gefühlen von Ohnmacht und Hilflosigkeit zu entgehen und sich stattdessen angeschlossen zu fühlen an etwas Großes und Machtvolles. „Du bist vollkommen – und ich bin ein Teil von dir", empfindet das kleine hilflose Kind. So kann es sich selbst als aktiv, mächtig und gut erleben. Diese idealisierte Imago weitet sich bei Herrn G. noch weiter aus, so dass die Verbundenheit mit Gott, mit der hoch angesehenen Bekennenden Kirche und mit seiner eigenen Gemeinde ein erhebendes Gefühl vermitteln. Die Kehrseite dieser Frömmigkeitsgestalt besteht darin, dass alle scheinbar unpassenden Gedanken und Gefühle unter permanenter Anstrengung – „immer im Dienst" – abgewehrt und aus dieser reinen und klaren Beziehung herauszuhalten sind. Bei Herrn G. handelt es sich vor allem um Scham- und Verlassenheitsgefühle und um einen großen Zorn Gott-Vater gegenüber: „Warum hast du mich verlassen?" Diese Gefühle hat er zu einem Teil durch seine Strenge und Verachtung für die vielen „Charakterschwächlinge, moralischen Versager und Mitläufer" damals und heute gleichsam bei ihnen entsorgt und ist sie damit erst einmal losgeworden. Es handelt sich aber auch um weichere Gefühle, nämlich die Sehnsucht danach, bedürftig sein zu dürfen und sich anlehnen zu können. Es spricht manches dafür, dass er diese Gefühle in seine Arbeit für die „Schwachen" externalisiert hat, aber so indirekt mit diesen Gefühlen in Verbindung bleibt, ohne die Gefahr, selber von ihnen überwältigt zu werden.

Zur Idealisierung des Vaters kommt hinzu, dass Herr G. einen Auftrag der Mutter übernommen hat, die Demütigung der vaterlosen Familie wiedergutzumachen. Die Mutter hat den eigenen Schamkonflikt (Stichwort: sozialer Abstieg, Ausgrenzung) offenbar nicht auflösen können und ihn an den ältesten Sohn weitergegeben. Leistung bringen und nicht negativ auffallen: das seien die Erwartungen zu Hause gewesen. So sind es nun nicht mehr nur seine eigenen Scham- und Verlassenheitsängste, sondern auch die der Mutter und die der jüngeren Geschwister, die ihn umtreiben und die er unter Kontrolle halten soll und will. Man kann auch sagen: Die Mutter hat schwer erträgliche Gefühle auf dem Wege projektiver Identifizierung in ihm deponiert. Und aufgrund seiner existentiell unaufgebbaren Verbundenheit mit ihr hat er sie übernommen und sich mit ihnen identifiziert.

„Ich wollte es allen zeigen", hatte Herr G. gesagt. Idealisierung des verlorenen Vaters, Identifizierung mit dem mütterlichen Auftrag, Abspaltung und Pro-

---

9   Vgl. Kohut, Heinz: Narzissmus. Eine Theorie der psychoanalytischen Behandlung narzisstischer Persönlichkeitsstörungen, Frankfurt a. M. ^{9}2006.

jektion gefährlicher Gefühle und umfassende Bereitschaft, Erwartungen anderer zu erfüllen – all das hatte er aufgeboten, um die sein Selbstwertgefühl bedrohenden Scham- und Verlassenheitsgefühle und seine stille Wut in Schach zu halten. Ein Unbehagen an der „Maske der Scham"[10] hatte er allerdings schon lange gespürt. In der Gruppe konnte er dem nachgehen und sich auf für ihn wichtige neue Erfahrungen einlassen, in denen es zunächst um das Gefühl ging, mit seinen inneren Konflikten nicht allein zu sein, sondern in der Gruppe wohlwollend angesehen und vielleicht sogar verstanden zu werden. Auf diesem einigermaßen sicheren Boden konnte er dann den allmählichen Abschied von übermächtigen Vatergestalten beginnen und zugleich ein Zutrauen zu einem selbst gelebten Leben und zu einem Erwachsenwerden im Glauben gewinnen und ausprobieren.

Die psychodynamische und familiendynamische Perspektive auf die geschilderte Fallvignette erweitere ich nun noch um eine zeitgeschichtliche Perspektive.

Herr G. versteht sich in der Tradition der Bekennenden Kirche und der Dialektischen Theologie Karl Barths. Nach dem Versagen der Liberalen Theologie und des Kulturprotestantismus im Ersten Weltkrieg – ich folge hier der Interpretation von Trutz Rendtorff und der Gruppe um ihn[11] – ist Barths Theologie an der absoluten Freiheit Gottes, dem absoluten Anderssein Gottes orientiert. Alle menschlichen, unmittelbar-individuellen Glaubensgestalten werden damit als Ausdruck sündhafter Selbstvergöttlichung entlarvt. Der „radikalen Autonomie" Gottes steht so die „natürliche Theologie" des Menschen als negative Größe entgegen. Im Rahmen dieses rein negativen Bezugs auf Individualität und Besonderheit kommt es für den Christenmenschen darauf an, den Blick gerade fort von sich selbst auf Christus, den wahren, weil Gott gehorsamen Menschen, zu richten und sich allein an ihm zu orientieren. Der Sohn Gottes, der exemplarische Mensch, ist hier allerdings nicht der Andere, das Gegenüber Gottes. Vielmehr gibt er alles selbständige Anderssein auf. Eine menschliche Selbständigkeit hat in dieser Gottesbeziehung keinen Platz. An deren Stelle tritt einzig das „Nur eben gehorsam sein wollen". Dieser Gott kann, in psychoanalytischer Perspektive gesehen, die Vitalität des Menschen nicht wohlwollend aufnehmen wie eine haltgebende Mutter, die die emotionalen Stürme des Kindes auch psychisch zu überleben in der Lage ist.

Gewiss hat die Bekennende Kirche, die sich auf diesen sich selbst unvermittelt behauptenden Gott berufen hat, im Kirchenkampf oftmals standgehalten und sich behaupten können. Wie wir heute wissen, hat sie sich aber äußerst schwer damit getan, menschliche Selbständigkeit auch im religiösen Erleben und Verhalten anzuerkennen.

---

10 Vgl. Wurmser, Leon: Die Maske der Scham. Die Psychoanalyse von Schamaffekten und Schamkonflikten, Berlin u. a. 1990.
11 Vgl. Rendtorff, Trutz (Hg.): Die Realisierung der Freiheit. Beiträge zur Kritik der Theologie Karl Barths, Gütersloh 1975.

Ich denke, dass das theologische Werk Karl Barths für Herrn G. zunächst eine großartige Möglichkeit bot, seiner verborgenen inneren Welt mit ihren Konflikten zu einer öffentlich anerkannten Sprache und damit zu einem starken Selbstbewusstsein zu verhelfen. Maike Schult schreibt in Aufnahme von Überlegungen von Peter Bichsel über diese Funktion von Literatur: Die Literatur stellt Erzählmodelle bereit, „Gefäße", die es Menschen überhaupt erst ermöglichen, „das Unfassliche einer Gewalt- und Schreckenserfahrung zu fassen und in Form zu bringen."[12] Das Gefäß der Barthschen Dogmatik wurde Herrn G. später allerdings zu eng, als er damit begann, seiner eigenen Lebensgeschichte nachzuspüren. Vermutlich liest er heute auch andere theologische und belletristische Literatur.

2. Kinder der Kriegskinder und ihre Erfahrungen

Was sagen sie über ihre Eltern? Die im Westen Aufgewachsenen sagen häufig:[13] Unsere Eltern stellten uns eine sichere und gewährende äußere Lebenssituation zur Verfügung. Die materielle Situation war gut: eigenes Zimmer, finanzielle Sicherheit, Spielzeug, Reisen, Freiräume für Schule, Hochschule, Ausbildung und dergleichen mehr. Die Kinder sollten in Frieden, sicher und umsorgt aufwachsen. Diese Eltern waren allerdings wenig ansprechbar für die ‚kleinen' psychischen Probleme der Kinder wie Schulschwierigkeiten, Pubertätskonflikte, Kummer und Streitigkeiten mit gleichaltrigen Kindern und Jugendlichen und vieles andere aus dem alltäglichen Leben. Im unbewussten Vergleich mit ihrer eigenen damaligen Situation erwarteten sie als Eltern offenbar, dass ihre Kinder damit selbst zurechtkämen, wiederum in innerfamiliärer Delegation. Oder sie banden sie in einer besitzergreifenden Überfürsorglichkeit so an sich, dass ihnen in anderer Weise ein eigenes Leben erschwert wurde. Und oft spürten die Kinder auch, dass es bei ihren Eltern unbekannte, fremde, nicht erreichbare gefühlsmäßige Erfahrungen gab, die unzugänglich blieben. Das zeigt sich dann auch in den transgenerationalen Weitergaben, durch die sie gedrängt wurden, seelische Lasten ihrer Eltern mit zu tragen – ähnlich wie diese Eltern es ihrerseits erlebt hatten. Dass solche Weitergaben sich über mehrere Generationen erstrecken können, zeigt sich in der folgenden Fallvignette.

---

12 Schult, Maike: Leiden ist fast nicht besprechbar. Trauma und Sprachlosigkeit zwischen den Generationen, in: Drescher, Anne / Rüchel, Uta u. a. (Hg.): Bis ins vierte Glied. Transgenerationale Traumaweitergabe. Publikation zur Fachtagung der Landesbeauftragten für die Stasi-Unterlagen in Mecklenburg-Vorpommern und Berlin, Schwerin 2015, 137-149, hier: 139.
13 Vgl. Radebold, Hartmut: Kriegsbedingte Kindheiten und Jugendzeit. Teil I: Zeitgeschichtliche Erfahrungen, Folgen und transgenerationale Auswirkungen, in: Radebold/Bohleber, Transgenerationale Weitergabe, 45-55, hier: 53.

2.1 „Kind, denk' an deine Rente!"

Frau O. ist Grundschullehrerin, Jahrgang 1977. Im Nebenamt ist sie Organistin in einer Kirchengemeinde. Sie sagt, eigentlich habe sie Musik studieren wollen, aber die Eltern hätten ihr das ausgeredet. Die Berufsaussichten als Musikerin seien doch zu ungewiss. „Kind, denk' an deine Rente!", habe Mutter oft gesagt. In der Schule komme sie gut zurecht, aber in der Musik lebe sie richtig auf. Sie spiele gern Orgel im Gottesdienst und singe auch in der Sopranstimme im Chor. Ein heimlicher Wunsch sei es, einmal eine Abendmusik an der Orgel solistisch zu gestalten. Aber sie traue sich nicht recht. Überhaupt traue sie sich wenig zu und sei deshalb in die Gruppe gekommen, um dem nachzugehen.

Im Lauf der Zeit teilt sie einige biographische Daten mit. Beide Eltern, Jahrgang 1940 (Vater) und 1941 (Mutter), sind Rentner, vorher städtische Angestellte. Beide haben früh ihren Vater im Krieg verloren und sind als Einzelkinder bei der Mutter aufgewachsen. Beide haben als kleine Kinder Bombenangriffe im Bunker erlebt und überlebt. Beide Mütter haben nach dem Krieg keinen neuen Lebenspartner gefunden. Die jeweiligen Kinder dienten offenbar als Partnerersatz. Auch Frau O. ist Einzelkind und eng verbunden mit ihren nun alten Eltern, die sie fürsorglich betreut und mit denen sie zusammen im Haus wohnt.

Frau O. erscheint in der Gruppe gepflegt, aber unauffällig gekleidet – ein bisschen graue Maus, denke ich. Sie ist recht schweigsam, aber nach meinem Eindruck innerlich präsent. Ich spüre manchmal einen fürsorglichen Impuls und möchte sie gern ansprechen und in die Gruppe hineinholen. Ich lasse das, traue ihr aber zu, dass sie wegen der recht freimütigen Gruppengespräche allmählich Mut gewinnt, von sich aus in das Gespräch einzutreten. Das geschieht dann auch in einer späteren Sitzung, als es um emotional distanzierte Eltern geht und um die alten, tief verborgenen unerfüllten Sehnsüchte nach liebevoller Geborgenheit bei Vätern und Müttern. Eine Teilnehmerin sagt: „Bei uns zu Hause gab es keine Umarmungen." Da hakt Frau O. ein und sagt: „Vielleicht habe ich zu viel Liebe erfahren – und ich habe das Gefühl, dass bei uns da etwas nicht stimmte mit der Liebe." Im darauffolgenden Gruppengespräch stellt sich die Vermutung ein, dass unter „Liebe" in der Familie von Frau O. vor allem Fürsorglichkeit und Pflege verstanden wurde. Es sei wohl vor allem um eine harmonische Stimmung und um einen Gleichklang der Gefühle gegangen.

Frau O. bekommt in dieser Sitzung viel Unterstützung für ihren Versuch, Abstand zu gewinnen von dem, was vorher als selbstverständliches Gebot erschien. Zum Schluss sagt sie: „Ich merke, dass ich einen inneren Kampf kämpfe." Eine Frau fügt hinzu: „Gesteh' dir den Kampf zu! Du bist doch eine heimliche Oppositionelle!" Frau O. ist überrascht, aber irgendwie gefällt ihr dies Wort.

Welchen Kampf kämpft Frau O.? Ich versuche, ein genaueres Verständnis zu entwickeln, und ziehe dazu noch weitere Inhalte aus einer Reihe von Einzelgesprächen heran, um die sie mich nach Abschluss der Gruppensitzungen gebeten hatte.

Im Blick auf ihre individuellen inneren Konflikte fällt auf, dass die expansiven Antriebsbereiche gehemmt erscheinen. Wünsche nach Neuem treten ganz hinter Wünschen nach Vertrautem, nach „Familiarität"[14] zurück. Neues erleben zu wollen, hat mit Trennung zu tun und löst entsprechend Angst vor Trennung aus. Ebenso auch vermutlich ein Schuldgefühl gegenüber den Eltern, die die Tochter ängstlich an sich binden. Auf diese Weise gehemmt erscheinen vor allem die Antriebsbereiche, in denen es um Durchsetzung und Geltung geht, also um aggressive Wünsche, in einem positiven Sinn. Zwar hat sich Frau O. mit ihrem Wunsch, Musik zu machen, bei ihren Eltern ein wenig durchgesetzt. Aber doch nur halbwegs. Sie wollte ja Musik studieren und professionelle Musikerin werden.

Auch die sexuellen Wünsche sind gehemmt. Eigentlich wünscht sie sich einen Lebenspartner. Sie vermeidet es aber, Männern gegenüber initiativ zu werden. Sexualität bedeutet Trennung. Kürzlich habe ein Klavierpartner, mit dem sie vierhändig spielt, zu ihr gesagt: „Du hast aber eine Menge Lebenslust in dir gebunkert!" Da hätten beide lachen müssen, und ich lache ebenfalls mit ihr zusammen, als sie mir die Szene erzählt. Zugleich fällt mir der Bunker ein, in dem ihre Eltern als Kinder saßen, und ich erschrecke.

Bei genauerem Hinsehen geht es bei Frau O. nicht nur um normale (verzögerte) Entwicklungskonflikte, die mit einer in der Kindheit erworbenen Ichstärke und einem Grundvertrauen in sich und die Welt gelöst werden können. In familiendynamischer Perspektive werden transgenerationale Weitergaben von seelischen Lasten bei ihr deutlich. Das Familiensystem ähnelt dem, was Horst Eberhard Richter als „Häschen in der Grube zu Dritt" beschrieben hat: Hier ist alles auf Ruhe, Schonung, Vorsicht und Konfliktvermeidung abgestellt.[15] So soll die Angst vor Katastrophen in Schach gehalten werden, die bei Trennungsbewegungen hin zu größerer Selbständigkeit passieren können.

Gegenwärtig fragen wir weiter, nämlich nach den realen, den traumatischen Erlebnissen, aus denen diese Katastrophenängste und ihre Abwehrarrangements hervorgegangen sind. Sehr wahrscheinlich sind es die Katastrophenerlebnisse beider Eltern von Frau O.: der frühe Verlust von Halt und Sicherheit gebenden Vätern und die Erfahrung, ohnmächtig einer übermächtigen Gewalt im Bunker ausgesetzt zu sein. Protektive Faktoren waren später immerhin eine stabile Ehe und die berufliche Sicherheit. Die verbliebene virulente Angst davor, bei Trennungsprozessen letztlich völlig allein und hilflos zu sein, dürfte unerkannt und unbewusst hinter der fürsorglichen Fassade früh auch in die Tochter

---

14 König, Karl: Basale und zentrale Beziehungswünsche, in: Forum der Psychoanalyse 4 (1988), 177–185.
15 Richter, Horst Eberhard: Patient Familie. Entstehung, Struktur und Therapie von Konflikten in Ehe und Familie, Gießen ³2023, 79–90.

hineingewandert und in ihr deponiert worden sein. Erst später hat sie ein Gefühl dafür entwickelt, dass „etwas nicht stimmt" mit dieser liebevollen Fürsorglichkeit. Ich frage Frau O. einmal, ob sie meine, dass es ihre eigenen Ängste seien oder vielleicht eher die Ängste ihrer Mutter. Nach einigem Nachsinnen meint sie, es seien wohl vor allem Mutters Ängste. Mutter habe immer viel Angst um sie gehabt, schon seit Kindheitstagen. Da habe sie sicher etwas von der Mutter „geerbt".

Welche Funktion hat diese transgenerationale Weitergabe an die Tochter? Man kann sagen, dass die Eltern ihre Tochter ungewollt und unbewusst in ihren Dienst stellen. Sie soll ihnen zum einen ihre Angst mittragen helfen und eigene Lasten abnehmen. Und sie soll zum anderen weitgehend auf einen eigenen Lebensentwurf verzichten und damit den Eltern weitere Aufregungen ersparen. Frau O. fängt an, diese Funktionalisierung infrage zu stellen und nach eigenen Lebensmöglichkeiten Ausschau zu halten.

Hier nun kommt ihre Religiosität ins Spiel. In einer Stunde erzählt sie engagiert von der Aufführung einer Kantate von Felix Mendelssohn-Bartholdi, bei der sie als Chorsängerin im Sopran mitgewirkt hat. Es handelt sich um die Kantate zu Psalm 42: „Wie ein Hirsch lechzt nach frischem Wasser, so schreit meine Seele, Gott, zu dir." Da fühle ich mich verstanden, da bin ich frei, meint sie. Im Gespräch wird noch deutlicher, wie dies Freisein geschieht. In der Musik und dem Psalmtext kann sie teilhaben an einem Geschehen, in dem eine Beterin ihren tiefsten Sehnsüchten Ausdruck gibt und diese Sehnsüchte vor eine gute, zugewandte, nicht verurteilende Macht bringt – vor Gott. Und hier kann sie erleben, dass das Lechzen nach frischem Wasser, dass das Schreien zu ihr gehört, in der komponierten Musik sich ausdehnen, Lautstärke entwickeln kann und zugleich einen Rahmen und Halt findet. Im Miterleben und Mitgestalten dieser Kantate hat sich für Frau O. nach meinem Eindruck eine Gegenwelt eröffnet, jenseits der ängstlich eingeschränkten Alltagswelt. Später spricht sie noch davon, dass sie angefangen hat, Briefe an Gott zu schreiben. „Ihm kann ich alles sagen", formuliert sie.

Die Traumatherapeutin Luise Reddemann hat solche Gegenwelten, Gegenbilder, Gegengedanken näher beschrieben als „sichere Orte", die Schutz, Trost und innere Stärkung bieten gegen Gefühle der Verlassenheit und Hilflosigkeit. In ihnen komme „Überlebenskunst" zum Ausdruck.[16]

In einer klassisch religionskritischen psychoanalytischen Perspektive erscheint die Religiosität von Frau O. durch eine Spaltung bestimmt. Die Spaltung ermöglicht es, sich zu Gott zu flüchten – heraus aus der gefährlichen Welt der Triebwünsche, Schuldgefühle und traumatischen Bedrohungen. Gott erscheint als Ort seelischen Rückzugs, der Ruhe und Schutz vor Gefahren verspricht.[17]

---

16 Reddemann, Luise: Kriegsenkel und Kriegskinder in der Psychotherapie, Stuttgart 2016.
17 Steiner, John: Orte seelischen Rückzugs. Pathologische Organisationen bei psychotischen, neurotischen und Borderline-Patienten, Stuttgart 1999.

Ich selber denke, dass die Trennung zwischen den Welten bei Frau O. aber kein pathologisch fixiertes Spaltungsmuster ist. Im Verlauf der Gruppe und der Einzelgespräche hat sich die Getrenntheit zwischen der Gotteswelt und der Alltagswelt bei Frau O. etwas gelockert, und es haben sich Verbindungen gezeigt. Frau O. traut sich im Ganzen etwas mehr zu. Besonders aus der Kirchenmusik holt sie sich Stärkung für den schwierigen Weg, sich von den elterlichen Bindungen allmählich zu lösen und immer mehr ein „eigener Mensch"[18] zu werden. Ihr Projekt ist nun, sich eine eigene Wohnung außerhalb des Elternhauses zu suchen. Ich würde eher von einem Pendeln sprechen zwischen Rückzügen und Aufbrüchen, zwischen Trostbedarf und Ermutigung.

Zum Schluss lässt sich nach meinem Eindruck festhalten, dass für das Kriegskind, Herrn G., und für das Kind von Kriegskindern, Frau O., jeweils ihre Religiosität eine wichtige Ressource ist. Die Gottesbeziehung hilft, schreckliche Kriegserlebnisse und transgenerational weitergegebene bedrohliche Gefühle zu verarbeiten. Auf den ersten Blick scheint die Religiosität von beiden geprägt zu sein von der Abwehr von existenzbedrohenden Ängsten, etwa vor Ohnmacht, Beschämung und Verlassenheit. Der Mangel an Geborgenheitsgefühlen ist ein gemeinsames Merkmal der Kriegskinder und der Kinder der Kriegskinder.[19] Es zeigte sich aber in den Gruppengesprächen, dass diese Religiosität nicht in der Abwehrfunktion erstarrt bleiben muss, sondern Räume bietet für das allmähliche Zulassen von bisher vermiedenen Gefühlen und Gedanken. Insofern würde ich von einer entwicklungsoffenen Religiosität bei beiden sprechen.

Die Unterschiede zwischen Herrn G. und Frau O. sehe ich vor allem im Einfluss des jeweiligen zeitgeschichtlichen Kontextes. In der Nachkriegszeit hatten insbesondere die Mütter andere Sorgen, als die individuelle Befindlichkeit ihrer Kinder ernst zu nehmen. Es ging zuerst um das Überleben in einer Zusammenbruchsgesellschaft. Die Kinder sollten da keine zusätzlichen Schwierigkeiten machen. Sie sollten funktionieren.

Anders Frau O. Sie wuchs in einer materiell sicheren Lebenssituation auf. Den Eltern war wichtig, dass sie in Frieden und gut umsorgt aufwuchs. Der kulturelle Wandel in den 1960er Jahren brachte einen Wertewandel mit sich, weg von den alten Gehorsamswerten hin zu den neuen Selbstverwirklichungswerten. Emanzipation auch in der Familie war nun angesagt. Dieser Wandel erleichterte Frau O. viele Jahre später auch den Zugang zu sich selbst. Der Satz „Du bist eine heimliche Oppositionelle!" war kein Vorwurf mehr, sondern enthielt Anerkennung und Unterstützung.

---

18 Vgl. Moltmann-Wendel, Elisabeth: Ein eigener Mensch werden. Frauen um Jesus, Gütersloh ⁷1991.
19 Vgl. Lamparter/Wiegand-Grefe, Zeitzeugen.

Literatur

Assmann, Aleida: Grenzen des Verstehens. Generationsidentitäten in der neuen deutschen Erinnerungsliteratur (Wiener Vorlesungen), Wien 2007.
Bohleber, Werner: Wege und Inhalte transgenerationaler Weitergabe. Psychoanalytische Perspektiven, in: Radebold, Hartmut / Bohleber, Werner (Hg.): Transgenerationale Weitergabe kriegsbelasteter Kindheiten. Interdisziplinäre Studien zur Nachhaltigkeit historischer Erfahrungen über vier Generationen, Weinheim ^{2}2009, 107–118.
Kohut, Heinz: Narzißmus. Eine Theorie der psychoanalytischen Behandlung narzißtischer Persönlichkeitsstörungen, Frankfurt a. M. ^{9}2006.
König, Karl: Basale und zentrale Beziehungswünsche, in: Forum der Psychoanalyse 4 (1988), 177–185.
Lamparter, Ulrich / Wiegand-Grefe, Silke u. a. (Hg.): Zeitzeugen des Hamburger Feuersturms und ihre Familien. Forschungsprojekt zur Weitergabe von Kriegserfahrungen, Göttingen 2013.
Moltmann-Wendel, Elisabeth: Ein eigener Mensch werden. Frauen um Jesus, Gütersloh ^{7}1991.
Radebold, Hartmut: Die dunklen Schatten unserer Vergangenheit. Ältere Menschen in Beratung, Psychotherapie, Seelsorge und Pflege, Stuttgart ^{3}2016.
Radebold, Hartmut: Kriegsbedingte Kindheiten und Jugendzeit. Teil I: Zeitgeschichtliche Erfahrungen, Folgen und transgenerationale Auswirkungen, in: Radebold, Hartmut / Bohleber, Werner u. a. (Hg.), Transgenerationale Weitergabe kriegsbelasteter Kindheiten. Interdisziplinäre Studien zur Nachhaltigkeit historischer Erfahrungen über vier Generationen, Weinheim / München ^{2}2009, 45–55.
Reddemann, Luise: Kriegsenkel und Kriegskinder in der Psychotherapie, Stuttgart 2016.
Rendtorff, Trutz (Hg.): Die Realisierung der Freiheit. Beiträge zur Kritik der Theologie Karl Barths, Gütersloh 1975.
Richter, Horst Eberhard: Patient Familie. Entstehung, Struktur und Therapie von Konflikten in Ehe und Familie, Gießen ^{3}2023.
Schubert, Helga: Vom Aufstehen. Ein Leben in Geschichten, München ^{3}2021.
Schult, Maike: Leiden ist fast nicht besprechbar. Trauma und Sprachlosigkeit zwischen den Generationen. in: Drescher, Anne / Rüchel, Uta / Schöne, Jens (Hg.): Bis ins vierte Glied. Transgenerationale Traumaweitergabe. Publikation zur Fachtagung der Landesbeauftragten für die Stasi-Unterlagen in Mecklenburg und Vorpommern und Berlin, Schwerin 2015, 137–149.
Steiner, John: Orte seelischen Rückzugs. Pathologische Organisationen bei psychotischen, neurotischen und Borderline-Patienten. Stuttgart 1999.
Wurmser, Leon: Die Maske der Scham. Die Psychoanalyse von Schamaffekten und Schamkonflikten. Berlin u. a. 1990.

Unbewusste Dynamiken in einer Gebetsgruppe in der Psychiatrie

Eine Fallvignette aus der Klinikseelsorge

Constanze Thierfelder

Einleitung

Die Praxis von Haus- und Gebetskreisen ist, anders als Gottesdienst, Seelsorge, Unterricht und biblische Texte, selten zum Gegenstand pastoralpsychologischer Untersuchungen geworden. Ein Grund dafür könnte sein, dass wenige pastoralpsychologisch Arbeitende mit dieser Frömmigkeitspraxis vertraut sind und dazu einen Zugang haben.

Und doch ist diese religiöse Praxis in vielen kirchlichen Gemeinschaften und Freikirchen weit verbreitet, besonders in Gegenden mit pietistischer, charismatischer oder erweckungsbewegter Tradition. Die Württembergische und die Bayerische Landeskirche beschäftigen Referenten speziell für die Hauskreisarbeit.

Die folgende Studie zeigt, dass die Untersuchung eines Haus- oder Gebetskreises besondere Herausforderungen birgt.

Zum einen ist die wissenschaftlich ausgebildete Theologin in diesen Kreisen ein Fremdkörper, weil dies Veranstaltungen von religiösen Laien und Laiinnen für andere religiös Interessierte sind.

Die Prägung kann sehr verschieden sein. Im Fall dieser Studie war die Gruppe vor allem von der charismatischen Überzeugung geprägt, dass der Geist unmittelbar im Gebet wirkt, stärkt und heilt.

Eine zweite Schwierigkeit des Untersuchungssettings ist, dass die Anwesenheit einer außenstehenden Person, einer Forscherin oder in diesem Fall einer Pfarrerin, die untersuchte Situation verändert. Wie die Ethnopsychoanalyse zeigt, muss auch diesem Faktor in der Untersuchung Rechnung getragen werden.[1]

In diesem Fall kam die Pfarrerin nicht zu Forschungszwecken zum Gebetskreis hinzu, sondern in ihrer Funktion als Klinikseelsorgerin und auf Veranlas-

---

[1] Vgl. Thierfelder, Constanze: Durch den Spiegel der Anderen. Wahrnehmung von Fremdheit und Differenz in Seelsorge und Beratung (Arbeiten zur Pastoraltheologie, Liturgik und Hymnologie Bd. 50), Göttingen 2009, bes. 83–108. Vgl. Nadig, Maya: Zur ethnopsychoanalytischen Erarbeitung des kulturellen Raumes der Frau, in: Haase, Helga (Hg.): Ethnopsychoanalyse. Wanderung zwischen den Welten, Stuttgart 1996, 143–172.

sung des Chefarztes, um dem von einer Psychiatriepatientin initiierten Treffen einen sicheren Rahmen zu geben und die Gruppe zu begleiten.

Der hier vorgestellte und untersuchte Gebetskreis ist also in mehrfacher Hinsicht ungewöhnlich. Der Kreis trifft sich in einer psychiatrischen Klinik und besteht hauptsächlich aus akut stationären Patientinnen oder anderen psychiatrieerfahrenen Personen. Weiterhin hat in der Gruppe neben der üblichen Gebetskreisleiterin auch die Klinikseelsorgerin eine leitende Funktion inne.

Mein Ausgangspunkt ist jedoch, dass sich auch unter diesen speziellen Vorzeichen die Besonderheiten einer Gebetskreis-Gruppe beobachten und beschreiben lassen, d. h. die hilfreichen und stabilisierenden Funktionen einer Gruppe, die Gruppendynamik, die Machtverhältnisse und speziell die Vulnerabilität von Angehörigen christlicher Gruppen für Grenzverletzungen.

1. Das Fallbeispiel

In einem evangelisch geprägten Krankenhaus ist die Seelsorgerin für die Psychiatrische Klinik zuständig.

Als sie in der Cafeteria einen Kaffee trinkt, wird sie von einer etwas aufgelöst wirkenden Frau angesprochen, die einen Gebetskreis gründen will. Die Klinikseelsorgerin reagiert ausweichend. Wenig später in ihrem Büro erhält sie einen Anruf vom Chefarzt der Psychiatrie mit der Anfrage, ob sie einen Gebetskreis in der Psychiatrie begleiten könnte, den eine Patientin für die Dauer ihres Aufenthalts gründen wolle. Die Patienten und Patientinnen sollten das nicht allein machen. Die Klinikseelsorgerin lässt sich zögernd darauf ein.

Wenig später steht dieselbe Frau, die die Klinikseelsorgerin schon in der Cafeteria angesprochen hatte, vor ihrer Tür. Frau W. stellt sich vor. Sie sei schon öfter wegen ihrer Bipolarität in der Psychiatrischen Klinik beim Chefarzt in Behandlung gewesen und jetzt wegen einer manischen Episode erneut hier. Sie sei in der Freien Gemeinde angebunden und habe zu Hause einen Gebetskreis, mit dem sie sich wöchentlich treffe. Das würde sie gerne auch während ihres Aufenthalts in der Klinik fortsetzen. Sie hätte schon mit Patientinnen und Patienten auf ihrer Station gesprochen, die auch großes Interesse daran hätten. Dies alles bringt sie mir großer Dringlichkeit vor.

Die Seelsorgerin hat Bedenken, auch weil sie selbst aus dem volkskirchlichen Milieu kommt und wenig Erfahrung in Haus- und Gebetskreisen hat und auch nicht weiß, wie so eine Gruppe in der Psychiatrie gelingen könnte.

Deswegen wendet die Klinikseelsorgerin ein, dass es schwierig sei, in der Klinik Räume zu finden. Doch Frau W. hat schon eine Lösung: Der Konferenzraum auf der Chefetage sei meist frei. Die Klinikseelsorgerin fragt nach und bekommt tatsächlich die Zusage, dass sie diesen Raum dafür nützen könne.

Bei der Besprechung des Rahmens für die Veranstaltung betonte Frau W., wie wichtig die gesellige Atmosphäre sei und dass es unbedingt Kaffee und Tee und etwas zum Knabbern geben müsse – so wie bei ihr zu Hause. Die Seelsorgerin bestand auf einer zeitlichen Begrenzung auf 90 Minuten.

Dann besprach die Klinikpfarrerin mit Frau W., wie der Ablauf der Gruppe mit einer Pfarrerin gestaltet werden könnte. Nach der Begrüßung durch Frau W. und der Vorstellung der Klinikseelsorgerin und der einzelnen Teilnehmenden sollte gesungen werden, wenn möglich mit musikalischer Begleitung. Danach war ein biblischer Impuls der Pfarrerin vorgesehen. Darauf würde die Vorstellung der Gebetsanliegen durch die Teilnehmenden folgen, die Gebete zu den einzelnen Anliegen und der Segen durch die Pfarrerin.

Frau W. würde zu dem Gebetskreis einladen, u. a. auch eine Freundin, die nicht in der Klinik ist, aber Psychiatrieerfahrung besitzt und mit der sie auch zu Hause immer den Gebetskreis geleitet hat. Es wurden drei Termine vereinbart.

Das erste Treffen
Die Seelsorgerin fand neben Frau W. drei weitere Teilnehmerinnen vor:

Frau S., die Freundin von Frau W., ist Graphikerin und hat immer wieder selbst entworfene Postkarten dabei, die sie interessierten Teilnehmerinnen schenkt. Frau D. ist Straßenmusikerin. Sie hat sich mit ihrer Familie überworfen und lebt weitgehend auf der Straße. Dazu kam die junge Frau K., die nur dieses eine Mal teilnahm und sich sehr unsicher in der Gruppe bewegte.

Nach der Begrüßung begleitete Frau D. auf der Geige ein Lied, untermalt von Musik aus der Bluetooth-Box. Dazu improvisierte sie ausgiebig und heftig.

Bei der ersten Sitzung stellten sich die Teilnehmerinnen vor. Dabei wurde deutlich, wie schambesetzt und schwierig die Vorstellung in einer Runde von Psychiatriepatientinnen ist.

Der Klinikseelsorgerin merkte sogleich, dass die Definition ihrer eigenen Rolle in dieser Gruppe nicht leicht war. Sie leitete mit Frau W. zusammen die Gruppe, die andererseits mit Frau S. in Absprache war. Außerdem ist ein Gebetskreis zumindest vordergründig auf Gleichrangigkeit angelegt und alle duzten sich.

Bei ihrer Vorstellung erzählte Frau D. von ihren Auftritten und wie begeistert die Menschen reagierten. Sie würde dabei Geld sammeln, das sie nicht für sich verwende, sondern für Projekte in Afrika. Dafür rief sie in der Gruppe zu Spenden auf. Die Seelsorgerin fragte kritisch nach, welche konkreten Projekte denn mit dem Geld unterstützt würden, und erhielt keine Antwort. Wie Frau W. später erzählte, hatte Frau D. schon bei früheren Treffen ohne die Seelsorgerin die Gruppenmitglieder um Geld gebeten.

Frau S., die Freundin von Frau W., erklärte der Klinikseelsorgerin den üblichen Ablauf, wonach erst alle ihre Gebetsanliegen vorstellten und dann in einer nächsten Runde für die Anliegen der einzelnen Personen gebetet würde.

Die Seelsorgerin las bei diesem und jedem weiteren Treffen eine andere biblische Heilungsgeschichte vor – ohne größere Resonanz. Im Vordergrund standen die persönliche Situation und das Gebet um Heilung.

Das zweite Treffen
Beim zweiten Treffen kam die vom polnischen Katholizismus geprägte Frau J. dazu, die sich große Sorgen um ihre Mutter machte, die im Pflegeheim war. Sie bat die evangelische Seelsorgerin, einen Rosenkranz zu weihen. Diese leitete den Kranz an einen katholischen Kollegen weiter.

Bei diesem Treffen trat ein Konflikt hervor, der sich beim ersten Mal schon angedeutet hatte. Frau D., deren Geigenspiel nahezu aggressiv war, erzählte so gut wie nichts Persönliches und ließ sich nicht auf die Gebetsanliegen der anderen ein. Sie vertrat jedoch immer wieder die Meinung, dass die Gebete der anderen nicht erhört würden, solange sie ihr Leben nicht wirklich Jesus übergeben und eine Bekehrung erlebt hätten. Die Klinikseelsorgerin widersprach, weil sie die Gebete der anderen nicht entwertet sehen wollte. Aber alle theologischen Argumente halfen nichts. Auch der Schlichtungsversuch von Frau W. blieb ohne Erfolg.

Nach dem zweiten Treffen traf sich die Seelsorgerin mit Frau W. und sprach mit ihr ab, dass die Treffen nicht mehr wöchentlich, sondern im zwei- bis dreiwöchigen Abstand stattfinden sollten, weil Frau W. doch länger in der Psychiatrie bleiben würde.

Wie sich später herausstellte, hatte dies zur Folge, dass sich die Gruppe trotzdem traf, nur ohne die Seelsorgerin. Frau D. nutzte bei diesen Treffen die Chance, um weitere Spenden zu erbitten oder auch um an Frau W. heranzutreten, weil sie deren Kontoverbindung für Geldtransfers nützen wollte, da dies mit ihrem Konto nicht mehr möglich sei.

Das dritte Treffen
An diesem Treffen nahm Frau D. nicht teil, so dass die Gruppe ohne instrumentale Begleitung sang, was auch gut gelang. Bei diesem Treffen waren eine Offenheit und Nähe möglich, die sich in Anwesenheit von Frau D. nicht entwickeln konnten. Frau J. erzählte von ihrer Mutter im Pflegeheim. Die neu hinzugekommene Frau M. ließ sich ebenfalls sehr persönlich ein. Die innige Verbundenheit bei diesem Treffen bestärkte und beglückte die Teilnehmerinnen.

Das vierte Treffen
Beim vierten Treffen kam Frau L. hinzu, die viel Gewalt in ihrer Herkunftsfamilie in Polen und ihrer Paarbeziehung erfahren hatte. Sie litt unter schweren psychischen und somatischen Störungen, vertrug aber die Medikamente nicht, die ihr helfen sollten, und sah sehr klein und abgemagert aus.

Zudem hatte Frau W. die Klinikseelsorgerin gefragt, ob Herr G., der Pastor der Freien Gemeinde, zu der auch Frau W. gehörte, an dem Treffen teilnehmen könnte. Die Seelsorgerin sah keinen hinreichenden Grund, dies abzulehnen. Herr G. kam mit Gitarre, so dass beim Singen am Anfang des Treffens Frau D. mit ihrer Geige zur Musik aus der Bluetooth-Box improvisierte und Herr G. versuchte, dies mit der Gitarre zu begleiten.

Herr G. hatte betont, dass er nur als Teilnehmer dabei sein wollte. Dies erwies sich jedoch als schwierig, weil Frau W. und Frau S. in ihm die maßgebliche geistliche Instanz sahen. Besonders deutlich wurde seine Rolle, als Frau J. völlig aufgelöst in den Konferenzraum stürzte, weil es ihrer Mutter so schlecht ginge und sie sicher war, dass das Pflegeheim sich nicht gut um sie kümmerte, ihr nicht genügend zu trinken und nicht die richtigen Medikamente gab.

Herr G. reagierte unmittelbar und bot an, am nächsten Tag mit Frau J. zum Pflegeheim zu fahren und sich um die Mutter zu kümmern. Die Seelsorgerin dagegen wollte Frau J. die Gelegenheit geben, sich zu beruhigen, und dann mit ihr das weitere Vorgehen überlegen. Sie hatte jedoch keine Chance, weil Pastor G. das Heft des Handelns schon an sich genommen hatte.

Auch bei den Gebeten für die Anliegen der einzelnen Mitglieder war Herr G. in seinem Element und beherrschte das Beten um Heilung so, wie es zumindest den Mitgliedern der Freien Gemeinde vertraut war.

Die Seelsorgerin hatte mehr und mehr das Gefühl, dass ihr die Leitung der Gruppe entglitt. Dieser Eindruck verstärkte sich, als zum Abschluss wieder Frau D. mit Geige und Begleitung und Herr G. mit seiner Gitarre derart laut musizierten, dass der Chefarzt der Psychiatrischen Klinik den Konferenzraum betrat und Mäßigung forderte.

Die Seelsorgerin klärte die Situation und beendete den Gebetskreis mit dem Segen.

In einem Zwischengespräch vereinbarte die Seelsorgerin mit Frau W., dass bei weiteren Treffen keine Besucher und Besucherinnen von außerhalb mehr teilnehmen sollten. Frau W. unterstütze dies. Zudem sollte die Gruppe mit der Entlassung von Frau W. beendet werden.

Das fünfte Treffen
Durch eine Erkrankung der Seelsorgerin fand nur noch ein weiteres Treffen der Gruppe statt, bevor Frau W. entlassen und verabschiedet wurde. Alle bedauerten sehr, dass die Gruppe nicht weitergeführt würde. Frau L. meinte, kein Psychopharmakon würde ihr helfen, nur das gemeinsame Beten hätte ihr etwas gebracht. Die Seelsorgerin war jedoch erleichtert, dass die Gruppe beendet war.

Einen Monat später bat Frau J., die inzwischen auch entlassen war, die Seelsorgerin, ob sie ihre Mutter auf dem städtischen Friedhof beerdigen könnte. Sie und ihre Mutter gehörten vor Ort zu keiner Gemeinde. Die Seelsorgerin traf Frau J. und ihren Partner an der Friedhofshalle und ging mit ihnen zum Grab. Dort hielt sie eine kleine Beerdigungsfeier und sprach den Segen. Frau J. bedankte sich sehr und gab ihr einen Umschlag mit einer Geldspende. Die Situation war von Dank und Wertschätzung geprägt.

2. Reflexion des Gruppengeschehens

2.1 Stärkung durch die Gruppe[2]

Frau W. will einen Gebetskreis gründen für die Zeit ihres Aufenthalts in der Psychiatrie. Die Gruppe sollte eine ähnliche Funktion haben wie der Hauskreis, zu dem sie regelmäßig bei sich zu Hause einlädt. Sie wünscht sich eine Gruppe, in der das Wir-Gefühl und die gegenseitige Solidarität alle Mitglieder der Gruppe stärkt.

Wie nötig und hilfreich eine Gruppe, sei es eine Therapiegruppe oder ein Gebetskreis, gerade in psychiatrischen Einrichtungen sein kann, beschreibt schon Yalom in seinem wegweisenden Handbuch zur Gruppenpsychotherapie.[3] Da bei vielen psychiatrischen Patientinnen und Patienten die Fähigkeiten zum affektiven interpersonalen Austausch eingeschränkt sind, gibt es im Alltag einer psychiatrischen Klinik wenig Gelegenheit, Gefühle mit anderen zu teilen und in einen Austausch zu kommen.

So zitiert Yalom einen Patienten: „Das Wichtigste dabei war, einfach eine Gruppe dort zu haben, Leute, mit denen ich immer reden konnte, die mich nicht im Stich ließen, und ich war ein Teil davon. Jetzt geht es mir besser, und ich habe mein eigenes Leben, aber es ist traurig, daran zu denken, dass es diese Gruppe nicht mehr gibt."[4]

Die Gruppenkohäsion, der innere Zusammenhalt der Gruppe, wird nach Yalom gestärkt durch die Anziehung der Mitglieder zueinander, durch gegenseitige Akzeptanz und durch die Bereitschaft, sich und seine Gefühle zu zeigen.[5]

In der Gebetsgruppe war die gewachsene Beziehung zwischen Frau W. und Frau S. der stabile Ankerpunkt, durch den sich alle aufgehoben fühlten.

Die meisten Gruppenmitglieder waren bereit, von sich, ihrer Geschichte und ihren Gefühlen zu erzählen, und erfuhren von der Gruppe viel Unterstützung und Akzeptanz.

Ein wesentlicher Bestandteil des inneren Zusammenhalts der Gruppe war die gemeinsame Wertebasis, das gemeinsame Christsein, d. h. das Vertrauen auf

---

[2] Vgl. Staats, Hermann: Gruppenpsychoanalyse und Gruppenpsychotherapie (Psychodynamik Kompakt), Göttingen 2023, 20–23.
[3] Yalom, Irvin D.: Gruppenpsychotherapie. Grundlagen und Methoden. Ein Handbuch, München 1974, 56.
[4] A.a.O., 57.
[5] A.a.O., 77.

eine höhere Macht, die Heilung und Erlösung, aber auch Begleitung und Schutz verspricht – unabhängig von Gesundheitszustand, beruflichem Erfolg oder gesellschaftlicher Anerkennung.

Das Teilen von gemeinsamen Überzeugungen, in diesem Fall von religiösen Überzeugungen, verbindet die Gruppe, erzeugt erhöhte Gruppenkohäsion und stärkt das Gefühl einer gemeinsamen Identität neben der zugewiesenen Identität als „Psychiatriepatientin".[6]

Offensichtlich war, dass die konkrete Konfessions- oder Gemeindezugehörigkeit keine Rolle spielte.

Von großer Bedeutung war, dass diese Gruppe kein festes Angebot der psychiatrischen Klinik darstellte, sondern auf der Initiative einer Patientin beruhte.

2.2   Die Gruppenstruktur

Der Anfang
Die Seelsorgerin sah wie die meisten Gruppenleitenden dem ersten Gruppentreffen mit großer Anspannung entgegen. Würde jemand kommen? Gab es in einer psychiatrischen Klinik religiös Interessierte, die sich auf die Frömmigkeitsform einer Gebetsgruppe einlassen würden?

Yalom geht davon aus, dass die erste Gruppensitzung immer ein Erfolg ist, weil sie auf jeden Fall besser ist als die Befürchtungen der Leitungsperson und der Patientinnen und Patienten.[7] Weiterhin steht am Anfang einer Gruppe immer eine Vorstellungsrunde. Wie stellt man sich in einer Gebetsgruppe vor, bei der die meisten stationäre Patientinnen in der Psychiatrie sind? Die meisten wählen als Thema ihre religiöse Sozialisation: „Ich bin katholisch aufgewachsen." oder „Ich gehöre zur Freikirchlichen Gemeinde." Der Grund, warum die Patientinnen in der Psychiatrie sind, wird erst später zum Thema gemacht.

Kein Thema war, ob in der Gruppe gesiezt oder geduzt werden sollte. Für die Patientinnen war es klar, dass sie sich untereinander duzten. Für die Mitglieder eines Gebetskreises ist es ebenso selbstverständlich, dass sie beim Du sind, weil es – zumindest offiziell – keine Hierarchie gibt. Die Seelsorgerin musste nun entscheiden, ob sie sich weiter siezen lassen und sich damit außerhalb des Gruppensystems des Gebetskreises stellen wollte oder ob sie allen das Du anbieten sollte und damit auch den Mitgliedern, bei denen es ihr unbehaglich war. Sie entschied sich für das Du. Auch hier wurde deutlich, dass die Rolle einer Pfarrerin im Gebetskreis nicht vorgesehen war.

---

[6]   Vgl. Staats, Gruppenanalyse, 27–29, Identität als Ergebnis von Gruppenzugehörigkeiten.
[7]   Vgl. Yalom, Gruppenpsychotherapie, 256f.

Die Gruppenleitung

Initiatorin und Mittelpunkt der Gruppe war Frau W. Dank ihrer Erfahrung mit Gebetskreisen, aber vor allem mit ihrer überschwänglichen Herzlichkeit, die zum Teil durch ihre manische Phase geprägt war, lud sie die Mitpatientinnen und Mitpatienten besonders von ihrer Station zum Gebetskreis ein. Wenn jemand zugesagt hatte, aber zum Treffen nicht kam, fragte sie telefonisch nach. Andererseits zeigte sie großes Verständnis, wenn eine Teilnehmerin nicht kommen konnte, weil es ihr nicht gut ging.

Die Pfarrerin

Haus- und Gebetskreise bestehen aus Gläubigen, die sich austauschen, bestärken und füreinander da sind. Das Wissen um die Abläufe wird meist durch Erfahrungen weitergegeben. Als Neuling musste die Pfarrerin nachfragen, wie hier die Gebetsanliegen geäußert und das Beten praktiziert wurden. Ihre Position als Pfarrerin der Klinik erlaubte jedoch, die übliche Struktur so weit zu verändern, dass das Beten für die Anliegen der Einzelnen ohne Handauflegen erfolgen sollte. Ein Blick auf die Homepage der Gemeinde, in der Frau W. zu Hause war, zeigte, dass es dort üblich war, der Person, für die gebetet wurde, von allen Seiten die Hände aufzulegen. Die Pfarrerin sah jedoch die Gefahr, dass Patientinnen und Patienten sich mit dieser Praxis unwohl fühlten und sich doch dem Gruppendruck beugten, ohne ihr Unwohlsein zum Ausdruck zu bringen. Die Pfarrerin folgte damit ihrer imaginierten Gegenübertragung, die von einer deutlichen Aversion gegen eine solche Praxis in dieser Situation mit vulnerablen Menschen geprägt war.

Die Klinikpfarrerin wollte den Gebetskreis mit Frau W. zusammen leiten und ihr weitgehend freie Hand lassen. Sie geriet jedoch an ihre Grenzen, als Absprachen nicht eingehalten wurden und sich Frau W. z. B. zusätzlich zu den verabredeten Terminen mit Gruppenmitgliedern zu Gebetsveranstaltungen traf oder sich von Frau D. zu windigen Geldtransaktionen überreden ließ. Die Pfarrerin fühlte sich dann wie der Zauberlehrling, der die Geister, die er gerufen hatte, nicht mehr bändigen konnte.

Infragestellung der Gruppenleitung und Gruppennormen

Die Gruppenkohäsion wurde vor allem durch Frau D. in Frage gestellt. Durch ihr Geigenspiel bereicherte sie zwar die Gruppe, indem sie das Singen begleitete. Andererseits wurde schon durch ihre beim Spiel immer mitlaufende Bluetooth-Box deutlich, dass sie im Grunde performen und nicht nur begleiten wollte.

Eine weitaus größere Herausforderung für die Gruppenkohärenz war jedoch, dass Frau D. für sich beanspruchte, über die christliche Einstellung der anderen Gruppenmitglieder urteilen zu können. Sie selbst sah sich als Wiedergeborene, d. h. als bekehrte Christin, und betonte, dass Gebete von nicht Bekehrten kein Gehör bei Gott finden würden. Die Einsprüche der Seelsorgerin und ihre theologischen Argumentationen führten zur Konfrontation, aber nicht zu einem wirklichen Gespräch oder gar zur Einsicht, was das für die anderen Betenden bedeutete.

Es wurde deutlich, dass Frau D. sich nicht als Gruppenmitglied sah, das die anderen akzeptierte und wertschätzte. Sie wollte vielmehr die Gruppe zur eigenen Aufwertung und zur Verfolgung ihrer eigenen Zwecke missbrauchen. Dazu passte auch, dass sie nichts von sich selbst preisgab und keine persönlichen Gebetsanliegen einbrachte.

Im Kapitel „Problempatienten" beschreibt Yalom den Prototyp des selbstgerechten Moralisten: „Das hervorstechendste Merkmal des selbstgerechten Moralisten ist das Bedürfnis, Recht zu haben und zu zeigen, dass der andere Unrecht hat, besonders, wenn es um ein moralisches Problem geht. (...) Dem selbstgerechten Moralisten ist es relativ gleichgültig, ob man ihn mag oder achtet; er will vor allem Recht haben, wegen seiner moralischen Integrität geachtet werden und mit Erfolg seine Wertvorstellungen anderen Menschen aufzwingen."[8] Nach Yalom sind Patienten und Patientinnen mit diesem Verhaltensmuster stark von Gefühlen der Scham und Wut bestimmt, und von dem Gefühl, dass ihnen die verdiente Anerkennung vorenthalten wurde. Diese Patientinnen und Patienten mobilisieren in Gruppen bald so viele Ressentiments, dass sie immer weiter abgelehnt werden.[9]

Diese Muster lassen sich an der Person von Frau D. und den Reaktionen der Gruppe bzw. der Leitung wiederfinden. Auch hier gestaltete es sich immer schwieriger, die Selbstgerechtigkeit von Frau D. und ihre Weigerung, andere Menschen und ihre Frömmigkeit zu akzeptieren, in der Gruppe auszubalancieren, auch wenn die anderen Gruppenmitglieder und besonders Frau W. ein großes Maß an Duldsamkeit und Entgegenkommen zeigten.

Die Eskalation

Zur vierten Sitzung hatte Frau W. den Prediger der Freien Gemeinde Herr G. eingeladen. Die Pfarrerin hatte zugestimmt, obwohl sie nicht sicher war, welche Motive den Prediger bewogen, die Gebetsgruppe besuchen zu wollen. Sie spürte eine gewisse Reserviertheit gegenüber seinem Besuch, hatte aber keinen wirklichen Grund, Frau W.s Bitte abzulehnen, zumal Frau W. sozusagen für ihn bürgte.

Die Anwesenheit des Predigers veränderte jedoch die Gruppensituation in großem Maße. Zum einen kam ein Mann zu einer Gruppe von Frauen, von denen zwei Frauen ihn in einer Leitungsfunktion kannten.

Zum anderen kam mit Herrn G. eine Gitarre als zweites Instrument zur Geige hinzu, das Frau D. offensichtlich als Konkurrenz betrachtete, so dass ein gemeinsames Spiel von Geige und Gitarre nicht möglich war, auch wenn Herr G. versuchte, sich an Frau D.s Spiel anzupassen. Das Spiel gestaltete sich immer mehr zum Wettstreit, wobei Frau D. mit ihrer Bluetooth-Box gegenüber der rein

---

[8] Yalom, Gruppenpsychotherapie, 320.
[9] Vgl. a.a.O., 320f.

akustischen Gitarre eindeutig die Überlegene war, zumindest was die Lautstärke anging.

Mit der Anwesenheit von Herrn G. veränderten sich auch die Rollen von Frau W. und Frau S., da ihn beide in seiner Leitungsfunktion in der Freikirchlichen Gemeinde kannten. Beide verloren an Souveränität und sahen zu Herrn G. auf, der für sie mit einer besonderen Autorität ausgestattet war.

Denn mit Herrn G. kam ein Prediger mit charismatischem „Amtsverständnis" in die Gruppe. Er zeigte seine Autorität dadurch, dass er mächtiger und geisterfüllter betete als die volkskirchlich sozialisierte Pfarrerin. Anders gesagt: Er erfüllte die Erwartungen an die üblichen Sprachspiele, die in einer freikirchlichen Gemeinde gepflegt werden, weitaus besser und souveräner als die Klinikseelsorgerin.

Herr G. wollte auch dadurch überzeugen, dass er sich als mächtiger und engagierter Helfer zeigte. Als Frau J. völlig aufgelöst und tränenüberströmt in die Gruppe stürzte und von ihrer Sorge um ihre Mutter erzählte, verhielt er sich nicht wie ein Gruppenmitglied, das sich an der Leitung orientiert, wie mit dieser Krise umzugehen sei. Vielmehr ergriff er unmittelbar die Initiative und bot an, mit Frau J. zum Pflegeheim zu fahren. Er machte es damit der Klinikseelsorgerin unmöglich, mit Frau J. über die Situation zu sprechen und Lösungsmöglichkeiten für die Situation ihrer Mutter zu überlegen.

Mit der Theorie der Mentalisierung[10] betrachtet, stieg Herr G. unmittelbar auf das Erregungsniveau der Patientin ein, ohne zu wissen, was die Not von Frau J. genau war und was sie in so große Erregung versetzt hatte. Sein Hilfsangebot war damit vorschnell und unangemessen gegenüber Frau J. und auch gegenüber der Gruppenleitung, deren Erfahrung und Leitungsfunktion er missachtete. Vielmehr spiegelte und verstärkte er mit seinem Rettungsangebot das Gefühl, dass es sich um eine außerordentliche Situation handele, der mit entsprechenden Mitteln begegnet werden müsse.

Die Beerdigung

Indem Frau J. die Pfarrerin bat, die Beerdigung ihrer Mutter zu gestalten, sprach sie ihr ein großes Maß an Vertrauen aus. Gleichzeitig zeigte sich bei der Beerdigung, dass Frau J. jenseits einer akuten Krise sehr wohl in der Lage war, ihre Angelegenheiten zu regeln und umsichtig und sensibel mit einer emotional belastenden Situation umzugehen. Ihre Fähigkeiten zur Mentalisierung waren nur punktuell eingeschränkt gewesen, aber generell durchaus vorhanden – anders als das vorschnelle Angebot von Pfarrer G. implizierte.

---

[10] Zur Mentalisierungstheorie vgl. Brockmann, Josef u. a.: Mentalisieren – in der psychodynamischen und psychoanalytischen Psychotherapie. Grundlagen, Anwendungen, Fallbeispiele, Stuttgart 2022.

3. Schlussfolgerungen

3.1 Haus- und Gebetskreise als Ideal und in sozialwissenschaftlicher Perspektive

Haus- und Gebetskreise sind eine empirische, beobachtbare Größe, aber sie speisen sich aus einer Idealvorstellung, wie sie in der Apostelgeschichte 2,42ff. beschrieben ist. Sie sind mit einer Utopie verbunden, mit der Hoffnung auf eine Wirklichkeit, die real werden soll.

In vielen Hauskreisen wird dieses in der Apostelgeschichte beschriebene Ideal von Harmonie und Eintracht in der Gemeinschaft, von der Teilung der Güter und dem Anwachsen der Teilnehmenden nicht nur als „Bild" oder „Ideal" gelesen, sondern der Bibeltext wird als Handlungsanweisung für die Gestaltung von Haus- und Gebetskreisen verstanden.

So will der Kleingruppen- und Hauskreisreferent der Württembergischen Landeskirche im Text in Apg. 2,42–47 das Grundgesetz für Hauskreise sehen.[11]

Abgesehen davon, dass die wenigsten Mitglieder von Haus- und Gebetskreisen die radikale Vergesellschaftung ihres Privatbesitzes in die Praxis umsetzen würden, so sind auch die anderen Inhalte fraglich, wenn man sie als Handlungsanweisungen lesen will.

Neben sehr abgeschwächten Formen der Vergesellschaftung betont Munzinger, dass Gemeinden und Hauskreise wie eine große Familie funktionieren sollten, und zitiert den Berliner Pfarrer Sven Schönheit: „Je dichter das Beziehungsnetz geflochten wird, um so tragfähiger ist es im Ernstfall und um so deutlicher tritt die Gemeinde als ‚Heilende Gemeinschaft' hervor."[12]

Vernachlässigt wird dabei der Unterschied zwischen biblischen Idealbildern und der gegenwärtigen Realität von Hauskreisen, ihren Beziehungsdynamiken und Machtstrukturen.

Die Verwechselung von Idealen mit Handlungsanweisungen birgt erhebliche Risiken. Die Gefahr besteht darin, dass dem Ideal, d. h. dem Zweck, die Mittel untergeordnet werden, so dass z. B. um der Harmonie und der Einmütigkeit willen kritische Anfragen, das Artikulieren von Unbehagen oder der kritische Blick auf die Strukturen der Macht unterbleiben, bzw. dass durch die Idealisierung der Gruppe tatsächliche Grenzüberschreitungen überhaupt nicht im Bereich des Möglichen zu sein scheinen.[13]

---

[11] Munzinger, Markus: Predigt zu Apg 2,42–47 am 10.3.2024 in der Georgskirche Hausen a. d. Z. Manuskript liegt vor.
[12] Sven Schönheit zitiert nach der Predigt von M. Munzinger am 10.3.2024.
[13] Vgl. auch Wazlawik, Martin u. a.: ForuMstudie. Zusammenfassung der Ergebnisse, Schlussfolgerungen und Empfehlungen für Prävention, Intervention und Aufarbeitung, 2024, www.forum-studie.de/wp-content/uploads/2024/01/Zusammenfassung_ForuM.pdf

Hier kann die sozialwissenschaftliche Perspektive auf einen real existierenden Gebetskreis erhellend sein.

Zur gruppendynamischen Rollendifferenzierung helfen die Unterscheidungen von Raoul Schindler,[14] mit denen die Rollen in der Gebetsgruppe in der Psychiatrie sehr gut beschrieben werden können.

Schindler unterscheidet die Alpha-Position, deren Inhaberin sich mit den Zielen der Gruppe identifiziert (Frau W.) und eine inoffizielle Leitungsfunktion ausübt, neben der offiziellen Leitungsperson (die Pfarrerin). Die anderen Gruppenmitglieder (Frau K., Frau J., Frau S. und Frau L.) sind in der Gamma-Position, die sich in allem der Alpha-Person anschließen. Die Omega-Funktion repräsentiert die Person, die sich unbewusst als Gegnerin der Gruppe und ihrer Ziele versteht und von den Gruppenmitgliedern entsprechend angegriffen wird. Diese Position wurde von Frau D. eingenommen. Die Gruppe versuchte zunächst, sie zu integrieren. Dann aber wurde sie durch eine Änderung der Regel, dass alle Mitglieder der Gruppe stationäre Patientinnen sein müssen, aus der Gruppe ausgeschlossen.

3.2 Machtstrukturen und Leitung

Nach Mk 10,42a–54 (vgl. auch Lk 22,24–27) soll es unter den Jüngern und damit in der Kirche keine Machtausübung geben.

„Wer groß sein will unter Euch, der soll Euer Diener sein, und wer unter Euch der Erste sein will, der soll aller Knecht sein."

Diese Absage an die Macht, die Jesus an die Zebedäus-Brüder richtete, entfaltet noch immer ihre Wirkung. Leitung wird in der Kirche meist als rein dienende Funktion beschrieben, und ihr Machtaspekt bleibt oft ungenannt, unbewusst und wird verdrängt.[15] Dies macht die Wiederkehr des Verdrängten (Sigmund Freud) umso wahrscheinlicher.

– zuletzt abgerufen am 9.4.2024. Zusammenfassung der Ergebnisse des Teilprojekts C: Perspektiven Betroffener: „Sie berichten von einem evangelischen Modus der Selbstüberhöhung, der implizit oder explizit ein ‚Besser-Sein' im Vergleich zu anderen Glaubensrichtungen suggeriert. Dazu gehört eine grundsätzliche Atmosphäre der Geborgenheit und Sicherheit, in der das Verüben von sexualisierter Gewalt als nicht möglich konstruiert wird ( ) Konstitutiv für diese imaginierte Idealgemeinschaft ist eine Kultur der Konfliktvermeidung." (ohne Seitenangabe).

[14] Schindler, Raoul: Grundprinzipien der Psychodynamik in Gruppen, in: Psyche XI 1957/58, 308–314, zitiert bei Klessmann, Michael: Verschwiegene Macht. Figurationen von Macht und Ohnmacht in der Kirche, Göttingen 2023, 99.

[15] Klessmann, Verschwiegene Macht, 157f., führt an, dass selbst in aktuellen Lehrbüchern zur Kirchentheorie das Stichwort Macht nicht auftaucht.

Wie Manfred Josuttis[16] zeigt, wird inzwischen in der Kirche weniger die Sexualität als vielmehr die Macht als schmutzig und unrein gesehen und muss deswegen gemieden werden.

Eine andere Weise, mit Leitung und Macht umzugehen, besteht darin, die Leitung als „Geistliche Leitung" zu qualifizieren und damit jeder kritischen Nachfrage zu entziehen. Peter Böhlemann versteht unter Geistlicher Leitung die Leitung durch den Heiligen Geist und damit den Verzicht auf eigene Macht und Führung.[17]

Detlef Dieckmann kritisiert dieses Leitungsverständnis, weil damit der Eindruck erweckt werde, dass man durch bestimmte Methoden den Heiligen Geist operationalisieren könne.[18] Dies widerspräche der Überzeugung, wonach der Geist wirkt, „wo und wann Gott will/ubi et quando visum est Deo" (Confession Augustana V).

Dieckmann verbindet diese Beobachtung mit der pastoraltheologischen Anfrage: Wenn Böhlemann und Herbst darauf verweisen, dass Geistliche Leitung „durch Menschen geschieht, aber zugleich darauf angewiesen ist, vom Geist Gottes her gewirkt zu sein"[19], dann kann dies auf zwei ganz unterschiedliche Weisen verstanden werden:

> Einerseits ließe sich argumentieren, dass dadurch die Bedeutung des menschlichen Anteils an der ‚Geistlichen Leitung' relativiert und ein Gegengewicht zur Macht Gottes geschaffen werde. Andererseits besteht die Befürchtung, dass eine enge Verknüpfung der göttlichen ‚Geistlichen Leitung' mit dem Handeln kirchlicher Verantwortungsträger:innen menschliches Handeln theologisch bzw. geistlich auflade oder gar überhöhe.[20]

Die Macht der ‚Geistlichen Leitung' wird damit an das Charisma einer Person gebunden, d. h. die Inspiration verleiht besondere Autorität, die alle anderen Strukturen außer Acht lassen kann.

So würde Herr G. von der freikirchlichen Gemeinde sein akutes Hilfsangebot an Frau J. sicher durch das Gebot der christlichen Nächstenliebe begründet wissen wollen und sich zudem durch seine besondere geistliche Vollmacht berechtigt sehen, die Leitungsfunktion der Pfarrerin zu übergehen, seine Zusage, nur als Teilnehmer an der Gruppe teilzunehmen, außer acht zu lassen und sich der Situation zu bemächtigen.

Klessmann beschreibt unter den verschiedenen Dimensionen und Zielen des Helfens, dass Helfen auch eine direkte Machtausübung sein kann.

---

[16] Josuttis, Manfred: Petrus, die Kirche und die verdammte Macht, Stuttgart 1993, 7, zitiert nach Klessmann, Verschwiegene Macht, 157.
[17] Böhlemann, Peter u. a.: Geistlich leiten. Ein Handbuch, Göttingen 2011, 20.
[18] Dieckmann, Detlef: Leiten im Geist – Leiten als Geistlicher, in: Dieckmann, Detlef u. a. (Hg.): Führen und Leiten in der Kirche. Ein Handbuch für die Praxis, Göttingen 2022, 223–248, 226.
[19] Böhlemann, Geistlich leiten, 11.
[20] Dieckmann, Leiten im Geist, 226.

> Die helfende Person erscheint fast immer als diejenige, die in der Hilfe-Situation stärker, kompetenter, überlegener wirkt. Diese Überlegenheit auszuspielen und zu demonstrieren kann ein gutes Gefühl auslösen; darüber hinaus kann die helfende Person die hilfsbedürftige bestimmen, dirigieren, beeinflussen und steuern.[21]

Im beschriebenen Fall konnte Herr G. so seine machtvolle Überlegenheit zeigen, während die Pfarrerin zusehen musste. Gleichzeitig machte Herr G. Frau J. zur hilfsbedürftigen, überforderten Person und gab ihr keine Chance, selbst Strategien zu entwickeln. In dieser Situation wird deutlich, wie eine vulnerable Person, wie es Frau J. in diesem Moment war, durch den Missbrauch von Macht entmündigt wurde.[22]

Im Verständnis der Mentalisierungstheorie[23] hatte sich Herr G. ein festes Bild von der Situation gemacht und danach gehandelt.

Die Pfarrerin hatte dagegen vor, mit Frau J. zu erkunden, was geschehen war und was sie über ihren Switch-Point hinaus, also in eine überaus große Erregung, getrieben hatte, so dass sie ihre Affekte nicht mehr regulieren konnte.

Sie ging davon aus, dass Frau J. sonst sehr wohl in der Lage war, kompetent und reflektiert mit ihren Affekten umzugehen. Nur in diesem kritischen Moment war sie ihren Gefühlen ausgeliefert. Frau J. hätte vor allem Unterstützung benötigt, um ihre Fähigkeit zur Affektregulation wiederzugewinnen.

3.3 Gelebter Glaube und Sehnsucht nach Geborgenheit

Viele Patienten und Patientinnen in psychiatrischen Einrichtungen sind akut oder chronisch in ihren Fähigkeiten eingeschränkt, mit ihren Affekten umzugehen. Dies zeigt sich darin, dass sie ihren eigenen Affekten stärker ausgeliefert sind und dass sie Gefühle von anderen schlechter „lesen", bzw. sich in sie einfühlen können. Sie sind verletzlicher, weil sie weniger gut einschätzen können, mit welchen Motiven Menschen sich ihnen nähern und wie sie sich vor Übergriffen schützen können. Gleichzeitig sind sie oft bedürftig nach Bestätigung, Nähe und Kontakt und auch deswegen ansprechbar für religiöse Angebote, wie zum Beispiel die Gebetskreis-Gruppe.

Diese Einschränkungen und Bedürfnisse haben auch viele Menschen außerhalb der Psychiatrie, z. B. im Kontext von Kirchen und Gemeinden.

Abschließend möchte ich mit Michael Klessmann betonen:

---

[21] Klessmann, Verschwiegene Macht, 164.
[22] Vgl. Wazlawik, ForuMstudie Zusammenfassung, Teilprojekt C. „Diejenige Gruppe, gegen die die meisten Beschuldigungen erhoben wurden, waren männliche Pfarrer. Ihnen wurde über den Weg der theologischen Deutungskompetenz ein hohes Maß an Macht zugeschrieben. Aufgrund fehlender Selbstreflexion und mangels externer Korrektive wurde diese qua Status verliehene Macht manipulativ eingesetzt." (ohne Seitenangabe).
[23] Vgl. Althoff, Marie-Luise: Macht und Ohnmacht mentalisieren (Psychotherapie: Praxis), Berlin u. a. 2017, 18–21.

> Kleine Gruppen bleiben der lebendige und kraftvolle Kern der Kirchen. Menschen finden sich zusammen, um intensive Gemeinschaft zu leben und zu erleben, (...) ihrer spirituellen Suche besonderen Ausdruck zu geben (Bibel- oder Gebetskreise) (...). Die Kirche als Institution und Organisation wäre kaum lebendig, wenn sie nicht von solchen Gemeinschaftsbildungen getragen würde; darin wird ihre Kraft und Wirksamkeit erlebbar. Es war das Anliegen des Pietismus, in der oft verkrustet und erkaltet wirkenden Kirche immer neu die kleinen Gruppen und deren lebendigen Glauben zu entdecken (Ecclesiola in ecclesia, Johann Wilhelm Spener). Allerdings ist die Ambivalenz der Macht in dieser kleinen Gruppe nicht zu übersehen. Gruppen stützen, stärken und trösten die einzelnen Mitglieder – um den Preis, dass sie auch kontrollieren, Anpassung erwarten und Denk- und Handlungsmöglichkeiten einengen.[24]

Ergänzt werden muss Klessmann insofern, als in diesen Gruppen auch die Möglichkeit des Machtmissbrauchs und die Gefahr der Grenzverletzung besonders hoch ist, gerade weil sich Menschen sicher und geborgen fühlen. Daher ist die Verantwortung der Leitenden um so größer, das Vertrauen der Gruppenmitglieder nicht zu missbrauchen, auch nicht, indem Konflikte und Widersprüche ausgeblendet werden und zwanghafte Harmonie so selbst missbräuchlich wird.

4. Schluss

Der Gebetskreis in der Psychiatrie war von einer Vielfalt von Persönlichkeiten und Glaubensperspektiven geprägt. Allen gemeinsam war jedoch das Bedürfnis, sich an eine höhere Macht zu wenden im Vertrauen darauf, gehört und erhört zu werden. Die Rolle der Klinikseelsorgerin lag vor allem darin, den zentrifugalen Kräften in der Gruppe entgegenzuwirken und für die Bedürfnisse und Sehnsüchte der Einzelnen und der Gruppe als Container im Sinne von Winnicott zu fungieren.

In dieser Situation konnten die Einzelnen ihre Wünsche und Sehnsüchte zum Ausdruck bringen. Das Gebet der Gruppenmitglieder für die Einzelnen erfüllte unbewusst die Funktion, dass die Wünsche und Bitten gehört und erhört wurden. Noch mehr: Die Fürbitten der Gruppe zeigten in Stellvertretung Gottes Zuwendung, so dass die Gebetsanliegen nie enttäuscht wurden, sondern unbewusst in der Gruppe Erfüllung fanden.

---

[24] Klessmann, Verschwiegene Macht, 100.

Literatur

Althoff, Marie-Luise: Macht und Ohnmacht mentalisieren (Psychotherapie: Praxis), Berlin u. a. 2017.
Böhlemann, Peter u. a.: Geistlich leiten. Ein Handbuch, Göttingen 2011.
Brockmann, Josef u. a.: Mentalisieren – in der psychodynamischen und psychoanalytischen Psychotherapie. Grundlagen, Anwendungen, Fallbeispiele, Stuttgart 2022.
Dieckmann, Detlef: Leiten im Geist – Leiten als Geistlicher, in: Dieckmann, Detlef u. a. (Hg.): Führen und Leiten in der Kirche. Ein Handbuch für die Praxis, Göttingen 2022, 223–248.
Josuttis, Manfred: Petrus, die Kirche und die verdammte Macht, Stuttgart 1993.
Klessmann, Michael: Verschwiegene Macht. Figurationen von Macht und Ohnmacht in der Kirche, Göttingen 2023.
Munzinger, Markus: Predigt zu Apg 2,42–47 in der Georgkirche Hausen a.d.Z. am 10.3.2024. Manuskript liegt der Autorin vor. Predigt auch abrufbar auf der Homepage der Evangelischen Kirchengemeinde Hausen: „kirche-hausen", zuletzt abgerufen am 9.4.2024.
Nadig, Maya: Zur ethnopsychoanalytischen Erarbeitung des kulturellen Raumes der Frau, in: Haase, Helga (Hg.): Ethnopsychoanalyse. Wanderung zwischen den Welten, Stuttgart 1996, 143–172.
Schindler, Raoul: Grundprinzipien der Psychodynamik in Gruppen. Psyche XI 1957/58, 308–314.
Staats, Hermann: Gruppenpsychoanalyse und Gruppenpsychotherapie (Psychodynamik Kompakt), Göttingen 2023.
Thierfelder, Constanze: Durch den Spiegel der Anderen. Wahrnehmung von Fremdheit und Differenz in Seelsorge und Beratung (Arbeiten zur Pastoraltheologie, Liturgik und Hymnologie Bd. 50), Göttingen 2009.
Wazlawik, Martin u. a.: ForuMstudie. Zusammenfassung der Ergebnisse, Schlussfolgerungen und Empfehlungen für Prävention, Intervention und Aufarbeitung, www.forum-studie.de/wp-content/uploads/2024/01/Zusammenfassung_ForuM.pdf – zuletzt abgerufen am 9.4.2024.
Yalom, Irvin D.: Gruppenpsychotherapie. Grundlagen und Methoden. Ein Handbuch, München 1974.

Poetische Differenz

Zur Prägnanz des Unbewussten in der Kultur religiöser Rede

Anne M. Steinmeier

1. Religiöse Praxis in der Dialektik der Säkularität

Die Prägnanz des Unbewussten in der Kultur religiöser Praxis trifft ins Zentrum hermeneutischer Grundierung des Religiösen, die sich gegen Tendenzen einer Komplexitäts- und Ambivalenzreduktion auf Übergängen bewegt, in Zonen von Veränderungen und Wandel, inmitten vielstimmiger und vielgestaltiger Lebenswelten.

Dazu gehört die schwellenkundige Lektüre der Religion als „Dialektik der Säkularisierung", in der sie „weder ungebrochenes Fortleben, noch auch ein klar bestimmter Abbruch" ist.[1] Diese Lektüre ist gebildet im Horizont der ersten Kulturwissenschaft um 1900, in der „im selben Moment Religion – nicht Theologie oder Glaube oder Kult – erstmals als eigenes Wissensfeld untersucht und der Gedanke der Kulturwissenschaft formuliert"[2] wurde. Hier sind Prozesse in Gang gesetzt worden, die Religion in „kulturellen Registern" zwischen verschiedenen Disziplinen verortet und zwischen „Bildern und Begriffen" ein so dynamisches wie riskantes Potential von Unbestimmtheits- und Ambivalenzstrukturen, von „Wissen und Nicht-Wissen,"[3] herausgefordert haben.

Zu dieser auffällig von jüdischen Wissenschaftlern geprägten Kultur gehören die Philosophie der symbolischen Formen Ernst Cassirers, die literarischen Studien Walter Benjamins und die Psychoanalyse Sigmund Freuds.

Der Blick auf die „kulturellen Register"[4] des Religiösen führt zur dreistelligen Prozessualität zeichenhaft gelesener symbolischer Formen, die Entwürfe religiöser Rede in der Prägnanz des ihnen implizit oder explizit inhärenten dynamischen Unbewussten zu lesen einlädt. Eine Lektüre auf der Suche nach Repräsentationen, die sich in Figuren gründen und in Übersetzungen zeitigen, die sich auf kein Original gründen. Für diese steht hier die Suchbewegung poetischer Differenz, die dynamische Formprozesse adressiert, in denen der Wechsel von

---

1   Weidner, Daniel / Treml, Martin (Hg.): Nachleben der Religionen. Kulturwissenschaftliche Untersuchungen zur Dialektik der Säkularisierung, München 2007, 11.
2   A.a.O., 12.
3   A.a.O., 12f.
4   A.a.O., 12.

Versuchen der Deutung und des Bestimmens und der Einsicht in die „Unerschöpflichkeit des Gegenstands aktiv wird."[5]

2. Öffentliche Rede

Die Rede ist eine kulturelle Praxis.[6] In der von Aristoteles eröffneten prozessualen „Trias von Redner, Gegenstand und Publikum"[7] eröffnet sich eine prozessuale Dialektik, in der sich, was wahr ist, als überzeugend erweisen muss. Ihre wesentliche Funktion liegt in der Erweiterung der Möglichkeiten des Denkens und Handelns. Möglichkeiten, die sich allein in der doppelten Dialektik von Wertschätzung und Veränderung erweisen.[8] Im Blick auf die Frage der spezifischen Rhetorik der religiösen Rede als einer grundlegend öffentlichen Veranstaltung lässt sich diese Dialektik nicht relativieren.

Das ist nicht nur im binnentheologischen Diskurs bedeutsam. Es dient auch der Klärung im Blick auf die mit diesen Überlegungen verbundene Kompetenzfrage. Denn selbst wenn eine pastoralpsychologische Aus- bzw. Fortbildung vorliegt, genügt diese Kompetenz in keiner Weise den Anforderungen, die „der besondere Zugang zum Unbewussten" erfordert".[9] Im Gespräch mit Herbert Will wäre hier mit Roland Reichenbach das Argument der Bildung und ihrer Prozesse von Eindrucks- und Ausdrucksfähigkeit einzubringen, das, mit Hannah Arendt gesprochen, eine soziale Einbildungskraft und Urteilsbildung einschließt.[10]

3. Mit dem „Dasein zur Sprache"[11]

Das Paradigma der religiösen Rede als kultureller Praxis bricht im Horizont des intellektuellen gesellschaftlichen Neuanfangs nach 1945 auf. „Wahrheit ist nicht

---

5   Lauschke, Marion: Einleitung, in: Lauschke, Marion u. a. (Hg.): Ikonische Formprozesse. Zur Philosophie des Unbestimmten in Bildern, Berlin 2018, VI–XVII, X.
6   Vgl. Lachmann, Renate u. a. (Hg.): Rhetorik als kulturelle Praxis, München 2008.
7   Meyer-Blanck, Michael: Was ist „homiletische Rhetorik"?, in: Meyer-Blanck, Michael (Hg.): Handbuch Homiletische Rhetorik, Berlin/Boston 2021, 3–28, 16.
8   Vgl. Meyer-Blanck, Rhetorik, 14f.
9   Will, Herbert: Haltung und Kompetenzen. Das kompetente Subjekt in der Psychoanalyse, in: Mertens, Wolfgang / Storck, Timo (Hg.): Psychoanalytische Kompetenz. Interdisziplinäres Psychoanalytisches Forum, Bd. 1, Gießen 2023, 17–43, 37.
10 Vgl. Reichenbach, Roland: Eben doch ein Kuckucksei …, in: Mertens/Storck (Hg.): Kompetenz, 101–109.
11 Celan, Paul: Gesammelte Werke, Bd. 3, Gedichte, Prosa, Reden III, hg. von Allemann, Beda / Reichert, Stefan, Frankfurt a. M. ²1992, 186.

zu haben ohne den Prozess der Wahrheitsfindung und der Mitteilung von Wahrheit,"[12] hat der Germanist und Theologe Gert Otto programmatisch formuliert. Als eine alle monologische Herrschaftsformen aufbrechende Vision von Verständigung ist die religiöse Rede herausgefordert als Prozess kommunikativen Handelns, wird die Sprache als nicht nur äußerliche, instrumentelle und als solche immer auch zu missbrauchende, sondern „als Existenzgrund, anthropologisches und insofern auch hermeneutisches primum, dem alles andere" nur folgen könne, wahr- und ernstgenommen.[13]

Das heißt, sich auf die Schwelle zu wagen, die anhalten und Widerstände spüren lässt, um im erschütterten Vertrauensverhältnis „zwischen Ich und Sprache und Ding", wie es Ingeborg Bachmann in ihren Frankfurter Poetikvorlesungen ausgedrückt hat, wieder neu sprechen zu lernen. Als ein „Ich ohne Gewähr".[14] „[W]irklichkeitswund und Wirklichkeit suchend" mit dem eigenen „Dasein zur Sprache" zu gehen, in der Hoffnung „auf eine ansprechbare Wirklichkeit,"[15] wie Paul Celan formuliert hat. In der poetischen Differenz der Dichtung liegt die Urteilskraft eines neuen Geistes, der anders zu hören und zu verstehen gibt.[16]

Die religiöse Rede ist keine Dichtung. Was Otto mit den Dichtenden verbindet, ist die „weiter-bringende Sprachkraft der Poesie,"[17] das Dichtende eines Denkens und Sprechens, das nicht nur in kunstvollen Gestaltungen begegnet, sondern in „Formen aus unterschiedlichem Material" zu bilden ist, Sprachen auch des Alltags, die vorhandene Muster und Denkschablonen irritieren und übersteigen.[18]

Dichtendes Denken zeichnet sich aus durch die Ausdrucksfähigkeit, Erfahrungen als einzigartige, als „absolut *anders* und nicht verallgemeinerbar"[19] anzuerkennen und zugleich Räume der Mit-Teilung zu suchen.

In diesem Sinne wäre Ottos Entwurf religiöser Rede auch als Traumadeutung zu verstehen. Es ist die Bildung poetischer „Verwörterung" von Erfahrungen

---

12 Otto, Gert: Predigt als Rede. Über die Wechselwirkungen von Homiletik und Rhetorik, Stuttgart u. a. 1976, 9. Vgl. Steinmeier, Anne M.: Schöpfungsräume. Auf dem Weg einer Praktischen Theologie als Kunst der Hoffnung, Gütersloh 2003, 99–129.
13 Otto, Gert: Predigt als rhetorische Aufgabe. Homiletische Perspektiven, Neukirchen-Vluyn 1987, 142.
14 Bachmann, Ingeborg: Werke, Bd. 4, Essays. Reden. Vermischte Schriften. Anhang, hg. von Koschel, Christine u. a. (1978), München/Zürich ⁵1993, 237.
15 Celan, Werke, Bd. 3, 186.
16 Vgl. Emcke, Carolyn: Was wahr ist. Über Gewalt und Klima. Wuppertaler Poetikdozentur für faktuales Erzählen, Göttingen 2023, 39.
17 Otto, Rede, 25.
18 Otto, Gert: Rhetorisch predigen. Wahrheit als Mitteilung. Beispiele zur Predigtpraxis, Gütersloh 1981, 13. Vgl. Avanessian, Armen / Howe, Jan Niklas (Hg.): Poetik. Historische Narrative und aktuelle Positionen, Berlin 2014.
19 Baer, Ulrich: Traumadeutung. Die Erfahrung der Moderne bei Charles Baudelaire und Paul Celan, Frankfurt a. M. 2002, 24.

noch vor und jenseits der Worte, die auch „an-ikonische" Empfindungen und Sinneserfahrungen, „Gedanken ohne Denker" zu „halten" vermag.[20] Die Möglichkeit kreativer und transformatorischer Sprachkraft der öffentlichen religiösen Rede liegt darin, Differenzen in den „mentalitätsprägenden Bereich unseres kollektiven Bildgedächtnisses"[21] einzutragen.

4. Zeichen setzen

Damit komme ich zu einem Entwurf der unmittelbaren Gegenwart. Es ist Michael Meyer-Blanck, der prominent das Paradigma der homiletischen Rhetorik vertritt.[22] In Konsequenz der ikonisch verfremdenden Sprachkraft eines „neuen Sehens" im Anschluss an den russischen Literaturwissenschaftler Victor Šklovskij[23] interessiert Meyer-Blanck die Geste des Zeigens, die Friedrich Schleiermachers Vision einer „mitteilende[n] Darstellung und darstellende[n] Mitteilung" auf die Darstellung konzentriert.[24]

Zeigen ist eine Geste im Horizont „transversaler Vernunft".[25] Als eine solche hat sich die religiöse Rede zu bewähren. Sie ist ein „Übergangsphänomen", „transversal",[26] mehr nicht, aber weniger auch nicht. Sie richtet sich an Hörende, die in ihrer cross-cutting identiy als so selbstbewusst wie übergangsfähig angesprochen werden. Sich in verschiedensten Verknüpfungen zu bewegen, bedeutet auch, ansprechbar zu sein für Möglichkeiten neuer Anbindung.

Aber entgegen einer, Denken und Sinne abstumpfenden, „Ästhetisierung der Lebenswelt" ist hier die materiale Konkretion schöpferischer Prozesse herausgefordert, zu der konstitutiv Fremdheit und Widerständiges gehören.[27]

Fremd ist die Zurückhaltung gegenüber „ist-Sätzen", widerständig die Sensibilität für „flüchtige Güter", die „nicht mit Ontologisierungen fixiert werden

---

20 Vgl. Mertens, Wolfgang: Psychoanalytische Schulen im Gespräch über die Konzepte Wilfred R. Bions, Gießen 2018, 41–66.
21 Engel, Manfred (Hg.): Rilke-Handbuch. Leben – Werk – Wirkung. Unter Mitarbeit von Lauterbach, Dorothea, Stuttgart/Weimar 2004, 419.
22 Vgl. Meyer-Blanck, Handbuch.
23 Vgl. Meyer-Blanck, Michael: Reden, hören, neu sehen lernen. Didaktische Aspekte der Predigt, in: Pohl-Patalong, Uta / Muchlinsky, Frank: Predigen im Plural. Homiletische Aspekte, Hamburg 2001, 133–142, 138f. Vgl. Schult, Maike: Verfremdung als Strategie homiletischer Rhetorik, in: Meyer-Blanck, Handbuch, 371–387.
24 Meyer-Blanck, Michael: Übergang und Wiederkehr. Predigt als transversale Rede, in: Engemann, Wilfried (Hg.): Theologie der Predigt. Grundlagen – Modelle – Konsequenzen, Leipzig 2001, 271–283, 281.
25 Vgl. Welsch, Wolfgang: Die zeitgenössische Vernunftkritik und das Konzept der transversalen Vernunft, Frankfurt a. M. 1996.
26 Meyer-Blanck, Übergang und Wiederkehr, 271.
27 Vgl. Welsch, Wolfgang: Ästhetisches Denken, Stuttgart 1990.

können"²⁸ und die uns doch grundlegend bestimmen. Das ist in der Liebe nicht anders als in der Religion. Sie anzusprechen, wird immer eine „Sicherheit im Verunsichertsein" bedeuten, die Bildung des Ausdrucks „für das Zufällige und Zufallende" fordern.²⁹ Es ist die Chance einer anderen Zeit, die nicht zu verzwecken ist, aber die doch das Versprechen trägt, mit einem anderen Blick in den Alltag zu gehen. So ist die religiöse Rede mit einem Theaterstück vergleichbar.

Meyer-Blanck erinnert sich an das Erlebnis eines Schauspiels von Gerhart Hauptmann, Rose Bernd: „[I]m Leiden mit der – im Entstehen erstickten – Subjektivität Roses wird man auf Zeit ein anderer, jemand, der anders als im Alltag Zeit zum Leiden hat und gerade darin eine Erweiterung der eigenen Menschenwürde findet."³⁰

Diese Schilderung mag die Differenzgeste des Zeigens implizit auch auf eine psychoanalytische Dimension hin öffnen. Die Psychoanalytikerin Lou Andreas-Salomé hat in ihrer Studie zu Friedrich Nietzsche die Frage gestellt: „Bei Allem, was ein Mensch sichtbar werden lässt, kann man fragen: was soll es verbergen? Wovon soll es den Blick ablenken? Welches Vorurtheil soll es erregen?"³¹ Eine Frage, die nicht zur Aufdeckung der Maske führt, sondern zu ihrer Funktion des Schutzes.

Zwischen Sagen und Zeigen eröffnen sich dynamische Formprozesse, die „Form" nicht mehr gestalthaft abgrenzen, sondern das Ganze einer ikonischen Situation in den Blick nehmen. Im Blick auf die Praxis des Religiösen ist damit die neue „Tonart" symbolischer Prägnanz angesprochen, die Ernst Cassirer konzipiert hat.³²

---

28 Meyer-Blanck, Michael: Was ist „homiletische Präsenz"?, in: Meyer-Blanck, u. a. (Hg.): Homiletische Präsenz. Predigt und Rhetorik, München 2010, 13–26, 24.
29 Meyer-Blanck, Homiletische Präsenz, 25.
30 Meyer-Blanck, Übergang und Wiederkehr, 277.
31 Andreas-Salomé, Lou: Friedrich Nietzsche in seinen Werken (1894), hg. von Pfeiffer, Ernst, Frankfurt a. M. / Leipzig 1983, 39. Vgl. Steinmeier, Anne M.: Im Bildnis des Lebens. Formprozesse des Religiösen im Werk der Psychoanalytikerin Lou Andreas-Salomé, in: Moxter, Michael / Smith, Anna (Hg.): Theologie und Religionsphilosophie in der frühen Weimarer Republik, Tübingen 2023, 165–183.
32 Vgl. Schwemmer, Oswald: Mythos und Religion bei Ernst Cassirer, in: Deuser, Hermann / Moxter Michael (Hg.): Rationalität der Religion und Kritik der Kultur: Hermann Cohen und Ernst Cassirer, Würzburg 2002, 95–118, 98. Die Formulierung ist im Blick auf Susanne Langer gewählt. Langer, Susanne K.: Philosophy in a New Key. A Study in the Symbolism of Reason, Rite, and Art, Cambridge 1942.

5. Symbolische Prägnanz und „Kultur als Praxis"[33]

Cassirer, einer der ersten Forschenden- und Lehrenden-Generation der Hamburgischen Universität, war „nicht allein einer der wenigen liberalen Hochschullehrer jener Jahre, er war zudem einer der ersten jüdischen Rektoren."[34] Als Philosoph der Weimarer Republik hatte er so lange die narrative Gestalt einer republikanischen Verfassung verteidigt, bis er Anfang April 1933 seines akademischen Amtes enthoben wurde. Seine Zeit in Hamburg habe ihn, so schreibt später Hans Blumenberg, „zu einer ‚Weltfähigkeit' seines Denkens [...] genötigt",[35] zu einer Haltung des Geistes, die ihn – als einzigen – gegen den Arierparagraphen aufstehen ließ und die Stadt und Deutschland zu verlassen gebot.

Cassirers Kulturbegriff als der „in Kraft poietischer Freiheit erzeugte[n] Symbolwelt"[36] ist für eine „Theologie, die sich im spätmodernen Pluralismus orientieren muß, von kaum überholter Bedeutung."[37] Ausgehend von der Leib-Seele als dem „erste[n] Vorbild und Musterbild für eine rein symbolische Relation", einem „sinnerfüllte[n] Ganze[n]"[38], hat Cassirer eine kritische Kulturphilosophie entwickelt, die die symbolischen Formen des Mythos, der Religion, der Sprache, der Wissenschaft und der Kunst als kulturelle Prozesse zu lesen und zu verantworten gibt, die „gegen jede Annahme eines vorgängigen Seins [...] und gegen die Annahme eines vorgängigen statischen Subjektes"[39] immun sind, vielmehr Subjekt und Welt in wechselseitiger Auseinandersetzung begreifen.

Im Blick auf die Profilierung religiöser Rede interessiert mich Meyer-Blancks, im Anschluss an John Michael Krois vorgeschlagene, zeichentheoretische Lesung Cassirers.[40] In dieser Lesung werden symbolische Prozesse als solche

---

33 Vgl. Recki, Birgit: Kultur als Praxis. Eine Einführung in Ernst Cassirers Philosophie der symbolischen Formen, Berlin 2004.
34 Recki, Birgit: Cassirer (Grundwissen Philosophie), Stuttgart 2013, 17.
35 Moxter, Michael: Einleitung, in: Moxter, Michael: Erinnerung an das Humane. Beiträge zur phänomenologischen Anthropologie Hans Blumenbergs, Tübingen 2011, IX–XXI, XXI.
36 Rudolph, Enno: Die sprachliche Kohärenz des symbolischen Universums. Der Weg zur ungeschriebenen Religionsphilosophie Ernst Cassirers, in: Korsch, Dietrich / Rudolph, Enno (Hg.): Die Prägnanz der Religion in der Kultur. Ernst Cassirer und die Theologie, Tübingen 2000, 76–90, 84.
37 Korsch, Dietrich: Religion und Kultur bei Hermann Cohen und Ernst Cassirer, in: Korsch / Rudolph, Prägnanz (Hg.), 162–178, 177.
38 Cassirer, Ernst: Philosophie der symbolischen Formen. Dritter Teil. Phänomenologie der Erkenntnis, Hamburg 2010, 113.
39 Lauschke, Marion: Ästhetik im Zeichen des Menschen. Die ästhetische Vorgeschichte der Symbolphilosophie Ernst Cassirers und die symbolische Form der Kunst, Sonderheft 10 der Zeitschrift für Ästhetik und Allgemeine Kunstwissenschaft, Hamburg 2007, 243.
40 Meyer-Blanck, Michael: Ernst Cassirers Symbolbegriff – zeichentheoretisch gegengelesen, in: Korsch / Rudolph (Hg.), Prägnanz, 91–99. Vgl. Krois, John Michael: Cassirers semiotische Theorie, in: Oehler, Klaus (Hg.): Zeichen und Realität, Akten des 3. Semiotischen Kolloquiums der Deutschen Gesellschaft für Semiotik e.V. 1981, Tübingen 1984, Bd. 1, 361–368.

der Zeichen verstanden, die allein in einem „Apriori" der Relationen und Verweisungen gründen und auf kein ontologisches „ist" mehr zurückzuführen sind; Prozesse, die nicht in einem „*substantielle[n]*", sondern in einem „rein *funktionalen* Sinne" verstanden werden wollen.[41] Diese unumkehrbar semiotische Vermittlung aller Erfahrung hat Cassirer als „symbolische Prägnanz" bezeichnet.[42] Jedes Symbol, auch jedes Symbolsystem, enthält einen Bedeutungsüberschuss. Einen Überschuss, in dem Sinnlichkeit und Sinn untrennbar verbunden sind. Dadurch wird eine erst in und mit dieser Erfahrung gestiftete Zeit, ein nicht an den Sehsinn gebundenes ikonisches Präsens, gestiftet: „Denn alles, was (sinnlich) erscheint, zeigt sich auf zeitliche Weise."[43] Das bedeutet, dass die Zeit aus den Prägnanzen herausholt, „ohne dass man hinzufügen dürfte: was darin ist."[44] Und damit ist schließlich ein Drittes verbunden: das unauflösliche Ineinander von Anwesendem und Abwesendem.[45] Hier ist jegliches sekundäre In-Beziehung-Setzen und alle bloße „Abbildtheorie" zurückgewiesen.[46]

Hier steht nicht nur eins für das andere, hier wird nicht nur eins durch ein anderes „ersetzt", sondern hier geht es um Relationen wechselseitigen Übersetzens.[47] Die Zeichen sind nicht beliebig. Sie werden immer wieder neu gebrochen, irritiert und korrigiert „durch die Andersheit und Widerständigkeit dessen, was sich zeigt."[48] In dieser wechselseitigen Verwiesenheit von Phänomenologie und Semiotik gründet die Prägnanz der dreistelligen Prozessualität des Symbolischen.[49] Nur in dieser können kulturelle Schöpfungen ihre Grundfunktion der Sinngestaltung erfüllen.

Zur Prägnanz symbolischer Formen gehört die Bildung verschiedener Sinnwelten.[50] Dazu gehören Übergänge wie zwischen Mythos und Religion oder zwischen Religion und Kunst, auch Religion und Theologie. Die symbolischen Form-

---

41 Cassirer, Ernst: Philosophie der symbolischen Formen. Erster Teil. Die Sprache, Hamburg 2010, 239.
42 Hiermit ist das phänomenologische Fundament der Cassirerschen Auffassung von Semiosis bezeichnet, „denn sie besagt, daß schon die Wahrnehmung […] in ihrem ganzen Umfang ‚symbolisch prägnant'" ist (Krois, Cassirers semiotische Theorie, 362).
43 Moxter, Michael: Einleitung, in: Moxter, Michael / Firchow, Markus (Hg.): Die Zeit der Bilder. Ikonische Repräsentation und Temporalität, Tübingen 2018, 1–37, 6.
44 Blumenberg, Hans: Arbeit am Mythos, Frankfurt a. M. 1979, 79. Vgl. Moxter, Einleitung, Zeit der Bilder, 23.
45 Moxter, Einleitung, Zeit der Bilder, 19.
46 Vgl. Meyer-Blanck, Cassirers Symbolbegriff, 92.
47 Moxter, Michael: Kultur als Lebenswelt. Studien zum Problem einer Kulturtheologie (Hermeneutische Untersuchungen zur Theologie 38), Tübingen 2000, 325.
48 Moxter, Kultur, 329.
49 Meyer-Blanck markiert hier einen Unterschied nicht nur zu Tillichs Symbolverständnis, sondern kommentarlos auch zur Rezeption der Psychoanalyse in der Praktischen Theologie (vgl. Meyer-Blanck, Cassirers Symbolbegriff, 91). Für eine Diskussion dieser These bedürfte es der Ausführung dieser Interpretation. Was naheliegen könnte, ist die Vorstellung eines deskriptiven Unbewussten.
50 Vgl. Moxter, Kultur, 121–127.

prozesse des Religiösen kennzeichnet eine „Differenzgrammatik"[51], die den Konflikt „zwischen dem reinen Sinngehalt, den es in sich faßt, und zwischen dem bildlichen Ausdruck eben dieses Gehalts niemals zur Ruhe" kommen lässt.[52]

„Symbol der Symbole" aber ist die Kunst.[53] Ihre besondere Leistung und Möglichkeit gründet darin, Formen der Befreiung vom Sinnlichen zu schaffen, die, auch in riskanter Weise, Wirklichkeit intensivieren und konkretisieren. Sinnlich formuliert, ins Material geprägt, den Tönen anvertraut, in der Hingabe an den Rhythmus und in der Achtung des Takts können Werke der Kunst eine Erfahrung vermitteln, die es ohne diese nicht gäbe. Sie vermögen dies kraft ihrer Lösung vom Existenzproblem zur ästhetischen Erfahrung, kraft ihrer „rein immanente[n] Bedeutsamkeit".[54]

Der Geist der Kunst ist der Geist des Schöpferischen, der auf Wege führt, die erst entstehen, wenn man sie zu gehen wagt.

6. Die Kunst der Deutung

Wilhelm Gräb hat dafür plädiert, was Cassirer von der Kunst gesagt hat, auch als ein entscheidendes Moment der Religion in der Moderne zu verstehen, nur dass es darauf ankäme, das der Religion inhärente Existenzproblem umzuformulieren – „weg vom intentionalen Dingbezug, hin zum existentialen Sinnbezug."[55] Das heißt, an der existentiellen Wahrheit der überkommenen Bilder und Erzählungen der Religion festzuhalten, ihnen eine „glückende Inszenierung" als Sinnbilder des Lebens zuzutrauen, „[n]icht weil sich ihre göttliche Wahrheit im substanzhaft realistischen Sinne verbürgen ließe, sondern weil ihre symbolische Form imponiert – als für uns Menschen gut", wie Gräb im impliziten Anschluss an den Theologen und Künstler Thomas Lehnerer (1955-1995) formuliert hat.[56]

Hier wird Religion frei zum Spiel mit vielen Sinnbildern. Ein Spiel, das auf die Ethik ästhetischer Religionspraxis im Horizont der Bildung des Entwurfes der „eigenen Möglichkeiten zur Realisierung von mehr Menschlichkeit" zielt, „stammen sie nun aus den großen religiösen Überlieferungen oder aus anderen kulturellen Kontexten."[57]

51　Schwemmer, Mythos und Religion, 108.
52　Cassirer, Ernst: Philosophie der symbolischen Formen. Zweiter Teil. Das mythische Denken, Hamburg 2010, 300f., zit. In: Schwemmer, Mythos und Religion, 116.
53　Vgl. Margreiter, Reinhardt: Cohen und Cassirer über Mystik, in: Deuser, Hermann / Moxter, Michael (Hg.): Rationalität der Religion und Kritik der Kultur: Hermann Cohen und Ernst Cassirer, Würzburg 2002, 192-211. Vgl. vor allem Lauschke, Ästhetik.
54　Vgl. Gräb, Wilhelm: Religion in vielen Sinnbildern. Aspekte einer Kulturhermeneutik im Anschluß an Ernst Cassirer, in: Korsch / Rudolph, Prägnanz, 229-248.
55　A.a.O., 248.
56　Ebd.
57　A.a.O. 247.

Religion wie Kunst zu lesen und zu bilden, weist implizit auf die Dynamik der Prägnanz des Unbewussten hin. Eine Dynamik, die sich in Gräbs intensiver Auseinandersetzung mit dem protestantischen Philosophen Paul Ricœur zeigt. Es ist Ricœurs literarische Religionshermeneutik, die Gräb im Blick auf die religiöse Rede interessiert hat.[58] Eine Hermeneutik, die ohne dessen kritisch-produktive Interpretation Freuds nicht verstehbar ist. Gegen Freuds radikal aufklärerisches Pathos „[w]o Es war, soll Ich werden",[59] hat Ricœur entgegengehalten, dass das „Ich" nicht „wird", ohne dass ein Mensch durch Brüche, durch den Verlust von Bildern und Vorstellungen hindurch, neuer Gestalten fähig wird.[60]

Auf dem Boden des Realitätsprinzips, der nicht illusionär zu verlassen ist, steht das widerständig gegen den Todestrieb „gerichtete[...] Thema" des Eros[61] auf, und mit ihm die Bilder des Möglichen und Unmöglichen, eine erwachsene Sehnsucht, ohne die man die Notwendigkeit, die Ananke als Freuds Name für eine Wirklichkeit, die keinen Namen hat,[62] „nicht lieben" kann".[63] Hiermit ist eine Dialektik freigesetzt, die Ricœur die Bewegungen des Triebdynamischen, der Kraft, zugleich auch als solche des Sinns hat lesen lassen. Eines Sinns, der „regressiv-progressiv", in „Reminiszenz" und „Antizipation", „Archaismus" und „Prophezeiung", zu „dezentrieren" ist.[64]

Bildern, die in diesen Prozessen durch Verlust und Brüche prägniert sind, ist eine „Überdeterminierung" inhärent. Sie tragen eine Ambiguität des Symbols in sich, die Möglichkeiten gegensätzlicher Interpretationen freisetzt. Die Kunst, sich im Symbolischen zu halten, gelingt so nur als riskante Balance. Ricœur spricht von einem Spiel, in dem man „nur gewinnt, indem man verliert."[65]

Das bedeutet, den religiösen Diskurs „in allen [...] Aspekten poetisch"[66] zu verstehen. Nicht als bloße „Fassaden", hinter denen sich ein gedanklicher Gehalt verbergen würde, den man zutage fördern könnte, sondern im weit aufgespannten Horizont einer „generativen Poetik" ist wahrzunehmen, was nur *in* und nicht

---

58 Vgl. Gräb, Wilhelm: Sinn fürs Unendliche. Religion in der Mediengesellschaft, Gütersloh 2002, 296–300, 297 und Gräb, Wilhelm: Sich in Gott verstehen. Paul Ricœurs und Ernst Cassirers Hermeneutik des religiösen Symbols, in: Korsch, Dietrich (Hg.): Paul Ricœur und die evangelische Theologie, Tübingen 2016, 46–59.
59 Freud, Sigmund: Neue Folge der Vorlesungen zur Einführung in die Psychoanalyse, 1944, GW XV, 86.
60 Vgl. Ricœur, Paul: Der Konflikt der Interpretationen, Bd. 2, Hermeneutik und Psychoanalyse, München 1974, 206. Vgl. Steinmeier, Anne M.: Wiedergeboren zur Freiheit. Skizzen eines Dialogs zwischen Theologie und Psychoanalyse (Arbeiten zur Pastoraltheologie 33), Göttingen 1998, 30–68.
61 Ricœur, Paul: Die Interpretation. Ein Versuch über Freud, Frankfurt a. M. ⁴1993, 345f.
62 Vgl. Ricœur, Interpretation, 335.
63 Ricœur, Paul: Über Psychoanalyse. Schriften und Vorträge, Gießen 2016, 244.
64 Vgl. Ricœur, Interpretation, 507f.
65 Ricœur, Paul: Zeit und Erzählung, Bd. III: Die erzählte Zeit, München 1991, 275.
66 Ricœur, Paul: An den Grenzen der Hermeneutik. Philosophische Reflexionen über die Religion, München 2008, 69.

durch Sprache entsteht, was sie „hinüberträgt".⁶⁷ Das spricht das „Vermögen" einer produktiven „Einbildungskraft" an,⁶⁸ die sich dem hermeneutischen Potential zu öffnen vermag, das im „Geheimnis" einer „verborgene[n] Gemeinschaft" zwischen, zum Beispiel, den Erzählungen eines „Markus oder [...] Kafka", oder einer Mrs Dalloway,⁶⁹ einer Reihe, die ergänzt werden will, und den „noch nicht erzählten" und „unausdrücklichen Geschichten unseres Lebens"⁷⁰ gründet.

Es sind die Leerstellen, die bisher selbstverständlich Gedachtes ver-rücken, in denen sich imaginative Veränderungen ereignen, ein „Sich-im-Text-Verstehen", das mit Gräb ein „Neu-Verstehen der eigenen Welt im Medium der symbolischen Welt, die der Text eröffnet", vollzieht.⁷¹ Auf den Entwurf einer Welt hin, die wir bewohnen können.⁷²

Im Herzen von Religion und Psychoanalyse steht Ricœurs „penser la création"⁷³ als schöpferisch-responsives Denken des Anfangs. Nicht als Ausgangspunkt, der zu verlassen wäre, sondern als Überschuss, allein gehalten in Erzählungen, die das Gedächtnis der Energie des Anfangens tragen, „die den Namen des Anfangs verdienen."⁷⁴ Die Chance der hier zugleich angesprochenen Übergänge zwischen Religion und Theologie liegt in der Dynamik spielerischer Prozesse, die in ein neues Verstehen als ein vielschichtiges Spüren führen, das „wie die Jakobsleiter den ganzen Weg nach oben und unten geht, vom Gedanken zur Berührung und zurück", so dass wir der „Bedeutung aufsteigend und absteigend in Spiralen mit offenen Enden" begegnen.⁷⁵

Damit ist das Potential einer „narrativen Flexibilität" aufgerufen, die zu Ricœurs „Hermeneutik des narrativen Gedächtnisses" führt, die einen „echte[n] Austausch von Geschichten und Erzählstimmen" eröffnet, der sich „effektiv einem arroganten oder rigiden Konzept kultureller Identität" verweigert.⁷⁶

---

67 Ricœur, Grenzen, 57. Im O. kursiv.
68 Ricœur, Paul: Zeit und Erzählung, Bd. I: Zeit und historische Erzählung, München 1988, 109f.
69 Vgl. Steinmeier, Anne M.: Poetik der Zeit – Überlegungen zur ästhetischen Bildung des Religiösen im Anschluss an Paul Ricœur, in: Fröhling, Christian u. a. (Hg.): Wagnis Mensch werden. Eine theologisch-praktische Anthropologie. FS Klaus Kießling zum 60. Geburtstag, Göttingen 2022, 237–247.
70 Ricœur, Zeit und Erzählung, I, 120.
71 Gräb, Sinn, 297, z. T. kursiv.
72 Vgl. Ricœur, Paul: Philosophische und theologische Hermeneutik, in: Ricœur, Paul / Jüngel, Eberhard: Metapher. Zur Hermeneutik religiöser Sprache (Evangelische Theologie, Sonderheft), München 1974, 24–45, 32.
73 Vgl. Askani, Hans-Christoph: Schöpfung als Bekenntnis, Tübingen 2006, 24.
74 Vgl. Askani, Schöpfung, 34.
75 Kearney, Richard: Diakritische Hermeneutik – Nach Ricœur, in: Breyer, Thiemo / Creutz, Daniel (Hg.): Phänomenologie des praktischen Sinns. Die Willensphilosophie Paul Ricœurs im Kontext, Paderborn 2019, 327–344, 335. Zu Kearney vgl. Steinmeier, Poetik der Zeit, 244–247.
76 Kearney, Hermeneutik, 339.

Das führt zur Differenz so genannter ungesättigter und gesättigter Deutungen, wie sie Herbert Will im Anschluss an Wilfred Bion und Antonino Ferro präzisiert.[77] Zwischen Übergängen und Überschneidungen ist der Unterschied klar zu markieren. „Die ungesättigte Deutung hat ihren Schwerpunkt in der Figuration unbewussten Materials und der Bedeutungsgenerierung, die gesättigte Deutung im expliziten Benennen und der Einsicht."[78]

Eine Differenz, die auch in Gräbs sinnkulturell formuliertes Paradigma einzutragen wäre.

Die Differenz der Deutungen führt in die Schule Gert Ottos zurück. Albrecht Grözinger lenkt den Blick auf die offenen biblischen Sprachgestalten, die „kleinen Erzählungen von Ereignissen und Geschehnissen";[79] Texte, die sich in ihren Spannungen und Brüchen nicht in eine große Metaerzählung einfügen lassen, wie Grözinger in Bezug auf Gianni Vattimos, gegen alles Abschließende sich bewegende und bewegliche, ganz und gar nicht defizitär zu verstehende, so genannte „schwache Denken" schreibt, jenes Denken, auf das sich auch Ferro bezieht. Grözingers so genannte „anmutende Rede", doppelsinnig im Sinne des englischen Wortes „grace", die sich zwischen „Toleranz und Leidenschaft"[80] bewegt, lässt sich im Spiegel von ungesättigter und gesättigter Deutung lesen. Die differenzgenerierende Sprache gründet in der Verbindung der „großen" Differenz dialektischer Theologie zwischen Gott und Mensch und der messianischen Ästhetik Walter Benjamins[81] und führt zu Figurationen, die ein Imaginäres bilden, das nicht illusionär ist.

Die Kunst der Deutung führt zur Frage, wie es ist, „mit" einem Text zu sein, und wie es wäre, ihn zu „träumen". Im Anschluss an Donald Winnicott und Wilfred Bion beschreibt Thomas Ogden das Phänomen eines „intersubjektiven Dritten" als „Subjekt" nicht nur der Analyse, sondern jedes lebendigen Gesprächs. Im metaphorisch so genannten „Zwischenreich des Träumens"[82] eröffnen sich imaginär und real, inmitten von Worten, zwischen Gefühlen und Gedanken, Ko-

---

77 Vgl. Will, Herbert: Wie ungesättigte Deutungen entstehen. Die Arbeit der Figurabilität, Psyche 72 (2018), 374–396; Will, Herbert: Ungesättigte und gesättigte Deutungen, Psyche 70 (2016), 2–23.
78 Will, Ungesättigte und gesättigte Deutungen, 20. Vgl. hierzu auch: Steinmeier, Anne M.: Im Zwischenraum von Leib und Bild. Sprachgesten des Erinnerns, in: WzM 70 (2018), 411–428.
79 Vgl. Grözinger, Albrecht: Homiletik (Lehrbuch Praktische Theologie, Bd. 2), Gütersloh 2008, 29f.
80 Vgl. Grözinger, Albrecht: Toleranz und Leidenschaft. Über das Predigen in einer pluralistischen Gesellschaft, Gütersloh 2004, 217–244.
81 Vgl. Grözinger, Albrecht: Praktische Theologie und Ästhetik. Ein Beitrag zur Grundlegung der Praktischen Theologie, München ²1991, bes. 135–152.
82 Ogden, Thomas: Gespräche im Zwischenreich des Träumens. Der analytische Dritte in Träumen, Dichtung und analytischer Literatur, Gießen 2004. Vgl. zu dieser Konzeption ausführlich Steinmeier, Anne M.: Kunst der Seelsorge. Religion, Kunst und Psychoanalyse im Diskurs, Göttingen 2011, 61–79.

Kreationen, die im interpersonalen Feld gemeinsam und zugleich auf unterschiedliche Weise geteilt werden und aus denen alle Beteiligten verändert hervorgehen.

7. „Die Prosa der Welt"[83] und poetische Differenz

Es ist einige Jahre her, aber ich erinnere mich noch genau an jene Szene im homiletischen Hauptseminar. Es geht um eine Geschichte, die ich dachte bestens zu kennen, aber die sich in der Reverie des Seminars erst „gezeigt" hat. Es ist die Erzählung von Lot und seiner Familie, einer Geschichte, die mir vor allem im Blick auf das Verbot des Umdrehens in ihrer Bedeutung klar vor Augen stand. Bis eine Kommilitonin aufstand und sagte: „Nein, Lots Frau hat das Recht, sich umzusehen. Sie lässt ihr Land, ihr Haus zurück. Sie muss sich von Menschen trennen, wird sie vielleicht nie wiedersehen." Das Gespräch findet in der nächsten Stunde eine Resonanz in einem Gedicht, das eine Kommilitonin aus Prag mitbringt, ein Gedicht der russischen Dichterin Anna Achmatova: „Lots Weib" zu Gen 19,26. Achmatova, unter Stalin verfolgt, liest den biblischen Text im Kontext ihrer eigenen Erfahrung. In den Jahren 1922–1924 entsteht ein Sprachbild, das ein imaginatives Gespräch zu sehen gibt. Anders als der „Gerechte", der dem „Sendboten" folgt, „hört" Lots Frau, „sein Weib", eine andere Stimme, ein bedrängendes Bitten, sich umzuschauen. „Noch kannst du's – so wende zurück dein Gesicht". Die Stimme fordert sie auf zu sehen: „dort die Türme von Sodom, die roten, und sieh, wo bald singend, bald spinnend du warst, und sieh jene Fenster, die leeren und toten des Hauses, wo Kinder dem Mann du gebarst." Es ist dieses „noch einmal" Zurück-Sehen, das die Augen „nicht länger" vermochten und das „die Füße nicht länger mehr gehn" ließ: „Zu durchsicht'gem Salze erstarrten die Glieder." Es ist das dichtende Ich, „[n]ur ich", das „niemals vergessen" wird „im Herzen, die, einmal zu sehen, ihr Leben gab hin."[84]

Es geht in diesem Rahmen nicht darum, das Gedicht zu interpretieren. Es geht um das Bild, das in der intertextuellen Lektüre zwischen dem biblischen Text und dem Gedicht entsteht, das einen imaginären Raum eröffnet, der sich Verlorenem und Vergessenem nähern kann und es zu integrieren vermag, ohne

---

83 Merleau Ponty, Maurice: Die Prosa der Welt, München 1984. Zum Folgenden vgl. Steinmeier, Anne M.: Sinn(en)-Bilder in Sprache, Ästhetisch-psychoanalytische Anmerkungen in ökumenisch-homiletischer Absicht, in: Pock, Johann u. a. (Hg.): Fühlt ihr nicht, so bleibt ihr nicht! Die emotionale Dimension der Predigt (Ökumenische Studien zur Predigt, Bd. 13), München 2022, 163–177.

84 Achmatova, Anna: Die roten Türme des heimatlichen Sodom. Gedichte ausgewählt und übertragen von Irmgard Wille. Briefe ausgewählt und übertragen von Rosemarie Düring, Berlin 1986, 76f. Zu Achmatova vgl. Behrisch, Eva: „Aber Lots Weib blickte zurück...". Der Dialog mit der Bibel in der Dichtung Anna Achmatovas, Köln 2007.

es in vorgängigen Deutungen zu vereinnahmen. Ein Denkbild, in dem die Kräfte des Vergangenen und des Gegenwärtigen aufeinandertreffen, das Zeugnis gibt, vielleicht auch von dem, was (noch) nicht erfahrbar war, was unausdrücklich sein mag und zugleich nicht aufhört, nach Formen, Figuren, Metaphern zu suchen.[85]

Auf den Spuren Gert Ottos hat Henning Luther das Spezifische spätmoderner religiöser Rede in der Figur der Inszenierung beschrieben, die biblische Texte in Beziehung zu anderen Texten setzt, „zu Texten gegenwärtiger und gegenläufiger Erfahrung, zu Texten der Welt", und sie einander gegenspiegelnd, aufeinander antwortend, miteinander ins Spiel zu bringen sucht. In der Konstellation unterschiedlicher Texte und Kontexte, in der Differenz aufeinander treffender Zeichen, „erwächst der ‚fruchtbare Moment' neuer, kreativer Bedeutung, die nicht nur das Bekannte, also Stereotypien, rekapituliert."[86]

In solchen Lektüren kann entstehen, was Walter Benjamin ein „dialektisches Bild" genannt hat, ein spannungsvolles Bewegungsbild in der Sprache, in dem die Kräfte des Vergangenen und des Gegenwärtigen aufeinandertreffen und in einer „dialektischen Imagination"[87] aufleuchten, „worin das Gewesene mit dem Jetzt blitzhaft zu einer Konstellation zusammentritt."[88] Diese Bilder, die „wir nie sahen, ehe wir uns ihrer erinnerten,"[89] führen zu anderen Bildern und erzählen eine Geschichte, die noch Vergangenem Zukunft zu geben vermag.

Die poetische Differenz „gründet" im Zwischenraum der Texte, der transformierende Imagines aufscheinen lässt, in den die „Kontingenz der Sprache"[90] einbricht, aus der wir nicht herauskommen, aber gerade darum ist und bleibt Interpretation, bleibt die Kultur der Bedeutung, der Hermeneutik, verbunden mit ihren Fragen nach Verständigung und Sinn, eine un-endliche Aufgabe. Luther hat mit diesen Konstellationen die Hoffnung verbunden, dass „Gott sich zur Sprache bringt."[91] Einer Sprache als Geste zur Welt.

---

85 Vgl. Ogden, Thomas: Die Angst vor dem Zusammenbruch und das ungelebte Leben, in: Mauss-Hanke, Angela (Hg.): Internationale Psychoanalyse, Bd. 10. Behandlungsperspektiven. Ausgewählte Beiträge aus dem International Journal of Psychoanalysis, Gießen 2015, 107–128, 119.
86 Vgl. Luther, Henning: Frech achtet die Liebe das Kleine. Biblische Texte in Szene setzen. Spätmoderne Predigten, Stuttgart 1991, 13.
87 Hutchinson, Ben: W. G. Sebald. Die dialektische Imagination, Berlin / New York 2009.
88 Benjamin, Walter: Passagen-Werk, Frankfurt a. M. 1983, 576f. Im Blick auf Luthers konstitutiven Bezug auf Benjamin vgl. z. B. Luther, Henning: Schmerz und Sehnsucht. Praktische Theologie in der Mehrdeutigkeit des Alltags, in: Luther, Henning: Religion und Alltag. Bausteine zu einer Praktischen Theologie des Subjekts, Stuttgart 2014, 239–256.
89 Benjamin, Walter: Gesammelte Schriften, Bd. II, Frankfurt a. M. ²1999, 1064.
90 Luther, Biblische Texte, 13.
91 A.a.O., 15.

Literatur

Achmatova, Anna: Die roten Türme des heimatlichen Sodom. Gedichte ausgewählt und übertragen von Irmgard Wille. Briefe ausgewählt und übertragen von Rosemarie Düring, Berlin 1986.

Andreas-Salomé, Lou: Friedrich Nietzsche in seinen Werken (1894), hg. von Pfeiffer, Ernst, Frankfurt a. M./Leipzig 1983.

Askani, Hans-Christoph: Schöpfung als Bekenntnis, Tübingen 2006.

Avanessian, Armen / Howe, Jan Niklas (Hg.): Poetik. Historische Narrative und aktuelle Positionen, Berlin 2014.

Bachmann, Ingeborg: Werke, Bd. 4, Essays. Reden. Vermischte Schriften. Anhang, hg. von Koschel, Christine u. a. (1978), München/Zürich ^{5}1993.

Baer, Ulrich: Traumadeutung. Die Erfahrung der Moderne bei Charles Baudelaire und Paul Celan, Frankfurt a. M. 2002.

Behrisch, Eva: „Aber Lots Weib blickte zurück...". Der Dialog mit der Bibel in der Dichtung Anna Achmatovas, Köln 2007.

Benjamin, Walter: Gesammelte Schriften, Bd. II, Frankfurt a. M. ^{2}1999.

Benjamin, Walter: Passagen-Werk, Frankfurt a. M. 1983.

Blumenberg, Hans: Arbeit am Mythos, Frankfurt a. M. 1979.

Cassirer, Ernst: Philosophie der symbolischen Formen. Erster Teil. Die Sprache, Hamburg 2010.

Cassirer, Ernst: Philosophie der symbolischen Formen. Zweiter Teil. Das mythische Denken, Hamburg 2010.

Cassirer, Ernst: Philosophie der symbolischen Formen, Dritter Teil. Phänomenologie der Erkenntnis, Hamburg 2010.

Celan, Paul: Gesammelte Werke, Bd. 3, Gedichte, Prosa, Reden III, hg. von Allemann, Beda / Reichert, Stefan, Frankfurt a. M. ^{2}1992.

Emcke, Carolyn: Was wahr ist. Über Gewalt und Klima. Wuppertaler Poetikdozentur für faktuales Erzählen, Göttingen 2023.

Engel, Manfred (Hg.): Rilke-Handbuch. Leben – Werk – Wirkung. Unter Mitarbeit von Lauterbach, Dorothea, Stuttgart/Weimar 2004.

Freud, Sigmund: Neue Folge der Vorlesungen zur Einführung in die Psychoanalyse, GW XV, London 1940.

Gräb, Wilhelm: Religion in vielen Sinnbildern. Aspekte einer Kulturhermeneutik im Anschluß an Ernst Cassirer, in: Korsch, Dietrich / Rudolph, Enno (Hg.): Die Prägnanz der Religion in der Kultur. Ernst Cassirer und die Theologie, Tübingen 2000, 229–248.

Gräb, Wilhelm: Sinn fürs Unendliche. Religion in der Mediengesellschaft, Gütersloh 2002.

Gräb, Wilhelm: Religion als Deutung des Lebens. Perspektiven einer Praktischen Theologie gelebter Religion, Gütersloh 2006.

Gräb, Wilhelm: Sich in Gott verstehen. Paul Ricœurs und Ernst Cassirers Hermeneutik des religiösen Symbols, in: Korsch, Dietrich (Hg.): Paul Ricœur und die evangelische Theologie, Tübingen 2016, 46–59.

Grözinger, Albrecht: Praktische Theologie und Ästhetik. Ein Beitrag zur Grundlegung der Praktischen Theologie, München ^{2}1991.

Grözinger, Albrecht: Homiletik (Lehrbuch Praktische Theologie, Bd. 2), Gütersloh 2008.

Grözinger, Albrecht: Toleranz und Leidenschaft. Über das Predigen in einer pluralistischen Gesellschaft, Gütersloh 2004.

Hutchinson, Ben: W.G. Sebald, Die dialektische Imagination, Berlin/New York 2009.

Kearney, Richard: Diakritische Hermeneutik – Nach Ricœur, in: Breyer, Thiemo / Creutz, Daniel (Hg.): Phänomenologie des praktischen Sinns. Die Willensphilosophie Paul Ricœurs im Kontext, Paderborn 2019, 327–344.

Korsch, Dietrich: Religion und Kultur bei Hermann Cohen und Ernst Cassirer, in: Korsch, Dietrich / Rudolph, Enno (Hg.): Die Prägnanz der Religion in der Kultur. Ernst Cassirer und die Theologie, Tübingen 2000, 76–90.

Korsch, Dietrich (Hg.): Paul Ricœur und die evangelische Theologie, Tübingen 2016.

Krois, John Michael: Cassirers semiotische Theorie, in: Oehler, Klaus (Hg.): Zeichen und Realität, Akten des 3. Semiotischen Kolloquiums der Deutschen Gesellschaft für Semiotik e.V. 1981, Tübingen 1984, Bd. 1, 361–368.

Lachmann, Renate u. a. (Hg.): Rhetorik als kulturelle Praxis, München 2008.

Langer, Susanne K.: Philosophy in a New Key. A Study in the Symbolism of Reason, Rite, and Art, Cambridge 1942.

Lauschke, Marion: Ästhetik im Zeichen des Menschen. Die ästhetische Vorgeschichte der Symbolphilosophie Ernst Cassirers und die symbolische Form der Kunst, Sonderheft 10 der Zeitschrift für Ästhetik und Allgemeine Kunstwissenschaft, Hamburg 2007.

Lauschke, Marion u. a. (Hg.): Ikonische Formprozesse. Zur Philosophie des Unbestimmten in Bildern, Berlin 2018.

Luther, Henning: Frech achtet die Liebe das Kleine. Biblische Texte in Szene setzen. Spätmoderne Predigten, Stuttgart 1991.

Luther, Henning: Schmerz und Sehnsucht. Praktische Theologie in der Mehrdeutigkeit des Alltags, in: Luther, Henning: Religion und Alltag. Bausteine zu einer Praktischen Theologie des Subjekts, Stuttgart 2014, 239–256.

Margreiter, Reinhardt: Cohen und Cassirer über Mystik, in: Deuser, Hermann / Moxter, Michael (Hg.): Rationalität der Religion und Kritik der Kultur: Hermann Cohen und Ernst Cassirer, Würzburg 2002, 192–211.

Merleau-Ponty, Maurice: Die Prosa der Welt, München 1984.

Mertens, Wolfgang: Psychoanalytische Schulen im Gespräch über die Konzepte Wilfred R. Bions, Gießen 2018.

Meyer-Blanck, Michael: Ernst Cassirers Symbolbegriff – zeichentheoretisch gegengelesen, in: Korsch, Dietrich / Rudolph, Enno (Hg.): Die Prägnanz der Religion in der Kultur. Ernst Cassirer und die Theologie, Tübingen 2000, 91–99.

Meyer-Blanck, Michael: Reden, hören, neu sehen lernen. Didaktische Aspekte der Predigt, in: Pohl-Patalong, Uta / Muchlinsky, Frank: Predigen im Plural. Homiletische Aspekte, Hamburg 2001, 133-142.

Meyer-Blanck, Michael: Übergang und Wiederkehr. Predigt als transversale Rede, in: Engemann, Wilfried (Hg.): Theologie der Predigt. Grundlagen – Modelle – Konsequenzen, Leipzig 2001, 271–283.

Meyer-Blanck, Michael: Was ist „homiletische Präsenz"?, in: ders. u. a. (Hg.): Homiletische Präsenz. Predigt und Rhetorik, München 2010, 13–26.

Meyer-Blanck, Michael: Was ist „homiletische Rhetorik"?, in: ders. (Hg.): Handbuch Homiletische Rhetorik, Berlin / Boston 2021, 3–28.

Meyer-Blanck, Michael (Hg.): Handbuch Homiletische Rhetorik, Berlin / Boston 2021.

Moxter, Michael: Einleitung, in: ders. / Firchow, Markus (Hg.): Die Zeit der Bilder. Ikonische Repräsentation und Temporalität, Tübingen 2018, 1–37.

Moxter, Michael: Einleitung, in: Ders.: Erinnerung an das Humane. Beiträge zur phänomenologischen Anthropologie Hans Blumenbergs, Tübingen 2011, IX–XXI.

Moxter, Michael: Kultur als Lebenswelt, Tübingen 2000.

Ogden, Thomas: Gespräche im Zwischenreich des Träumens. Der analytische Dritte in Träumen, Dichtung und analytischer Literatur, Gießen 2004.

Ogden, Thomas: Die Angst vor dem Zusammenbruch und das ungelebte Leben, in: Mauss-Hanke, Angela (Hg.): Internationale Psychoanalyse, Bd. 10. Behandlungsperspektiven. Ausgewählte Beiträge aus dem International Journal of Pschoanalysis, Gießen 2015, 107-128.
Otto, Gert: Predigt als Rede. Über die Wechselwirkungen von Homiletik und Rhetorik, Stuttgart u. a. 1976.
Otto, Gert: Predigt als rhetorische Aufgabe. Homiletische Perspektiven, Neukirchen-Vluyn 1981.
Otto, Gert: Rhetorisch predigen. Wahrheit als Mitteilung. Beispiele zur Predigtpraxis, Gütersloh 1981.
Recki, Birgit: Kultur als Praxis. Eine Einführung in Ernst Cassirers Philosophie der symbolischen Formen, Berlin 2004.
Recki, Birgit: Cassirer (Grundwissen Philosophie), Stuttgart 2013.
Reichenbach, Roland: Eben doch ein Kuckucksei ..., in: Mertens, Wolfgang / Storck, Timo (Hg.): Psychoanalytische Kompetenz. Interdisziplinäres Psychoanalytisches Forum, Bd. 1, Gießen 2023, 101-109.
Ricœur, Paul: Der Konflikt der Interpretationen, Bd. 2, Hermeneutik und Psychoanalyse, München 1974.
Ricœur, Paul: Philosophische und theologische Hermeneutik, in: Ricœur, Paul / Jüngel, Eberhard: Metapher. Zur Hermeneutik religiöser Sprache (Evangelische Theologie, Sonderheft), München 1974, 24-45.
Ricœur, Paul: Zeit und Erzählung, Bd. I: Zeit und historische Erzählung, München 1988.
Ricœur, Paul: Zeit und Erzählung, Bd. III: Die erzählte Zeit, München 1991.
Ricœur, Paul: Die Interpretation. Ein Versuch über Freud, Frankfurt a. M. ^{4}1993.
Ricœur, Paul: An den Grenzen der Hermeneutik. Philosophische Reflexionen über die Religion, München 2008.
Ricœur, Paul: Über Psychoanalyse. Schriften und Vorträge, Gießen 2016.
Rudolph, Enno: Die sprachliche Kohärenz des symbolischen Universums. Der Weg zur ungeschriebenen Religionsphilosophie Ernst Cassirers, in: Korsch, Dietrich / Rudolph, Enno (Hg.): Die Prägnanz der Religion in der Kultur. Ernst Cassirer und die Theologie, Tübingen 2000, 76-90.
Schult, Maike: Verfremdung als Strategie homiletischer Rhetorik, in: Meyer-Blanck, Michael (Hg.): Handbuch Homiletische Rhetorik, Berlin/Boston 2021, 371-387.
Schwemmer, Oswald: Mythos und Religion bei Ernst Cassirer, in: Deuser, Hermann / Moxter, Michael (Hg.): Rationalität der Religion und Kritik der Kultur: Hermann Cohen und Ernst Cassirer, Würzburg 2002, 95-11.
Steinmeier, Anne M.: Wiedergeboren zur Freiheit. Skizzen eines Dialogs zwischen Theologie und Psychoanalyse (Arbeiten zur Pastoraltheologie 33), Göttingen 1998.
Steinmeier, Anne M.: Schöpfungsräume. Auf dem Weg einer Praktischen Theologie als Kunst der Hoffnung, Gütersloh 2003.
Steinmeier, Anne M.: Kunst der Seelsorge. Religion, Kunst und Psychoanalyse im Diskurs, Göttingen 2011.
Steinmeier, Anne M.: Im Zwischenraum von Leib und Bild. Sprachgesten des Erinnerns, in: W$_z$M 70 (2018), 411-428.
Steinmeier, Anne M.: Poetik der Zeit – Überlegungen zur ästhetischen Bildung des Religiösen im Anschluss an Paul Ricœur, in: Fröhling, Christian u. a. (Hg.): Wagnis Mensch werden. Eine theologisch-praktische Anthropologie. FS Klaus Kießling zum 60. Geburtstag, Göttingen 2022, 237-247.
Steinmeier, Anne M.: Sinn(en)-Bilder in Sprache. Ästhetisch-psychoanalytische Anmerkungen in ökumenisch-homiletischer Absicht, in: Pock, Johann u. a. (Hg.): Fühlt ihr nicht, so bleibt

ihr nicht! Die emotionale Dimension der Predigt (Ökumenische Studien zur Predigt, Bd. 13), München 2022, 163–177.

Steinmeier, Anne M.: Im Bildnis des Lebens. Formprozesse des Religiösen im Werk der Psychoanalytikerin Lou Andreas-Salomé, in: Moxter, Michael / Smith, Anna (Hg.): Theologie und Religionsphilosophie in der frühen Weimarer Republik, Tübingen 2023, 165–183.

Weidner, Daniel / Treml, Martin (Hg.): Nachleben der Religionen. Kulturwissenschaftliche Untersuchungen zur Dialektik der Säkularisierung, München 2007.

Welsch, Wolfgang: Ästhetisches Denken, Stuttgart 1990.

Welsch, Wolfgang: Die zeitgenössische Vernunftkritik und das Konzept der transversalen Vernunft, Frankfurt a. M. 1996.

Will, Herbert: Haltung und Kompetenzen. Das kompetente Subjekt in der Psychoanalyse, in: Mertens, Wolfgang / Storck, Timo (Hg.): Psychoanalytische Kompetenz. Interdisziplinäres Psychoanalytisches Forum, Bd. 1, Gießen 2023, 17–43.

Will, Herbert: Wie ungesättigte Deutungen entstehen. Die Arbeit der Figurabilität, Psyche 72 (2018), 374–396.

Will, Herbert: Ungesättigte und gesättigte Deutungen, Psyche 70 (2016), 2–23.

Das „dynamische Unbewußte":
Fundament menschlichen Personseins

Transformative Aneignung eines Freudschen Konzepts durch die Theologie[1]

Eilert Herms

1. „Metapsychologie" unvermeidlich und grundlegend für die psychoanalytische Praxis

Sigmund Freuds ärztliche Praxiserfahrungen ermöglichten und verlangten seine Theorie des Aufbaus und der Lösung psychischer Konflikte; und diese Theorie konnte ihrerseits nur gebildet und fortentwickelt werden unter Rückgriff auf eine Konzeption des *Wesens* des Psychischen: seiner *natürlichen Konstitution* und seiner darin begründeten *natürlichen Möglichkeiten* des erlebnisbedingten Aufbaus von psychischen Konflikten sowie deren entweder tatsächlicher oder nur scheinbarer „Erledigung", oder m. a. W.: der in der *Natur* des Psychischen begründeten *Möglichkeiten* seiner Erkrankung und Gesundung, sowie der *Möglichkeiten* einer Beförderung der letztgenannten durch therapeutisches Handeln. Freud liebte diese von ihm „Metapsychologie" genannte Konzeptionsebene nicht – er sprach von der „Hexe Metapsychologie"[2] –, konnte sie aber dennoch nicht vermeiden. Das beweist, daß sie eine für das Ganze des Diagnose- und Therapieunternehmens „Psychoanalyse" unvermeidbare und grundlegende war und ist: unvermeidbar („notwendig") aus wissenschaftslogischen Gründen, weil (praxisrelevante) Regelmäßigkeiten von innerweltlichen Wechselwirkungen nur aufgrund und unter faktischer Inanspruchnahme der realen stabilen

---

1   Dieser Beitrag entstand aufgrund einer anregenden Anfrage der Bandherausgeber. Er knüpft an meine frühere Arbeit „Die Funktion der Realitätsauffassung in der Psychologie Sigmund Freuds" (in: E. Herms, Theorie für die Praxis, München 1982, 214-252) an, die ich weiterhin für zutreffend halte. Schon diese Arbeit stützt sich auf diejenige Sicht des „christlichen Wirklichkeitsverständnisses", die ich seither weiter entfaltet habe. Dazu vgl. zuletzt meine „Systematische Theologie" (Tübingen 2017, dort besonders § 4) und das Vorwort zu meiner Monographie „Luthers Ontologie des Werdens" (Tübingen 2023). An diesen beiden Orten auch Hinweise auf andere meiner thematisch einschlägigen früheren Veröffentlichungen. – Freud zitiere ich nach: S. Freud. Gesammelte Werke. Chronologisch geordnet. 17 Bde., 1951ff. (jeweils mit [röm.] Band- und [arab.] Seitenzahl).

2   XVI 96.

Isomorphie der Geschehenssphäre, der „Welt", erkennbar sind;[3] und grundlegend weil sie nicht das *Resultat* der Praxis ist, die nach empirischen Regelmäßigkeiten sucht und sich an solchen orientiert, sondern von jeder solchen Praxis des Suchens nach empirischen Regelmäßigkeiten und des sich an ihnen Orientierens immer schon als die für angemessen gehaltene Konzeptualisierung der für sie, diese Praxis, real *vorgegebenen und maßgeblichen Bedingungen ihrer eigenen Möglichkeit* in Anspruch genommen wird. Eben dieser Status der „Metapsychologie" – als de facto einer Konzeption der *Bedingungen der Möglichkeit* einer nach Regelmäßigkeiten suchenden und sich an ihnen orientierenden wissenschaftlich technischen (hier: therapeutischen) Praxis, die dieser als für sie *maßgeblich vorgegeben* sind – war es, der sie für Freud zur ungeliebten „Hexe" machte. Denn: Über ihre Angemessenheit kann nicht mehr durch Berufung auf Resultate der wissenschaftlich-technischen (hier: ärztlichen) Praxis entschieden werden, sondern nur noch: *philosophisch*. Und dies Gebiet der *Philosophie* – das *wollte* Freud nicht betreten.[4]

Kann man sich, ihm folgend, diese Anstrengung ersparen – etwa durch die Auskunft: Freuds Metapsychologie sei eine ad-hoc-Konstruktion im Dienste seiner ärztlichen Praxis, nach deren Angemessenheit (Wahrheit) zu fragen müßig sei, weil sie gerechtfertigt sei durch die Erfolge der Praxis, der sie als Hilfskonstruktion dient? Nein. Denn Freuds Metapsychologie ist noch in einem zweiten Sinne grundlegend für das psychoanalytische Therapieprojekt: Sie entscheidet darüber, was die sich in ihrem Horizont bewegende Praxis mit ihrer Rede vom „Psychischen", von „psychischer *Krankheit*", von „psychischer *Gesundheit*", von „*Therapie* des Psychischen" und von „psychischer *Heilung*" *der Sache nach* meinen kann und meint. Nur durch die – von Freud selbst als einschlägig durchschaute, aber dennoch für überflüssig gehaltene – *philosophische* Prüfung seiner Metapsychologie kann erkannt werden, ob bzw. wie weit die sich in ihrem Horizont bewegende Sicht von psychischer Krankheit, Gesundheit, Therapie, Heilung sachgemäß ist oder nicht (1), ob sie Stärken[5] besitzt (2), die ausgebaut werden können durch Vermeidung ihrer Fehler (3), und ob und wie aufgrund dessen ihre theologische Transformation – der Einbau ihrer stichhaltigen Elemente in das für die christliche Seelsorge aller Spielarten leitende christliche Wirklichkeitsverständnis (Verständnis des „Realen" als solchen) – möglich und (jedenfalls aus christlich-theologischer Sicht) auch geboten ist (4).

---

3 Dies gilt für Natur- *und* Geisteswissenschaften.
4 Zu Freuds negativer Sicht auf die Philosophie vgl. meine in Anm. 1 genannte Arbeit, dort Anm. 18. – Ich selber gebrauche „Philosophie" rein formal als Bezeichnung jeder Besinnung auf die universalen Züge des von uns und unseresgleichen angemessen zu-verstehenden Realen. Solche Besinnung gehört zu *jeder* sich selbst gründlich verstehenden Wissenschaft, also auch zur christlichen Theologie, selbst hinzu.
5 Stärke = Realitätsgerechtigkeit, die eine verantwortliche und erfolgreiche Praxis ermöglicht.

2. Stärken der Freudschen „Metapsychologie"

2.1. Die universale Möglichkeitsbedingung praxisermöglichender wahrheitsfähiger Erkenntnis (und zwar nicht nur „wissenschaftlicher", sondern schon alltags- und lebensweltlicher) ist es, daß deren Gegenstände *in sich selbst* verfaßt sind als angemessen (adäquat) *zu-erkennende*, als solche also, die in sich selbst bezogen sind auf erkenntnisfähige Instanzen, denen sie es durch sich selbst *ermöglichen* und *unabweisbar zumuten*, von ihnen adäquat erkannt zu werden;[6] m. a. W.: die Möglichkeitsbedingung wahrheitsfähiger Erkenntnis ist die Verfaßtheit der Erkenntnisgegenstände als *ihr eigener Sinn*, den sie ihren Adressaten adäquat zu erfassen ermöglichen und unabweisbar zumuten. Somit macht die Grundannahme von Freuds Metapsychologie, den Charakter des Gegenstands der Psychologie, des „Psychischen", als „Sinn" zu bestimmen und dessen Reduktion auf neuronale Mechanismen[7] zu widersprechen, das *bleibende Fundament ihrer Stärke* aus.

2.2. Freilich: Was meint „Sinn"? „Sinn" bezeichnet eine bestimmte Qualität von *Prozessen*.[8] Der *universale* Charakter von Prozessen überhaupt ist das *dauernde Prozedieren*: das dauernde Übergehen ihrer „Basis" (der Instanz, die dem Übergehen unterliegt) von ihrer jeweils jetzt verwirklichten Bestimmtheit zu einer darüberhinausgehenden weiteren neuen Bestimmtheit durch deren Verwirklichung, welche sich vollzieht als Auswahl dieser neuen Bestimmtheit aus dem Horizont der möglichen Bestimmtheiten der Basis, die *„jetzt"* als deren *mögliche zukünftige* Bestimmtheiten noch ausstehen und durch ihr sie verwirklichendes Ausgewähltwerden auf die Seite der verwirklichten (und somit *als mögliche vergangenen*: nicht mehr ausstehenden) Bestimmtheiten der Basis umgesetzt, also *deren* Gesamtheit hinzugefügt, werden. *Sinn-Qualität* eignet Prozessen dann und insoweit, als ihrer Basis der Übergang durch selektiv realisierendes Weiterbestimmtwerden nicht durch Fremdbestimmung von außen widerfährt, sondern im Modus der Selbstbestimmung durch sie selber; oder: soweit ihrer Basis *Selbstbestimmung* aufgrund von *Selbstpräsenz*[9] eignet, also der Status eines „Zentrums eigener Initiative", eines „Ich", einer „Person". Somit gehört es auch zur Stärke von Freuds Konzeption des psychischen Geschehens als Sinngeschehen, daß

---

6   Vgl. E. Herms, Art.: Wahrheit V (systematisch-theologisch), in: TRE 35 (2003), 363–378; ders., Wahrheit. Gegebenheit – Wesen – Grund, in: Hermeneutische Blätter 24 (2018) Heft 1, 20–45.
7   Die seine notwendigen, aber nicht hinreichenden Bedingungen sind.
8   Zur folgenden Beschreibung von Prozessen und den Bedingungen ihres Sinn-Charakters vgl. E. Herms, Systematische Theologie (o. Anm. 1) §4; auch schon ders., Prozeß und Zeit. Überlegungen eines Theologen zu Friedrich Cramers Essay „Der Zeitbaum", in: ders., Phänomene des Glaubens, Tübingen 2006, 262–285.
9   Mehr und genauer als „Selbstbewußtsein".

darin das Ich und seine Selbstbestimmung zentral (wenn auch nicht grundlegend[10]) ist.[11]

Selbstbestimmung nimmt als ihr real vorgegeben *Selbstpräsenz* in Anspruch. Und zwar nicht nur als die vorgegebene Bedingung der *Möglichkeit* von Selbstbestimmung, sondern auch ihrer *Unvermeidlichkeit*. Das ergibt sich aus der Verfaßtheit derjenigen Präsenz einer Basis für sich selber, die dieser Basis die Verfaßtheit eines selbst sich selber bestimmenden Selbst (Ichs, Person) gewährt: In dieser Selbstpräsenz ist eine Prozeßbasis

- nicht nur dauernd jetzt bezogen auf den präsenten Horizont ihrer jetzt zur selektiven Verwirklichung anstehenden noch ausstehenden möglichen Bestimmtheiten (das gilt schon für *alles mögliche* im-Werden-Seiende),
- sondern dieser jetzt gegenwärtige (präsente) Horizont ihrer zur selektiven Verwirklichung anstehenden noch ausstehenden (somit: zukünftig-)möglichen Bestimmtheiten ist ihr selber gegenwärtig (präsent) als ihr *eigener*,[12] und zwar als ein solcher, *aus dem sie selbst eine verwirklichende Auswahl nicht nur treffen kann, sondern unabweisbar zu treffen hat* und dadurch selbst sich selber zu bestimmen.[13]

Aufgrund dieser ihrer Verfaßtheit *ermöglicht* also Selbstpräsenz Selbstbestimmung nicht nur, sondern *mutet sie diese auch unabweisbar zu*.

2.3. Damit verschärft sich der Blick auf die Stellung des Ichs innerhalb des psychischen Sinngeschehens: Innerhalb dieses Geschehens ist *Selbstbestimmung* des Ichs *nicht primär, sondern sekundär*, primär vielmehr seine *Selbstpräsenz*. Somit gehört es ebenfalls zu den Stärken von Freuds Metapsychologie, daß sie auf diese Doppelseitigkeit der Stellung des Ichs im psychischen Geschehen aufmerksam geworden ist und sie festgehalten hat[14] in der Unterscheidung zwischen den „Sekundärvorgängen" der bewußten Selbstbestimmungsaktivitäten des Ichs und

---

10 Dazu unten Ziffer 2.5. und Teil 3.
11 Freuds Ansatz verlangt seine Fortentwicklung zur Ichpsychologie; vgl. u. Anm. 42ff.
12 Ich verwende dafür auch den Ausdruck „Gegenwartsgegenwart": E. Herms, Systematische Theologie, 2017, § 4; sowie ders., Prozeß und Zeit (o. Anm. 8), dort bes. 269–271.
13 Auch das „Lassen" ist ein verwirklichendes Wählen von eigenen Möglichkeiten.
14 Aber nota bene: Freud hat diesen Sachverhalt keineswegs als erster *entdeckt*. Er war schon den biblischen Autoren (also auch jüdischen) präsent, ebenso altkirchlich-, mittelalterlich- und reformatorisch christlichen (etwa: Augustin, Thomas, Luther), dann auch dem neuzeitlichen philosophischen Empirizismus (etwa: D. Hume), und wurde in der auf I. Kants Beschreibung der Autonomie des Menschen als Vernunftwesen stante pede folgenden Kritik dieser kantschen Beschreibung als abstrakt durch die Nachkantianer Schleiermacher, Hegel, Schelling erneut scharfsichtig und genau beschrieben und ist dann auch der Existenzphilosophie des 20. Jahrhunderts (etwa: bei Heidegger und Sartre) als Gegenstand ihrer Grundeinsicht präsent. „Demütigend" ist also die Freudsche Einsicht, daß „das Ich nicht Herr im eigene Hause ist" eigentlich genau und erst für die *alles* auf die Autonomie der Vernunft setzende Aufklärung in den amerikanischen Kolonien Englands, in Frankreich und in Königsberg.

"Primärvorgängen", welche sich nicht dieser Selbstbestimmungsaktivität verdanken, sondern diese unter Bedingungen stellen, die das Ich nicht sich selbst verdankt, sondern dem Erleiden[15] eines Fremdbestimmtwerdens.[16] Zur Stärke von Freuds Metapsychologie zählt, daß sie dem Ich im psychischen Leben nicht *unbedingte* Selbstbestimmung zuerkennt, sondern nur Selbstbestimmung *unter der Bedingung* von zu erleidendem *Fremdbestimmtwerden*; und zwar einem doppelten: von „außen" und von „innen".[17]

2.3.1. Das Fremdbestimmtwerden von *außen* erfolgt einerseits durch das Interagieren mit anderen (ebenfalls selbstbestimmt prozedierenden) Personen, also durch das Eingebettetsein in das Prozedieren der sozialen Mitwelt, und zugleich andererseits durch das Eingebettetsein in das (seinerseits nicht im Modus von Selbstbestimmung prozedierende) physische Geschehen (welches den intimsten Einfluß auf das Ich durch dessen Leiblichkeit ausübt).

2.3.2. Das Fremdbestimmtwerden der Selbstbestimmung von *innen* manifestiert sich in ihrer Bedingtheit durch *Affekte*, die im Primärprozeß verwurzelt sind. Nämlich schon in der Selbstpräsenz, sofern in dieser der Person (dem Ich) seine noch ausstehenden möglichen zukünftigen Bestimmtheiten unabweisbar als durch es selbst selektiv zu verwirklichende unmittelbar präsent sind und sämtlich ihrerseits zerfallen in solche, die für das Selbst *anziehend*, und in solche, die für es *abstoßend* sind; die ersteren manifestieren sich als passiv konstituierter (und insofern „treibender") Affekt des *Begehrens* (der *Liebe*), die letzteren im passiv konstituierten („treibenden") Affekt des *Abscheus* (der *Furcht, der Angst, des Hasses*). Zu den Stärken von Freuds Metapsychologie gehört also auch die Anerkennung der bewegenden (anziehend-antreibenden) Affekte von Liebe und Haß, die, weil im Primärprozeß verwurzelt, dem Ich vorgegeben, nicht durch seine Selbstbestimmung begründet, sind, sondern passiv konstituiert, und seine Selbstbestimmung somit bedingen: Die Selbstbestimmung des Ichs ist darauf beschränkt, auf dem Boden der *affektiven* („triebhaften") Vorbestimmtheit des Ichs durch Liebe (Begehren)/Haß (Angst) *innerhalb des damit jeweils vorgegebenen Korridors* Anziehendes (Begehrenswertes) verwirklichen und Abstoßendes (Furcht- und Angsterregendes) vermeiden zu wollen.

2.3.2.1. Die Differenz zwischen dem anziehenden und abstoßenden Charakter der möglichen Bestimmtheiten der Selbstpräsenz des Ichs, die jeweils jetzt als

---

15 Dies „Erleiden" manifestiert sich als passiv konstituiertes (Selbst)Erleben. Es wirkt primär ermächtigend, inspirierend, erfreulich-entlastend, nämlich den Sekundärvorgang im erlittenen Prozeß mitnehmend; erst sekundär nimmt es störenden, deprimierenden Charakter an: im Fall von Konflikten innerhalb des Primärvorgangs und besonders als Begrenzung der Selbstbestimmung, soweit diese solche Begrenzung nicht akzeptiert.
16 Belege in meiner Freud-Arbeit (o. Anm. 1) Anm. 41.
17 Vorläufige Redeweise: Die genaue Erfassung und Beschreibung dessen, was hier zunächst als Bedingung von „innen" angesprochen wird, wird zeigen, daß sie das gesamte sogenannte „außen" *umgreift*.

ausstehende (zukünftige), also *erwartete*, zur verwirklichenden Auswahl anstehen, ergibt sich aus ihrer Relation zu den jeweils jetzt schon verwirklichten, also als zukünftig vergangenen, nicht mehr erwarteten, sondern *erinnerten* Bestimmtheiten der Selbstpräsenz des Ichs. Somit sind es die schon verwirklichten, *erinnerten* Bestimmtheiten der Selbstpräsenz des Ichs, *aufgrund deren* die noch ausstehenden, *erwarteten*, in anziehende und abstoßende zerfallen. Zu den Stärken von Freuds Metapsychologie zählt auch, daß er die *Grenze* zwischen dem Anziehenden und Abstoßenden im Bereich der ausstehenden zukünftigen, zu *erwartenden* Bestimmtheiten des Ichs als *flüssig* durchschaute und ihren jeweils aktuellen Verlauf als vorläufig festgelegt durch die jeweils jetzt schon verwirklichten, *erinnerten* Bestimmtheiten des Ichs.[18]

2.3.2.2. In die innere Fremdbestimmung durch den Primärprozeß geht die äußere Fremdbestimmung des leibhaft-innerweltlichen Ichs durch das es umgreifende soziale und physische Geschehen ein. Alle möglichen Bestimmtheiten der Selbstpräsenz des Ichs durch den Primärprozeß sind Bestimmtheiten der *leibhaften Innerweltlichkeit* des Ichs, haben also die Struktur der *szenischen Situiertheit*[19] des Ichs.[20] Das gilt für die jeweils jetzt schon verwirklichten, im Primärvorgang

---

18 Erinnerung: Fundament und orientierendes Motiv von Begehren, Erwarten und willentlichem Wirken.
19 Zum prinzipiell szenischen Gehalt des Selbstbewußtseins von leibhaft innerweltlichen Personen (Ich-Wesen) vgl.: E. Herms, Die Sprache der Bilder und die Kirche des Wortes, in: ders., Offenbarung und Glaube, Tübingen 1992, 221–245; ders., Der Ort der Aesthetik in der Theologie, in: ders., Phänomene des Glaubens, Tübingen 2006, 116–136.
20 Nota bene: Die szenische Situiertheit des leibhaft-innerweltlichen Ichs schließt dessen *interpersonale* (*intersubjektive*) Situiertheit ein. Erst mit der Sicht auf Intersubjektivität als *szenische* Situiertheit leibhaft-innerweltlicher Ich-Individuen werden zwei weitere wichtige Sachverhalte unübersehbar: Erstens das Faktum, daß Intersubjektivität, weil in concreto stets *szenisch* verfaßt, zwar stets die Beziehung des Ichs auf bestimmte einzelne Interaktanten einschließt, daß aber sowohl die Beziehung des Ichs auf seine(n) aktuellen Interaktanten als auch dessen Beziehung auf das Ich (und zwar auch dann, wenn es sich um höchstrelevante Interaktanten wie etwa Eltern, Geschwister, bewährte Freunde, Autoritätspersonen etc. handelt) eingebettet ist in das die Szene jeweils de facto mitbestimmende – stets nur mehr oder weniger direkt, aber stets durchgehend indirekt involvierte – *Gesamtensemble von Interaktanten*, die „von seitwärts" oder „im Hintergrund" syn- und vor allem *diachron* wirksam sind. Dieses Faktum verleiht jeder Szene die Dynamik eines Erlebens mit vielfältigen Quellen und Perspektiven. Deren komplexer *Gesamtwirkung* entkommt keine jeweils im Fokus stehende Beziehung des Ichs zu irgendwelchen *Einzelnen*. Zweitens: Intersubjektivität als in concreto *szenische* ist immer schon eingebettet in die – oben unter 2.2. skizzierte – dauernde Gegenwart des Prozedierens von erreichter (und je jetzt faktisch erinnerter) Bestimmtheit der innerweltlich-leibhaften Lage aller möglichen und wirklichen beteiligten menschlichen Personen zu weiterer, noch ausstehender (je jetzt zu erwartender) Bestimmtheit. *Die Daseinsgegenwart ist das dauernde Medium dieses dauernden Prozedierens, das allen möglichen szenischen Lagen vorgegeben ist und sie alle übergreift.* Sie ist somit auch die vorgegebene Bedingung jeder möglichen Wirkung jeder möglichen szenischen Beziehung zwischen Personen: ihres Intersubjektivitätsverhältnisses Intersubjektivität. In *keiner* ihrer möglichen Gestalten ist Intersubjektivität *Ursprung* der

als *erinnert* gegenwärtigen, Bestimmtheiten der Selbstpräsenz des Ichs ebenso wie für seine im Primärvorgang jeweils jetzt zur verwirklichenden Auswahl durch es selbst anstehenden ausstehenden, noch zu *erwartenden*, Bestimmtheiten. Sowohl die anziehenden als auch die abstoßenden haben situativ-szenischen Charakter. Und über die aktuelle Grenze zwischen ihnen entscheiden die im Primärvorgang jeweils jetzt erinnerten Bestimmtheiten des Ichs, die ebenfalls sämtlich situativ-szenischen Charakter haben. Zu den Stärken von Freuds Metapsychologie zählt also auch, daß ihr zufolge die Gründe für problematische Grenzziehungen zwischen anziehenden und abstoßenden noch ausstehenden, zu erwartenden, Bestimmtheiten des Ichs in demjenigen Ensemble von szenischen Situationen des Ichs zu suchen und zu finden sind, welches *im Primärvorgang* (also in der unmittelbaren, passiv konstituierten Selbstpräsenz) *erinnert* gegenwärtig ist.

2.3.2.3. Dies alles gilt einschließlich der inneren Spannung und Dynamik, die der szenischen Situiertheit des leibhaften Ichs in der Welt, wie sie als befriedigend oder unbefriedigend erinnert und erwartet wird, aufgrund ihrer Struktur eignet: In jeder erinnerten und erwarteten Szene (innerweltlichen Lage) ist sich nämlich das Ich gegenwärtig als Zentrum eigener Initiative (also als affektbedingt [triebbedingt] wollend) im *Gegenüber zu anderen* Zentren von eigener Initiative, d. h. anderen Personen (die ebenfalls affektbedingt wollen) und deren Anerkennungsanspruch. Die Dynamik dieses Gegenübers besteht darin, daß es dem Ich die inhaltliche *Nichtidentität* (die wechselseitige Alterität) des eigenen affektbedingten Wollens und des affektbedingten Wollens, sei es von einzelnen Anderen, sei es von Kollektiven anderer Personen präsentiert, damit zugleich aber auch die unabweisbare Herausforderung, das Was des affektbedingten Wollens der Anderen ins Verhältnis zum Was des eigenen affektbedingten Wollens zu setzen durch Übernahme des fremden Willensinhalts ins eigene affektbedingte Wollen (Anerkennung der Autorität des fremden Willens und seines Was) und/oder Festhalten des eigenen Wollens gegen das der Anderen. Auch diese strukturbedingte Spannung aller erinnerten und erwarteten szenischen Situationen ist real wirksam nicht erst aufgrund und vermöge der Selbstbestimmung des Ichs, sondern schon auf der primären Ebene seiner unmittelbaren Selbstpräsenz. Daß Freud dies erkennt und anerkennt, indem er auch das „Über-Ich" zu dem der Selbstbestimmung des Ichs *Vorgegebenen*, also *Primären*, zählt, gehört ebenfalls zu den Stärken seiner Metapsychologie.

Prozessualität des Daseins, sondern beeinflußt nur jeweils auf unterschiedliche Weise die inhaltliche Bestimmtheit der in diesem Prozedieren sukzessive erreichten Lagen. Das ist gegen die (etwa bei Jaques Lacan [zu ihm unten Anm. 44] zu findende) Annahme festzuhalten, daß Intersubjektivität der *Ursprung* der Selbstpräsenz leibhaft-innerweltlicher Ichindividuen und/oder der *Ursprung* des Prozedierens sei, durch welches dem leibhaft-innerweltlichen Ich jeweils seine individuelle Bildungsgestalt zuteilwird.

2.3.2.4. Dies alles ist in – und vermöge – der primären Selbstpräsenz des Ichs seiner sekundären Selbstbestimmung gegenwärtig vorgegeben entweder nur *de facto* und *implizit*, also in einer der Selbstbestimmung aktuell *unzugänglichen* Weise, oder *explizit* und der Selbstbestimmung *zugänglich*. Sofern diese Differenz zwischen aktuell implizit erinnerten und aktuell explizit erinnerten Szenen eine *Differenz im Primärvorgang* ist, ist sie eine der Selbstbestimmungsaktivität vorgegebene, sie bedingende und begrenzende, und jedenfalls nicht durch sie selbst zu beeinflussende. Der Überschritt von aktuell impliziter zu aktuell expliziter szenischer Erinnerung muß im Primärvorgang selber erfolgen, muß sich *für die* Selbstbestimmung des Ichs und kann sich nicht *durch* sie vollziehen. Anders gesagt: Die auf der Erlebnisebene angesiedelte Differenz zwischen impliziter und expliziter Erinnerung kann nur *durch Erleben* überwunden werden. Und weil nichts als *Szenen einschließlich der Spannung zwischen Ich und Über-Ich* Inhalt von Erleben (von primärer Erinnerung und Erwartung) sind, kann auch dasjenige Erleben, welches implizite zu expliziter Erinnerung befördert, selber nur ein *szenisches Erleben*[21] sein. Das gilt sowohl dann, wenn das nichtexplizite Erinnertsein von Szenen ein unmittelbares, als auch dann, wenn es ein selbst schon durch erlebnismäßige Reaktion vermitteltes (und insofern auf primärer Eben „sekundäres"[22]) ist. Auch dies alles gesehen und festgehalten zu haben, gehört zu den Stärken von Freuds Metapsychologie.[23]

2.4. Das bisher nachgezeichnete Fremdbestimmtwerden bedingt die Selbstbestimmung nur *relativ*, d. h. so, daß seine Effekte zum Gegenstand einer selbstbestimmten Reaktion (d. h. einer solchen zugänglich) *werden können*, und soweit sie es geworden *sind*, nie an einer solchen *vorbei* wirksam werden.

Das bedeutet, daß im Leben des Ichs *Konflikte* wesentlich sind und unvermeidbar: Konflikte *auf der primären Ebene* der unmittelbaren Selbstpräsenz und Konflikte *zwischen dieser* und *der sekundären Ebene bewußter Selbstbestimmung*. Auf der primären Ebene sind das: der Konflikt (die Flüssigkeit der Grenze) zwischen Liebe und Haß sowie der Konflikt zwischen den Geltungsansprüchen (den Autoritätsansprüchen) des (affektbedingten) Wollens Anderer (des Über-Ichs) und dem affektbedingten eigenen Wollen sowie zwischen den szenischen Erlebnissen selber, von denen einige das Explizitwerden anderer zu verhindern streben.

---

21 Eben das Erleben der – selbst szenischen – therapeutischen Situation.
22 „Verdrängung" ist gerade dann effektiv, wenn sie im Primärvorgang selber erfolgt.
23 Die Inkohärenz des Ensembles von Überzeugungen, die heute öffentlich als selbstverständlich behandelt werden, zeigt sich u. a. daran, daß zu ihm beides gleichzeitig zählt: sowohl die Überzeugung, daß Freuds Einsicht, daß „*das Ich nicht Herr im eigenen Hause*" ist, eine der drei großen Demütigungen und somit Fortschritte der Menschheit sei, als auch zugleich die öffentlich persistierende Überzeugung von der *unbedingten und uneingeschränkten Autonomie* jeder Person (Beispiel: Begründung des BVerfG für sein Urteil vom 26. 02. 2020 [dazu vgl. E. Herms, Assistierter Suizid. Das Urteil des BVerfG vom 26. 02. 2020 – theologische Beurteilung – Konsequenzen für das pfarramtliche Handeln, in: ZThK 119 (2022) 144-173]).

Das „dynamische Unbewußte": Fundament menschlichen Personseins 127

Der Konflikt zwischen primärer und sekundärer Ebene ist der um Vorherrschaft bei der Bewältigung der Konflikte-auf-der-primären-Ebene: entweder durch das affektbedingte Wollen und innerhalb seiner (also im Primärvorgang) selber oder durch einen selbstbestimmten Umgang mit diesem. „Lösungen" auf der ersten Ebene entziehen diese der Selbstbestimmung und schränken diese in einer falschen (unnötigen) Weise ein. Daß und wie dieser zuletzt genannte Konflikt gelöst wird, entscheidet darüber, wie die zuerst genannten gelöst werden *können*. Er kann aber als Konflikt zwischen Primärvorgang und Sekundärvorgang durch keinen von beiden gelöst werden, und d. h. *überhaupt nicht allein innerhalb des Ichs*, sondern nur durch einen *Außenkontakt* (eben eine geeignete szenische Erfahrung), der dem Ich dazu verhilft, daß der Primärvorgang durch zunehmenden Überschritt von impliziter zu expliziter Erinnerung in zunehmend größerem Umfang Gegenstand der Selbstbestimmung wird, statt ihr in großen Teilen unzugänglich zu bleiben. Daß Freuds Metapsychologie diese Sicht der für das Leben des Ich wesentlichen Konflikte und der Bedingung ihrer Lösung einschließt, gehört ebenfalls zu ihren Stärken.

2.5. Zu den Stärken von Freuds Metapsychologie gehört schließlich auch, daß er über das Bedingtsein der Selbstbestimmung des Ichs durch die soeben nachgezeichnete *relative* Fremdbestimmtheit hinaus auch ihr Bedingtsein durch eine *radikale* Fremdbestimmtheit sieht und anerkennt: Diese betrifft die *Realität* des Ichs (seiner Selbstbestimmung aufgrund von Selbstpräsenz) im ganzen. Als deren Grund nimmt Freud einen Prozeß evolutionärer Ausdifferenzierung innerhalb eines Gesamtfeldes psychischer Kräfte, des „Es", an.[24] Auch damit ist ein Bereich des „Unbewußten" gemeint, ebenso wie mit der schon älteren Rede vom „Primärvorgang". Während mit letzterem jedoch die reale Möglichkeits- und Unvermeidlichkeitsbedingung der bewußten Selbstbestimmung gemeint ist, also ein wesentliches Strukturmoment des Ichs selber, meint die Rede vom „Es" dasjenige „Unbewußte" im weitesten und radikalen Sinne, innerhalb dessen, Freud zufolge, das Ich (im Ganzen seiner in Selbstpräsenz gründenden Selbstbestimmung) überhaupt erst als solches – durch „Außenwelt"reize[25] veranlaßt – durch evolutionäre Ausdifferenzierung konstituiert wird, zustande kommt, ins Dasein tritt.[26]

---

24 XIII 251, 267 Z. 9, 268. Z. 10.23; XIV 124 Z. 17ff.26; XV 82 Z. 4ff.32.
25 Vgl. vorige Anm.
26 Vgl. meine Arbeit o. Anm. 1, dort Anm. 130-132.

3. Wahrung der Stärken der Freudschen „Metapsychologie" durch Vermeidung ihres Fehlers

Damit ist der Punkt erreicht, an dem ein grundlegender Fehler, genau: die grundlegende Inkohärenz, von Freuds Metapsychologie sichtbar wird. Erst durch deren Benennung und Vermeidung können die Stärken dieser Sicht des Psychischen uneingeschränkt zum Zuge kommen.

3.1. Die in Teil 2 benannten Stärken der Metapsychologie Freuds sind Implikate ihres grundlegenden Vorzugs, das psychische Geschehen als *Sinn*geschehen zu behandeln, *wenn* diese Konzeption, wie oben geschehen, im Horizont der Einsicht entfaltet wird, daß dem uns zu-verstehen gegebenen Realen überhaupt in sich selber der Charakter von Sinn eignet, Sinn also nicht nur etwas Subjektives, auf die Seite der erkennenden Instanz Beschränktes ist, sondern auch immer schon auf der Objektseite, auf der Seite des zu-erkennenden Realen, vorgegeben ist.[27]

Diese Sicht ist aber nicht selbstverständlich. Ihr gegenüber ist die andere weit verbreitet, der zufolge Sinn auf die Seite des erkennenden Subjekts beschränkt ist, dem das zu-erkennende reale Geschehen äußerlich gegenübersteht als in sich selbst sinnloses (rein fremdbestimmtes), welches Sinn allererst dadurch erlangt, daß es vom Subjekt erkannt wird. Diese Sicht ist bis heute für die Naturwissenschaften selbstverständlich[28] – hat sich aber schon seit der Mitte des 19. Jahrhunderts auf sich selbst nach diesem Wissenschaftsmodell ausgestaltende Sozial- und Humanwissenschaften und deren Gegenstandsbeziehung ausgebreitet.[29] So auch bei Freud:

---

27 Für die richtige Auffassung dieser kurzen Passage wichtig: Das Objektive, das zu-erkennen vorgegebene Reale, ist *nicht* eingeschränkt auf äußere Gegenstände (Vorgänge) in der Umwelt des leibhaften Ich, sondern schließt dessen gesamte Gegenwart, sein „Jetzt-hier", mit ein (zur Referenz von „Gegenwart" und „Jetzt-hier" vgl. meine Syst. Theol., § 4 [o. Anm. 1]).

28 Obwohl dort selbstverständlich, ist diese Sicht dennoch genau betrachtet abstrakt. Sie blendet wesentliche Aspekte der realen Situation aus: nämlich das dauernd reale jetzt-Bezogensein des zu-erkennenden Geschehens auf das Geschehen seines Erkanntwerdens aufgrund seiner dauernd gegenwärtigen Erkennbarkeit (Gegenwärtigsein für die erkennende Instanz als durch diese zu-erkennen). – Zu dieser erkenntnistheoretisch-ontologischen Differenz vgl. meine o. Anm. 1 genannte Arbeit S. 231f. Auf diese Differenz erneut näher eingegangen bin ich in: E. Herms, Moderne „liberale" Dogmatik statt veralteter „kirchlicher". Zu U. Barths kultur- bzw. religionswissenschaftlicher Dogmatik ohne Dogma, in: Streit-Kultur. Journal für Theologie, 1 (2023) 79–197 (dort bes. 128ff.) online: https://doi.org/10.58127/skjt.vi01.1083; auch E. Herms, „Theorie für die Praxis". Aktuelle Antwort auf die Frage nach der „Einheit der Theologie in der Vielfalt ihrer Disziplinen", in: Nachrichten der Niedersächsischen Akademie der Wissenschaften zu Göttingen. Neue Folge. Geistes- und Gesellschaftswissenschaftliche Klasse. Nummer 2 (2023) (dort 65–70) online: https://doi.org/10.26015/adwdocs-4443.

29 Exemplarisch in der „wissenschaftlichen" Psychologie: W. James, Principles of Psychologie, 2 Bde., New York 1890. Dazu vgl. E. Herms, Radical Empiricism. Studien zu Psycho-

Für ihn ist Wissenschaft Naturwissenschaft.[30] Somit ist seine Theorie von der Wesensverfassung des Psychischen auch in dem Sinne „Meta"psychologie, daß sie das Psychische, unbeschadet der Tatsache, daß sie es als Sinngeschehen anspricht, dennoch in der Weise einer Naturwissenschaft behandelt, für die ihr Erkenntnisgegenstand – in Freuds Fall also auch das Psychische – ihr selbst äußerlich ist, also gegenüber der selbstbestimmten Erkenntnisaktivität *andersartiges, fremdbestimmtes* Geschehen.

Das zeigt zugespitzt Freuds Konzeption des *„Unbewußten"*: Dieses ist für ihn das ursprüngliche und eigentliche Wesen des Psychischen, demgegenüber *alle* bewußte Ichtätigkeit sekundär ist.[31] Das paßt zunächst zu der oben entfalteten Einsicht, daß die Selbstbestimmungstätigkeit des Ichs nicht anders kann, als die unmittelbare Selbstpräsenz des Ichs in Anspruch zu nehmen, der gegenüber die Selbstbestimmungstätigkeit als dem für sie primären, nämlich sie ermöglichenden und sie unabweisbar zumutenden, sekundär ist. Das gilt aber nur, sofern der Primärvorgang selbst schon „psychischen" Charakter, nämlich Erlebnischarakter, hat, also erlebnismäßig konstituiertes *implizites Bewußtsein* im potentiellen und sukzessiv-aktuellen erlebnismäßigen Übergang zu *explizitem* ist. Schon an dieser Einsicht greift Freud vorbei, indem er den Primärvorgang umstandslos als einen *„somatischen"*[32] begreift. Damit ist das „Unbewußte" in seiner ersten Bedeutung als diejenige Instanz, welche die bewußte Selbstbestimmung des Ich *relativ bedingt* (von der diese *relativ abhängig* ist), nämlich als Primärvorgang, um seinen spezifisch *psychischen* Charakter als Sinngeschehen gebracht und als in sich selbst rein fremdbestimmtes, in sich selbst sinnloses Geschehen bestimmt.[33]

Dasselbe gilt erst recht vom „Unbewußten" in seiner zweiten Bedeutung, der zufolge es das sich selbst bestimmende leibhaft-innerweltliche Ich *radikal* bedingt: allererst hervorbringt und ins Dasein treten läßt. Dieses die bewußte Ichtätigkeit radikal bedingende „Unbewußte" konzipiert Freud schließlich[34] als das „Es". Dies ist für Freud das eigentliche Wesen des Psychischen im Ganzen, innerhalb dessen das bewußte Ich nur eine partielle evolutionäre (umweltevozierte) Ausdifferenzierung ist.[35] Der *psychische* Charakter des „Es" besteht allein

---

logie, Metaphysik und Religionstheorie W. James', Gütersloh 1975. Spätere Beispiele behandelt: K. Huxel, Die empirische Psychologie des Glaubens: Historische und systematische Studien zu den Pionieren der Religionspsychologie, Stuttgart 2000.

30 Vgl. meine Arbeit o. Anm. 1, dort 229ff.
31 Zu Freuds geläufiger Polemik gegen die Identifikation des Psychischen mit dem „Bewußtsein" vgl. II/III 16-18, V 24, VII 406, X 14f., XIII 239.243, XIV 56, 103, XVII 80.
32 XVII 80.
33 Wie gezeigt, ist es dieser Primärvorgang (das als Selbsterleben verfaßte unmittelbare Bewußtsein), in welchem das erinnerungsgestützte Erwarten seinen Platz hat. Unbestreitbar ist Erinnerung (wie somit auch Erwartung) physisch (nämlich neuronal) bedingt, aber: nur *notwendig*, nicht *hinreichend*.
34 Seit „Das Ich und das Es" (XIII 235-290) und „Neue Folge der Vorlesungen zur Einführung in die Psychoanalyse" (XV).
35 Vgl. meine in Anm. 1 genannte Arbeit, dort Anm. 130 und 132.

in seinem Charakter als „*Trieb*"[36] und ist seinerseits für Freud lediglich eine evolutionäre Ausdifferenzierung des *Biotischen*,[37] so wie das Biotische lediglich eine evolutionäre Modifikation des Toten, der unorganisierten *Materie* ist.[38] Folge: Das Ich ist lediglich ein durch die Evolution der Materie erzeugtes unselbständiges Oberflächenphänomen.[39] Die Tatsache, daß dem Ich in Freuds Metapsychologie eine zentrale Stelle zukommt, ändert nichts an dieser radikalen Unselbständigkeit des Ichs innerhalb des „Es" als dem Feld der durch die Evolution der toten Materie evolutionär erzeugten Triebe und ihres Kampfes miteinander. Im Horizont von Freuds Metapsychologie ist die Psychoanalyse nicht Ich- sondern Es-Psychologie. Was einschneidende Konsequenzen hat sowohl für die Vorstellung von psychischer Gesundheit und Krankheit als auch für die Vorstellung der therapeutischen Möglichkeiten der Überwindung der erstgenannten zugunsten der zweiten: Die Devise „Wo Es war, soll Ich werden"[40] kann keine *Einschränkung* des „Es" durch das „Ich" besagen, sondern nur noch, daß das „Es" selber in Gestalt seines Epiphänomens „Ich" eine Instanz hervorbringt und eine zeitlang unterhält, welche die destruktiven Neigungen der Triebe im „Es" in erträglichen Grenzen hält, ohne vermeiden zu können, ihnen schließlich zu erliegen.[41]

Erst seitdem schon frühe Schüler Freuds, nämlich seine Tochter Anna[42] und Heinz Hartmann,[43] das Ich als eine selbständige und mit dem Es gleichursprüngliche (mindestens „gleichalte") Instanz auffaßten, änderte sich diese Situation. Erst seitdem ist vorstellbar, daß und wie der Konflikt zwischen einer selbst unbewußten „Lösung" von unbewußten Konflikten (Konflikten im Primärvorgang) und tatsächlicher Erledigung solcher Konflikte durch bewußte Selbstbestimmung zugunsten der letzteren gelöst werden *kann*.[44] Allerdings haben schon A.

---

36 l. c. Anm. 111,113,114.
37 l. c. Anm. 116.
38 l. c. Anm. 117, 118.
39 l. c. Anm. 131 (auch 115).
40 XV 86 Z. 24.
41 Vgl. meine Arbeit o. Anm. 1, dort Anm. 144 und S. 239–241.
42 A. Freud, Das Ich und die Abwehrmechanismen (1939), Frankfurt a. M. ⁹1977.
43 G. Hartmann, Ich-Psychologie und Anpassungsproblem (1939), Stuttgart ³1975.
44 Die hierfür vorausgesetzte Modifikation der Position Freuds – nämlich die Setzung von „Ich" als mindesten „gleichaltrig" mit „Es" – ist als Verfälschung der Grundintention Freuds beurteilt und bekämpft worden von Jaques Lacan (1901–1981). Lacan (ders., Schriften II, vollständiger Text; Übersetzung H.-D. Gondek, 2015; ders., Schriften I, vollständiger Text, Übersetzung H.-D. Gondek, 2016) fordert ein „Zurück zu Freud", nämlich zu einer Position des radikalen Ausgeliefertseins des Ichs an ein es beherrschendes, ihm aber völlig unzugängliches und darum auch von ihm weder beeinflußbares, geschweige denn beherrschbares Reales (bei Freud „Es" genannt). Zwar legt Lacan – im Unterschied zu Freud und auch zu A. Freud und G. Hartmann – einen Versuch vor, die ursprüngliche Konstitution von bewußtem Ichsein zu beschreiben, nämlich durch die Erlebnisdynamik des sogenannten „Spiegelstadiums". Bei deren Beschreibung übersieht Lacan aber, daß die Selbstidentifikation des sehr jungen Ich mit seinem Spiegelbild ihrerseits schon Selbstpräsenz (Selbstgefühl) als die reale Bedingung der *Möglichkeit* dieses Identifikations-

Freud und H. Hartmann sowie dann auch an ihre Grundentscheidung anschließende spätere Autoren[45] sich nicht auf die *philosophische* Arbeit der kategorialen Klärung des Wesens des Psychischen eingelassen und somit auch nicht dessen irreführende, an der abstrakten Sicht der Naturwissenschaften orientierten Auffassung als eines seiner Erkenntnis gegenüber andersartigen Gegenstandes vollständig verabschiedet und dem Psychischen explizit seinen spezifischen Ort im Zusammenhang des dem Erkennen selber schon als-Sinngeschehen-vorgegebenen Realen zugewiesen.

geschehens in Anspruch nimmt und keineswegs erst erzeugt; dies Geschehen ist allenfalls der Übergang von präreflexiv-unmittelbarem zu erlebnismäßig-reflektiertem Selbstgefühl, welches dem sehr jungen Ich eine erste Vorstellung von ihm selbst (seine erste Ich-Imago) liefert und eben damit auch die notwendige Bedingung der Möglichkeit des Sprechens und der sprachlichen Kommunikation über diese Vorstellung (und damit dann auch über alle seine Vorstellungen, über alles Imagohafte: „Imaginäre"). Hieran anschließend entwickelt Lacan eine gegenüber Freud neue Beschreibung des psychischen Kräftefeldes (des „psychischen Apparats"): Dies Feld ist das unlösliche Zusammenspiel von drei „Registern" (von der musikalischen Metapher in eine architektonische wechselnd könnte man auch sagen: „Ebenen") „Real", „Imaginär" und „Sprache". Dabei gilt für das Verhältnis dieser drei Faktoren: a) „Sprache" ist (Lacan folgt F. de Saussures Konzept von „langue") – und zwar als soziale Vorgegebenheit, in die jedes Ich hineingeboren wird ohne Möglichkeit des Entkommens aus dieser vorgegebenen Struktur – ein lediglich durch seine Binnendifferenzen, nicht aber durch Bezug auf das Reale strukturiertes System von Zeichen (von nur *aufeinander* verweisenden „Signifikanten"), so daß für Sprache gilt: ihr bleiben äußerlich (fremd) und von ihr nie erreichbar: sowohl das „Imaginäre" als auch das „Reale". b) Das „Imaginäre" wird weder von Sprache erfaßt, noch erfaßt es selber das (bildjenseitige) „Reale". So daß dann c) für das „Reale" gilt: es bleibt das uneinholbare Jenseits schon von allem „Imaginären" und erst recht jenseits von „Sprache" und somit das für das Ich schlechthin Dunkle, das Ich radikal Bedrohende und Ängstigende. Innerhalb dieses psychischen Feldes ist also dem Ich – ausgeschlossen vom „Realen" und eingesperrt in das „Imaginäre" und in das (nicht einmal dies letztere erreichende) Kommunikationssystem „Sprache" („langue") – nichts anderes übrig, als auf dem Boden seines sich als „demande" sozial äußernden „besoins" das je individuelle Symptom eines individuellen „Begehrens" zu entwickeln, das über jede mögliche Erfüllung hinaus liegt, für das es keine mögliche Erfüllung *gibt*, das aber, je deutlicher es durch den Charakter der Sprache (das soziale Gesetz) selbst als unmöglich erreichbar erwiesen wird, an Stärke nur zunimmt. Einzig mögliches Ziel der Analyse: Erfassung der „Wahrheit" des eigenen Begehrens und deren Annahme (wobei m. E. gilt: „Wahrheit" reduziert sich hier systemimmanent auf [nota bene: unkommunizierbar bleibendes] „persistent Imaginäres"). Diese Konzeption des dynamischen Unbewußten ist nicht wie diejenige Freuds ans naturwissenschaftliche Erkenntnismodell und an dessen weltanschaulichen Hintergrund, den Materialismus, angelehnt und ihm verpflichtet, bleibt aber – kraft seiner Befangenheit in abstrakten philosophischen (erkenntnis-theoretischen und ontologischen sowie sprachtheoretischen) Annahmen – hinter dem prinzipiellen Pessimismus Freuds im Blick auf das menschliche Zusammenleben („Kultur") nicht zurück, sondern übertrifft diesen eher durch Perspektiv- und Hoffnungslosigkeit (nicht einmal Freuds Hoffnung auf „Wissenschaft" [„science"] überlebt bei Lacan).

45 Etwa der Narzißmusforscher Otto F. Kernberg, Borderline-Störungen und pathologischer Narzißmus (1975), dt. Frankfurt a. M. 1978.

3.2. Tut man dies – auf der Linie von Teil 2 dieses Beitrags –, so fragt sich, was das für die Auffassung des „Unbewußten" bedeutet, und zwar sofern damit sowohl erstens die *relative* Bedingung der bewußten Ichtätigkeit gemeint ist, der Inbegriff dessen, was für sie Gegenstand werden *kann*, als darüber hinaus dann auch zweitens deren *radikale* Bedingung, nämlich der dynamische Grund der *Existenz* des ichhaften (personalen) Lebens im Ganzen seiner ansymmetrischen Einheit von Primär- und Sekundärvorgang.

Ohne Schwierigkeit festgehalten werden kann die Realität desjenigen „Unbewußten", welches die bewußte Ichtätigkeit *relativ* bedingt. Es fällt mit dem „Primärvorgang" des unmittelbaren Selbstbewußtseins und mit dessen oben (Teil 2) beschriebenen komplexen Inhalt zusammen. Dies Gesamt szenischer Erinnerung

- baut sich durch das kontinuierliche sich-selbst-in-Wir-und-Welt-Erleben jedes Ichs auf, einschließlich des Unterschieds von Wohl und Wehe,
- fundiert im Blick auf jetzt zukünftige situative Möglichkeiten sein Begehren des Wohls und seinen Abscheu vorm Wehe,
- motiviert als diese affektive Einheit von Appetit und Aversion sein Wollen und
- bringt erlebte Gehalte, die zunächst implizit bleiben, anlaßbedingt (szenischbedingt) auch zu erlebter Explizitheit, die die bewußte Aufmerksamkeit des Ich auf sich zieht und ihm den bewußten Umgang mit dem Auffälliggewordenen ermöglicht, der im Horizont dauernder Selbstpräsenz seinerseits auf den Primärvorgang des Erlebens zurückwirkt und dessen Inhalt weiterbestimmt – u. a. auch Erlebtes und de facto Erinnertes, das zunächst implizit ist, zur Explizitheit befördert.

Von diesem Primärvorgang des durch Selbsterleben generierten Erinnerns und dem erlebnismäßigen Explizitwerden seiner zunächst impliziten (unbewußten = noch nicht expliziten) Gehalte hängt alle bewußte Ichtätigkeit ab, auf sie wirkt sie auch zurück (u. U. im Versuch, explizit gewordene Gehalte als „non arrivé" zu behandeln, also zu „verdrängen"), beherrscht sie aber nie.

Kann und muß auch ein das ichhafte (personale) Leben in der asymmetrischen Einheit von Primär- und Sekundärvorgang *radikal* bedingendes, nämlich seine Existenz begründendes und tragendes, „Unbewußtes" (also ein anders bestimmtes Analogon zu Freuds „Es") angenommen werden, oder nicht? Wenn und weil erlebt und explizit bewußt wird, daß die Existenz von ichhaftem Leben *kontingent*, nicht durch sich selbst begründet und sich selbst tragend, ist, muß jedenfalls insofern ein Analogon zu Freuds „Es" angenommen werden, welches die Existenz ichhaften Lebens radikal bedingt (von welchem sie radikal abhängt), indem es seine Existenz begründet und trägt. Wofür nun aber nicht die Evolution der Materie in Betracht kommt, weil diese selber nur *für* ichhaftes Leben präsent, gegeben und in diesem Sinne „real" ist.⁴⁶ Und weil die Annahme des tragenden Grundes ichhaften Lebens nur möglich und wirklich ist, wenn die Kontingenz ichhaften Lebens explizit geworden ist, kann dieses Analogon von Freuds „Es" auch jedenfalls nicht in demselben Sinne „unbewußt" sein wie die impliziten, noch nicht explizit gewordenen Gehalte des Primärvorgangs ichhaften Lebens. Ist denkbar, daß er in einem anderen Sinne „Unbewußtes" ist, nämlich seinerseits *wirksam* (ichhaftes Leben begründend und tragend) *jenseits von Bewußtsein und Sinn*? Nein – jedenfalls dann nicht, wenn „begründen" meint: „realisierendes" (verwirklichendes) – also auch erhaltendes und insofern zielstrebiges – Auswählen aus den eigenen zukünftigen Möglichkeiten des Wählenden (des Selektors).⁴⁷

Wenn die Dinge so liegen, muß also mit einem asymmetrischen Verhältnis gerechnet werden zwischen

– dem *schlechthin unbedingten* (und insofern genau und gerade *nichtmenschlichen*) Personsein des Grundes der Welt-der-Menschen, der diese in seiner schlechthin unbedingten Selbstpräsenz in absoluter, relativ und radikal unbedingter, Selbstbestimmung aus dem All des für ihn Möglichen realisierend auswählt und in seiner allbefassenden Selbstpräsenz zielstrebig erhält, und
– dem leibhaft innerweltlichen Personsein (Ichsein) des Menschen und seiner Selbstbestimmung als einer – eben durch jene relativ und radikal unbedingte Selbstbestimmung des weltbegründenden Personseins – relativ und radikal (nämlich *inclusive* ihrer nur relativen Bedingtheit) bedingten (und d. h.: *in* ihrer relativen Fremdbestimmtheit [durch innerweltliches Geschehen] radikal [durch weltbegründendes Geschehen] fremdbestimmten).⁴⁸

4. Theologische Transformation des Konzepts des „Unbewußten"

An diesem Punkt legt sich die theologische Transformation der Konzeption des „Unbewußten" nahe – erstens als desjenigen, welches unser ichhaftes Leben *relativ* bedingt, nämlich im Primärvorgang, der den Sekundärvorgang unserer bewußten Selbstbestimmung ermöglicht und verlangt, und dann zweitens auch als

---

46 Man müßte sonst Reales annehmen jenseits dessen, was Menschen überhaupt gegeben ist. Das hieße „real" mit „gedacht" gleichzusetzen.
47 Hierzu vgl. E. Herms, Prozeß und Zeit (o. Anm. 8), bes. 281ff. – „Begründen" somit = „operari" (zu Letzterem vgl. E. Herms, Luthers Ontologie des Werdens: Verwirklichung des Eschatons durchs Schöpferwort im Schöpfergeist. Trinitarischer Panentheismus, Tübingen 2023, dort 1–29).
48 Zu diesen Darlegungen vgl.: E. Herms, Prozeß und Zeit (o. Anm. 8), bes. 267–272.

desjenigen, welches unser ichhaftes Leben *radikal* bedingt (hervorbringt und trägt):

4.1. Der – schon in Israel erkannte – *Personcharakter* des Grundes der Welt-des-menschlichen-Personseins, der in allbefassender Selbstpräsenz durch unbedingte Selbstbestimmung diese Welt hervorbringt und in seiner allbefassenden Selbstpräsenz zielstrebig erhält, wurde – in Aufnahme des Schöpferzeugnisses Jesu Christi – in der christlichen Lehre näherhin als das *schon intern relationale*, nämlich *trinitarische Wesen* des Schöpfers entfaltet: Als allbefassende Selbstpräsenz (Macht unbedingter Selbstbestimmung) ist der Schöpfer **Geist** (Joh 4,24a), der in unbedingter Selbstbestimmung **selbst sich selber bestimmt**, und zwar **dazu**, die Welt der Menschen (leibhaft-innerweltlicher Personen) **in** seiner allbefassenden Selbstpräsenz anzufangen und endzielstrebig dauern zu lassen, und der aufgrund dieser inhaltlich bestimmten Selbstbestimmung nun ipso facto **bestimmt ist als schaffender „Geist der Wahrheit"** (Joh 16,13a), d. h. als Geist der Treue des Schöpfers zu seiner inhaltlichen Selbstbestimmung und zu deren Wozu, der diese innerhalb der ewigen Kreativität (des ewigen Lebens) des Schöpfers auf deren Ziel hin durchträgt. Die christliche Lehre durchschaut und beschreibt die schaffende Lebendigkeit des weltbegründenden, selbst unbedingten Personseins als eine asymmetrische Relation, deren drei Relate (die überhaupt nur vermöge und in der *Einheit* dieser Relation unterschieden, und somit wechselweise aufeinander bezogen sind) die folgenden sind: unbedingte Selbstbestimmungsaktivität des personalen Weltgrundes (angesprochen als „**Vater**"), zugleich ihr durch sie gesetztes *Wozu* (angesprochen als vom Vater [„gezeugter"] „**Sohn**") und zugleich ebenso auch das durch beides (also „**durch Vater und Sohn**") Bestimmtsein des Schöpfergeistes zum „**Heiligen Geist**", zum Schöpfergeist der *Wahrheit*, d. h. der *Treue* des Schöpfers *zu sich selber* (zu seiner inhaltlich bestimmten Selbstbestimmung) und damit auch *zum Geschaffenen*.

Diese Beschreibung des unsere Welt begründenden Personseins (also des „Schöpfers") schließt ipso facto auch eine entsprechende Sicht unserer geschaffenen Welt ein: Diese existiert überhaupt nur *innerhalb* des Schöpfergeistes der Treue zur Selbstbestimmung des Schöpfers zu seinem schaffenden Wirken und zu seinem Werk, von diesem Schöpfergeist der schaffenden Wahrheit (Treue) *umgriffen und getragen*; und zwar als die Welt des menschlichen Personseins, des durch *Gewährung von Anteil am Schöpfergeist* (Gen 2,7): also von *Selbstpräsenz-als-Macht-zur bewußten-Selbstbestimmung* und insofern als „Ebenbild des Schöpfers" (Gen 1,27), geschaffen ist. Nach Lukas hat schon Paulus auf dem Areopag den Athenern diese christliche Sicht vom menschlichen Personsein (Ichsein) als geschaffenem, und d. h. *innerhalb* des schaffenden Personlebens durch *Anteilgewährung an diesem* angefangenem und zielstrebig erhaltenem vorgetragen: Gott hat den Menschen das

„Ziel gesetzt und vorgesehen", „daß sie den Herrn suchen sollten, daß sie ihn fühlen und finden möchten"; „und fürwahr er ist nicht ferne von einem jeden unter uns. Denn in ihm leben, weben und sind wir; wie auch etliche Poeten bei euch gesagt haben: ‚Wir sind seines Geschlechts'" (Act 17, 26-28).[49]

4.2. Wie stellt sich im Rahmen dieser Lehre (dieses Wirklichkeitsverständnisses) dar: erstens das „dynamische Unbewußte" als der *Primärvorgang*, der die aktive Selbstbestimmung (Selbstbeurteilung und Selbstgestaltung) des Ichs *relativ* bedingt? Es wird angesprochen schon neutestamentlich als die „syneidesis", die unmittelbare Selbstsicht, Selbstpräsenz, der Person, deren aus dem kontinuierlichen Selbsterleben gespeisten Inhalte „sich untereinander verklagen und entschuldigen" (Röm 2,15) und das Schwanken zwischen Ruhe und Unruhe erzeugen, von dem die geschichtlichen Zeugnisse christlicher Spiritualität und Seelsorge zeugen. Seit Augustin – und betont in der Reformation – wird diese Primärschicht der Innerlichkeit angesprochen als „Herz", genauer: „*Herzensgrund*"; und in Verarbeitung neuzeitlicher philosophischer Anthropologie hat F. D. E. Schleiermacher sie als „*unmittelbares* Selbstbewußtsein" – im Unterschied zum durch es ermöglichten und verlangten *reflektierten* Selbstbewußtsein – beschrieben.[50] Die Grundeinsicht der Reformation, daß diese primäre, affektive, Schicht des Personlebens den gesamten Korridor der einer leibhaft-innerweltlichen Person möglichen und zugemuteten bewußten Lebensführung (ihrer bewußten Selbstbestimmung) vorweg, also *vor ihrer bewußten Selbstbestimmung*, festlegt, somit von ihr selbst nicht beherrscht und kontrolliert, sondern nur durch einen befreienden szenischen Außenkontakt verwandelt und erweitert werden kann, hat auch Schleiermacher festgehalten:[51] Zum befreienden Umschwung von der widernatürlichen (d. i. *sach*logisch[52] widersprüchlichen, somit „Unlust" erzeugenden) Dominanz des Weltgefühls über das Gottesgefühl zur naturgemäßen (*sach*logisch widerspruchsfreien, „Lust" erzeugenden[53]) Dominanz des zweiten über das erste kommt es allein durch den *erlebten* Außenkontakt mit dem Christuszeugnis der Gemeinde.[54] Darüber hinaus läßt sich zeigen, daß dieser Primärvorgang des Selbsterlebens immer nur einen Ausschnitt des möglichen und wirklichen Erinnerungsgehalts des aus dem (stets szenischen)

---

49 Zum Ganzen dieses christlichen Wirklichkeitsverständnisses in seiner Zuspitzung durch Luther vgl.: E. Herms, Luthers Ontologie des Werdens (vorvorige Anm.).
50 F. D. E. Schleiermacher, Der christliche Glaube (^{2}1830/31), ed. Rolf Schäfer, Berlin/Boston 2008, § 3f.
51 Zur sachlichen Konvergenz der paulinischen, reformatorischen und schleiermacherschen Position vgl.: E. Herms, Äußere und Innere Klarheit des Wortes Gottes bei Paulus, Luther und Schleiermacher, in: ders.: Phänomene des Glaubens, Tübingen 2006, 1-55.
52 Im Unterschied zu „formal-logisch".
53 Zu „Unlust"/„Lust" s. unten Abschnitt 4.5.
54 Schleiermacher, o. Anm. 50, dort § 11ff. – Im deutlichen Gegensatz zu dem von I. Kant angenommenen Umschwung von der Dominanz sinnlicher Maximen über die vernünftigen zur Dominanz der zweiten über die ersten durch einen *aktiven Willensentschluß* (vgl. I. Kant, Die Religion innerhalb der Grenzen der bloßen Vernunft, ^{2}1794, 48-64).

Selbsterleben stammenden unmittelbaren Selbstbewußtseins (Selbstgefühls) für die aktive Selbstbestimmung der Person zugänglich macht (d. h. Eingang findet in ihre je gegenwärtige explizite Selbsterschlossenheit [„Erschlossenheitslage"[55]], der Rest bleibt zunächst unzugänglich („unbewußt"):

– erstens ist der aus Selbsterleben stammende wirkliche Erinnerungsgehalt des Selbstgefühls nur ein sukzessiv akkumulierter Ausschnitt aus dessen zuvor immer schon *real möglichen* erlebnismäßig generierten Erinnerungsgehalt, also stets eingebettet in ein erlebnisgestütztes reales Erlebnis- und Erinnerungs*potential*, dessen kontinuierliche selektive Aktualisierung die Erschlossenheitslage der Person fortlaufend konkretisiert (um- und weitergestaltet);
– zweitens zerfallen alle wirklichen Erinnerungsgehalte des Selbstgefühls (des vorreflexiv-unmittelbaren Selbstbewußtseins) in implizit-bleibende einerseits und (durch gewissermaßen „Erlebnis-Erleben") explizit-gewordene andererseits;
– und drittens zerfallen die implizit-bleibenden – nicht in die Erschlossenheitslage der Person eingehenden, ihrer aktiven Selbstbestimmung somit unzugänglich bleibenden – Erinnerungsgehalte in *primär-implizite*, die dazu bestimmt sind, explizit zu werden, und in *sekundär-implizite*, die, weil erlebnismäßig am explizit-Werden verhindert, erlebnismäßig-dazu-bestimmt sind, nicht explizit zu werden, also einer affektiven Explizitheitsblockade unterliegen, welche nur durch ein dafür geeignetes außenkontaktvermitteltes Gegenerlebnis aufgehoben werden kann. Die in Teil 2 benannten Stärken der Freudschen Sicht des Primärvorgangs benennen notwendige Bedingungen dafür, daß ein (szenischer) Außenkontakt diese befreiende Valenz gewinnt.[56]

4.3. Und wie stellt sich zweitens im Rahmen christlicher Lehre (christlichen Wirklichkeitsverständnisses) dar: das „dynamische Unbewußte" als dasjenige, welches das Leben von Ich-in-Wir-und-Welt *radikal* bedingt, indem es dessen Existenz *begründet und trägt*? Es wird erkannt und angesprochen als der Geist der Treue Gottes zu sich selber, zu seinem schaffenden Wirken *und* geschaffenen Werk, an welchem dem menschlichen Personleben als solchem (dem Ebenbild Gottes) – also *allem* leibhaft-innerweltlichen Personleben, nicht nur dem christlichen – de facto Anteil gegeben ist;[57] von dem aber Christen (durch den heilsamen [szenischen] Außenkontakt mit Christen und durch sie mit Christus) **wissen**: „Wer dem Herrn anhängt, ist **ein Geist mit ihm**." (1. Kor 6,17). Und das heißt

---

55 Zu dieser Terminologie vgl. E. Herms, Systematische Theologie (o. Anm. 1), § 4.
56 Diese praxiserfahrungsgesättigten Einsichten Freuds und der folgenden tiefenpsychologischen Schulen sind es, denen die christliche Seelsorgepraxis in der Vielfalt ihrer Gestalt (als „cura animarum generalis" und „cura animarum specialis") enorme Bereicherungen verdankt.
57 Vgl. oben Abschnitt 4.1. (Schluß).

— erstens, daß dieser „Geist selber unserem Geiste Zeugnis gibt, daß wir Gottes Kinder sind" (Röm 8,16; s. a. Eph 3,16), und „unserer Schwachheit aufhilft", so daß, wenn wir selbst nicht mehr „wissen, was wir beten sollen, wie sich's gebührt", „der Geist selbst" „uns vertritt mit unaussprechlichem Seufzen" (Röm 8,26). Und
— zweitens, daß dieser Geist Gottes (dieser Schöpfergeist) selber auch der ist, „der da lebendig macht" (Joh 6,63; 1. Kor 15,45), und *in* dem wir also auch dann leben, wenn uns im Tod alle Möglichkeiten weiterer *Selbstbestimmung* genommen sind.

4.4. Wie verhalten sich das, was die aktive Selbstbestimmung *relativ* bedingt, und das, was sie *radikal* bedingt, zueinander? Freud nahm an, daß *letzteres* das *Wesen des Psychischen* ausmacht, an dem das erstere Teil hat: im Leben des Ichs, also auch in seiner primären Ebene, manifestiert sich das „Es". Wird nun im Horizont des christlichen Wirklichkeitsverständnisses der ewige Geist des Schöpfers selber als das das Leben des Ichs *radikal* Bedingende sichtbar, so wird damit ipso facto auch der die Selbstbestimmung des Ichs *relativ* bedingende Primärvorgang sichtbar als Manifestation eben dieses Geistes des Schöpfers selber. Und zwar in seinem alles Leben von Personen überhaupt bestimmenden *allgemeinen* Walten *und* in seinem *besonderen* Walten, das die verschiedenen Bildungsgestalten menschlicher Innerlichkeit hervorbringt – sei es, daß es das geschaffene Personleben „ihm selbst überläßt",[58] um es zur Erfahrung seiner geschöpflichen „Imbezillität" zu führen, sei es, daß es dieser Imbezillität „erlösend" aufhilft.[59] Wobei dies besondere (erlösende) Walten des Geistes sich an die durch sein allgemeines Walten gesetzten Bedingung hält: an die ursprüngliche Bezogenheit des leibhaft-innerweltlichen Lebens von Personen auf andere ihresgleichen. Daher ist das Instrument des bildenden Wirkens des Schöpfergeistes: das sich Erleben von Personen in leibhaften *Situationen*, in *Szenen*; in *einmaligen*, aber und vor allem in *wiederkehrenden*: in denen des *täglichen Lebens* und in denen des „cultus publicus" (des *in leibhafter Gemeinschaft* – und nicht nur privat – gefeierten Gottesdienstes), der den Alltag strukturiert.[60]

4.5. Wie verhält sich diese theologische Transformation der freudschen Metapsychologie zu deren Ich-psychologischer Modifikation?

---

58 Zu dieser Einsicht Luthers: E. Herms, Luthers Ontologie des Werdens (o. Anm. 47), Anm. 872, 1004, 1402.
59 Die für das reformatorische Christentum maßgebliche Erfassung und Darstellung dieses Sachverhalts findet sich schon bei Luther; vgl. dazu E. Herms, Opus Dei gratiae: Cooperatio Dei et hominum. Luthers Darstellung seiner Rechtfertigungslehre in De servo arbitrio, in: LuJ 78 (2011) 61–136; sowie ders., Luthers Ontologie des Werdens (o. Anm. 47).
60 Zur Psychodynamik des Gottesdienstes vgl. E. Herms, Gottesdienst als Religionsausübung. Erwägungen über die „jugendlichen Ritualisten", in: ders., Theorie für die Praxis (o. Anm. 1), 337–364.

4.5.1. Diese Transformation insistiert mit Freud (und auch Lacan) darauf, daß das selbstbestimmte Prozedieren leibhaft-innerweltlicher Personen *nicht gleichursprünglich („gleichalt")* und insofern unabhängig von der Dynamik des (alle Schichten des Bewußtseins von Personen transzendierenden) Realen ist, sondern als sekundärer Prozeß eingebettet ist in den und umgriffen (somit auch getragen) von dem Realen desjenigen primären Prozesses, welcher durch sich selber den sekundären Prozeß der Selbstbestimmung leibhaft-innerweltlicher Ichindividuen allererst ermöglicht und unvermeidlich macht und diesen somit ipso facto der inescablen Bedingung seines relativen und radikalen Fremdbestimmtwerdens unterwirft.

4.5.2. Aber diese Transformation sichtet diesen Primärprozeß, das Reale, *nicht wie Freud* als das in der apersonalen kosmische Evolution der Materie erzeugte apersonale Spannungsfeld des „Es", in dem der Sekundärvorgang als Epiphänomen erzeugt und wieder vernichtet wird. Und auch *nicht wie Lacan* als das Reale, welches das Prozedieren von leibhaft-innerweltlichen Personen (Menschen) aus sich heraussetzt und dieses damit zugleich definitiv von sich trennt, indem es dies sekundäre Prozedieren einsperrt in das es, das Reale, *verbergende* Imaginäre und in die *starr-vorgegebene* soziale Struktur der „langue", die noch nicht einmal das individuell-Imaginäre zu erfassen und zu kommunizieren vermag, geschweige denn das Reale.

4.5.3. Vielmehr ist der Primärprozeß (das Reale) für diese Transformation: das – nicht kohärent als irreal zu bezweifelnde[61] – *alles* Menschsein (also die *Welt-des-Menschen*[62]) konstituierende Dauern von leibhaft-innerweltlicher (also syn- und diachron szenisch dimensionierter) Selbstpräsenz, das kontingent und somit als endliches (sich von seinem Anfang bis zu seinem Ende erstreckendes) sich selbst radikal erleidet als von jenseits seiner selbst her begründetes (während gewährtes). Vermöge seiner Sobeschaffenheit ist dies Reale (der Primärvorgang) *in und durch sich selbst Verweis* auf seinen es in dieser Sobeschaffenheit gewährenden Grund.[63] Zugleich aber ist *in* diesem und *durch* diesen so beschaffenen Primärvorgang *selber* auch *für* das damit Gewährte die *eigene Bestimmtheit* (das *eigene Wesen*) des Grundes (Gewährers) *keines anderen als eben dieses so beschaffenen* Primärvorgangs manifest („offenbar"): Sein Wesen als nichtmenschliche, nicht leibhaft-innerweltliche, nicht zu fremdbestimmungsunterworfener Selbstbestimmung bestimmte Selbstpräsenz, sondern als keinerlei Fremdbestimmung unterworfene, unbedingte und allbefassende Selbstpräsenz, die sich

---

61 Dazu vgl. E. Herms, Dubitare, Cernere: Zweifeln, Entscheiden. Eine cartesianische Meditation, in: Christian König / Burkhard Nonnenmacher (Hgg.), Gott und Denken. Zeitgenössische und klassische Positionen zu zentralen Fragen ihrer Verhältnisbestimmung. FS F. Hermanni 60, Tübingen 2020, 293–338.
62 Dazu vgl. E. Herms, Wahrheit. Gegebenheit – Wesen – Grund (o. Anm. 6), 40ff.
63 Hierzu vgl. neuerdings Hermann Deuser, Religion realistisch. Sechs religionsphilosophische Essays, Tübingen 2023, dort: Vorwort sowie Essays 1 und 4.

in und durch sich selbst in der für sie wesentlichen Treue und Wahrhaftigkeit zum währenden Gewähren des (*alles* Menschsein, also die *Welt-des-Menschen*, konstituierenden) endzielstrebigen Dauerns von leibhaft-innerweltlicher Selbstpräsenz bestimmt hat.

Letztere ist durch den sobeschaffenen Primärvorgang zum Sekundärvorgang der Selbstbestimmung *ermächtigt*.[64] Weil jedoch im *Erleiden* des Primärvorgangs gründend, ist diese Ermächtigung ipso facto eine *unabweisbare Zumutung*: als *unabweisbar* zugemutet *kann* der Sekundärvorgang der Selbstbestimmung *nicht vermieden werden*; als unabweisbar *zugemutet* kann und *soll* er dem ihn ermöglichenden und verlangenden Primärvorgang *angemessen* sein. Und weil der Primärvorgang als *endzielstrebiges Dauern* von leibhaft-innerweltlicher Selbstpräsenz erlitten wird, ist er eine absolut zuverlässige *Anzeige von Zukunft* und stellt den Sekundärvorgang der Selbstbestimmung unter die schlechthin zuverlässige objektive *Verheißung*, daß die angemessene Selbstbestimmung zum *Genuß* (Lust, Freude) ihrer Angemessenheit gelangen, die unangemessene hingegen im *Frust* (Unlust, Traurigkeit) ihres Scheiterns enden wird. „Angemessen" ist der Sekundärvorgang der Selbstbestimmung, wenn die durch den Primärvorgang (nämlich Erlebniserinnerung) notwendig bedingte *subjektive Erwartung*, die den Sekundärvorgang orientiert und motiviert, der *objektiven Verheißung*, die dem durch den Primärvorgang heraufgeführten leibhaft-innerweltlichen Jetzt-hier (der szenisch dimensionierten Handlungsgegenwart) des Handelnden inhäriert, entspricht – was als notwendige Bedingung ein nicht gestörtes[65] *Erinnern* voraussetzt. Solche Angemessenheit ist durch den Primärvorgang zwar ermöglicht und verlangt, kann aber erst im endzielstrebigen Dauern von leibhaft-innerweltlicher Selbstpräsenz sukzessive durch das dauernde Zusammenspiel von Primär- und Sekundärvorgang erreicht werden.

Damit eröffnet auch die theologisch transformierte Sicht des Primärvorgangs einerseits das oben in Ziffer 2 skizzierte Feld der möglichen Konflikte innerhalb des Primärvorgangs, soweit er den Sekundärprozeß *relativ* bedingt, sowie zwischen Primär- und Sekundärvorgang, das sowohl bei Freud als auch bei den Ichpsychologen, aber auch bei Lacan thematisch wird. In diesem Feld geht es stets um die Angemessenheit/Unangemessenheit des die Selbstbestimmung

---

64 Also dazu, im endzielstrebigen Dauern des Jetzt-Übergehens von schon verwirklichter situativ-szenischer Bestimmtheit seines leibhaften In-der-Welt-Seins zu neuer *selber* – d. h. in Selbstpräsenz orientiert und motiviert durch die Erinnerung der ersten Bestimmtheit und durch die darauf gestützte Erwartung der zweiten – aus dem Ganzen seiner jetzt noch ausstehenden möglichen Bestimmtheiten einige bestimmte verwirklichend zu wählen, sie auf die Seite der verwirklichten zu setzen und dadurch sich selbst (das Ganze Verhältnis seiner zu-erinnernden und zu-erwartenden Bestimmtheiten) neu und weiter zu bestimmen.

65 Gemeint: nicht nur insofern nicht gestört, als es sich nicht dem Erinnerungswillen des Ichs entzieht, sondern auch insofern nicht gestört, als Erinnerungsgehalte des Primärvorgang nicht andere Erinnerungsgehalte des Primärvorgangs am Übertritt aus der Impliziteit in die Explizitheit behindern.

orientierenden und motivierenden erinnerungsgestützten Erwartens von anziehenden/abstoßenden zukünftigen Lagen *innerhalb* des Dauerns leibhaft-innerweltlicher Selbstpräsenz.

Die theologische Sicht des Primärvorganges bekommt nun aber darüberhinaus eine *zusätzliche* Konfliktdimension in den Blick, die sich aus ihrer Sicht der *radikalen* Bedingtheit des Sekundär- durch den Primärprozeß ergibt:

Die Ichpsychologie vernachlässigt dieses *radikale* Bedingtsein des Sekundär- durch den Primärvorgang zugunsten von dessen Charakter als nur *relativer* Bedingung des Sekundärvorgangs, die der letztere zunehmend beherrschen kann. Bei Freud wird die radikale Bedingtheit des Sekundär- durch den Primärvorgang als eine solche gesehen, die den ersteren zur Vernichtung bestimmt. Und bei Lacan als eine solche, welche den Sekundärvorgang zum erfüllungslosen Begehren verurteilt.

Demgegenüber sieht die theologische Transformation des Primärvorganges die leibhaft-innerweltliche Selbstpräsenz als ein währendes Gewährtwerden durch ihren Grund, d. i. durch die nicht leibhaft-innerweltlich, sondern singuläre, unbedingte und allbefassende Selbstpräsenz der Ursprungsmacht, die das Dauern von leibhaft-innerweltlicher Selbstpräsenz (d. i. die Welt-menschlichen-Ichseins) *innerhalb* ihrer unbedingten und allbefassenden Selbstpräsenz endzielstrebig angefangen hat und erhält und dieses endzielstrebige Dauern[66] kraft Treue zu sich selbst, d. i. zu ihrem Wirken und Werk, auch als be- und vollendetes nicht aus ihrer allbefassenden (ewigen) Selbstpräsenz herausfallen läßt, sondern *in dieser für sich festhält*.

Damit aber kommt nun ein Feld von Konflikten, und zwar genau: *Zielkonflikten* in den Blick zwischen dem Sekundärvorgang der Selbstbestimmung und diesem seinem *sobeschaffenen radikalen* Bedingtsein durch den Primärprozeß, das in allen anderen hier besprochene Konzeptionen des Primärvorgangs gar nicht thematisch wird: das Feld der Konflikte zwischen *demjenigen Ziel,* auf das hin der Primärprozeß das Dauern leibhaft-innerlicher Selbstpräsenz angefangen hat, das also diesem durch seinen ihn begründenden Grund uranfänglich und totsicher gesetzt ist, und *denjenigen Zielen,* welche die Selbstbestimmung ihrerseits verfolgt – und zwar in unlöslicher Abhängigkeit von ihrem *relativen* Bedingtsein durch den Primärprozeß: Das dem Sekundärvorgang der Selbstbestimmung durch den Primärvorgang radikal vorgesetzte (und von dem gewährenden Grund des endzielstrebigen Dauern des Sekundärvorgangs „gewollte" [absolutselbstbestimmt gewählte], „bejahte", ihm „wohlgefällige") Ziel ist: zu enden, zum Abschluß zu kommen, und als dadurch vollendeter, also definitiv (unabänderlich) ganzgewordener,[67] in der allbefassenden Selbstpräsenz der Ursprungsmacht *für diese* unvergänglich festgehalten zu werden. Mit diesem *objektiven Grund- und Letztziel* (oder: mit dieser ihrer ursprünglichen [durch den Ursprung

---

66 Dessen Anfang und Ende sie *überdauert.*
67 Und zwar *in seiner Besonderheit* ganzgewordener.

gesetzten] eschatischen *Bestimmung*) des endzielstrebigen Dauerns von leibhaft-innerweltlicher Selbstpräsenz liegt der Sekundärvorgang der Selbstbestimmung so lange im Streit, wie er nicht auch selber dies ihm totsicher vorgegebene, der Ursprungsmacht wohlgefällige Ziel selbst mit eigenem Wohlgefallen als das wirklich wahre eschatische Letzt- und Gesamtziel seiner Selbstbestimmung ergriffen hat – über das Erreichtsein aller Einzelziele hinaus und unter deren ausnahmsloser Mitnahme. Ob und wie *dieser* Konflikt in dieser Weise „erledigt" wird, ist seinerseits wiederum abhängig vom *relativen* Bedingtsein des Sekundärvorgangs durch den Primärvorgang, welches seinerseits über die Qualität (über das mehr-oder-weniger-Angemessensein) des erinnerungsgestützten Erwartens entscheidet, welches die Selbstbestimmung orientiert und motiviert: Zunächst und mehr oder weniger lange erschweren die aus der relativen Bedingtheit des Sekundärvorgangs resultierenden orientierenden und motivierenden Erwartungen des menschlichen Ichs bezüglich seiner leibhaft-*innerweltlichen* Zukunft das angemessene Erwarten der abschließenden Zukunft seines Lebens als ganzen; was nichts anderes heißt als: der Konflikt zwischen den vom erinnerungsgestützten Erwarten orientierten und motivierten Zielwahlen der Selbstbestimmung und dem ihr durch den sie radikal bedingenden Primärvorgang ursprünglich gesetzten Gesamtziel kann nur dann „erledigt" werden, wenn zunächst ein Konflikt im Primärvorgang selber „erledigt" wird: nämlich der zwischen der Qualität desjenigen erinnerungegestützten Erwartens, welches aus der *relativen* Bedingtheit des Sekundärvorgangs durch den Primärvorgang resultiert, und demjenigen Erwarten der abschließenden Zukunft des ganzgewordenen Lebens, welches das *radikale* Bedingtsein des Sekundärvorgangs durch den Primärvorgang dem Sekundärvorgang zumutet. Und dieser Konflikt *innerhalb* des Primärvorganges-in-theologischer-Sicht kann offenkundig nur durch diesen Primärvorgang selber „erledigt" werden. Was seinerseits wiederum *nie vorbei* an dem relativen Bedingtsein des Sekundärvorgangs durch diesen Primärvorgang möglich ist und dem Durchleben des dadurch konstituierten Feldes von Konflikten. Soweit *dieser* Konflikt überwunden wird, findet sich das leibhaft innerweltliche Ich in ein Erwarten und „Begehren" seiner *Ganzerfüllung* versetzt, welchem seine *innerweltliche Unerfüllbarkeit*[68] ebenso gewiß ist, wie sein *eschatisches Erfülltwerden*:

> „Jerusalem., du hochgebaute Stadt, / wollt Gott ich wär ihn dir! / Mein sehnlich Herz so groß Verlangen hat / und ist nicht mehr bei mir, / Weit über Berg und Tale, / weit über blaches Feld / schwingt es sich über alle / und eilt aus dieser Welt."[69]

Daraus folgt für die seelsorgerliche Praxis: Aufgrund der theologischen Sicht des Primärvorgangs als zugleich der radikalen *und* der relativen Bedingung des Sekundärvorgangs reduziert sich die Erwartung erheblich, durch die „cura animarum *specialis*" zur genauen Erkenntnis von aktuellen Konfliktlagen gelangen[70]

---

68 Sich mit dieser abzufinden, ist nach Lacan das Ziel der Psychoanalyse.
69 Johann Matthäus Meyfart (1590–1642), in: Evangelisches Gesangbuch Nr. 150 v. 1.
70 *De-facto*-Annäherung ist möglich, jedoch nie genau bestimmbar, wie weit sie reicht.

und zu deren Lösung auf eine technisch sichere Weise beitragen zu können; die Pflege der – zentral gottesdienstlichen – Institutionen der „cura animarum *generalis*" erweist sich als umso wichtiger.[71] Gleichzeitig begründet diese theologische Sicht des Primärvorgangs folgenden Imperativ kategorisch:

Im Vertrauen auf den theologisch gesichteten Primärvorgang halte, selbst konfliktbeladen, mit Konfliktbeladenen eine kommunizierende Gemeinschaft durch, die die Lebendigkeit der gemeinsamen Sprache in deren individuell-freiem Gebrauch nicht übersieht und verachtet, sondern nutzt,[72] und entziehe dem Primärvorgang und seiner erlösenden Selbstdurchsetzung nicht die Kompetenz[73] deiner Zugewandtheit als dessen Werkzeug.

---

71 Vgl. o. Anm. 60.
72 Also gegen die Restriktionen des sprachtheoretischen Strukturalismus an Schleiermachers Einsicht in den zugleich „identischen" und „individuellen" Vollzug *allen* (auch des sprachlichen) Symbolisierens festhaltend.
73 Mein altes Insistieren auf „theologischer Kompetenz" (E. Herms, Theorie für die Praxis, o. Anm. 1, 7-30 und 35-49) wird durch die hiesigen Darlegungen nicht zurückgenommen, sondern konkretisiert.

II. Praktisch-theologische Perspektiven

„Darum wird ein Mann Vater und Mutter verlassen und an seiner Frau hängen" (Gen 2,24; Mt 19,5)

Zur Dynamik des Unbewussten im Gemeindealltag am Beispiel der Kirchlichen Trauung

Matthias Marks

Wer im pastoralen Alltag mit wachen Sinnen unterwegs ist, in seelsorglicher Grundhaltung nicht nur das wahrnimmt, was direkt zu Ohren geht und vor Augen steht, sondern auch Zwischentöne hört, Blicke und Gesten mitsprechen lässt, kommt manchmal aus dem Staunen nicht heraus. Insbesondere bei den Amtshandlungen,[1] wo die persönlichen und familiären Geschichten der Kasualbegehrenden eine bedeutende Rolle spielen, kann die aufmerksame Pfarrperson oft erleben, wie zu dem, was im Kasualgespräch im Vordergrund steht und im Kasualgottesdienst gefeiert wird, sich noch ganz anderes ereignet.

Vielleicht muss man solche Erfahrungen erst am eigenen Leib gemacht haben, bevor man dem Phänomen des Unbewussten selbst genügend Aufmerksamkeit schenken möchte. Religiöse Praxis ist nicht davor geschützt, mit ungewollten, unerwünschten oder auch erschreckenden Impulsen aus dem Unbewussten konfrontiert zu werden. Was für den Prozess von Subjektwerdung im Ganzen gilt, zeigt sich auch in den Erscheinungsformen von Religion: auch sie können „wie alle menschlichen Hervorbringungen (Kunst, Literatur, aber auch Wissenschaft und Politik) nach Wahrheit suchen oder sie vermeiden, unter Umständen sogar zerstören. In dieser tiefen-hermeneutischen Entdeckung wurzelt der kultur- und der religionskritische Beitrag der Psychoanalyse."[2]

Im Folgenden soll am Beispiel der Kirchlichen Trauung gezeigt werden, wie die Wirkungen des Unbewussten im Kontext evangelisch-christlicher Religion und im Alltag kirchengemeindlichen Lebens entdeckt und verstanden werden können.

---

1   In der kasualtheoretischen Debatte ist von ‚Kasualien' und ‚Amtshandlungen' die Rede. Zur Abgrenzung von Kasualien wie Einschulung usw., denen kein Kasualgespräch vorausgeht, sind hier die traditionellen gemeint (Taufe, Konfirmation, Trauung, Bestattung), die durch Siegelung und Kirchenbucheintragung amtlichen Charakter haben.
2   Lindner, Wulf-Volker: Religiöse Erfahrungen und Rituale im Lebensalltag, in: Ruff, Wilfried (Hg.): Religiöses Erleben verstehen, Göttingen 2002, 27–47, 29.

1. Herausforderungen im Traugespräch

Zu einem Traugespräch gehört nicht nur, dass die Lebensgeschichten der Brautleute, ihre jeweils eigenen sowie die bisher gemeinsame, ihre persönlichen Wünsche und Fragen zu ihrer kirchlichen Trauung und zum Eheleben gebührende Aufmerksamkeit erhalten, sondern auch, dass genügend Raum gegeben ist, um die Inhalte der liturgischen Stücke, die nach der Agende und / oder auf Wunsch des Brautpaars im Ablauf der Feier vorgesehen sind, mit der Pfarrperson zu besprechen. Anders als bei der standesamtlichen Hochzeit soll bei der kirchlichen Trauung ‚Gott vorkommen'. Das Brautpaar erbittet Gottes Schutz und Segen für seine Ehe. Diese Erwartung gründet sich auf Gottes Wort, wie es in der Bibel bezeugt wird. Die biblische Lesung ist nach wie vor fester Bestandteil im Ablauf der gottesdienstlichen Feier. Verse aus dem Alten Testament und dem Neuen Testament können dafür in Frage kommen, z. B. über das Geschenk der Liebe, den Sinn von Beziehung, die Gaben und Aufgaben des Zusammenlebens in der Ehe usw. Handelt es sich um ein Hetero-Paar,[3] wird oft die Stelle aus der Schöpfungserzählung gelesen, wo es heißt, dass Gott den Menschen nach seinem Ebenbild als Mann und Frau füreinander geschaffen hat (Gen 1,27; 2,18), gefolgt von einer zweiten Lesung aus dem Neuen Testament, wo ein Jesuswort diesen Schöpfungsaspekt aufnimmt und auf die Gemeinschaft in der Ehe bezieht:

> Gott, der im Anfang den Menschen geschaffen hat, schuf sie als Mann und Frau und sprach: „Darum wird ein Mann Vater und Mutter verlassen und an seiner Frau hängen, und die zwei werden *ein* Fleisch sein." So sind sie nun nicht mehr zwei, sondern *ein* Fleisch. Was nun Gott zusammengefügt hat, das soll der Mensch nicht scheiden! (Mt 19,4-6)[4]

Darüber als Pfarrperson mit einem Brautpaar in Vorbereitung auf ihre kirchliche Trauung ins Gespräch zu kommen, bedeutet eine gewisse Herausforderung. ‚Was soll der Hinweis, dass der Mann seine Eltern verlassen wird? Und warum nur der Mann und nicht auch die Frau? Widerspricht das nicht den Zehn Geboten, wo es heißt: „Du sollst Vater und Mutter ehren"? Wieso sich von ihnen trennen? Und um welchen Preis? Ist es erstrebenswert, als Mann und Frau „ein Fleisch" zu sein? Die Ehe ist doch keine Symbiose. Sich gegenseitig zu lieben setzt doch zwei eigenständige Individuen voraus. Wie sind diese Aussagen zu verstehen?' Das sind typische Fragen, die ein Brautpaar im Traugespräch äußern kann. Ganz leicht ist es nicht, so darauf zu antworten, dass die existentielle Reichweite dieser Verse deutlich wird, ohne dabei in einen Vortrag abzugleiten.

---

3   Selbstverständlich ist die Auseinandersetzung mit dem Thema auch für Homo-Paare sinnvoll.
4   So die Lutherübersetzung (rev. 2017), die man in den meisten aktuellen Trauagenden findet.

1.1 Theologische Eingebungen

Theologisch finden sich bisher kaum Hinweise darüber, wie der Text im Rahmen einer authentischen Kasualpraxis verständlich werden könnte.[5] Betrachtet man das Jesuswort als Zitat, also zunächst im Kontext von Gen 2, erhält man vereinzelte Hinweise: Das zugrundeliegende Motiv für die Aussage vom Verlassen von Vater und Mutter könnte „der urgewaltige Drang der Geschlechter zueinander" sein, der sogar „stärker als die Bindung an die leiblichen Eltern" ist. Die Folgerung „Darum" bezieht sich auf die Verse davor, in denen eine Vorstellung vom *Grund* dieses Zueinanderdrängens von Mann und Frau benannt ist, nämlich dass dies solange „nicht zur Ruhe kommt, bis es im Kinde wieder zu *einem* Fleisch geworden ist. Das kommt daher, dass Gott das Weib vom Manne genommen hat, weil sie ja eigentlich ursprünglich *ein* Fleisch waren; darum müssen sie wieder zusammenkommen und sind so schicksalhaft einander verfallen."[6] Im Traugespräch ist diese Vorstellung schwer vermittelbar. Der Mythos[7] entbehrt ebenso wie die Vorstellung, in der Ehe würden Mann und Frau vor Gott wie ein einziger Mensch bzw. die Ehe diene nur der Fortpflanzung, in der Regel jeglicher Anknüpfungspunkte an heutiges Erleben und Verstehen von Liebe, Partnerschaft und Ehe.[8]

Das Wort vom Verlassen von Vater und Mutter hat viel exegetische Aufmerksamkeit auf sich gezogen. Denn im Alten Israel war es die *Frau*, die Vater und Mutter verließ, um in den Haushalt ihres Mannes einzuziehen, nicht umgekehrt.[9] Wie ist es zu erklären, dass hier ausdrücklich *nur* der Mann genannt ist? In der Exegese werden drei Ansätze verfolgt.[10] Zwei erkennen in dem Text eine Ätiologie der Liebe, betonen als Grund die Besonderheit der *Beziehung von Mann und Frau*, als Kontrast zu den üblichen altisraelitischen Verhältnissen[11] bzw. als Merkmal dafür, dass das Leben jenseits des Paradieses in der Liebe die Gottes-

---

5   Kasualpraktische Beiträge schweigen durchweg über das Verständnis dieses Jesuswortes.
6   Von Rad, Gerhard: Das erste Buch Mose (ATD, Bd. 2/4), Göttingen 1953, 68.
7   Dies erinnert an den Mythos von den Kugelmenschen. Vgl. Die Rede des Aristophanes, in: Platon (wohl 385–378 v. Chr.), Symposion (189c–193e), Das Gastmahl, in: Werke in acht Bänden, Bd. 3, hg. v. Eigler, Gunther, Darmstadt ⁵2005, worauf Freud in der Begründung seiner Libido-Theorie Bezug nimmt. Vgl. Freud, Sigmund: Jenseits des Lustprinzips (1920), GW XIII, 1–69, 38.
8   Unberücksichtigt bleibt bei dieser Vorstellung auch die Möglichkeit der geschlechtlichen Diversität. Diesbezüglich würde es auch nicht weiterführen, die Geschlechtlichkeit eines Menschen als männlich *und* weiblich zu verstehen. Vgl. Grundmann, Walter: Das Evangelium nach Matthäus, Berlin ⁶1986, 425.
9   Vgl. Schüle, Andreas: Die Urgeschichte (Gen 1–11), (ZBK), Zürich 2009, 70.
10 Vgl. Gertz, Jan Christian: Das erste Buch Mose - Genesis. Die Urgeschichte Gen 1–11 (ATD Bd. 1), Göttingen 2018, 126f.
11 So bei Blum, Erhard: Von Gottunmittelbarkeit zur Gottesähnlichkeit. Überlegungen zur theologischen Anthropologie der Paradieserzählung, in: Eberhardt, Gönke / Liess, Kathrin (Hg.): Gottes Nähe im Alten Testament (SBS 202), Stuttgart 2004, 9–29.

ferne überwindet,[12] antworten damit aber nicht auf die Frage. Eine dritte Erklärung, die annimmt, dass der Text deshalb nur den Mann nennt, weil die Regel so selbstverständlich für die Frau galt, dass dies keiner Worte bedurfte,[13] überzeugt ebenfalls nicht. Es hätte dann sinngemäß heißen können: „Darum wird ‚auch' (oder prägnanter) ‚sogar' der Mann Vater und Mutter verlassen ...". Die Exegese bleibt an diesem Punkt eigentümlich sprachlos. Einhellige Meinung besteht jedoch darüber, dass ‚Verlassen' nicht als vollkommene Preisgabe der Bindungen an die Eltern zu verstehen ist, sondern als Abstandnehmen, um frei zu werden für den Eintritt in den Raum anderer Beziehungen.[14] Die Aussage, dass Mann und Frau in ihrem Verlangen nach dem anderen zu „einem Fleisch" werden, hat „eine sexuelle Konnotation", meint aber auch „geistliche Einheit, allumfassendste persönliche Gemeinschaft."[15]

Darauf ist ein Brautpaar ansprechbar. Denn offensichtlich ist, dass mit der Ehe eine *neue Lebensgemeinschaft* gegründet wird und dass sich spätestens bei der Trauung *zwei Generationen* im Spiel befinden. Dass die neue Lebensgemeinschaft die höhere Priorität gegenüber den beiden Herkunftsfamilien haben sollte, leuchtet heute nicht ohne weiteres ein, und warum der Mann größere Schwierigkeiten damit hat, dies zu realisieren, auch nicht. Darüber im Traugespräch nachzudenken, macht Sinn. Denn auch *unbewusste* Dynamiken können der Grund sein, dass die Priorisierung der neuen Lebensgemeinschaft im Alltag des Ehelebens nicht – nicht dauerhaft – gelingt. Wenn etwa der Ehemann gegenüber seiner Ehefrau ein Verhalten zeigt, ihr mit Erwartungen und Wünschen begegnet, die ein Sohn gegenüber seiner Mutter äußert, oder wenn sich die Ehefrau ihrem Ehemann gegenüber wie eine Tochter zu ihrem Vater verhält, kann dies Konflikte bergen und eine Ehe gefährden. Dies umso mehr, wenn beide *spüren*, dass etwas nicht stimmt, ihnen aber die Problematik *nicht bewusst* ist.

In der Auseinandersetzung mit dem Lesungstext zur Trauung können sich Verstehenshilfen gewinnen lassen. Die Ehe will als *Gabe* und *Aufgabe* verstanden werden. Beide, Frau und Mann, treten nicht als ‚unbeschriebene Blätter' vor den Traualtar, sondern bringen beide ihre Vorgeschichten mit. Insofern sind *beide gleichermaßen* gefordert, sich selbst in ein neues Verhältnis zu setzen. Es sind jedoch auch Gründe zu benennen, die es sinnvoll erscheinen lassen, das Bibelwort vom Verlassen von Vater und Mutter, eben *weil* es speziell auf den *Mann* bezogen ist, ernst zu nehmen. Nicht ganz zufällig wird ja auch in der Schöpfungserzählung an entscheidender Stelle ebenfalls nicht Eva, sondern ausdrücklich nur Adam von Gott gefragt: „Wo bist du?" (Gen 3,9). Diese Auffälligkeit lässt fragen:

---

12 So bei Spieckermann, Hermann: Ambivalenzen. Ermöglichte und verwirklichte Schöpfung in Genesis 2f, in: Graupner, Axel u. a. (Hg.): Verbindungslinien. FS für Werner H. Schmidt zum 65. Geburtstag, Neukirchen 2000, 363–376.
13 Vgl. Fischer, Georg: Genesis 1–11, (HTHK), Freiburg/Basel/Wien 2018, 215.
14 Vgl. dazu auch die Perikope, die das Verlassen von Vater und Mutter in der Biografie Jesu thematisiert (Mk 3,31-35).
15 Gertz, Mose, 127.

Was ist der Sitz im Leben dieser Spezifizierung für ein heutiges Verständnis von Liebe, Partnerschaft und Ehe?[16]

1.2. Entwicklungspsychologische Eingebungen

Umstände, die mit der Geburt zusammenhängen, können sich entsprechend der ersten Beziehungserfahrungen eines Menschen zu Beginn tief ins Lebensgefühl eingraben: „zwischen der Überzeugung, in dieser Welt freundlich empfangen worden und trotz aller Brüche, Risse und Widersprüche richtig und für sich selbst und andere akzeptabel zu sein, und dem nagenden Zweifel, nicht richtig, vielleicht unwert zu sein und eine tiefe Schuld in sich zu tragen."[17] Über Jahre hinweg oder sogar ein ganzes Leben lang kann der damit angedeutete existentielle Grundkonflikt zwischen Selbstakzeptation und Selbstablehnung verborgen liegen. Ein Mensch *muss* damit nicht konfrontiert werden. Wie lebendig und sprungbereit jedoch diese frühesten Erfahrungen untergründig schwelen, zeigt sich dann, wenn sie in unvorhersehbaren Momenten, ausgelöst durch scheinbar unbedeutende Situationen im Alltag, aus der Tiefe emporsteigen, übermächtig werden und regressive Reaktionen motivieren. Diese setzen dann quasi automatisch ein und können nicht ohne Weiteres beherrscht, unterbrochen und bewältigt werden.[18]

Psychoanalytische Objektbeziehungstheorien haben u. a. mit Hilfe von Erkenntnissen aus der Säuglingsforschung detaillierte Einsichten über das frühe Mutter-Kind-Verhältnis hervorgebracht, die zur Erhellung der *Ursachen* des Grundkonflikts beitragen. Das Selbst eines Neugeborenen ist äußerst verletzlich und zerbrechlich, besonders gefährdet, wenn die Befriedigung der Grundbedürfnisse nicht so gelingt, wie der Säugling es wünscht. Lebensbedrohlich empfun-

---

16 Hinter dem folgenden Schlaglicht steht eine komplexe Thematik, die im begrenzten Rahmen des vorliegenden Beitrags nicht ausführlich dargestellt werden kann. Vgl. näher: Marks, Matthias: Religionspsychologie, Stuttgart 2018; dort weitere Literaturhinweise.

17 Lindner, Wulf-Volker: Das dynamisch Wirksame in der Malerei von Rudolf Hausner. Bemerkungen eines Psychoanalytikers und Theologen, in: Kassal-Mikula, Renate / Donath, Christine (Hg.): Adam und Anima. Ausstellungskatalog zur Retrospektive Rudolf Hausner 80 Jahre, Historisches Museum der Stadt Wien, Wien 1995, 28–34, 31.

18 Freud spricht von „Zwangshandlungen" insofern, als das Unbewusste sich *zwangsläufig* durchsetzt, d. h. dem Bewusstsein prinzipiell vorausgeht, so dass ein Mensch sich dieser Dynamik nicht einfach entziehen kann. Aufgrund dieser Theorie wird Freud oft ein mechanistisches Menschen- und Weltbild vorgeworfen. Doch er beschreibt diesen Aspekt in der Sprache der ‚mechanischen Energetik', um „provokant das Realistische und Unausweichliche des Unbewussten zu akzentuieren und keinen Zweifel daran aufkommen zu lassen, dass es sich eben *nicht* um ein, wie man sagt, ‚Bewusstseinsphänomen' handelt", so Koch, Traugott: Freuds Entdeckung und ihre Bedeutung für eine gegenwärtige Theologie, in: Bodenheimer, Aron R. (Hg.): Freuds Gegenwärtigkeit. Zwölf Essays, Stuttgart 1989, 284–310, 288, im Anschluss an Ricœur, Paul: Hermeneutik und Psychoanalyse. Der Konflikt der Interpretationen, Bd. 2, München 1974, 90.

dene Trennungsängste können die konstruktiven Kräfte seiner Suche nach Bindung überfordern. Da entwicklungsbedingt ein Verstehen und somit Ertragen der Situation noch nicht möglich ist, setzt als psychisches Bewältigungsmuster die „projektive Identifizierung" ein. Sie hilft dem Säugling, die *positiven* Erfahrungen mit der anwesenden Mutter ohne Angst empfangen und genießen zu können. Dazu werden Enttäuschungswut, also aggressive Teile des Selbst, die als bedrohlich böse erlebt werden, nach außen in die abwesende Mutter verlagert mit dem Ziel, die befürchtete Trennung zu vermeiden. In der Konsequenz bleibt eine Bindung mit dem Objekt bestehen, wobei die projizierten libidinösen wie die aggressiven Persönlichkeitsteile z. T. vermischt mit Zügen des Objekts wieder verinnerlicht werden. Dadurch bildet sich eine innerpsychische Repräsentanz, die wie ein Auffangbecken für alle weiteren Erfahrungen dieser Art zur Verfügung steht und als *imaginäre Figur* weibliche / mütterliche Züge tragen kann. Wenngleich die Projektion aggressiver Anteile für den Säugling eine notwendige Überlebensstrategie darstellt, so bleiben diese als musterbildende negativ besetzte Introjekte im Unbewussten präsent und schwer veränderbar.[19]

Individuation geht insofern weit über die Entwicklungen im Säuglingsalter hinaus. Es ist die Aufgabe eines ganzen Lebens, interpersonelle Inszenierungen von Unbewusstem zu durchschauen, immer wieder zwischen innerer Welt und äußerer Realität zu unterscheiden und *Spaltungsmechanismen zu überwinden*: „Diese erste oder früheste Wahrnehmung von Wirklichkeit gehört zur psychischen Grundausstattung von Menschen und kann in bestimmten auslösenden Situationen immer wieder hervorgerufen werden. Nur die Überwindung, die ständige Überwindung dieser ‚ersten Wahrnehmung' von Wirklichkeit führt dazu, dass Wahrheit überhaupt in den Blick genommen werden kann. Diese hermeneutischen Konsequenzen aus den Forschungen von Melanie Klein und anderen Autoren sind der wesentliche Beitrag der Psychoanalyse zur Diskussion über die Wahrnehmung von Wirklichkeit und Wahrheit. Wenn dieses grundlegende Wahrheitskriterium, nämlich die Unterscheidung, dass es diese Spaltung der Welt in Gut und Böse nicht gibt, nicht vollzogen wird, werden alle weiteren Wahrnehmungsschritte und Wahrheitskriterien bösartig infiziert."[20]

Brisant wird das Thema also, auch im Hinblick auf die Kasualpraxis, aufgrund der *unausweichlichen* Durchdringung des Bewusstseins und der Rationalität durch unbewusste Motivationen, insbesondere durch *primitive Anteile unbewusster Aggression*, ein Faktum, durch das sich Freud in den späteren Phasen seiner Theoriebildung gezwungen sah, das Konzept des Todestriebs, jener tiefverwurzelten Destruktivität und Selbst-Destruktivität des Menschen, als dem Le-

---

19   Unübertrefflich hat der Wiener Maler Rudolf Hausner (1914–1995) seine Auseinandersetzung mit der Mutter-Imago in seinen Werken bildhaft werden lassen. Vgl. vor allem „Adam selbst" (1960) und „Hommage à Leonardo" (1977–1981). Zur Gesamtwerkinterpretation: Marks, Matthias: Menschwerden aus Passion. Das Religiöse in der Malerei von Rudolf Hausner (1914–1995), Stuttgart 2013.
20   Lindner, Religiöse Erfahrungen, 29.

benstrieb ebenbürtigen zweiten Trieb zu entwickeln. Aus Sicht der Entwicklungspsychologie kann hinter der biblischen Aussage über das Verlassen von Vater und Mutter eine existentielle Notwendigkeit in der Geschlechterbeziehung vermutet werden und zwar gerade, *weil* die Aussage auf den *Mann* zugespitzt ist. Wohlwollend davon ausgehend, dass *jeder* Mensch mit einer *Begabung* zum Lieben geboren wird, sprechen jedoch alle Beobachtungen und Erkenntnisse dafür, dass die *Fähigkeit* zum Lieben erst im Durchgang durch Erfahrungen, die den frühen Narzissmus regeln, langsam erlernt werden muss. Das männliche Kind und das weibliche Kind haben dabei jeweils spezielle Aufgaben zu bewältigen. Denn so sehr zwar jeder Mensch den von Freud so genannten Übergang vom Lust- zum Realitätsprinzip als mehr oder weniger ernüchternd, kränkend, erschreckend und schmerzhaft erleben kann, tritt allein durch die Tatsache, dass jeder Mensch am *Ort der Mutter* geboren wird, die für das Mädchen ein gleichgeschlechtliches und für den Jungen ein gegengeschlechtliches Gegenüber darstellt, ein Unterschied in den Blick, der in der Entwicklung eines Jungen zum liebesfähigen Mann die persönliche Auseinandersetzung mit der Mutter als besondere Herausforderung erscheinen lässt im Vergleich zu der Entwicklung eines Mädchens zur liebesfähigen Frau.

2. Zur mehrfachen Bedeutung von ‚Mutter'

Ulrike Wagner-Rau hat einen bemerkenswerten Beitrag zum Thema vorgelegt.[21] Im Gespräch mit den psychoanalytischen Geschlechtertheorien von Christa Rohde-Dachser[22] und Jessica Benjamin[23] stellt sie die Notwendigkeit heraus, drei Ebenen in der Wahrnehmung der ‚Mutter' zu unterscheiden:

— die reale Mutter, der ein eigenes Begehren zugestanden wird;
— die Mutter-Imago, die ein Introjekt projektiver Allmachtsphantasien darstellt;

---

21 Wagner-Rau, Ulrike: Reale Mutter, Mutterimago und unteilbare Matrix, in: Noth, Isabelle u. a. (Hg.): Pastoralpsychologie und Religionspsychologie im Dialog, Stuttgart 2011, 194–205. Wagner-Rau setzt sich in einer anderen Intention mit der Mutter-Thematik auseinander, die im Rahmen des vorliegenden Beitrags nicht gewürdigt werden kann. Allein ihre Ausführungen zur notwendigen Differenzierung zum Verstehen der Mutter-Imago sollen hier aufgenommen werden.
22 Rohde-Dachser, Christa: Weiblichkeitsparadigmen in der Psychoanalyse, in: Brede, Karola (Hg.): Was will das Weib in mir?, Freiburg 1989, 73–110 ; dies.: Expedition in den dunklen Kontinent. Weiblichkeit im Diskurs der Psychoanalyse, Berlin u .a. 1991; dies.: Todestrieb, Gottesvorstellungen und der Wunsch nach Unsterblichkeit. Eine psychoanalytische Studie, in: Religion – Religiosität – Gewalt, Psyche (Jg. 63), Ausg. 9-10, Stuttgart 2009, 973–998.
23 Benjamin, Jessica: Die allmächtige Mutter. Ein psychoanalytischer Versuch über Phantasie und Realität, in: Benjamin, Jessica (Hg.), Phantasie und Geschlecht. Studien über Idealisierung, Anerkennung und Differenz, Basel 1993.

– eine tröstende Matrix, die als Erinnerungsspur *vor* aller Differenzierung liegt.

Keineswegs selbstverständlich ist es, dass die Fähigkeit zu dieser Unterscheidung in der Persönlichkeitsentwicklung erworben wird. Vielmehr ist festzustellen, dass die innerpsychischen Allmachtsphantasien, die in der frühen Kindheit konstitutiv sind, aber in einer gesunden Entwicklung beizeiten überwunden werden müssen, sich bis ins Erwachsenenalter hinein fortsetzen können, gegenläufig zum allgemeinen Trend der erweiterten Wahrnehmung realer Geschlechterverhältnisse in der Kultur. „Warum (...) ist es so, dass Kinder die Subjektivität ihrer Mutter und deren eigenes Begehren im Laufe des Heranwachsens oft nicht anerkennen? Warum erweist sich die Phantasie der omnipotenten Mutter häufig als dominanter als die Anerkennung der realen Frau, eines begrenzten und von der eigenen Person unterschiedenen Wesens?"[24] Dieser Frage geht Wagner-Rau nach, indem sie die unbewusste Dynamik der Mutter-Imago in doppelter Hinsicht beleuchtet, retrospektiv und prospektiv.

2.1. Retrospektiv

Um die retrospektive Dynamik zu verstehen, verweist Wagner-Rau mit Benjamin auf die Bedeutung von Übergangsobjekten für die Individuation. Nach der Theorie von Donald W. Winnicott besteht ihre entwicklungsfördernde Leistung darin, „dass das Objekt die unbewussten Zerstörungswünsche des Kindes überlebt, sich nicht rächt, sondern an einer guten Beziehung festhält (...). Im Prozess dieser Erfahrung nämlich kann das Kind erleben, dass das Gegenüber ein Anderes ist, dass es seinen destruktiven Wünschen widersteht und gerade so, als ein von ihm selbst Unterschiedenes, für die eigene Person wertvoll und bereichernd wird. Wenn Aggression nicht auf diese Weise bearbeitet werden könne, so Benjamin, es also nicht dazu kommt, dass die Wünsche anerkannt werden, sondern sie mit dem Beendigen der Beziehung bzw. mit Rache beantwortet werden, verwandele sich die ohnmächtige Wut des Kindes in ein schreckliches und bedrohliches Phantasma. Entscheidend also ist es, dass ein konstruktiver Spielraum für den Umgang mit den Phantasien von Allmacht und Ohnmacht erhalten bleibt, der schließlich auch eine positive Identifikation mit der Mutter ermöglicht."[25]

Ob allerdings ein geeignetes Übergangsobjekt zur Verfügung steht und jener Spielraum erhalten bleibt, ist nicht zu garantieren. Realistisch ist immer damit zu rechnen, dass die Leistung eines Übergangsobjekts von unbewussten Zerstörungswünschen untergraben wird, der gewünschte Raum vom Spiel zur Kreativität gar nicht erst zustande kommt oder vorzeitig zerstört wird, was im Extremfall dazu führen kann, dass die psychische Bedeutungsorganisation als Ganze

---

24 Wagner-Rau, Mutter, 200.
25 Ebd., 201.

zum Erliegen kommt und Individuation nicht möglich ist. Wenn gelten soll, was Wagner-Rau im Anschluss an Isabelle Noth als Ziel einer gesunden Entwicklung benennt, dass „Vater wie Mutter (...) Menschen bleiben (müssen), zu denen eine *ambivalente Beziehung* besteht", und so in präventiver Absicht formuliert: „Wenn sie (sc. die Eltern) mit einem absoluten Guten oder absoluten Bösen identifiziert und so vergöttlicht werden, besteht die Gefahr von Gewalt"[26], bedeutet dies zuallererst die persönliche Auseinandersetzung mit der Mutter-Imago.

Dieses Zentralmotiv des Unbewussten ist kein Unglück oder Schicksal, auch kein Vergehen oder Versäumnis, das der realen Mutter anzulasten wäre, sondern ein innerseelisches Phänomen, das auch in der glücklichsten Mutter-Kind-Beziehung nicht zu vermeiden ist. Es bedeutet in der Persönlichkeitsentwicklung des *Mannes* insofern eine besondere Herausforderung, als die *Integration* sexueller und aggressiver Triebimpulse besonders intensiv erlebt wird. Denn das Kind begehrt den *gegengeschlechtlichen* Elternteil als erstes Liebesobjekt und entdeckt darüber seine Sexualität und geschlechtliche Identität. Beim Mädchen ist es der Vater, beim Jungen die Mutter. Dabei gerät er früher oder später in die Schlingen jenes Konflikts, der seit Freud unter dem Begriff des Ödipuskomplexes verhandelt wird. Tiefgehende Scham- und Schuldgefühle sind der Hauptgrund, warum sich Subjektwerdung für den Jungen als ein Kampf des Selbst *um* und zugleich *gegen* sich selbst vollzieht. Dabei spielen auch körperliche Aspekte eine Rolle. Freud spricht von der zweizeitigen sexuellen Reifung. In der Adoleszenzphase müssen die Testosteron-Schübe bewältigt werden. Das männliche Hormon wirkt auch auf jene Hirnregionen, die an der emotionalen Reizverarbeitung beteiligt sind, weshalb Jungen in der Regel eine höhere Körperreaktion bei Wut und Angst zeigen, also leichter zu destruktiver Gewalt neigen als Mädchen.[27] In Freuds Theorien erscheint das Weibliche *im Mann* (!) nicht ganz zu Unrecht als das „Unheimliche" mit dämonischen Zügen.[28] Eine negativ besetzte Mutter-Imago äußert sich im Lebensgefühl durch tiefe Selbstzweifel, selbstverneinende bis -zerstörerische Handlungen, die neurotisch, also krankhaft werden können. Freuds Interesse galt deshalb weniger dem Ödipuskonflikt an sich, als vielmehr den Möglichkeiten zur Überwindung der Widerstände zu seiner Auflösung.

Ein Mann kann Glück haben, wenn er eine Partnerin oder einen Partner findet, mit der oder dem gemeinsam es möglich wird, dass die kreativen Akte ihrer gegenseitigen Liebe die Absolutheit beanspruchenden Kräfte der Mutter-Imago *verwandeln*. In der Regel ist Glück jedoch kein Dauerzustand. Eine der wichtigsten

---

26 Ebd., 202 (Hervorhebung MM).
27 Marks, Matthias: Art. „Adoleszenz", in: WiReLex, 2020. Freud fokussiert den Ödipuskomplex auf den Jungen und bleibt beim Mädchen sehr unbestimmt, spricht aber allgemein auch vom negativen Komplex, d. h. der Vaterliebe des Sohnes und der Mutterliebe des Mädchens. Insgesamt gilt im aktuellen psychoanalytischen Diskurs, dass beide Geschlechter in ihrer Entwicklung jeweils spezifische Aufgaben zu bewältigen haben, die sich in ihrem Schwierigkeitsgrad nicht gegeneinander gewichten lassen.
28 Wagner-Rau, Mutter, 194.

Aufgaben in der Entwicklung des Mannes ist es daher, die Mutter-Imago als *Teil der eigenen Identität* an-zu-erkennen, d. h. die Art und Weise ihrer ‚Auftritte' im Leben und Zusammenleben immer besser zu durchschauen, um den unbewussten Wirkungen nicht hilflos ausgeliefert zu sein.

2.2   Prospektiv

Differenziertes Verstehen des Weiblichen/ Mütterlichen in der Psychoanalyse beinhaltet neben dem retrospektiven auch einen prospektiven Aspekt. Ulrike Wagner-Rau kommt im Anschluss an Christa Rohde-Dachser darauf zu sprechen, indem sie über Verbindungen zwischen den frühen Erfahrungen und Religion auf eine „dunkle Stelle"[29] in der freudschen Denkart des Unbewussten aufmerksam macht, die es zu erhellen gilt.[30] Erkennt die klassische Psychoanalyse in der Mutter-Imago meist nur ein regressives Motiv, das wegen seiner destruktiven Wirkung mit dem Todestrieb (Sog in den leblosen Zustand) identifiziert wird, könnte jenes Unerkannte bei Freud auf ein konstruktives Motiv verweisen: das Anziehende der Mutter-Imago als Sehnsucht nach einer Ur-Heimat, d. h. als „Erinnerungsspur einer ursprünglichen Befriedigung, die das menschliche Leben als Versprechen begleitet und erst mit dem Tod erlischt." Das Tröstende dieser „Matrix"[31] läge dann im Finden bzw. Wiederfinden jenes unerkannten Ortes, der eine *Verwandlung zum Guten hin* verspricht: wie beim Säugling, der durch das Auftauchen und die Nähe der Mutter eine Verwandlung seiner inneren Welt und äußeren Realität erlebt, ohne schon zu wissen, dass die Mutter die Ursache der Verwandlung ist, könnte sich jenes Unerkannte auch am Ende des Lebens einstellen als „Vorstellung eines durch den Tod nicht zerstörbaren, idealisierten Objekts, die den Sterbenden begleitet und ihm als schützender Container dient (...). Im Augenblick des Todes wird Trost unbewusst offenbar vor allem von der Gegenwart einer Mutter-Imago erwartet, die mit der Kraft ausgestattet ist, die Welt zu verwandeln."[32] Ob man die *Richtung* der Verwandlung dann als eine Rückkehr verstehen möchte, wie Rohde-Dachser aus psychoanalytischer Sicht, oder wie Wagner-Rau aus christlich-theologischer Sicht als eine „nach vorn gerichtete Erwartung, die alles bisher Erlebte transzendiert"[33], kann hier nicht wei-ter diskutiert werden.[34] Für unser Thema soll diese kleine Exkursion ins Land des Unbewussten genügen.

---

29   Rohde-Dachser, Gottesvorstellungen, 977.
30   Freud selbst spricht bereits in seiner „Traumdeutung" über jenes Unerkannte, woran die psychoanalytische Deutung an ihre Grenzen stoße.
31   Rohde-Dachser, Gottesvorstellungen, 983.
32   Ebd., 994, zit. n. Wagner-Rau, Mutter, 203f.
33   Wagner-Rau, Mutter, 204.
34   Dies beträfe dann auch die Frage, inwiefern jenes „Unerkannte" bei Freud mit dem gegenwärtig in der psychoanalytischen Welt diskutierten Unverfügbaren in Beziehung zu setzen ist.

3. Impuls für die Trau-Kasualie

Ein Paar, das sich kirchlich trauen lassen möchte, kommt nicht zum Traugespräch, um sich aufklären zu lassen, was in einer Ehe zu beachten ist, damit sie gelingt. Traugespräch wie Traugottesdienst sind denkbar ungeeignete Orte für pastoralpsychologische Maßangaben. Gleichwohl hat die Pfarrperson das Recht sich zu erkundigen, was die beiden angesichts ihres Eheversprechens vor Gott bewegt, welche Hoffnungen, Wünsche, Fragen und Zweifel vorherrschen. Dabei wird die Pfarrperson versuchen, das Tatsächliche des Lebens auf seine impliziten Perspektiven, Grundierungen und Infragestellungen hin durchsichtig werden zu lassen, und in seelsorglicher Absicht auch Fragen stellen und Impulse setzen.

Wenn z. B. der Wunsch geäußert wird, die Braut möge von ihrem Vater in die Kirche hineingeleitet werden, kann die Pfarrperson dies entweder kommentarlos hinnehmen oder als Co-Inszenierung in die liturgische Gestaltung einbeziehen[35] oder mit Hinweis auf das patriarchale Prinzip der Besitzübergabe kritisch sehen und ablehnen[36]. Sie kann aber auch zurückfragen, ob entsprechend zum Brautvatergeleit[37] – und sei es aus Gleichberechtigung – auch gewünscht wird, dass der Bräutigam von seiner Mutter in die Kirche hineingeführt wird. Zeigt sich das Paar daraufhin, unbewusst reagierend, peinlich berührt, mit schamhaft abgewandten Blicken oder Verlegenheitslächeln, kann die Pfarrperson daraus ablesen, dass gute Voraussetzungen für eine glückliche Ehe gegeben sind.

Darum wird ein Mann, der seine Liebe findet, geschehen lassen, was bestenfalls geschehen will: die Partnerin oder der Partner überwindet die Mutter-

---

35 Fechtner, Kristian: Kirche von Fall zu Fall. Kasualien wahrnehmen und gestalten, Gütersloh ²2011, 166f.
36 Grethlein, Christian: Grundinformation Kasualien. Kommunikation des Evangeliums an Übergängen des Lebens, Göttingen 2007, 247.
37 Im kasualtheoretischen Diskurs scheiden sich an dieser Thematik bis heute die Geister. Für Christian Albrecht (2006) gehört das Phänomen zu den nur am Rande erwähnenswerten „Adiaphora", zu jenen „notorischen" Punkten, die ihren Bedeutungswert für das Brautpaar spätestens dann verlieren, wenn die Verkündigung des Evangeliums ihr Ziel erreicht (Albrecht, Kasualtheorie, 250). Auch Christian Grethlein (2007) widmet dem Phänomen keine nähere Aufmerksamkeit, sondern bleibt bei der landläufigen problematisierenden Deutung, wonach das Ritual nur den Wunsch „einer fernsehgerechten Inszenierung" („Traumhochzeit") zum Ausdruck brächte, ohne genügend auf dessen Herkunft aus paternalistisch geprägten Eheformen und seine patriarchal wirkende Symbolkraft bedacht zu werden (Grethlein, Grundinformation Kasualien, 247). Offener und differenzierter begegnet Kristian Fechtner (2011) dem Phänomen, indem er vorschlägt, das Phänomen als „Co-Inszenierung" zu begreifen, die auf ihre religiöse Dimension zu durchschauen ist (Fechtner, Kirche von Fall zu Fall, 166). Vgl. eine interdisziplinäre Betrachtung bei Pultke, Annemarie: „Mein Vater soll mich in die Kirche führen" – Pastoralpsychologische Erwägungen zum Wunsch des Brautvatergeleits zur kirchlichen Trauung, in: Transformationen. Pastoralpsychologische Werkstattberichte, H. 10, Frankfurt a. M. 2008.

Imago, die Ausläufer des Ödipuskonflikts erscheinen verwandelt, er wird frei *von* den unbewussten Abhängigkeiten seiner Imagines und frei *für* die Gaben und Aufgaben, die die Kunst des Liebens mit sich bringt. Zu ihren Highlights gehört, wenn in einer auf Dauer angelegten Beziehung wie der Ehe die unbewusste Mutter-Imago bewusst werden kann, weil dann ein verantwortlicher Umgang damit möglich ist und destruktive Wirkungen immer weniger das Zusammenleben in der Ehe stören. Zugleich bedeutet diese Einsicht eine partielle Des-Identifikation von Mutter und Vater: es sind und bleiben die Eltern, aber nicht mehr die des unbewussten Kindes im Mann, das die Liebe sucht, um geliebt zu werden, sondern die des Erwachsenen, der das Verbindende und das Trennende in der Beziehung zu ihnen wahrnehmen und akzeptieren kann. Die Kraft zu dieser Auseinandersetzung und das Vertrauen, darin bewahrt zu bleiben und gemeinsam zu wachsen, darf das Paar aus gutem Grund erwarten: aus dem Geschenk der tiefergreifenden, alles Konflikthafte freundlich umfangenden und überwindenden, der conditio humana vorauslaufenden Liebe Gottes. Daraus schöpft das Paar in der gegenseitigen Liebe zueinander. Das bedeutet der Segen, den das Paar bei seiner Kirchlichen Trauung von Gott erbittet: Einlass in jenen „Spiel- und Imaginationsraum, in dem Leben sich verändern (...), heilsam anders betrachtet werden kann"[38], nämlich „durch den Freispruch der Gnade", der darin herrscht, dass alle Fragen „vor Gott gestellt, mit Menschen besprochen, in der Perspektive des Evangeliums bedacht, in der gemeinsamen Feier des Gottesdienstes mit allen Sinnen inszeniert" werden können. Dabei kann „Selbstreflexivität, Erinnerungsarbeit und Suche nach Orientierung einen Ort finden und mit ihnen auch Trauer und Freude, Angst und Wut, Scham und Schuld, Resignation und Hoffnung, Liebe und Konflikt."[39] Ob und inwieweit die Kasualpraxis selbst einen solchen Segensraum performativ bereitstellen kann, ist ein anderes Thema.[40]

---

38 Wagner-Rau, Ulrike: Segensraum. Kasualpraxis in der modernen Gesellschaft, Stuttgart ²2008, 18.
39 Ebd., 236.
40 Wagner-Raus segenstheologische Kasualpraxis zählt zu den wenigen, die u. a. psychoanalytische Erkenntnisse in die Kasualdebatte einbringen. Auch deshalb ist sie nach wie vor aktuell. Kritische Anfragen beziehen sich auf ihre Winnicott-Rezeption. Wird der intermediäre Raum ohne hinreichende Zwischenreflexion mit dem Evangelium identifiziert, liegt die Gefahr nahe, dass die Kasualpraxis als Raum eines nur Guten idealisiert und theologisch als Segensraum überhöht wird. Die Differenz zwischen der Realität menschlicher Existenz und ihrer eschatologischen Vollendung muss im Blick bleiben.

Literatur

Benjamin, Jessica: Die allmächtige Mutter. Ein psychoanalytischer Versuch über Phantasie und Realität, in: dies. (Hg.), Phantasie und Geschlecht. Studien über Idealisierung, Anerkennung und Differenz, Basel 1993.

Blum, Erhard: Von Gottunmittelbarkeit zur Gottesähnlichkeit. Überlegungen zur theologischen Anthropologie der Paradieserzählung, in: Eberhardt, Gönke / Liess, Kathrin (Hg.): Gottes Nähe im Alten Testament (SBS 202), Stuttgart 2004, 9–29.

Fechtner, Kristian: Kirche von Fall zu Fall. Kasualien wahrnehmen und gestalten, Gütersloh ²2011.

Fischer, Georg: Genesis 1–11, (HTHK), Freiburg/Basel/Wien 2018.

Freud, Sigmund: Eine Schwierigkeit der Psychoanalyse (1917), GW XII, 3–12.

Freud, Sigmund: Jenseits des Lustprinzips (1920), GW XIII, 1–69.

Freud, Sigmund: Neue Folge der Vorlesungen zur Einführung in die Psychoanalyse (1933), GW XV.

Grethlein, Christian: Grundinformation Kasualien. Kommunikation des Evangeliums an Übergängen des Lebens, Göttingen 2007.

Gertz, Jan Christian: Das erste Buch Mose – Genesis. Die Urgeschichte Gen 1–11 (ATD Bd. 1), Göttingen 2018.

Grundmann, Walter: Das Evangelium nach Matthäus, Berlin ⁶1986.

Koch, Traugott: Freuds Entdeckung und ihre Bedeutung für eine gegenwärtige Theologie, in: Bodenheimer, Aron R. (Hg.): Freuds Gegenwärtigkeit. Zwölf Essays, Stuttgart 1989, 284–310.

Lindner, Wulf-Volker: Das dynamisch Wirksame in der Malerei von Rudolf Hausner. Bemerkungen eines Psychoanalytikers und Theologen, in: Kassal-Mikula, Renate / Donath, Christine (Hg.): Adam und Anima. Ausstellungskatalog zur Retrospektive Rudolf Hausner 80 Jahre, Historisches Museum der Stadt Wien, Wien 1995, 28–34.

Lindner, Wulf-Volker: Religiöse Erfahrungen und Rituale im Lebensalltag, in: Ruff, Wilfried (Hg.): Religiöses Erleben verstehen, Göttingen 2002, 27–47.

Marks, Matthias: Menschwerden aus Passion. Das Religiöse in der Malerei von Rudolf Hausner (1914–1995), Stuttgart 2013.

Marks, Matthias: Religionspsychologie (Kompendien Praktische Theologie, Bd. 1), Stuttgart 2018.

Marks, Matthias, Art. Adoleszenz, in: Wissenschaftlich Religionspädagogisches Lexikon im Internet (www.wirelex.de), 2020.

Platon, Das Gastmahl, in: Werke in acht Bänden, Bd. 3, hg. v. Eigler, Gunther, Darmstadt ⁵2005.

Rad, Gerhard von: Das erste Buch Mose (ATD, Bd. 2/4), Göttingen 1953.

Ricœur, Paul: Die Interpretation. Ein Versuch über Freud. Übers. v. Moldenhauer, Eva, Frankfurt a. M. ⁴1999.

Rohde-Dachser, Christa: Weiblichkeitsparadigmen in der Psychoanalyse, in: Brede, Karola (Hg.): Was will das Weib in mir?, Freiburg 1989, 73–110.

Spieckermann, Hermann: Ambivalenzen. Ermöglichte und verwirklichte Schöpfung in Genesis 2f, in: Graupner, Axel u. a. (Hg.): Verbindungslinien. FS für Werner H. Schmidt zum 65. Geburtstag, Neukirchen 2000, 363–376.

Schüle, Andreas: Die Urgeschichte (Gen 1–11), (ZBK), Zürich 2009.

Wagner-Rau, Ulrike: Segensraum. Kasualpraxis in der modernen Gesellschaft, Stuttgart ²2008.

Wagner-Rau, Ulrike: Reale Mutter, Mutterimago und unteilbare Matrix, in: Noth, Isabelle u. a. (Hg.): Pastoralpsychologie und Religionspsychologie im Dialog, Stuttgart 2011, 194–205.

„Du hast mich mit meinem schönsten Kleid bekleidet."

Das Gebet als Zugang zum Unbewussten

Regine Munz und Ulrich Dällenbach

1. Das Gebet – eingespannt zwischen Erwartung und Erfüllung

Man erzählt die Geschichte von zwei Theologen, die sich eines Tages über das Beten unterhalten. Der eine sagt: „Über eines sind wir uns ja wohl einig. Wenn ich heute Abend Zahnweh habe und Gott in meiner Not anrufe, werde ich nicht annehmen, dass es morgen früh weg ist." Worauf der andere erwidert: „Wenn ich heute Abend wegen meines Zahnwehs zu Gott bete, dann will ich nicht, dass es erst morgen, sondern dass es noch heute Abend weggeht."[1] Die beiden Theologen stehen für zwei unterschiedliche Auffassungen vom Gebet: Die erste Vorstellung lehnt die Idee, dass das Gebet ein magisches Erzwingen einer Erfüllung sei, kategorisch ab. Die zweite Vorstellung radikalisiert die abgelehnte Auffassung und geht davon aus, dass ein Gebet, welches nicht an seine Erfüllung glaubt und stattdessen von vornherein die Frage der Erfüllung einklammert, kein Gebet ist. Im Gebet, mit dem Gebet und vom Gebet wird etwas erwartet, dessen Erfüllung in einen großen, durch und in der Sprache gemeinsam eröffneten Raum gestellt wird. Die bewussten und unbewussten Anteile der Betenden sind in dieser Dynamik der Selbstöffnung in die Erwartung an das Gebet integriert und kommen, wie auch immer erfüllt, zu verwandelten Betenden zurück.

Der Adressat des Gebets wird – ohne selbst sichtbar zu sein – zum Garanten einer Ordnung, die über die menschliche sichtbare Ordnung hinausgeht, oder, wie es Joachim Küchenhoff in seinem Vortrag über das Gebet formuliert: „eine symbolische Ordnung, ein Gegenüber, das nicht aufgeht im Ich oder Du, das eine Beziehung stiftet, die nicht personal eingeschränkt ist, sondern über die Personen hinausgeht, insofern also die Bedingungen der Möglichkeit von Bezie-hungen überhaupt herstellt."[2] Wer betet, vertraut darauf, dass es eine Ordnung gibt,

---

1   Askani, Hans-Christoph: Die Sprache des Gebets, in: Gebot, Gesetz, Gebet. Love, Law, Life, Rosenzweig Jahrbuch/Rosenzweig Yearbook 8/9, München 2014, 208–232, 208.
2   Küchenhoff, Joachim: Das Gebet aus psychoanalytischer Sicht. Unveröffentlichter Vortrag vom 14.06.2016, gehalten am Jahrestreffen der deutschschweizerischen Psychiatrieseelsorgenden in Liestal.

die nicht von ihm oder anderen Menschen abhängt, die ihm aber auch nicht als anonyme Gegenmacht gegenübersteht, an die er sich vielmehr wenden kann. Aus psychoanalytischer Sicht ist eine solche Ordnung für die seelische Entwicklung entscheidend. Sie bildet ein Gegengewicht einerseits zur subjektiven Bilderwelt der Phantasien und Wünsche, andererseits zu einer nicht sprachlich-symbolisch zu erfassenden, begriffslos und damit unverarbeitet bleibenden Realität – mit Worten des französischen Psychoanalytikers Jean Laplanche: zum eingeklemmten Unbewussten. Zu dieser Ordnung kann sich der Einzelne im Gebet hinwenden, sich ihr öffnen und zugleich wieder verändert zurückkommen, indem Teile des unbewusst bislang sprachlos Gebliebenen in die symbolische Ordnung eingeholt bzw. von dieser aufgenommen werden können. So wird im und durch das Gebet ein heilsamer Vertrauensraum eröffnet, in den sich die Betenden hineinbegeben können und durch deren gelungene Symbolisierungen – sowohl die der Tradition als auch ihre neu gefundenen – sie verändert zu sich selbst zurückkommen.

In der Sprache Donald W. Winnicotts ausgedrückt: Im Gebet wird schöpferisch ein Übergangsraum, ein Raum von Erfahrungen aufgespannt. Die Betenden betreten ihn rufend, dankend, erwartend, hadernd, klagend, bittend und drängend. Dabei wissen sie um die Unterscheidung vom Gegenüber, mit dem sie in diesem Raum zusammenkommen können. Sie beten im Vertrauen darauf, loswerden zu können, was belastet, und auf ein Gegenüber zu treffen, das hört, ohne abzuweisen, und Wünsche aufnehmen kann, ohne sie erfüllen zu müssen. Das Betreten des Übergangsraumes schafft zunächst Sicherheit und Geborgenheit. In diesem Zwischenraum, der bezogen auf Alltagserfahrungen ist und doch über sie hinausweist, können sich die „Produkte der Phantasie [...] bewähren und reinigen"[3]. Das heißt, wer betet, kann vorgeprägte Erfahrungen loslassen und sich neuen Erfahrungen im Zwischenraum anvertrauen. Als entscheidend erweist sich in diesem Raum nicht der Gewinn von Lösungen oder Antworten, sondern die Tragfähigkeit der Beziehung des Betenden mit seinem Gegenüber.

Das Beten gründet nicht allein im Gegenüber von Gott und Mensch. Darüber hinaus kann die Institution des Betens als eine wesentlich soziale begriffen werden. Die Betenden bleiben im Gebet nicht bei sich, da sie sich in einer Gemeinschaft wissen. Die soziale Dimension des Gebets ist zum ersten ideellen Sinn selbst in Einsamkeit angesprochen: Die Betenden finden sich in einer größeren, zeit- und raumübergreifenden Gemeinschaft des Sprechens und Schweigens wieder, die noch in ihrer Absenz gegenwärtig ist. Betende können sich einer weltweiten und zeitübergreifenden Gemeinschaft der Gläubigen verbunden

---

3 Zenger, Erich: Das biblische Bilderverbot – Wächter der biblischen Gotteswahrheit, in: Katechetische Blätter 116 (1991) 381–388, zit. in: Riegger, Manfred: Ein virtueller Raum in der religiösen Erwachsenenbildung? Aspekte zum Aufbau eines Raumes durch Imagination für biblisches Textverstehen, in: Roth, Peter / Schreiber, Stefan / Siemons, Stefan (Hg.): Die Anwesenheit des Abwesenden. Theologische Annäherungen an Begriff und Phänomene von Virtualität, Augsburg 2000, 135–156, 149.

wissen. Zum zweiten konkreten Sinne wissen sich die Betenden in einer vertrauten Zweiersituation – im Seelsorgegespräch – oder in einer Gemeinschaft, die sich zu einem Gottesdienst oder einem spirituellen Anlass trifft, miteinander verbunden.

2. Das Gebet in einer Seelsorgesituation

Das dem Bewusstsein entzogene Unbewusste ist lange von vielen psychoanalytischen Theorien als etwas Individuelles begriffen worden. Sie erklärten es als ein bloß intrapsychisches Entwicklungsgeschehen und begriffen seine Entstehung und Funktionsweise weniger als einen inter- und intrapsychischen Vorgang. Die Theorie des französischen Psychoanalytikers Jean Laplanche[4] ist demgegenüber dadurch gekennzeichnet, dass sie das Unbewusste und den aus unübersetzbaren Elementen bestehenden Kern der Person als eine sich stets neu formierende und verändernde Kombination von intra- und interpsychischem Geschehnissen fasst. So möchte ich im Folgenden das in einer Seelsorgesituation entstandene Gebet als ein dynamisches und unbewusstes Geschehen verstehen, welches in einem geschützten und durch eine symbolische Ordnung gestützten Ort stattfindet. Folgendes Beispiel aus meiner Seelsorgetätigkeit in einer Psychiatrischen Klinik soll am Anfang dieser Überlegungen stehen.

Aus dem Asylzentrum wurde Frau Laurice in die Psychiatrische Klinik eingewiesen.[5] Als sie nach ihrer Flucht aus einem afrikanischen Land in der Schweiz medizinisch untersucht wurde, wurde bei ihr eine HIV-Infektion diagnostiziert. Sie war psychisch am Ende: Ihr Freund war von Regierungstruppen verschleppt und getötet, sie selbst war gefoltert, vergewaltigt und dabei mit dem HI-Virus infiziert worden. Sie musste ihre drei kleinen Kinder in ihrer Heimat zurücklassen. Eine engagierte Assistenzärztin vermittelte mir den Kontakt. Sie wünschte einen Rosenkranz und eine Bibelausgabe in französischer Sprache. Von da an hatten wir regelmäßig Gespräche im Seelsorgebüro in der Klinik. Zusammen gestalteten wir ein Abschiedsritual für ihren getöteten Freund im Raum der Stille. Später besuchte mich Frau Laurice regelmäßig von den verschiedenen Asylzentren der Schweiz aus in der Klinik.

Unsere Treffen hatten mit der Zeit einen festen Ablauf. Zu Beginn erzählte sie von ihrer Situation im Asylzentrum, von der freiwilligen Arbeit in einer

---

4 Laplanche, Jean: Die allgemeine Verführungstheorie und andere Aufsätze, Tübingen 1988.
5 Für ihre Erlaubnis, ihre Geschichte erzählen zu dürfen, sei an dieser Stelle Frau Laurice, die sich darüber freut, dass ihre Geschichte in diesen Beitrag aufgenommen wird, herzlich gedankt! Die Angaben zu ihrer Person wurden aufgrund des Personenschutzes verschlüsselt und modifiziert. Den Namen für diesen Aufsatz hat sich Frau Laurice selbst ausgesucht.

Begegnungsstätte, die ich ihr vermittelt hatte, und von der Sorge um ihre Kinder, die bei Frau Laurices Eltern in Afrika lebten. Dann hörten und sahen wir zusammen von Frau Laurice ausgewählte französischsprachige Videoclips, meist französischsprachige Gospels und religiöse Lieder auf meinem Computer. Wir sangen teilweise mit, Frau Laurice bewegte sich zur Musik. Zum Schluss beteten wir zusammen, d. h. ich fragte sie nach ihren Wünschen und Anliegen und formulierte dann ein freies Gebet für sie, welches mit „das bitten wir dich durch Jesus Christus, unsern Herrn und Heiland" endete. Ich betete jeweils auf Deutsch, sonst unterhielten wir uns auf Französisch. Von ihren Traumatisierungen erzählte Frau Laurice nur selten, und dann lediglich in Andeutungen. Für Frau Laurice waren besonders unsere Gebete am Ende unserer Gespräche wichtig, die sie trösteten, mit Kraft erfüllten und ihr Zuversicht und Hoffnung gaben.

Eines Tages wünschte Frau Laurice das Lied von Sandra Mbuyi „Goodness"[6], ein Mix aus französischen und afrikanischen Texten. Wir sahen zusammen den Videoclip, der mit verschiedenen kulturellen Welten spielt: Eine Frau sitzt in einem Kinozuschauerraum und sieht auf der Bühne weißgekleidete Frauen tanzen, die Sängerin trägt in einer anderen Szene ein prächtiges Kleid mit auffallenden Schmuck, der sie, wie Frau Laurice meinte, an den Schmuck Kleopatras erinnern würde. Um sie herum tanzen buntgekleidete Männer. Sandra Mbuyi singt:

> Du erfüllst mich mit überfließender Gnade
> Du hast die Scham weggenommen
> Du hast mich mit meinem schönsten Kleid bekleidet
> Du hast mein Gesicht zum Leuchten gebracht
> Du hast die Freude zurückgebracht
> Deine Versprechen hast Du gehalten
> Ich sehe Deine Wunder
> Ich sehe Deine Güte
> Deine Güte ist zu viel
> Du machst mich sprachlos[7]

Während wir den Clip hörten, begann Frau Laurice zu weinen. Sie erzählte zum ersten Mal von den Traumata, die sie erlitten hatte. Sie konnte den Wunsch und die Hoffnung, dass Gott ihre Scham wegnimmt und sie mit einem wunderschönen Kleid bekleidet, zusammen mit ihrer Trauer über den Verlust ihrer

---

6 Sandra Mbuy ist eine Gospelsängerin aus dem Kongo. Ihre Lieder sind ein Mix aus ihrer Muttersprache Lingala und Französisch. Offizieller Videoclip von Goodness, zuletzt abgerufen am 21.04.2024 https://www.youtube.com/watch?v=P7JjgV7yweg.

7 „Tu m'as comblé de joie qui déborde
Tu as ôté ma honte, tu m'as revêtu de ma plus belle robe
Ah-ah-ah-ah
Elongi na ngai Y'ongengisi
Esengo na ngai Y'ozongisi
Nions'oloba Y'okokisi"
Aus dem Lied „Goodness", Übersetzung RM.

körperlichen Integrität und des Zusammenlebens mit ihren Kindern, zur Sprache bringen. Sie wünschte sich, einmal wieder Freude zu empfinden und die erlittene Schmach und den Schmerz zu vergessen. Es war für uns beide ein berührender, intensiv emotionaler Moment. Später formulierte ich ein Gebet, in dem ich für die heilsamen Tränen dankte und Frau Laurices Schmerz und ihre Wünsche und Bitten für die Familie zur Sprache brachte.

Das eben skizzierte Geschehen, welches an einem vertrauten und geschützten Ort stattfinden konnte, kann als ein triadisches Beziehungsgeschehen zwischen Frau Laurice, mir und der durch das Gebet und den Videoclip erweiterten Position des Dritten verstanden werden. Diese Triangulierung ermöglichte es Frau Laurice, sich zu öffnen. Oder, wie es Joachim Küchenhoff formuliert: „Das Sich-Öffnen im Gebet hat […] eine implizite selbstreflexive Bedeutung: sie führt den, der betet, auf eine symbolische Ordnung zurück, die zu ihm gehört, indem sie ihn als Individuum ebenso übersteigt wie ausmacht."[8] In unserer Begegnung konnte ein Teil von Frau Laurices Trauma auf einer affektiven und imaginativen Ebene integriert werden. Dabei war das Bild des Überkleidetwerdens mit einem neuen Kleid besonders wichtig. Es knüpft an die biblische Geschichte von der Vertreibung aus dem Paradies an, nach der Gott Adam und Eva zum Schutz ihrer Scham Kleider schenkt.[9] Unter Rückgriff auf Schemata, die durch kulturelle und religiöse Überlieferung gebildet werden, und durch das im Clip entfaltete Narrativ wurde ein affektiver Prozess angeregt und verstärkt, in dem ein Teil jenes nicht integrierbar Traumatischen übersetzt und auf eine bewusste Ebene geholt werden konnte.

Zum besseren Verständnis des in unserer Begegnung mitlaufenden unbewussten Vorgangs verhilft Laplanches Theorie. Meine These lautet nun, dass die allgemeine Verführungstheorie, welche die frühkindliche Interaktion mit Erwachsenen erklärt, auch dazu verwendet werden kann, die (Un)Möglichkeit der Verarbeitung von traumatischen Erlebnissen bei Erwachsenen, wie etwa gewaltsame sexuelle Handlungen, besser zu verstehen. Die überwältigenden traumatischen Erfahrungen befinden sich meines Erachtens unverarbeitet und unverstanden als rätselhafte Botschaften in einem Zwischen- oder Vorraum des Unbewussten.[10] Das Trauma kann von den Traumatisierten nicht übersetzt werden, da keine Kategorien oder Symbolsysteme mehr vorhanden sind, mit denen dieses unerklärlich Gewaltsame übersetzt werden könnte. Um dies näher zu erläutern, soll hier die Theorie Laplanches etwas ausführlicher dargestellt werden.

---

8   Küchenhoff, Das Gebet aus psychoanalytischer Sicht.
9   Vgl. Gen 3,21: „Und der Herr, Gott, machte dem Menschen und seiner Frau Röcke aus Fell und legte sie ihnen um."
10   Dieses erweiterte Verständnis des eingeklemmten Unbewussten ist zugegeben etwas unorthodox. Ich (RM) denke gleichwohl, dass es hilft, das traumatische Erleben von Menschen oder auch das Erleben von demenzkranken Menschen besser zu verstehen.

2.1 Die allgemeine Verführungstheorie

Laplanche begreift die Ausgangsposition des auf wechselseitige Beziehungen angelegten Kleinkindes gegenüber den Erwachsenen als radikal asymmetrisch. Der Begriff der „Allgemeinen Verführungstheorie" spielt darauf an, dass der Prozess der psychosexuellen Verführung unumgänglich ist, weil er strukturell in dieser asymmetrischen Beziehung zwischen Erwachsenen und Kleinkindern angelegt ist. Im Unbewussten des Erwachsenen kann dessen Begehren dauerhaft wirksam sein. So finden Botschaften des Erwachsenen an das Kleinkind statt, die „[...] *durch etwas anderes gestört*"[11] sind. Laplanches These lautet, dass diese Botschaften für den Säugling zunächst rätselhaft sind, deswegen von ihm verdrängt werden und so das Unbewusste bilden.

Weil schon kleinste Kinder darauf angelegt sind, ihre Umwelt verstehen zu wollen, geraten sie immer wieder an die Grenzen des Verstehens. So auch im Kontakt mit den unbewussten Botschaften, welche die Erwachsenen von Anfang an dem Säugling übermitteln. Die unbewussten Anteile kommen beim Kind als rätselhafte Botschaften an. Das Kind, das immer schon verstehen will und in einem wechselseitigen Dialog mit den Erwachsenen steht, hat keine andere Wahl, als die Entzifferung dieser Rätsel zu versuchen. Dieses Unausweichliche stellt nach Laplanche die Urverführung dar. Doch aufgrund der Asymmetrie der Beziehung – besonders auf der psychosexuellen Ebene –, kann die Übersetzung der rätselhaften Botschaften nur teilweise, meist gar nicht gelingen. Es bleiben unübersetzbare Reste zurück, die verdrängt werden, und auf diesem Weg bilden sich die Kerne des Unbewussten. Oder anders ausgedrückt: die rätselhaften Botschaften konstituieren als implantierte Botschaften erst ein psychisches Innenleben.

2.1.1 Die rätselhaften Botschaften

Wie kommt es zu den unbewussten Botschaften der Erwachsenen? Der Umgang der Erwachsenen mit dem Kind ist durchtränkt von unbewussten, im Freudschen Sinne sexuellen, aber auch aggressiven oder infantilen Phantasien; die Botschaften stellen Kompromissbildungen zwischen dem Bewussten und dem Unbewussten dar. Das Kind kann sie noch nicht verstehen, weil es keine sexuellen Phantasien und keine hormonellen Auslöser wie die Erwachsenen hat. Das infantil Sexuelle ist nicht angeboren (hereditär).[12] Trotzdem versucht das Klein-

---

11 Laplanche, Jean: Die rätselhaften Botschaften des Anderen und ihre Konsequenzen für den Begriff des ‚Unbewußten' im Rahmen der Allgemeinen Verführungstheorie, in: Psyche 58 (2004). Sonderheft. Der Andere in der Psychoanalyse. Figuren der Begegnung, 898–913, 899.
12 So unterscheidet sich Laplanche von Freud. Vgl. Laplanche, Die rätselhaften Botschaften, 901: „Von uns bestritten wird [...] nur das Primat des Hereditären in Bezug auf die infantile Sexualität."

kind, diese im ersten Moment überwältigenden Botschaften mit den ihm zur Verfügung stehenden Schlüsseln zu übersetzen. Übersetzen heißt hier nicht einfach Versprachlichen, sondern es ist als ein psychischer Integrationsprozess zu verstehen, der auf einer affektiven und imaginativen Ebene stattfindet. Die angeborenen und erworbenen Codes, über die das Kind verfügt, sind nicht ausreichend, um der Botschaft zu begegnen. Es muss entweder einen neuen Code bilden oder vorhandene kulturelle und religiöse Schemata zu Hilfe nehmen.

Weil die Botschaften in sich widersprüchlich sind und das Kind auch noch nicht über die geeigneten Codes verfügt, ist der Übersetzungsprozess nie vollständig. Immer können nur Teile übersetzt und integriert werden, andere Teile bleiben dagegen unübersetzt. Dieser unübersetzte Rest ist, so Laplanche, das Unbewusste, das durch die Übersetzung Verdrängte. Immer wieder wird dieses Unbewusste angeregt, es kommt zu einer Wiederkehr des Verdrängten, das eine bessere Übersetzung fordert, die mehr von der „rätselhaften Botschaft" integrieren kann. Der Satz an affektiven und symbolischen Übersetzungscodes wächst und verändert sich mit der körperlichen, seelischen und intellektuellen Reifung. Im Laufe der psychischen Entwicklung kommt es zu ständigen Neuübersetzungen mit Hilfe von Codes und „vorgefertigten narrativen Schemata"[13]. Diese Übersetzungshilfen in Form von Mythen, Geschichten und Symbolen – etwa die der christlich-jüdischen Tradition – werden von der kulturellen Umgebung des Kindes zur Verfügung gestellt. Die Übersetzung hat die Aufgabe, im psychischen Apparat eine vorbewusste Ebene einzurichten. Das Vorbewusste – wesentlich das Ich – ist die Art und Weise, wie das Subjekt sich seine Geschichte aufbaut und vorstellt. Die Übersetzung der rätselhaften Erwachsenenbotschaft geschieht zweizeitig: Zum ersten Zeitpunkt wird die Botschaft des Andern nur eingeschrieben, ohne verstanden zu werden. Sie ist unter der dünnen Schicht des Bewusstseins gehalten, zusammen mit anderen unübersetzten Botschaften, die sich in vorläufiger Erwartung auf eine Übersetzung befinden. Zu einem zweiten Zeitpunkt wird die Botschaft von innen neu belegt; sie wirkt wie ein innerer Fremdkörper, der integriert und beherrscht werden muss. Da die Botschaft kompromisshaft und unzusammenhängend ist, ist die Übersetzung unvollkommen und hinterlässt Überreste, die das Unbewusste im eigentlichen Sinn bilden.

Laplanche behauptet nun ein Nebeneinander von zwei Mechanismen in ein und demselben Individuum, die nebeneinander existieren und sich gegenseitig nicht zur Kenntnis nehmen.[14] Die vertikale Grenze bezeichnet die Spaltung, die horizontale Grenze die Verdrängung. Im neurotischen Teil herrscht der Mechanismus der Verdrängung, im psychotischen Teil der Mechanismus der Spaltung und Verleugnung. Die Grenze zwischen neurotischem und psychotischem Teil ist bei jedem Menschen unterschiedlich. Bei den Neurotikern, also den gut

---

13 Laplanche, Die rätselhaften Botschaften, 908.
14 Vgl. zum Folgenden die beiden Abbildungen bei Laplanche, Die rätselhaften Botschaften, 906 und 907.

strukturierten Menschen, ist der Mechanismus der Verdrängung vorherrschend, bei psychotischen Menschen der Mechanismus der Spaltung und Verleugnung. Je nach Lebenszeitpunkten können sich diese Verhältnisse ändern, und ein Mechanismus gewinnt die Oberhand. Beide Teile des Psychischen stehen in Verbindung zu einer äußeren Realität, die Laplanche zentral als das menschliche Andere fasst. Sie haben keine Kenntnis voneinander, sie sind aber keineswegs ohne Übergang. Die Grenze kann überschritten werden, wenn ein neuer Übersetzungsprozess in Gang gesetzt wird. Die rätselhaften Botschaften werden von einem Teil der Psyche aufgenommen und verharren dort erst einmal. Sie befinden sich im eingeklemmten Unbewussten oder auch Unter-Bewussten, bevor sie durch mit ihnen assoziierte Erlebnisse wieder angestoßen und so nachträglich einem Übersetzungsprozess unterworfen werden. Ein Teil wird übersetzt, d. h. ins Vorbewusste integriert, andere Teile bleiben unübersetzt und bilden das fragmentarische, nicht integrierte Unbewusste. Eingeklemmt wird das Unbewusste genannt, weil die Elemente darin noch auf eine Übersetzung warten.

Ausgehend von Laplanches Verständnis der anthropologischen Grundsituation und dem Umgang des Kindes mit den rätselhaften Botschaften des Andern möchte ich folgende These und Zusammenschau wagen: Die Einschreibungen der rätselhaften Botschaften und Übersetzungsvorgänge sind m. E. nicht allein auf die Kindheit und die Eltern-Kind-Beziehung beschränkt, sondern sie können im Erwachsenenalter immer wieder stattfinden. Für die Übersetzung der Botschaften des Anderen und die Überführung eingeklemmter, nichtübersetzter Anteile in vorbewusste Anteile und verdrängte Teile ist es Laplanche zufolge entscheidend, dass sie „von innen neu belebt"[15], d. i. durch etwas anderes ausgelöst werden. Ein Gebet kann die nichtübersetzten Anteile neu beleben und einen Übersetzungsvorgang anregen.

2.1.2 Die rätselhaften Botschaften in der religiösen Praxis

Für das Verständnis des Gebets mit Frau Laurice nach ihrem traumatischen Erlebnis ist entscheidend, dass sich die rätselhaften Botschaften in einer dem Bewusstsein entzogenen Grenzregion befanden. Sie waren sprachlos, unverstanden, dem Bewusstsein verborgen und auch gefährlich, da sie Frau Laurice zeitweise zu überschwemmen drohten. Im eingeklemmten Unbewussten warteten sie auf eine Übersetzung. Im geschilderten Beispiel wurde der Übersetzungsvorgang des eingeklemmten Unbewussten durch die vom Alltag unterschiedene Situation in der Seelsorge angeregt. Aufgrund dieses sicheren Vertrauensraums in meinem Büro und dem Vertrauen, das sie in die Seelsorgerin entwickelt hatte, konnte es Frau Laurice wagen, die rätselhafte Botschaft – das andere, nicht verstehbare ihrer Traumata, das in ihren Körper und ihr Unbewusstes ein-

---

15 Laplanche, Die rätselhaften Botschaften, 902.

geschrieben war – zu übersetzen. Dabei halfen ihr die Übersetzungscodes ihrer kulturellen und religiösen Tradition, d. h. sowohl die im Videoclip enthaltenen Träume, Bilder und Narrationen, als auch die der biblischen Sprache nachgebildete Formulierung einer Hoffnung auf Überwindung der Scham: „Du hast mich mit meinem schönsten Kleid bekleidet." Im Hören und Sehen des Videoclips und im Gebet konnte ein Übersetzungsversuch in der vertrauten Seelsorgesituation und dem Gebet gewagt werden und Veränderungen möglich erscheinen lassen.

Es gibt vieles, was in der Geschichte von Frau Laurice unlösbar sein wird, auch werden ihre Traumata nicht einfach verschwinden. Doch es bleibt zu hoffen, dass es ihr gelingen kann, den Anteil des fragmentarischen, eingeklemmten Unbewussten zu minimieren, sodass Flashbacks, Ängste und Depressionen weniger häufig auftreten.

3. Das Gebet im Gottesdienst

Donald W. Winnicott betrachtet den allgemeinmenschlichen Raum von Erfahrungen unter dem Aspekt interpersonaler Prozesse.[16] In dieser Perspektive wird im Folgenden eine gottesdienstliche Gebetspraxis als das Erschließen unbewusster Räume gewertet, die zu einem neuen Umgang mit einem prägenden Reservoir von Erfahrungen befähigt, welche bislang zu Einengungen des Erlebens geführt hatten.

3.1 Intermediärer Raum als Kompetenzerweiterung

Donald W. Winnicott entwickelte für die Fähigkeit zur oben bereits erwähnten Symbolisierung das Konzept des Übergangsraums.[17] Es ist ein Raum, der Rückzug ermöglicht. In ihm kann der Mensch „innere und äußere Realität voneinander getrennt und doch in wechselseitiger Verbindung" halten,[18] was Erleichterung schafft, Ruhe und das Bewusstsein von Handlungsfähigkeit. Dem Konzept liegen Beobachtungen an Säuglingen zugrunde: Gegenstände, die weder Teil des Subjekts sind noch bereits als völlig zur Außenwelt gehörig (Objekt) erkannt

---

16 Riegger, Manfred: Ein virtueller Raum in der religiösen Erwachsenenbildung? Aspekte zum Aufbau eines Raumes durch Imagination für biblisches Textverstehen, in: Roth, Peter / Schreiber, Stefan / Siemons, Stefan (Hg.): Die Anwesenheit des Abwesenden. Theologische Annäherungen an Begriff und Phänomene von Virtualität, Augsburg 2000, 135-156, 137.
17 Vgl. die ausführliche Darstellung bei Raguse, Hartmut: Seelenräume. Psychoanalytische Hermeneutik und seelsorgerliche Reflexion, Stuttgart 2022, 225f.
18 Winnicott, Donald. W.: Übergangsobjekte und Übergangsphänomene. Eine Studie über den ersten, nicht zum Selbst gehörenden Besitz, in: Psyche 23 (1969), 666–682, 668.

werden, nehmen die Rolle von „Übergangsobjekten" ein.[19] In der ursprünglichen frühkindlichen Omnipotenz-Phantasie ist das (nährende) Gegenüber kein äußeres Objekt, sondern Teil des Selbst, das bei Bedarf „erschaffen" werden kann. Im Alter zwischen vier und zwölf Monaten, so Winnicotts Beobachtung, kommt es allmählich zur Desillusionierung, das Gegenüber ist nicht mehr einfach verfügbar. Es gehört also nicht mehr ununterscheidbar zum eigenen Selbst, sondern wird Teil einer Nicht-Ich-Außenwelt. Übergangsobjekte wie ein weiches Tuch zum Beispiel ermöglichen nun, die Abwesenheit der engsten Bezugsperson zu überbrücken, und wirken dadurch als Trostgeber oder Abwehrhilfen gegen Ängste. Das Übergangsobjekt ist damit ein dritter Bezirk zwischen der Außenwelt und der Innerlichkeit.[20] Es steht für ein Geschehen *zwischen* Mutter und Kind; es *ist* selbst *nicht* die abwesende oder es repräsentierende Person, schafft aber eine Vergewisserung ihrer Wirklichkeit und ihrer Rückkehr. Beim Erwachsenen tritt an die Stelle des Übergangsobjektes für die Vorstellung eines „Dazwischen" der Übergangsraum. Geöffnet wurde dieser Raum, als das Kind lernte, zwischen sich und der Mutter zu unterscheiden. Das Dazwischen ist der Ort, an dem Gefühle entstehen und die Ereignisse für die Person Bedeutung bekommen;[21] hier wird der Verlust als Möglichkeit erkannt – dass man etwas, was man „hat", auch wieder verlieren kann, eben weil es nicht zu einem selbst gehört. Der intermediäre Raum hat also eine vermittelnde Rolle zwischen innerer und äußerer Realität. Winnicott verwendet dafür die Metapher vom „Bindfaden", durch den zwei verschiedene Objekte „zugleich verbunden und voneinander getrennt" sind.[22] Hier geschieht Schöpfung eines Nicht-Ichs aus Illusionen (Verbindungsfähigkeit) und Lösungsmöglichkeiten (Objekt)[23] – mit anderen Worten: Es öffnet sich ein Raum des Hoffens bzw. möglicher Entwicklung. Zwischenraum und Übergangsobjekt stehen also im Dienste des ‚Akzeptierens der äußeren Realität',[24] gleichzeitig aber auch für einen kreativen Prozess, durch den Kompetenzen ausgebildet werden. Die erfahrene Welt und die symbolische Realität können miteinander in eine Beziehung treten. Für den Erwachsenen ist dieser Raum das „als ob", und damit „die Bedingung der Möglichkeit, Spiel, Kunst und Religion zu erfahren."[25]

---

19   Riegger, Virtueller Raum, 140.
20   Raguse, Psychoanalytische Hermeneutik, 225.
21   Schlienger, Ines: Die Teufelsbrücke und andere Übergänge, in: Bürkler, Sylvia / Kronenberg, Beatrice (Hg.): Übergänge. Personen – Systeme – Politik, Luzern 2007, 71–95, 82.
22   Vgl. Winnicott, Donald W.: Vom Spiel zur Kreativität, Stuttgart 1974, 125.
23   Müller, Ulrich A.: Intermediäre Schöpfungen. An den Rändern kreativen Prozessierens, in: Journal für Psychoanalyse 62 (2021), 63–85, 64; vgl. auch Winnicott, Übergangsobjekte und Übergangsphänomene, 679.
24   Riegger, Virtueller Raum, 143.
25   Raguse, Psychoanalytische Hermeneutik, 225.

3.2 Das Gebet in der Gemeinschaft

Im Blick auf die traditionelle gottesdienstliche Gebetspraxis stellte sich in einer reformierten ländlichen Kirchengemeinde die Frage, inwiefern diese kreative Erfahrung im intermediären Raum im gottesdienstlichen Gebet gemacht werden kann. Ist sie überhaupt möglich, wenn die für die Liturgie verantwortliche Person die allein Sprechende ist? Unsere Überlegung dabei war zunächst, ob das schweigende Mitbeten für Gottesdienstteilnehmer nicht einen rationalen Abstand schaffe, der als wenig emotional berührend und unmittelbar ergreifend empfunden wird. Eine erste Annäherung im Dialog mit Gottesdiensteilnehmenden führte zu der Feststellung, dass die kreative Erfahrung bei Gebeten, die in der Stille vollzogen werden können, möglich ist, bei Gebeten also, bei denen die Betenden eigenständig, wenn auch lautlos, sprechen bzw. formulieren.

Wir entwickelten daraus eine gemeinschaftliche Gebetsform, die aktive Teilnahme und gegenseitige Anteilnahme im Gottesdienst ermöglichen kann. Es sollte Beteiligung, bzw. geteilte Symbolisierung möglich sein und damit auch eine neue Form der Entwicklung. Ein bekanntes Gemeinschaftselement der gottesdienstlichen Erfahrung ist die Versammlung der Gottesdienstteilnehmenden um den Abendmahlstisch in einem Kreis. Wir griffen dieses Element auf und setzten es nun für das Sammlungsgebet am Anfang des Gottesdienstes ein. Die Gemeinde wurde also eingeladen, sich zum Gebet um den Abendmahlstisch in einen Kreis zu begeben und auf dem Weg aus den Bankreihen dorthin aus einer Schale eine dünne lange Kerze (Stabkerze) mitzunehmen. Das Gebet wurde mit der Feststellung eröffnet, dass wir uns auf die Begegnung mit Gott einstimmen möchten und dabei jede und jeder in einem Gebetssatz sagen könne, was ihm bzw. ihr jetzt gerade wichtig sei – ein Dank, ein Anliegen, eine Last. Alle dürften dazu ihre Stabkerze an der Osterkerze auf dem Abendmahlstisch anzünden und sie in die bereitstehende Sandschale stecken. Das jeweilige Gebet dürfe laut geäußert oder in der Stille zum Ausdruck gebracht werden, wie die Teilnehmenden es als authentisch empfänden. Anschließend solle man sich wieder in den Kreis stellen. Die Kerze fungierte dabei als „Sprachhilfe", die es den still Betenden erlaubte, ihre Teilnahme ebenfalls handelnd zum Ausdruck zu bringen. Überraschenderweise artikulierte fast die Hälfte der Teilnehmenden ihr Gebet hörbar, und sie bekundeten im Anschluss an den Gottesdienst, dass sie diese Erfahrung als besonders kraftvoll erlebt hätten. Am Schluss dieses gemeinsamen Sammlungsgebetes reichten im Kreis alle einander die Hand und wurden mit dem Sendungswort „Geht im Frieden!" wieder in ihre Bänke entlassen. Mit dieser Form des geteilten Gebetes näherten wir uns dem, was im Winnicott-Modell das Kreative,[26] das Spiel ist.

---

26 Der Raum bei Winnicott ist in den englischen Originaltiteln der „potential space". Anders formuliert, der Ort der Möglichkeiten, der Schritt in eine offene Zukunft.

„Du hast mich mit meinem schönsten Kleid bekleidet." 169

Wir haben diese Form gemeinschaftlichen Gebetes an den Anfang des Gottesdienstes gelegt. Eine ältere Dame, die erst seit kurzem in der Gemeinde ist und regelmäßig den Gottesdienst besucht, lobte in einem Gottesdienstnachgespräch den zeitlichen Ort dieses Gebets. Es verbinde und befreie zugleich, zwar jedes Mal sehr verschieden, aber „ich bin im Anschluss daran viel aufmerksamer, als wenn Sie es auslassen."

3.3. Veränderte Realität

Unter den Teilnehmenden war Herr B., der lange als kritischer Beobachter mit dem Sinn seiner Kirchenmitgliedschaft gerungen hatte. Nach einem Gottesdienst mit Kerzengebet bat er mich [UD] um ein Gespräch. Er habe es nun bereits zum zweiten Mal erlebt, selbst ein Gebetsanliegen sagen zu können und dazu eine Kerze anzuzünden. Daraufhin habe er eine innerliche Ruhe gefunden, die ihm bisher unbekannt gewesen sei. Zugleich habe er eine Akzeptanz gespürt, die bewirkt habe, dass er sich nun seinerseits des Öfteren dabei „ertappe", „ihm [Gott] wie wir im Gottesdienst" etwas zu sagen. Ich fragte ihn dann nach seiner Erfahrung dabei, woraufhin Herr B. zu erzählen begann, er müsse „es" nicht mehr selber tragen. Angesprochen auf das „es", erzählte er mir in mehreren Gesprächen im Verlauf der anschließenden Wochen, dass er in seinem Leben eigentlich immer allein habe kämpfen müssen. Er erkrankte an einer Kinderlähmung, welche eine Deformation der unteren Extremitäten zur Folge hatte. Er erlebte Mobbing – dieses Wort war in seiner Kindheit noch unbekannt – von Seiten seiner Mitmenschen und musste viele Außenseitererfahrungen machen. In den Institutionen, in die er „abgestellt" worden sei, habe er Missbrauch erlebt. Später machte er eine Karriere im Motorsport und war anschließend selbständig erwerbend im Autoreparaturwesen. Inzwischen ist er pensioniert, doch wegen eines Krebsleidens sei er seit fünf Jahren immer wieder mit „Schlägen" konfrontiert. Nur das eine habe er gewusst: „Du musst kämpfen!", denn er habe beweisen wollen, dass er sich nicht einschüchtern lasse. Ob sich für ihn nun dieser Kampf verändert habe, wollte ich dann wissen. „Es ist auf einmal kein *Kampf* mehr. Ich weiß jetzt, ich *darf* einfach sein, ich fühle mich sehr beschenkt." Mit „ihm" reden zu können, nannte Herr B. eine Entdeckung, die guttut. „Dass ich das in ihrer Kirche gefunden habe, hat meine Fragen verändert." Die Erfahrung geteilten Betens – und darin vielleicht auch die Erfahrung, mit Lebenskämpfen nicht alleine zu sein – hat es Herrn B. erlaubt, einen neuen, offeneren Zugang zu seinem Schicksal zu finden, und hat die Zufriedenheit mit seinen Lebensbedingungen gesteigert. Dabei fand er einen neuen Zugang zu sich selbst und seinen Gefühlen. Im Verlauf der folgenden drei Monate erlebte ich Herrn B. in unseren Gesprächen als zunehmend selbstsicher.

Viele Faktoren haben dazu beigetragen, dass in Herrn B.s Erleben das eigene Vorankommen als Überlebenskampf erlebt und erlitten wurde und zu Einschränkungen in seinen Beziehungen führte, ohne dass wirkliche Alternativen entstanden wären. Durch das persönliche Gebet innerhalb einer Gemeinschaft konnte er eine soziale Erfahrung machen, die ohne die gewohnten Kampf- oder Verteidigungsstrategien möglich war, sodass er sein Dasein auf einmal als verändert erleben konnte. Ich hoffe, dass diese Sicherheit im ‚Übergangsraum Gebet' ihm auch künftig einen befreienden, veränderten und damit entlastenden Blick auf sich selbst eröffnet. Das kreative Spiel im Gebet nimmt die Welt nicht nur als unverrückbare Gegebenheit hin, sondern erkundet ihre Möglichkeiten und Potentiale.

Die Seele schöpft tief Atem beim Gebet. Wer betet, steckt einen Rahmen ab, der sich vom Alltag unterscheidet (Küchenhoff). Dies erfuhr die oben genannte ältere Frau, die nun im Gottesdienst aufmerksamer sein konnte. Im Übergangsraum, welchen das Gebet realisiert, ist Neues möglich, doch es birgt Risiken: was passiert, ist ungesichert. Herr B. ließ sich ebenfalls auf Ungewohntes ein; er war bereit, vorgeprägte Erfahrungen, Lasten und Sorgen loszulassen; er stand anderen Lebensmöglichkeiten aufgeschlossener gegenüber: „Ich muss nicht mehr kämpfen!" Das Gebet erlaubte ihm eine andere Sicht auf sich selbst. Das durch das Gebet neu gewonnene Verständnis des eigenen Werdegangs und der Lebens- und Leidensgeschichte hat gewisse Parallelen zur analytischen Situation, aus der Analysand und Analytiker verändert hervorgehen, wenn freilich auch auf verschiedene Weise:[27] im Gebet sind es die Betenden und die sich verändernde Repräsentanz des geglaubten Gegenübers.

4. Von den Wirkungen des Gebets und dem Unbewussten

Das Gebet ist immer beides: ein zur Sprache bringen und ein Zuhören. In der Bergpredigt thematisiert Jesus das Beten als etwas jederzeit und ohne rituelle Vorgaben Mögliches, doch er warnt auch vor einem magischen Gebetsverständnis (vgl. Mt 6,7) und motiviert zum eigenständigen Zwiegespräch mit Gott. Damit ist eine wichtige Erweiterung der religiösen Gebetspraxis angesprochen: Gebet ist nicht nur Teil religiös-institutioneller oder -ritualisierter Praxis, es ist auch spirituelle Praxis, also individueller, freier Vollzug, mit anderen Worten „die Bewegung des Glaubens als ewiges Neu-Anfangen und Neu-Fragen" im performativen Sinne.[28] Das zeigt sich deutlich im oben beschriebenen Gottesdienstmodell

---

27 Vgl. Ermann, Michael: Intersubjektivität im Übergangsraum, in: Kögler, Michael /Busch, Eva (Hg.), Übergangsobjekte und Übergangsräume. Winnicotts Konzepte in der Anwendung, Gießen 2014, 169–186, 11.
28 Breidenbach, Johanna: Das Gebet als metaphorischer Prozess. Die Erneuerung von Welt und Sprache bei Michel de Certeau und Günter Bader, Zürich 2020, 102, Anm. 420.

am Bedürfnis, eigene Gebetssätze im Gemeinde-Kontext formulieren zu können. Das Gebet hat es ermöglicht, dass die eigenen unbewussten Erfahrungen, Phantasien, Blockaden und Wünsche in einen Übergangsraum entlassen werden können, um dann verändert zu einem veränderten Betenden zurückzukommen.

Im Gegenzug dazu war das Gebet in der oben geschilderten seelsorglichen Zweiersituation mit Frau Laurice weniger freies kreatives Spiel und Wagnis als vielmehr ein zuverlässiger Zugang zu der Dimension des dritten Anderen, welche in einer aus den Fugen geratenen inneren und äußeren Realität Ordnung garantieren und symbolisieren kann. Diese Ordnung kann ein sicheres Gegengewicht zu einer Welt bilden, welche von Panik und traumatischen Flashbacks geprägt ist. Sie stellte einen sicheren Hort in der prekär unsicheren Situation einer Asylbewerberin dar. Im Gebet können Hoffnung und Schmerz aufgehoben werden und der Glaube an Gerechtigkeit weiterleben. Der imaginative und affektive Bezug auf die symbolische Ordnung half mit bei einem psychischen Integrationsprozess: Mithilfe von narrativen Codes des christlichen Glaubens und der kulturellen Tradition, die im Videoclip aufgerufen wurde, konnte ein Teil des eingeklemmten Unbewussten neu belebt, neu übersetzt und zur Sprache gebracht werden und wurde somit als weniger bedrohlich erlebt.

Die Gebetspraxis verhalf sowohl Frau Laurice als auch Herrn B. zu einer neuen Selbstwahrnehmung dafür, eine einschränkende Realität neu zu verstehen, wodurch die Dominanz der Ängste und des Überlebenskampfgefühls in einer unsicheren Welt gemindert werden konnte. Im je eigenen Erleben wurden die Ich-Anteile für die Bewältigung des Erlebens gestärkt. Das eingeklemmte Unbewusste konnte durch das Gebet ein Stück weit neu belebt und integriert werden. Das Unbewusste in der Gebetspraxis ist selbst eine Realität, die Gott als Bedingung der Möglichkeit von Beziehung überhaupt und die vorausgesetzte symbolische Ordnung wirklich werden lässt. Der betende Mensch wandelt im Gebet seine Wirklichkeit in ein neues Selbstverständnis, d. h. in ein niemals sich nur selbst verdanktes Verstehen – auch des Unbewussten.

Literatur

Askani, Hans-Christoph: Die Sprache des Gebets, in: Gebot, Gesetz, Gebet. Love, Law, Life, Rosenzweig Jahrbuch/Rosenzweig Yearbook 8/9, München 2014, 200–232.
Breidenbach, Johanna: Das Gebet als metaphorischer Prozess. Die Erneuerung von Welt und Sprache bei Michel de Certeau und Günter Bader, Zürich 2020, zuletzt abgerufen am 29.04.2024 unter https://www.zora.uzh.ch/id/eprint/187453/1/Breidenbach_Johanna_Dissertation.pdf.
Ermann, Michael: Intersubjektivität im Übergangsraum, in: Kögler, Michael /Busch, Eva. (Hg.): Übergangsobjekte und Übergangsräume. Winnicotts Konzepte in der Anwendung, Gießen 2014, 169–186.

Küchenhoff, Joachim: Das Gebet aus psychoanalytischer Sicht. Unveröffentlichter Vortrag vom 14.06.2016, gehalten am Jahrestreffen der deutschschweizerischen Psychiatrieseelsorgenden in Liestal.

Laplanche, Jean: Die allgemeine Verführungstheorie und andere Aufsätze, Tübingen 1988.

Laplanche, Jean: Die rätselhaften Botschaften des Anderen und ihre Konsequenzen für den Begriff des ‚Unbewußten' im Rahmen der Allgemeinen Verführungstheorie, in: Psyche 58 (2004). Sonderheft. Der Andere in der Psychoanalyse. Figuren der Begegnung, 898–913.

Müller, Ulrich A.: Intermediäre Schöpfungen. An den Rändern kreativen Prozessierens, in: Journal für Psychoanalyse 62 (2021), 63–85.

Raguse, Hartmut: Seelenräume. Psychoanalytische Hermeneutik und seelsorgerliche Reflexion, Stuttgart 2022.

Riegger, Manfred: Ein virtueller Raum in der religiösen Erwachsenenbildung? Aspekte zum Aufbau eines Raumes durch Imagination für biblisches Textverstehen, in: Roth, Peter / Schreiber, Stefan / Siemons, Stefan (Hg.): Die Anwesenheit des Abwesenden. Theologische Annäherungen an Begriff und Phänomene von Virtualität, Augsburg 2000, 135–156.

Schlienger, Ines: Die Teufelsbrücke und andere Übergänge, in: Bürkler, Sylvia / Kronenberg, Beatrice (Hg.): Übergänge. Personen – Systeme – Politik, Luzern 2007, 71–95.

Winnicott, Donald. W.: Übergangsobjekte und Übergangsphänomene. Eine Studie über den ersten, nicht zum Selbst gehörenden Besitz, in: Psyche 23 (1969), 666–682.

Winnicott, Donald W.: Vom Spiel zur Kreativität, Stuttgart 1974.

Unbewusstes in Diskursfeldern der Homiletik

Gerhard Marcel Martin

„Das Unbewusste ist das eigentlich reale Psychische, uns nach seiner inneren Natur so unbekannt wie das Reale der Außenwelt und uns durch die Daten des Bewusstseins ebenso unvollständig gegeben wie die Außenwelt durch die Angaben unserer Sinnesorgane."[1]

Auftakt I: Zum Begriffsfeld: unbewusst / das Unbewusste

D a s Unbewusste gibt es nicht. Wer von d e m Unbewussten redet, ist von vornherein in der Gefahr des Ontologisierens, das heißt auch unter dem Anfangsverdacht, metaphysik-nah ausholen zu wollen. Sehr viel angemessener erscheint es, in diesem Diskursfeld nicht mit einem Substantiv zu operieren, sondern adjektivisch oder gar adverbial vorzugehen. Wohl nicht zufällig bietet das von Wolfgang Mertens herausgegebene „Handbuch psychoanalytischer Grundbegriffe" von vornherein zwei Artikel zum Stichwort, beide Male als Adjektiv *und* als Substantiv – und in dieser Reihenfolge: „Unbewusst, das Unbewusste".[2] Denn in dem Diskursfeld „unbewusst" geht es um diejenigen *Prozesse*, die sich einem ausschließlich *bewussten* Zugang entziehen, dabei handelt es sich aber um durchaus verschiedene Vorgänge, verschiedene „Subjekte" und „Objekte", wobei keineswegs ausgemacht sein muss, dass immer ein und dieselbe „Instanz" oder „agency" – *das* Unbewusste – im Spiel ist.

Bemerkenswert bleibt, dass Sigmund Freud von seiner ersten Topik [bewusst / unterbewusst / unbewusst] abgekommen ist und 1923 ein neues Strukturmodell [Es / Ich / Über-Ich] eingeführt hat – und das nicht, weil er sein zentrales Interesse am Unbewussten zurückgenommen hätte, sondern weil er die Erscheinungsformen und -felder unbewusster Vorgänge – und zwar in allen drei Instanzen – deutlicher markieren und auch unterscheiden wollte und weil dazu offensichtlich ein durchgängiges Konzept von *dem* Unbewussten nicht besonders hilfreich war. Günter Gödde hat den Topik-Wechsel Freuds deutlich markiert, wenn er darauf hinweist, dass Freud „den substantivistischen Begriff des

---

1 Freud, Sigmund: Die Traumdeutung. 1900. Gesammelte Werke II/III. Lingam Press (o.J.) 617f.
2 Solms, Mark: Unbewusst, das Unbewusste (I) / Gödde, Günter: Unbewusst, das Unbewusste (II), in: Mertens, Wolfgang (Hg.): Handbuch psychoanalytischer Grundbegriffe. Stuttgart, 5., überarbeitete Auflage 2022, 1026–1034 / 1034–1049.

Unbewussten zunehmend hinter den des Es zurücktreten (ließ).³ Das Wort unbewusst wurde nun in adjektivischer Form gebraucht, um eine psychische Qualität aller drei Instanzen zu bestimmen."⁴ Die zweite Topik hilft, den Paradoxien und offenen Fragen aus der ersten Topik nachzugehen, so z. B. der unbewussten Abwehr (in der ersten Topik lediglich Zensur) als Ich-Funktion, so etwa dem Narzissmus (Ich-Ideal/Ideal-Ich) im Gegensatz zum Trieb, so z. B. der sozialen Vermittlung/Aggressionshemmung (Über-Ich). Die zweite Topik gibt mithin den Rahmen für eine spezielle Motivationstheorie, während die erste Topik die allgemeine Motivation umschreibt (Trieb).

Gödde spricht in seinem Überblick verschaffenden Handbuchartikel von einem post-freudianischen „Pluralismus von trieb-, objektbeziehungs-, ich-, selbst- und intersubjektivitätspsychologischen Konzepten des Unbewussten"⁵. Auch weist er mit Bezug auf G. Knapp darauf hin, dass „(sich) bei Freud sieben Differenzierungen (finden): das Unbewusste als psychische Repräsentanz der Triebe, als energetische Quelle des Seelenlebens, als lebensgeschichtlich Verdrängtes, als eine besondere Arbeitsweise (Primärvorgang), als unbewusste Ich- und Über-Ich-Anteile, als archaische Erbschaft und als Gegenbegriff zu Bewusstsein."⁶

Auftakt II: Zu den Untersuchungsfeldern in der Homiletik

Zur Kartographie aller Bereiche der Homiletik, in denen – jedenfalls auch – *unbewusste* Aktionen und Interaktionen stattfinden, ist es hilfreich, Wilfried Engemanns ganzseitiges Schema „Die Elemente, Phasen und Situationen des Predigtprozesses" als Vorlage zu verwenden.⁷ Engemann unterscheidet vier Phasen: die der Überlieferung, die der Vorbereitung, die der Versprachlichung und die der Realisierung und weist dabei auf Produktions- und Interpretationsprozesse in jeder Phase hin. Ein (biblischer) AUTOR interpretiert ein EREIGNIS und produziert eine Botschaft, in unserem Fall einen BIBELTEXT. Der PREDIGER als Autor produziert ein PREDIGTMANUSKRIPT (mental gespeichert oder schriftlich

---

3   Ich halte es für bemerkenswert, dass sich Freuds Topik-Wechsel wesentlich seinem Briefverkehr und seinen Begegnungen mit Georg Groddeck und dessen Konzept des „Es" verdankt. Groddeck, Georg / Freud, Sigmund: Briefe über das Es, München 1974. Groddeck, Georg: Das Buch vom Es. Briefe an eine psychoanalytische Freundin, Frankfurt a. M. 1979. Zum ideengeschichtlichen Hintergrund des ES, seinem durchaus umstrittenen Gebrauch bis zu seiner gegenwärtig positiven Wiederverwendung vgl. Nitzschke, Bernd: Es, in: Mertens, Handbuch, 247–253.
4   Gödde, Unbewusst, 1037.
5   Gödde, Unbewusst, 1042.
6   Gödde, Unbewusst, 1034f.
7   Engemann, Wilfried: Einführung in die Homiletik, Tübingen/Basel 2002, 165, vgl. auch Martin, Gerhard Marcel: Zwischen Eco und Bibliodrama. Erfahrungen mit einem neuen Predigtansatz, in: Garhammer, Erich / Schöttler, Heinz-Günther (Hg.): Predigt als offenes Kunstwerk. Homiletik und Rezeptionsästhetik, München 1998, 51–62.

fixiert) und präsentiert als „Sender" dieses Manuskript in seinem PREDIGTVORTRAG. Der HÖRER als Empfänger „produziert" dabei ein AUREDIT.[8] „Auredit" meint das, was der Hörer für sich – selektiv *und* produktiv – aufnimmt, also für sich „hört". Engemann kommentiert sein Schema zum „Predigtgeschehen als Verstehens- und Verständigungsprozess" ausführlich,[9] lässt aber Aspekte *unbewusster* Vorgänge, *unbewusster* Aktionen und Interaktionen in diesem Geschehen auch im weiteren Verlauf seiner „Einführung" – die Person des PREDIGERS ausgenommen – unberücksichtigt. Ich werde schon vom Umfang meines Beitrages her dieser Schwerpunktsetzung folgen, aber in einem kurzen Schlussteil deutlich machen, dass in den weiten Diskursfeldern der Homiletik zahlreiche andere Fragestellungen und Horizonterweiterungen möglich und interessant sind.

Unbewusstes in der Homiletik – in Bezug auf die Person, die predigt

Unbestritten gilt Otto Haendler als einer, wenn nicht gar als *der* Pionier, der den Einbezug der Tiefenpsychologie zunächst einmal in der Predigtlehre (1941),[10] sehr viel weitergehender aber für das Gesamtfeld der Praktischen Theologie gefordert und in zahlreichen Einzelveröffentlichungen, kompendienhaft konzentriert dann in seinem „Grundriss der Praktischen Theologie" realisiert hat. In seinem Werk „Die Predigt" (1941) wird dies schon in der „Einleitung" unübersehbar, indem im Abschnitt III „Die Tiefenpsychologie" „Psychologie im umfassenden Sinne", „Die Bedeutung des Unbewussten" und „Die Arbeit der Tiefenpsychologie" und im Abschnitt IV „Die Bedeutung der Tiefenpsychologie für die kirchliche Arbeit" insgesamt thematisiert werden. Programmatisch wird formuliert: „*Die Einbeziehung des Unbewussten in das gelebte Leben* erweist sich als dringend notwendig, und die seelische Gesundheit der Zukunft wird wesentlich davon abhängen, ob wir die unmittelbare Fähigkeit wiedergewinnen, aus den Kräften des Unbewussten wieder in höherem Maße zu leben." (32) Nach kurzer Erwähnung der psychoanalytischen Richtungen Freuds und Adlers wendet sich Haendler C. G. Jung zu und deklariert: „Jungs bedeutsamste Entdeckung ist die Herausarbeitung des *kollektiven Unbewussten* neben dem persönlichen Unbewussten." (33)

---

8   Alle Personenbezeichnungen gelten für männliche, weibliche und diverse Personen.
9   Engemann, Einführung, 163–174. Ich übernehme diese von Engemann groß geschrieben markanten Kurzbezeichnungen auch weiterhin.
10 Haendler, Otto: Die Predigt. Tiefenpsychologische Grundlagen und Grundfragen. Berlin, dritte, durchgearbeitete und erweiterte Auflage 1960. Weitere Seitenangaben direkt nach dem jeweiligen Zitat. – Zu Otto Haendlers Leben und Werk vergleiche: Meyer-Blanck, Michael: Tiefenpsychologie und Strukturtheologie. Otto Haendler, in: Grethlein, Christian / Meyer-Blanck, Michael (Hg.): Geschichte der Praktischen Theologie. Dargestellt anhand ihrer Klassiker. Leipzig 2000, 389–431; Voigt, Kerstin: Otto Haendler – Leben und Werk. Eine Untersuchung der Strukturen seines Seelsorgeverständnisses, Frankfurt a. M. 1993.

Der „Einleitung" folgt das über einhundert Seiten umfassende Kapitel II: „Die Bedeutung des Subjekts für die Predigt" (46–148), in dem es wesentlich um die „Persönlichkeit" und das „Schicksal" des Predigers geht. Dem folgt in Kapitel III „Der Weg des Subjektes zum Evangelium und zum Text" (149–231) unter besonderer Berücksichtigung der „Schichtung der Persönlichkeit" und der „Meditation". Haendlers „Untersuchung nimmt deshalb ihren Ausgang nicht im Evangelium (bzw. der Wirklichkeit Gottes, im Worte Gottes u. ä.), sondern im Subjekt der Predigt, dem Prediger". (19) Für unsere Fragestellung zentral ist, dass Haendler im Kapitel II kurz die Bedeutung des „kollektiven Unbewussten" entfaltet: „Für die Erarbeitung des Selbst liegt das eigentliche Problem der religiösen und weltanschaulichen Gestaltung darin, dass es erfüllt ist von Urvorstellungen, die in jedem Menschen irgendwie wieder heraufkommen und, oft ohne dass er es weiß, sein Denken, Empfinden und die Prägung seiner Überzeugungen bestimmen. *Jung* bezeichnet sie als *Archetypen*". (60) Haendler spricht in diesem Zusammenhang von „Wirklichkeiten und Gewalten des nicht sterbenden kollektiven Unbewussten", die christlich in einem Zusammenhang gesehen werden müssen mit der „*Wirklichkeit des lebendigen Gottes*" (61) – „Gott" als „die höchste Macht", als „wirkend (…), fordernd, (…) richtend (…) und begnadend (…) " (175)

Zur Bedeutung des Unbewussten – Haendler *revisited*

Zur hinreichenden Kenntnisnahme und Würdigung der Beiträge Haendlers zur Bedeutung des „Unbewussten" nicht nur in der Predigtlehre, sondern im Gesamtkonzept der Praktischen Theologie ist ein kurzer Blick in seinen „Grundriss der Praktischen Theologie" (1957) unerlässlich.[11] Hier wird „Die Person des Amtsträgers" bereits im Kapitel II „Die Grundstruktur der Kirche" (§ 10) mit einem „Zusatz B zu § 10: Tiefenpsychologie" abgehandelt und angemerkt, dass „der Angelpunkt zum Verständnis der Tiefenpsychologie, sowohl als Wissenschaft (auch schon dies!!) wie als Therapie (…) das *innere (…)* Verständnis des *Unbewussten* (ist)." (131) Haendler klärt Grundkategorien der Tiefenpsychologie wie Neurose, Trauma, Verdrängung, Sexualität, Komplex, Affekt, Projektion, Selbst und Ich, Persona, Anima und Schatten (134–139) und verweist auf eine Fülle damals aktueller akademischer Literaturbeiträge.

Von der Gesamtanlage des „Grundrisses" her aber werden „Psychologische Grundlagen und Prinzipien" in umfassenderer Weise erst im abschließenden Kapitel VII „Die Seelsorge der Kirche" in § 43 verhandelt. Auf diese Seiten wird innerhalb des Gesamtwerks mehrfach schon vorausgreifend verwiesen. Hier geht es um „die psychologische Kenntnis des Menschen. Sie umfasst vor allem ein Wissen um die Bedeutung des Unbewussten, der psychologischen Typen, der Ge-

---

11 Haendler, Otto: Grundriss der Praktischen Theologie, Berlin 1957. Weitere Seitenangaben direkt nach dem jeweiligen Zitat.

setze des psychologischen Geschehens im gesunden und im kranken Vollzug und der psychologischen Bedeutung theologischer Gehalte." (323 fett)

> Die Grundlage aller seelsorglich wirksamen psychologischen Kenntnis des Menschen ist das Wissen um die durchgängig grundlegende Bedeutung des *Unbewussten*. Das Unbewusste ist (...) weit mehr, als die Summe verdrängter Komplexe. Es ist der unmessbare lebenserfüllte Raum, in dem das Bewusstsein verwurzelt ist und sichtbar wird wie eine Wasserpflanze in einem See. Es ist das X in allem explosiven und in allem gebundenen Verhalten, für den Seelsorger besonders bedeutsam da, wo der Mensch klar Erkanntes und redlich Gewolltes doch nicht verwirklichen kann. (...) Dabei darf nicht vergessen werden, dass das Unbewusste nicht die negative, sondern eine ambivalente Rolle spielt, und zwar durchgängig. Es ist immer zugleich der Quellort der möglichen Widerstände *und* der möglichen Hingabe. Nicht nur Kritik, sondern auch Glaube, nicht nur Ablehnung, sondern auch Zuwendung, nicht nur Flucht, sondern auch Bereitschaft leben ebenso aus dem Unbewussten wie sie im Bewusstsein Gestalt gewinnen und verwirklicht werden. Bewusstsein und Unbewusstes sind aufeinander angewiesen, und beide können nur in ständig flutender Ergänzung gesund sein. Und der Mensch ist selbst nur in dieser Ergänzung gesund. Der Mensch mit dem kranken Bewusstsein und dem überflutenden Unbewussten ist freilich im krassen Falle der „arme Irre". Aber der Mensch mit dem niedergehaltenen Unbewussten und dem überdeckenden Bewusstsein ist der arme Dürre, und nicht einmal nur in den krassen Fällen. (325f.)

Die wohl aktuell neuste, gründlichste und tiefgründigste Analyse und kritische Fort- und Neuschreibung der Predigtlehre Haendlers ist die Promotionsarbeit von Christoph Wiesinger zur „Authentizität".[12] Wiesinger würdigt den Ansatz Haendlers beim Subjekt „als Einheit von Ich und Selbst, d. h. Bewusstem und Unbewusstem" (173), sieht aber „aus heutiger Sicht" sein „monistisches Wahrheitsverständnis" und einen „gewissen Essenzialismus" kritisch. „Die Intersubjektivität spielt in der Subjektkonstitution nur eine sekundäre Rolle. Der andere wird bei Haendler als Rezipient in gewisser Passivität beschrieben, der jedoch nicht als mitkonstituierendes Subjekt der wechselseitigen Subjektivität gedacht wird." (175) Darum ist für Wiesinger Henning Luthers Ansatz die nächste und notwendige „Subjektwende" im praktisch-theologischen Diskurs: „Die entscheidende Umdeutung H. Luthers gegenüber Haendler besteht darin, dass die Innerlichkeit nicht dem Postulat der Ganzheit unterliegt, demzufolge Kongruenz gesucht werden muss, sondern diese Prozesse in der Differenz und Kontingenz zu relationalen Gefügen werden, die nicht abzuschließen sind." (190)

An dieser Stelle ist es angebracht, sich erneut W. Engemanns „Einführung in die Homiletik" zuzuwenden, auf die Wiesinger selber, auch noch im Zusammenhang mit Haendler, eingeht.[13] Im Sachregister dieses umfangreichen Kompen-

---

12 Wiesinger, Christoph: Authentizität. Eine phänomenologische Annäherung an eine praktisch-theologische Herausforderung. Tübingen 2019. Seitenangaben i. F. in Klammern. Vgl. auch den Beitrag Wiesingers in diesem Band sowie zu einer frühen Aufnahme Haendlers, auch unter Gesichtspunkten der Homiletik: Thilo, Hans-Joachim: Psyche und Wort. Aspekte ihrer Beziehungen in Seelsorge, Unterricht und Predigt, Göttingen 1974, bes. 104–130.
13 Wiesinger, Authentizität, 239f., Anm. 102, aber auch an anderen Stellen.

diums erscheint das Stichwort „Unbewusstes" überhaupt nicht. Aber genauso unübersehbar ist, dass tiefenpsychologische Aspekte verschiedener Schulrichtungen in zahlreichen homiletischen Ansätzen eine wichtige Rolle spielen – prominent in Teil III.2 „Predigen in eigener Person. Die Frage nach dem Subjekt der Predigt".[14] Natürlich würdigt Engemann Haendlers „Pionierarbeit" (182–189, 188). Und dem folgen ausführlichere Passagen zur „homiletischen Rezeption" S. Freuds, C. G. Jungs und E. Bernes (190–204) und die Darstellung und Diskussion tiefenpsychologischer Persönlichkeitsmodelle, besonders bei F. Riemann und in der Transaktionsanalyse (E. Berne und Th. Harris). Dabei spielt aber im Gesamtkonzept Engemanns das Unbewusste keine besondere Rolle,[15] findet jedoch in einem Übersichtsschema „Modelle zur Beschreibung der Persönlichkeitsstruktur" durchaus Erwähnung – im Schema zu Freud in der Unterscheidung von [Über-Ich / Ich / Verdrängtes : Unbewusstes : Es], und im Schema zu Jung in der Gegenüberstellung von [Selbst / Bewusstsein / Unbewusstes]. (203)

Die Beobachtung bzgl. der wenig prominenten Rolle des Unbewussten mag leicht irritieren, weil Engemann zu Freud ausdrücklich auf dessen XXXI. Vorlesung in der „Neuen Folge der Vorlesungen zur Einführung in die Psychoanalyse" mit dem Titel „Die Zerlegung der psychischen Persönlichkeit" aus dem Jahr 1932 verweist. (190 Anm. 72)[16] Dort aber entfaltet Freud – für unsere Fragestellung jedenfalls wichtig – sein Strukturmodell der Psyche mit den drei Instanzen [Ich, Über-Ich und Es] sehr differenziert.

Die psychische Persönlichkeit bei Freud

Freud legt dar, dass „große Anteile des Ichs und Über-Ichs (...) unbewusst bleiben (können)" und „normalerweise unbewusst (sind)". (76, vgl. 78) Wirklich unbewusst ist das „Es", ein „Kessel voll brodelnder Erregungen" mit seinen „Triebbedürfnissen" (80) und seinen „Triebbesetzungen, die nach Abfuhr verlangen". (81) „Wenn wir uns populären Redeweisen anpassen, dürfen wir sagen, dass das Ich im Seelenleben Vernunft und Besonnenheit vertritt, das Es aber die ungezähmten Leidenschaften." (83) Das Ich „entwickelt sich von der Triebwahr-

---

14 Engemann, Einführung, 175–237. Weitere Seitenangaben direkt nach dem jeweiligen Zitat.
15 Ein ähnlicher Sachverhalt – dass tiefenpsychologische Aspekte verschiedener Schulrichtungen umfangreich in den Blick kommen, dabei aber eine grundsätzliche Bezugnahme auf den Diskusbereich „Unbewusstes" nicht in Erscheinung tritt – liegt vor bei Glatz, Winfried: Eine unstete Beziehung. Die homiletische Rezeption psychologischer und psychotherapeutischer Konzepte dargestellt anhand wesentlicher Ausprägungen des 19. und 20. Jahrhunderts und weitergeführt am Beispiel hypnotherapeutischer Interventionen, Göttingen 2022.
16 Freud, Sigmund: Die Zerlegung der psychischen Persönlichkeit, in: GW XV: Neue Folge der Vorlesungen zur Einführung in die Psychoanalyse, London 1940, 62–86. Weitere Seitenangaben nach dem jeweiligen Zitat.

nehmung zur Triebbeherrschung" (83), bleibt aber „ein Stück des Es". (83) „Im ganzen muss das Ich die Absichten des Es durchführen." (83) „So vom Es getrieben, vom Über-Ich eingeengt, von der Realität zurückgestoßen, ringt das Ich um die Bewältigung seiner ökonomischen Aufgabe, die Harmonie unter den Kräften und Einflüssen herzustellen, die in ihm und auf es wirken." (84f.) Bei solcher Aufgabenstellung sind „Realangst vor der Außenwelt, Gewissensangst vor dem Über-Ich, neurotische Angst vor der Stärke der Leidenschaften im Es" jederzeit gegeben. (85)

Freud beendet seine Vorlesung mit den Sätzen: „Man kann sich auch gut vorstellen, dass es gewissen mystischen Praktiken gelingen mag, die normalen Beziehungen zwischen den einzelnen seelischen Bezirken umzuwerfen, so dass z. B. die Wahrnehmung Verhältnisse im tiefen Ich und im Es erfassen kann, die ihr sonst unzugänglich waren." Seiner diesbezüglichen Skepsis fügt er freilich hinzu: „Immerhin wollen wir zugeben, dass die therapeutischen Bemühungen der Psychoanalyse sich einen ähnlichen Angriffspunkt gewählt haben. Ihre Absicht ist es ja, das Ich zu stärken, es vom Über-Ich unabhängiger zu machen, sein Wahrnehmungsfeld zu erweitern und seine Organisation auszubauen, so dass es sich neue Stücke des Es aneignen kann. Wo Es war, soll Ich werden. Es ist Kulturarbeit etwa wie die Trockenlegung der Zuydersee." (86)

Das klingt radikal und als sei dieses „Wo Es war, soll Ich werden" allenfalls grenzwertig realisierbar: Wenn das ICH zwar die „zusammenhängende Organisation der seelischen Vorgänge" ist, dabei aber „ein besonders differenzierter Anteil des Es" ist[17] und bleibt und „im ganzen (...) die Absichten des ES durchführen (muss)" (83), wenn es „in dynamischer Hinsicht schwach (ist), seine Energien (...) dem Es entlehnt (hat)" (83) und wenn auch gilt, dass das Unbewusste „eine psychische Qualität aller drei Instanzen" ist[18] – wie kann dann da, „wo Es war, (...) Ich werden"? Wie weit kann sich dann das Ich zunehmend „neue Stücke des Es aneignen"? (86) Jedenfalls steht ein solches Programm in heftiger Spannung zu Freuds Aussage, dass „große Anteile des Ichs und Über-Ichs (...) unbewusst bleiben (können)" und „normalerweise unbewusst (sind)". (76, vgl. 78)[19] Nach Haendlers Konzept blieben „Bewusstsein und Unbewusstes (...) aufeinander angewiesen, und beide können nur in ständig flutender Ergänzung gesund sein. Und der Mensch ist selbst nur in dieser Ergänzung gesund. (...) Aber der Mensch mit dem niedergehaltenen Unbewussten und dem überdeckenden Bewusstsein ist der arme Dürre (...)" (325f.) – das quasi seiner Stärke entblößte Ich. Eine radikale Trockenlegung der Zuydersee könnte grenzwertig durchaus

---

17 Freud, Sigmund: Das Ich und das Es, in: Gesammelte Werke XIII, London 1940, 235–289, 243 / 267.
18 Gödde, Unbewusst, 1037.
19 Einem Ondit zufolge soll Georg Groddeck einmal geäußert haben: „Wo ES ist, soll ICH auch hinschauend dürfen." Und dies entspräche durchaus Freudianischen Zielvorstellungen, dass das „Ich" angstfreier auf seinen Ursprung (Es) schauen bzw. mit ursprünglicher Sozialität (Über-Ich) umgehen kann.

lebensschädigend enden. Zumindest müsste dabei ein Biotop entstehen und keine Trockenkruste. Um hier weiterzukommen, ziehe ich neuere tiefenpsychologische Ansätze zum Unbewussten zu Rate.

Das Unbewusste in neueren tiefenpsychologischen Ansätzen – im Hinblick auf weitere Diskurs- und Praxisfelder in der Homiletik

Beim Studium des umfangreichen Doppelhefts der PSYCHE September/Oktober 2013 haben mich besonders die „neueren intersubjektiven Theorien" beschäftigt, denen zufolge „die interpersonale Beziehung selbst Ort des Unbewussten (ist)". Dabei gilt für die Psychotherapie, aber durchaus transferierbar in pastorale Kommunikationsprozesse, dass „das nicht verdrängte Unbewusste in impliziter Form in der Beziehung ausgelebt (wird) und in der Beziehung zum Analytiker von einem ‚nicht-artikulierten' Zustand zu einem ‚miteinander verhandelten' und ‚ko-konstruierten' bewussten Zustand überführt werden (kann)".[20]

In Bezug auf Melanie Klein und ihre Schulrichtung spricht Heinz Weiß von einer „emotionalen Resonanz (...), die den verbalen Austausch begleitet und diesem vorausgeht. Diese Resonanz zu erfühlen, in ‚Gedanken' zu fassen und in Deutungen zu übersetzen, hat das Verständnis der psychoanalytischen Behandlungssituation in den letzten Jahrzehnten erheblich vertieft."[21] – Wolfgang Mertens versteht „die analytische Beziehung als eine Wahrnehmungssituation (...), in der nicht-bewusste Wahrnehmungsvorgänge [und ebensolche Beziehungsregulierungen] von beiden Beteiligten eine zentrale Rolle spielen".[22] Zu den Medien dieses zunächst und oft weitgehend unbewusst bleibenden Interaktionsgeschehens gehören vorsprachliche Phantasien, affektive Resonanzen und körperliche sensomotorische und kinästhetische Wahrnehmungen und Ausdrucksgestalten.[23] Dieses Geschehen gelingt oder missglückt – leibphänomenologisch und psychodynamisch erhebbar – von den frühkindlichsten dyadischen Interak-

---

20 Bohleber, Werner: Editorial. Der psychoanalytische Begriff des Unbewussten und seine Entwicklung, in: ders. (Hg.): Das Unbewusste. Metamorphosen eines Kernkonzepts. Sonderheft PSYCHE. Zeitschrift für Psychoanalyse und ihre Anwendungen 67 (2013) 807–816, 807. Zu den „neueren intersubjektiven Theorien" grundsätzlich vgl. Altmeyer, Martin: Die intersubjektive Wende der Psychoanalyse und das relationale Unbewusste, in: Buchholz, Michael B. / Gödde, Günter (Hg.): Das Unbewusste in der Praxis. Erfahrungen verschiedenster Professionen, Gießen 2006, 93–122.
21 Weiß, Heinz: Unbewusste Phantasien als strukturierende Prinzipien und Organisatoren des psychischen Lebens. Zur Evolution eines Konzepts – eine kleinianische Perspektive, in: Sonderheft PSYCHE (2013) 903–930, 925.
22 Mertens, Wolfgang: Das Zwei-Personen-Unbewusste – unbewusste Wahrnehmungsprozesse in der analytischen Situation, in: Sonderheft PSYCHE, 817–843, 817 [836].
23 Vgl. bes. Laimböck, Annemarie: Szenisches Verstehen. Unbewusstes und frühe Störungen, in: Sonderheft PSYCHE (2013), 881–902.

tionen an.²⁴ Es schreibt sich in seiner freien oder auch gehemmten Verfügbarkeit quasi engrammatisch ins Körpergedächtnis ein. Es gibt nichtverdrängte, zugängliche Formen unbewusster Erfahrungen.

Dadurch erweitert sich bezüglich der Kommunikation zwischen PREDIGER und HÖRER die Diskussionslage in den Diskursfeldern der Homiletik erheblich und betrifft überdies ihre ganze pastoraltheologische Wirksamkeit. Die Perspektiven auf auch *unbewusste* Kommunikation im Predigtgeschehen gewinnen an Konkretion und erweitern die Ausführungen in Engemanns „Einführung in die Homiletik" beträchtlich. Mit zahlreichen Beiträgen des genannten Sonderhefts PSYCHE lässt sich auch Christoph Wiesingers Anliegen in Bezug auf wechselseitige Intersubjektivität im Predigtgeschehen praxistheoretisch plausibilisieren und weiter entfalten. Eben diese Erweiterungen des Horizonts und der Beobachtungsfelder mittels der Psychoanalyse, der Rezeptionsästhetik und der Phänomenologie betreibt programmatisch auch Peter J. Winzen. In seinem Essay „Worte am Anfang und am Abgrund" geht es ihm darum, wie zunächst unbewusste affektive, leibliche und kognitive „*Übertragungsprozesse zwischen Text, auslegendem Wort und hörendem Mitvollzug*" zunehmend kreativ und kritisch bewusst werden und darum auch sowohl in der psychoanalytischen Praxis wie im Predigtgeschehen wirksam sein können.²⁵

Diese positive Bewertung vor-bewusster und unbewusster Kommunikationswelten ist anschlussfähig an Freuds Aussage, dass „große Anteile des Ichs und Über-Ichs (…) unbewusst bleiben (können)" und „normalerweise unbewusst (sind)"²⁶, und erst recht findet sie Bestätigung in der weiter oben umfangreicher dokumentierten Charakterisierung des Unbewussten in Haendlers „Grundriss", dass nämlich „Bewusstsein und Unbewusstes aufeinander angewiesen (sind), und beide (…) nur in ständig flutender Ergänzung gesund sein (können)"²⁷. Allerdings: Differenzen zwischen Haendler und Freud sollten nicht überspielt werden. Die Freudsche Position, dass es kein „gesund" ohne „krank" gibt, also eine notwendig Konfliktdynamik bleibt, ist bei Haendler wohl eher hintergründig oder ausgegrenzt.

---

24 Vgl. bes. Weiß, Phantasien. Zur weiteren Fundierung und Erweiterung dieses Ansatzes: Fuchs, Thomas: Leibgedächtnis und Unbewusstes. Zur Phänomenologie der Selbstverborgenheit des Subjekts, in: Psycho-Logik. Jahrbuch für Psychotherapie, Philosophie und Kultur 3 (2008), 33–50.
25 Winzen, Peter J.: Worte am Anfang und am Abgrund, in: Pastoraltheologie 111 (2022), 339–351, 339.
26 Freud, Ich, 76.
27 Haendler, Grundriss, 325f.

Weitere Aspekte unbewusster Vorgänge im Gesamtumfang des Predigtprozesses

Ich wende mich noch einmal Engemanns Schema „Die Elemente, Phasen und Situationen des Predigtprozesses" zu mit den darin markierten Prozessschritten und den groß geschriebenen Kurzbezeichnungen. Ich frage zunächst: Welche Rolle spielt Unbewusstes in der religiösen, politischen, sozialen Welt des (biblischen) AUTORS? Schon in der Frühphase psychoanalytischer Diskurse wurden der biblische AUTOR und sein Text tiefenpsychologisch hinterfragt. 1972 hat Yorick Spiegel einen umfangreichen Reader mit einer ausführlichen Bibliographie zu der Frage vorgelegt, wie weit verschiedene psychoanalytische Schulen „Instrumente der Exegese" bereitstellen könnten – angefangen mit klassischen Texten von Theodor Reik, C. G. Jung und S. Freud. Dem folgte 1978, auch von Yorick Spiegel herausgegeben, eine Sammlung neuerer Beiträge zu dieser Fragestellung.[28] Hier könnten klassische und neuere ethno- und sozialpsychologische sowie mentalitätsgeschichtliche Zugänge weiter berücksichtigt werden.[29] Als repräsentatives Zeugnis des wieder aufgenommenen Interesses an dieser Fragestellung in der Breite der Pastoraltheologie sei das gesamte Œuvre von Eugen Drewermann genannt.[30]

An der nächsten Station im Predigtprozess geht es um unbewusste Vorgänge zwischen dem BIBELTEXT und dem PREDIGER bei der Erstellung seines PREDIGTMANUSKRIPTS. Entsprechend lautet die Frage hier: In welchen bewussten und *unbewussten* Konstellationen – ebenfalls gesamtgesellschaftlich, kulturell, politisch und biographisch persönlich – liest und transkribiert der, der in der Rolle des PREDIGERS ist, den BIBELTEXT? Zweifellos können hier in sehr verschiedenen Motivationslagen unbewusst bleibende Widerstände gegenüber dem Textbestand, Ausblendungen, Projektionen und Identifikationen mit Situationen und Personen des Textes eine große Rolle spielen. Es geht um unsolide, aber auch solide Projektionen und (vorübergehende, bewusste) Identifikationen mit Situationen und Personen des Textes. Bibliodrama und Bibliolog inszenieren und reflektieren derartige Vorgänge.[31] Desiderat bleibt, dass der PREDIGER befähigt wird, zunehmend eigene Sperren und unangemessene Eintragungen in seinen Umsetzungsprozessen wahrzunehmen und zu bearbeiten.

---

28 Spiegel, Yorick (Hg.): Psychoanalytische Interpretationen biblischer Texte, München 1972; ders. (Hg.): Doppeldeutlich. Tiefendimensionen biblischer Texte, München 1978.
29 In Mertens, Handbuch, vgl. den Beitrag von Erdheim, Mario: Gesellschaftlich Unbewusstes, Macht und Herrschaft, 1023-1050.
30 Vor allem: Drewermann, Eugen: Strukturen des Bösen. 3 Bände, Paderborn 1988; ders.: Tiefenpsychologie und Exegese. 2 Bände, Olten / Freiburg i.Br. (5. und 4. Auflage) 1988.
31 Zur ersten Übersicht: Martin, Gerhard Marcel: Bibliodrama / Pohl-Patalong, Uta: Bibliolog, beide Artikel in: Zimmermann, Mirjam / Zimmermann, Ruben: Handbuch Bibeldidaktik, Tübingen ²2018, 561–567 / 567–573.

Die beiden letzten Stationen des Predigtprozesses sind in Bezug auf unbewusste Aktionen und Interaktionen besonders komplex. Hier ist zu fragen: In welchem unmöglich voll *bewussten* Setting „Gottesdienst", mit welchen *unbewussten* Körpersignalen, etwa bezüglich Körperhaltungen, Bewegungsmustern, Stimmführung und Gestik, realisiert der PREDIGER seinen PREDIGTVORTRAG und feiert die Liturgie? Von der Jahrtausendwende an gab es in der Vikarsausbildung und in der Pfarrerfortbildung einen besonders von dem Regisseur und Schauspieler Thomas Kabel betriebenen und von dem Theologen und Pfarrer Helmut Wöllenstein begleiteten anhaltenden und bis heute weiter wirksamen Impuls, weitgehend unbewusstes Verhalten in diesem Bereich aufzudecken, bewusster zu machen und über entsprechende Trainings einen neuen eigenen Habitus diesbezüglich zu finden.[32] Einen theatergeschichtlich und körpertheoretisch komplexeren, ebenfalls praxisorientierten Beitrag dazu hat Marcus A. Friedrich bereits 2001 vorgelegt.[33]

Und schließlich, entsprechend pastoralsoziologisch und tiefenpsychologisch parallel gefragt: Wieviel unbewusste Vollzüge geraten in das AUREDIT der HÖRER? Diese Fragestellung reicht hinein in die Kirchenmitgliedschaftsuntersuchungen. Der Klassiker im Hinblick auf Predigt und Gottesdienst sind die beiden Bände „Predigen & Hören" (1980/1983).[34]

Predigt und Meditation als „gewisse mystische Praktiken" (S. Freud)?

In seiner Vorlesung „Die Zerlegung der psychischen Persönlichkeit" (1932) hatte Freud geäußert, man könne sich „gut vorstellen, dass es gewissen mystischen Praktiken gelingen mag, die normalen Beziehungen zwischen den einzelnen seelischen Bezirken umzuwerfen, so dass z. B. die Wahrnehmung Verhältnisse im tiefen Ich und im Es erfassen kann, die ihr sonst unzugänglich waren", und räumt immerhin ein, „dass die therapeutischen Bemühungen der Psychoanalyse sich einen ähnlichen Angriffspunkt gewählt haben".[35] Offen bleibt natürlich, was sich Freud unter diesen „Praktiken" vorstellt. Aber die Methode der *Meditation*, wie sie Haendler in die pastorale Praxis eingebracht hat, könnte dazu beitragen, dass dergleichen geschieht: Das persönliche und sogar das „archetypische Unbewusste" könnte SCHATTEN-Areale überschreiten und die Sphäre des SELBST im Verständnis C. G. Jungs erreichen. Hans-Joachim Thilo hat mit Rückgriff auf Haendler u. a. diese Spur verfolgt: Gottesdienst und *Meditation* als „Mög-

---

32 Kabel, Thomas: Handbuch Liturgische Präsenz. Band 1: Zur praktischen Inszenierung des Gottesdienstes, Gütersloh 2002 / Band 2: Zur praktischen Inszenierung der Kasualien, Gütersloh 2007.
33 Friedrich, Marcus A.: Liturgische Körper. Der Beitrag von Schauspieltheorien und -techniken für die Pastoralästhetik, Stuttgart 2001.
34 Daiber, Karl-Fritz u. a.: Predigen & Hören: Ergebnisse einer Gottesdienstbefragung. Band I/II, München 1980/1983.
35 Freud, Zerlegung, 86.

lichkeit therapeutischer Seelsorge"³⁶. Die Predigt kommt bei ihm aber nicht ausdrücklich in den Blick.

Unbestritten: Vorgangsweisen und grundsätzliche Ziele eines psychoanalytischen Procederes sind nicht deckungsgleich mit dem Procedere und den Zielen des Liturgie- und Predigtgeschehens. Psychoanalyse ist *analytisch* in dem Sinne, dass sie traumatisch Unbewusstes / Fixiertes durch (passageres) Bewusstwerden überwindet und insgesamt das „Ich" dazu befähigt, angstfreier / nichttraumatisierend mit unbewussten Impulsen umzugehen. Dabei ist die Bewusstwerdung *unbewusster* Anteile im Kommunikationsgeschehen in Bezug auf Abwehr, Verdrängung, Projektionen und Introjektionen – vor allem im Interaktionsbereich von Übertragung und Gegenübertragung – intendiert. Predigt ist demgegenüber performativ, kommentiert sich gewöhnlich nicht selbst – auch nicht vor oder nach dem Vollzug (handwerkliche und/oder kreative Ausnahmen bestätigen die Regel). Wobei Metakommunikation, Reflexion auf das Gesamtgeschehen im Interaktionsfeld [TEXT: PREDIGER / PREDIGT : HÖRER] keineswegs unerwünscht sind. Sie können vielmehr in Predigtvor- und Nachgesprächen – in vergangenen Jahrzehnten bisweilen wie selbstverständlich und bisweilen sogar eingefordert – dazugehören. Sie können auf ihre Weise „das Ich (...) stärken, es vom Über-Ich unabhängiger (...) machen, sein Wahrnehmungsfeld (...) erweitern" – Ziele, die Freud für den therapeutischen Prozess reklamiert³⁷ und die auch in allen Dimensionen der „Kommunikation des Evangeliums" konstitutiv dazugehören. Dabei ist aber die Gefahr, dass mit entleerten „Zeichen" und affektiv aufgeladenen, aber weitgehend unbewussten „Klischees" operiert wird, allgegenwärtig und muss bewusst und bearbeitet werden.³⁸ Wenn aber Predigt Predigt und Gottesdienst Gottesdienst bleiben sollen, muss immer wieder der Weg zurück bzw. voran zu ihnen (und ins Alltagsleben) gebahnt werden, denn dort geschieht in symbolischen und rituellen Interaktionen, vorsprachlich *und* auf verschiedensten Ebenen sprachlicher Kommunikation „Verkündigung", Präsentsetzung der biblischen Botschaft. Kritische *Meta*kommunikation, „Analyse", ist keine Endstation, wie die Psychoanalyse im praktischen Vollzug ihrerseits kein Ziel, sondern eine Durchgangsstation ist.

Es gilt: In Aktions- und Interaktionsfeldern homiletischer Praxis sind unbewusste Anteile – zumal in vor-begrifflichen Sprach- und Denkfeldern und Interaktionsräumen – nicht nur unvermeidlich, sondern unverzichtbar. Sie eröffnen Spielräume für Kreativität, für Intuition und Inspiration. Momente der Unverfügbarkeit bleiben.³⁹ „Der Eigenart des Psychischen können wir nicht durch lineare Konturen gerecht werden (...), eher durch verschwimmende Farbenfelder

---

36 Thilo, Hans-Joachim: Die therapeutische Funktion des Gottesdienstes, Kassel 1985, bes. 109–122.
37 Freud, Zerlegung, 86.
38 Dazu grundlegend: Lorenzer, Alfred: Das Konzil der Buchhalter. Die Zerstörung der Sinnlichkeit. Eine Religionskritik, Frankfurt a. M. 1981.
39 Rosa, Hartmut: Unverfügbarkeit, Wien/Salzburg ⁵2019.

wie bei den modernen Malern."⁴⁰ ES, ICH und ÜBER-ICH bleiben in dynamischer interaktiver Bewegung.

Ein kurzer Rückblick: Über den Auftakt mit Haendler habe ich ihn und seine Pionierarbeit noch einmal in der (immer noch gültigen) Grundsätzlichkeit, in der er sich über das Unbewusste äußert, in die gegenwärtigen Diskurslagen mit hineingenommen. Dabei scheint es mir nicht nur originell, sondern für den Dialog von Psychoanalyse und Predigt/Seelsorgegeschehen auch aufschlussreich, vor den jüngeren Theoriezugriffen doch noch einmal auf Freud zurückzukommen in Bezug auf seine Ideen „gewisse mystische Praktiken" betreffend. Es bleibt aber auch klar, dass im Umfang eines kurzen Essays weitere Feldbeobachtungen und -bestimmungen nicht möglich sind. Freilich könnte daraus ein eigenes kleines akademisches Studienprojekt werden.

Literatur

Altmeyer, Martin: Die intersubjektive Wende der Psychoanalyse und das relationale Unbewusste, in: Buchholz, Michael B. / Gödde, Günter (Hg.): Das Unbewusste in der Praxis. Erfahrungen verschiedenster Professionen. Gießen 2006, 93–122.
Bohleber, Werner: Editorial Der psychoanalytische Begriff des Unbewussten und seine Entwicklung, in: ders. (Hg.): Das Unbewusste. Metamorphosen eines Kernkonzepts. Sonderheft PSYCHE. Zeitschrift für Psychoanalyse und ihre Anwendungen 67 (2013) 807–816.
Daiber, Karl-Fritz u. a.: Predigen & Hören: Ergebnisse einer Gottesdienstbefragung. Band I/II, München 1980/1983.
Drewermann, Eugen: Strukturen des Bösen. 3 Bände, Paderborn 1988.
ders.: Tiefenpsychologie und Exegese. 2 Bände, Olten / Freiburg i.Br. (5. und 4. Auflage) 1988.
Engemann, Wilfried: Einführung in die Homiletik, Tübingen/Basel 2002.
Erdheim, Mario: Gesellschaftlich Unbewusstes, Macht und Herrschaft, in: Mertens, Wolfgang (Hg.): Handbuch psychoanalytischer Grundbegriffe. Stuttgart ⁵2022, 1023–1050.
Freud, Sigmund: Die Traumdeutung. 1900. GW II/III. Lingam Press (o. J.).
ders.: Das Ich und das Es, in: GW XIII, London 1940, 235–289.
ders.: Die Zerlegung der psychischen Persönlichkeit, in: GW XV: Neue Folge der Vorlesungen zur Einführung in die Psychoanalyse, London 1940, 62–86.
Friedrich, Marcus A.: Liturgische Körper. Der Beitrag von Schauspieltheorien und -techniken für die Pastoralästhetik, Stuttgart 2001.
Fuchs, Thomas: Leibgedächtnis und Unbewusstes. Zur Phänomenologie der Selbstverborgenheit des Subjekts, in: Psycho-Logik. Jahrbuch für Psychotherapie, Philosophie und Kultur 3 (2008), 33–50.
Garhammer, Erich / Schöttler, Heinz-Günther (Hg.): Predigt als offenes Kunstwerk. Homiletik und Rezeptionsästhetik, München 1998, 51–62.
Glatz, Winfried: Eine unstete Beziehung. Die homiletische Rezeption psychologischer und psychotherapeutischer Konzepte dargestellt anhand wesentlicher Ausprägungen des 19. und 20. Jahrhunderts und weitergeführt am Beispiel hypnotherapeutischer Interventionen, Göttingen 2022.

---

40 Freud, Zerlegung, 85f.

Gödde, Günter: Art.: Unbewusst, das Unbewusste (II), in: Mertens, Wolfgang (Hg.): Handbuch psychoanalytischer Grundbegriffe. Stuttgart, 5., überarbeitete Auflage 2022, 1034–1048.
Grethlein, Christian / Meyer-Blanck, Michael (Hg.): Geschichte der Praktischen Theologie. Dargestellt anhand ihrer Klassiker. Leipzig 2000.
Groddeck, Georg / Freud, Sigmund: Briefe über das Es, München 1974.
ders.: Das Buch vom Es. Briefe an eine psychoanalytische Freundin, Frankfurt a.M. 1979.
Haendler, Otto: Grundriss der Praktischen Theologie, Berlin 1957.
ders.: Die Predigt. Tiefenpsychologische Grundlagen und Grundfragen. Berlin, dritte, durchgearbeitete und erweiterte Auflage 1960.
Kabel, Thomas: Handbuch Liturgische Präsenz. Band 1: Zur praktischen Inszenierung des Gottesdienstes, Gütersloh 2002 / Band 2: Zur praktischen Inszenierung der Kasualien, Gütersloh 2007.
Laimböck, Annemarie: Szenisches Verstehen. Unbewusstes und frühe Störungen, in: Sonderheft PSYCHE, 881–902.
Lorenzer, Alfred: Das Konzil der Buchhalter. Die Zerstörung der Sinnlichkeit. Eine Religionskritik, Frankfurt a. M. 1981.
Martin, Gerhard Marcel: Zwischen Eco und Bibliodrama. Erfahrungen mit einem neuen Predigtansatz, in: Garhammer, Erich / Schöttler, Heinz-Günther (Hg.): Predigt als offenes Kunstwerk. Homiletik und Rezeptionsästhetik, München 1998, 51–62.
ders.: Art.: Bibliodrama / in: Zimmermann, Mirjam / Zimmermann, Ruben: Handbuch Bibeldidaktik, Tübingen ²2018, 561–567.
Mertens, Wolfgang: Das Zwei-Personen-Unbewusste – unbewusste Wahrnehmungsprozesse in der analytischen Situation, in: Sonderheft PSYCHE, 817–843.
Meyer-Blanck, Michael: Tiefenpsychologie und Strukturtheologie. Otto Haendler, in: Grethlein, Christian / Meyer-Blanck, Michael (Hg.): Geschichte der Praktischen Theologie. Dargestellt anhand ihrer Klassiker. Leipzig 2000, 389–431.
Nitzschke, Bernd: Art.: Es, in: Mertens, Wolfgang (Hg.): Handbuch psychoanalytischer Grundbegriffe. Stuttgart, 5., überarbeitete Auflage 2022, 247–253.
Pohl-Patalong, Uta: Art.: Bibliolog, in: Zimmermann, Mirjam / Zimmermann, Ruben: Handbuch Bibeldidaktik, Tübingen ²2018, 567–573.
Rosa, Hartmut: Unverfügbarkeit, Wien/Salzburg, 5. Auflage 2019.
Solms, Mark: Art.: Unbewusst, das Unbewusste (I), in: Mertens, Wolfgang (Hg.): Handbuch psychoanalytischer Grundbegriffe. Stuttgart, 5., überarbeitete Auflage 2022, 1026–1034.
Spiegel, Yorick (Hg.): Psychoanalytische Interpretationen biblischer Texte, München 1972.
ders. (Hg.): Doppeldeutlich. Tiefendimensionen biblischer Texte, München 1978.
Thilo, Hans-Joachim: Psyche und Wort. Aspekte ihrer Beziehungen in Seelsorge, Unterricht und Predigt, Göttingen 1974.
ders.: Die therapeutische Funktion des Gottesdienstes, Kassel 1985.
Voigt, Kerstin: Otto Haendler – Leben und Werk. Eine Untersuchung der Strukturen seines Seelsorgeverständnisses, Frankfurt a. M. 1993.
Weiß, Heinz: Unbewusste Phantasien als strukturierende Prinzipien und Organisatoren des psychischen Lebens. Zur Evolution eines Konzepts – eine kleinianische Perspektive, in: Sonderheft PSYCHE (2013), 903–930.
Wiesinger, Christoph: Authentizität. Eine phänomenologische Annäherung an eine praktisch-theologische Herausforderung. Tübingen 2019.
Winzen, Peter J.: Worte am Anfang und am Abgrund, in: Pastoraltheologie 111 (2022), 339–351.

Formen des Unbewussten im Kontext religiöser Bildung

Christoph Wiesinger

Einleitung

Da stand ich im Klassenzimmer der ersten Klasse. Vieles musste ich damals erst einmal lernen. Nach dem Theologiestudium, in dem wir Texte gelesen, übersetzt und besprochen haben, begann meine Zeit als Lehrer an einer Grundschule. Wir lernten zusammen das Alphabet, die Buchstaben und Zahlen. Die Schüler:innen spurten die Buchstaben nach, zeichneten sie in Sand mit den Fingern, malten sie an die Tafel und ins eigene Heft. Der Prozess wurde in kleine Teile zerlegt, den Lernenden zugänglich gemacht und eingeübt. Lernen war dabei in Bewegung. Es bewegte sich etwas in den Köpfen, so wie sich auch die Körper bewegten.[1] Die Schüler:innen gingen von einer Station zur anderen, nutzten Kreide, Stifte, ihre Finger und ihre Füße. Die körperliche Dimension des Lernens wurde sichtbar und nachvollziehbar. Das führte augenscheinlich zu Lernerfolg und -fortschritt. Verinnerlichung und Verkörperung von Lernprozessen sind dabei nicht selbstverständlich. Denn das Einüben eines Bewegungsablaufs setzt auf das spontane Abrufen und die Möglichkeit der intuitiven Wiederholung eines Musters, ohne dass noch darüber nachgedacht werden muss. Wenn die Bewegung verinnerlicht ist, wissen die Finger und die Hand von selbst, was zu tun ist.

Unmögliche Erziehung

Sigmund Freud schrieb einst, dass man in drei unmöglichen Berufen sicher sein könne, nur ungenügenden Erfolg zu haben: Regieren, Kurieren und Erziehen.[2]

---

1 Vgl. Buck, Elisabeth: Bewegter Religionsunterricht: Theoretische Grundlagen und 45 kreative Unterrichtsentwürfe für die Grundschule, Göttingen ⁵2010.
2 Vgl. Freud, Sigmund: Werke aus den Jahren 1932–1939, Bd. 16: Gesammelte Werke, hg. v. Anna Freud, S. Fischer, Frankfurt a. M. ²1961, 94; ebenfalls dazu: Lacan, Jacques: ‚Die Freud'sche Sache oder Sinn der Rückkehr zu Freud in der Psychoanalyse. Erweiterte Fassung eines am 7. November 1955 an der neuropsychiatrischen Klinik in Wien gehaltenen Vortrags', in: ders.: Schriften I: Vollständiger Text, Wien u. a. 2016, 472–513, hier 513,

Man stoße hier sowohl auf Unmöglichkeit als auch auf Unvermögen. Obwohl man sicher scheitert, lässt man dennoch nicht davon ab. Denn alle drei Tätigkeiten versuchen, etwas hervorzubringen, das unmöglich zu erreichen ist: Die Identität einer Person oder Nation als auch die Gesundheit des Körpers ist je auf ihre Weise unmöglich zu realisieren. Jeder Akt des Regierens, des Kurierens und des Erziehens schließt sein eigenes Scheitern mit ein.

Man kann das konstitutive Scheitern bereits an dem sehr simplen Akt der Namensgebung zeigen.[3] Der Effekt der Namensgebung begründet Identität nachträglich, ähnlich dem Taufakt. Indem der Name gegeben wird, wird das Kind nicht nur so heißen, sondern auch so geheißen haben. Fortan wird es sowohl diese Person sein als auch schon immer gewesen sein. Indem Tim Tim genannt wird, wird Tim nicht nur Tim sein, sondern auch gewesen sein. Man nennt diesen Effekt Retroaktivität. Der Name ist dabei eine Bezeichnung, die eine Person repräsentiert. Der Name entspricht einem Partialobjekt der Person und übernimmt repräsentative Funktion für eine andere Person.[4] Einem Namen, den sich die Person nicht selbst gegeben hat, sondern der von der Sprache entnommen wurde und von einer anderen Person zugesprochen wird, wird zugestanden, auszusagen, wer eine Person sei: Es ist Tim. Darin übt jedoch der Name eine interessante hegemoniale Macht aus. Der Name stellt eine Person mit einer Identität vor. Der Name, der eine Person sichtbar macht, verdrängt diese gleichzeitig. Wer ist es? Es ist Tim. Dabei macht es einen Unterschied, ob die Person Tim, Franz-Joseph, Kevin oder Ilkay heißt. Jeder Name löst andere Assoziationen aus, die mit der Person verbunden werden. Das geschieht jedoch nicht bewusst, sondern unbewusst. Alleine der Name lässt schon bestimmte Identitätszuschreibungen, Gruppenzugehörigkeiten, Verhaltenserwartungen, Leistungsbereitschaft etc. mitschwingen. Ein Name löst unbewusst Assoziationen aus, ob wir das wollen oder nicht. Die Assoziation entsteht zwar am Anderen, wird aber mit der Person verbunden und lässt gleichzeitig die Person, die damit bezeichnet wird, in einem Assoziationshorizont erscheinen. Die Bezeichnung bringt jemand als jemand hervor, und die Assoziationskette fügt sich dieser Person an. Indem etwas sichtbar wird, verdeckt es anderes oder: Das eine tritt hervor und das andere zurück. Der Name repräsentiert die Identität einer Person für eine andere Person, die darauf reagiert, und diese Reaktion fällt auf die Person zurück.[5] Der französische Psychoanalytiker Jacques Lacan schrieb in diesem Sinne ganz allgemein, dass das Gesagte und daher auch der Name seine Botschaft vom Anderen her empfängt. Man bekommt seine Aussage in umgekehrter Form vom Anderen zurück. Und genau an dieser Stelle bleibt immer eine Unpassung. Das Aussagen ist nie deckungsgleich mit dem Ausgesagten und nie deckungsgleich mit der

---

Lacan, Jacques: Die Kehrseite der Psychoanalyse, Das Seminar XVII (1969–1970), hg. v. Jacques-Alain Miller, Wien u. a. 2023, 218.
3   Vgl. Laclau, Ernesto: On Populist Reason, London/New York 2007, 101–123.
4   Ebd., 106.
5   Vgl. die Serie „Der Tatortreiniger", Folge „Özgür" (Staffel 6, Folge 2).

Botschaft, die dabei am Anderen entsteht. Bereits am Namen wird das deutlich. Niemand ist, was jemand bei einem bestimmten Namen assoziieren möge. Oder ganz allgemein gesprochen: Die Universalität der Person bleibt stets unerreichbar,[6] die Offenbarung einer Person ist ein unmöglicher Akt.[7] Daher muss auch das Erziehen stetig scheitern, wie es sich exemplarisch im Akt der Namensgebung zeigt. Die Idee, jemand zu etwas zu erziehen, öffnet immer die Kluft zwischen Anrufung und Bedeutung.[8] Lacan beschreibt den entstehenden Mangel folgendermaßen: Es „kommt aus dem zentralen Mangel, um den sich jene Dialektik dreht, wonach das Subjekt in der Beziehung zum Andern zu seinem eigenen Sein findet – wesentlich aus dem Grund, daß das Subjekt vom Signifikanten abhängig ist und der Signifikant zuerst auf dem Feld des Andern erscheint."[9] Der Name kommt aus der Fremde, vom Anderen, wird verinnerlicht, übernimmt Repräsentationsfunktion und wird (vom Anderen) ge- und bedeutet und innerlich verdichtet. Die erzogene Person wird nicht dem Bild der erziehenden entsprechen. Zwischen Aussage und Ausgesagten, zwischen Aussage und Botschaft, zwischen Geltung und Bedeutung bleibt immer eine Kluft bestehen. Diese öffnet sich vielmehr stets neu und pulsiert gleichermaßen und löst dadurch den Antrieb zum oder das Begehren des Anderen aus. Die Inkongruenz will überwunden werden, und da dies nie gelingt, eröffnet sich ein endloses Spiel an Entdeckung, Versuch und Scheitern: das Begehren des Anderen. Oder wie es Emmanuel Lévinas ausdrückte: „Das wahre Begehren ist dasjenige, das durch das Begehrte nicht befriedigt, sondern vertieft wird."[10]

Diese Inkongruenz kann religiös gedeutet werden.[11] Denn die Unfassbarkeit der eigenen Identität und der menschlichen Person lässt uns selbst immer im Abstand erscheinen. Jedes Wissen um eine Person, und sei es die eigene, wird immer in Inkongruenz zu dieser stehen. Dietrich Bonhoeffer denkt in der Haft darüber nach:

„Wer bin ich? Sie sagen mir oft, ich träte aus meiner Zelle gelassen und heiter und fest, wie ein Gutsherr aus seinem Schloß. Wer bin ich? Sie sagen mir oft, ich spräche mit meinen Bewachern frei und freundlich und klar, als hätte ich zu gebieten. Wer bin ich? Sie sagen mir auch, ich trüge die Tage des Unglücks

---

6 Laclau, On Populist Reason, 111.
7 Vgl. Waldenfels, Bernhard: Sozialität und Alterität. Modi sozialer Erfahrung, Berlin 2015, 409–428.
8 Vgl. Santner, Eric L.: Zur Psychotheologie des Alltagslebens. Betrachtungen zu Freud und Rosenzweig, Zürich 2010, 51–54. Jacques Lacan begründet diese Operation mit der Frage: „Che voui?": „Er sagt mir das, aber was will er?", Lacan, Jacques: Die vier Grundbegriffe der Psychoanalyse. Das Seminar, Buch XI, Wien 2015, 225.
9 Lacan, Buch XI, 215.
10 Lévinas, Emmanuel: Die Spur des Anderen. Untersuchungen zur Phänomenologie und Sozialphilosophie, Freiburg u. a. ⁶2012, 202.
11 Vgl. Stoellger, Philipp: ‚Glaube als Begehren: Oder: Von der Rechtfertigung des Begehrens', in: Hartmut von Sass (Hg.): Glaube und (De-)Motivation: Beiträge zur theologischen Ethik (Perspektiven der Ethik; 21), Tübingen 2024, 115–137.

gleichmütig lächelnd und stolz, wie einer, der Siegen gewohnt ist. Bin ich das wirklich, was andere von mir sagen? Oder bin ich nur das, was ich selbst von mir weiß? Unruhig, sehnsüchtig, krank, wie ein Vogel im Käfig, ringend nach Lebensatem, als würgte mir einer die Kehle [...] Wer bin ich? Der oder jener? Bin ich denn heute dieser und morgen ein andrer? Bin ich beides zugleich? Vor Menschen ein Heuchler und vor mir selbst ein verächtlich wehleidiger Schwächling? [...] Wer bin ich? Einsames Fragen treibt mit mir Spott. Wer ich auch bin, Du kennst mich, Dein bin ich, o Gott!"[12]

Bonhoeffer geht der Inkongruenz zwischen Selbst- und Fremdbildern, aber auch, wie hier deutlich wird, verinnerlichten Selbstbildern durch die Zusage von Fremdwahrnehmungen und der damit einhergehenden Metaphorik nach und verdeutlicht sie in ihrer spannungsreichen Dialektik. Bin ich dieser oder jener, fragt er. All die Wahrnehmungen, die Urteile, die Identifikationen und Übertragungen, die sich in Unruhe ausdrücken, die im Versuch der Selbstwahrnehmung bleiben, gleich durch welche Perspektive er versucht, einen Fixpunkt der Identifikation zu gewinnen, scheitern. Es gibt keinen Punkt, von dem aus die eigene Person sichtbar werden würde, wie sie ist. Bin ich das wirklich, fragt er. Ich ist immer auch ein Anderer. Jeder Versuch der Fixierung der Erkenntnis zeugt gleichzeitig von der Ohnmacht desselben. Jede Perspektive hat ihre Grenzen, und jede muss an der Unendlichkeit der Möglichkeit scheitern.[13] Jede Perspektive zeigt eine Erscheinung und schattet einen Rest ab, der nicht zum Vorschein kommen konnte. Die Phantasie einer ganzen Person verdichtet lediglich einzelne Partialeindrücke zu einem Ganzen, das nie war, und füllt die Lücken und weißen Flecken imaginär auf und verdrängt dabei die eigene Imagination. Dabei bleibt das Bild des Anderen auch immer stets das: eine Imagination. Wer meint, etwas zu erkennen, wie es ist, hat seine Phantasie, die es dazu braucht, bereits verdrängt und in den Erkenntnisakt integriert.

Wenn man meint, zu wissen, wer man sei, verfehlt man sich selbst. Man ist auch nicht das Bild, das man von sich selbst hat. Dieses Scheitern am eigenen Bild und am eigenen Selbst kann Verschiedenes auslösen. Man könnte das Scheitern integrieren. Das Wissen um die Unfassbarkeit der menschlichen Seele, die Begrenztheit menschlicher Erkenntnis könnte dazu führen, dass man in die Spur der Unendlichkeit des Anderen kommt:

„Auf die Idee des Unendlichen ist nur eine ex-orbitante Antwort möglich. Es bedarf eines ‚Denkens', das mehr versteht, als es versteht; über sein Vermögen hinaus, und das dem Verstandenen nicht gleichzeitig ist; es bedarf eines Denkens, das in diesem Sinne über seinen Tod hinausgeht. Mehr verstehen, als man versteht, mehr denken, als man denkt, das denken, was sich vor dem Denken zurückzieht, heißt begehren; aber begehren mit einem Begehren, das sich im Gegensatz zum Bedürfnis erneuert und um so brennender wird, je mehr es sich

---

12 Bonhoeffer, Dietrich: Widerstand und Ergebung, München ⁹1951, 242f. Brief vom 16.07.1944.
13 Vgl. Lévinas, Die Spur des Anderen, 185–208.

vom Begehrenswerten nährt."[14] Genau diese Spur des Unendlichen ist Quelle der lebendigen Andersartigkeit.

Die Idee, einen Idealzustand erreichen zu können, verbindet sich jedoch auch mit der Vermutung, man müsste nur die Imagination erreichen, wie man *eigentlich* sei.[15] Man müsse nur werden, wer man vermeintlich sei. Und dadurch ist man gezwungen, bestimmte Formen phänomenaler Repräsentationen zu wiederholen. Man möchte so werden, wie man aktuell nicht ist, um zu werden, wie man meint, zu sein. Doch das Erreichen des Bildes verbraucht dieses und lässt die Einsicht zurück: etwas fehlt. Das Imaginäre der Universalität, das idealisiert Bild von einem selbst, wird dann stets in neue repräsentative Objekte sublimiert.[16] Wenn man nur dies oder jenes hätte, erreichte oder realisierte, dann würde man endlich werden, wer man sei. Das Subjekt befindet sich damit in einem gleichsam endlosen und ausweglosen Kreislauf der Ich-Bestätigung.[17] Da es nie ganz selbst sein kann, muss es anders werden, um selbst zu werden, d. h. es muss sich von sich selbst entfremden, um mehr selbst zu werden, und bleibt daher in einem unmöglichen Paradoxon hängen: Selbstwerdung ist von Selbstentfremdung, wie die zwei Seiten eines Blatt Papiers nicht zu trennen. Die Selbsthingabe des „Dein bin ich, o Gott!" an den Anderen ist Antwort auf die Unmöglichkeit. Damit steht sowohl das Erziehen, als auch das Kurieren und das Regieren vor der unmöglichen Aufgabe, etwas hervorzubringen, das nicht erreicht werden kann.

Vom Traum einer universalen Religiosität zum Umgang mit dem radikal Fremden

Mit diesen Paradoxien und Herausforderungen muss Religionsunterricht umgehen. Der Stellenwert der Subjektorientierung etwa lässt sich schlicht an der

---

14 Ebd., 257.
15 Vgl. Wiesinger, Christoph: Authentizität. Eine phänomenologische Annäherung an eine praktisch-theologische Herausforderung (PThGG 31), Tübingen 2019, 22–28.
16 „It is at this point that Lacan radicalizes Freudian thought: the lost Thing is not an impossibility of thought, but a void of Being: ‚it is not that the mother escapes representation or thought, but that the jouissance that attached me to her has been lost, and this loss depletes the whole of my being'", Laclau, On Populist Reason, 112f. Das hat dann die Konsequenz zur Folge: „The aspiration to that fullness or wholeness does not, however, simply disappear; it is transferred to partial objects which are the objects of the drives", Laclau, On Populist Reason, 115.
17 Weber, Samuel: Rückkehr zu Freud. Jacques Lacans Ent-stellung der Psychoanalyse (Passagen Philosophie), Wien ²2000, 32.

Einsicht plausibilisieren, dass Schüler:innen anders sind.[18] Der Andere lässt sich nicht in ein Bild integrieren. Schüler:innen suchen eigene Lernwege, unterschiedliche Zugänge und verhalten sich unpassend. Darum bilden Differenzkompetenz, differenzierter Unterricht und Leistungsbeurteilung heutzutage Kernkompetenzen einer Lehrkraft. Eine Lehrperson, die die Grenzen gegenüber Anderen wahrt, kann im Antlitz des Anderen diesen kreativ zu entsprechen suchen.[19] Gerade der Religionsunterricht pflegt dabei ein besonderes Verhältnis zu Grenzen, da er auf seine Weise immer mit Unmöglichkeiten umgehen muss: Erziehung, Bildung und Religion kreisen gewissermaßen um unmögliche Möglichkeiten. Dabei steht der Bildungskontext vor einer Reihe an Antinomien: „Distanz versus Nähe; Subsumtion versus Rekonstruktion; Einheit versus Differenz; Organisation versus Interaktion/Kommunikation; Heteronomie versus Autonomie."[20] In der Spannung dieser Antinomien vollzieht sich auch der Religionsunterricht,[21] wobei sich weitere anschließen: eine unmögliche Möglichkeit, von Gott zu sprechen[22] oder Glauben zu lehren. Oder, um es anders auszudrücken: Im Antlitz des Anderen muss Religionsunterricht „[m]ehr verstehen, als man versteht, mehr denken, als man denkt, das denken, was sich vor dem Denken zurückzieht"[23]. Religionsunterricht muss über die Grenzen der Erkenntnismöglichkeit mit dem rechnen, was nicht zum Vorschein kommen kann: die radikale Andersheit des Anderen. Der Religionsunterricht muss also mit den Grenzen des Bewussten bzw. Grenzen der Möglichkeit von Bewusstsein umgehen, d.h. mit dem, was nicht bewusst werden kann: „Der Andere muß Gott näher sein als Ich."[24]

Das Konzept des Unbewussten hat so auch in Konzeptionen der Religionspädagogik Eingang gefunden. Einen besonderen Platz in den didaktischen Konzeptionen, die mit dem Konzept des Unbewussten arbeiten, nimmt die

---

18 Phänomenologisch müssten wir sagen: radikal anders. Bernhard Waldenfels unterscheidet zwischen relativer und radikaler Fremdheit, wobei gerade die Pointe der radikalen Fremdheit hier entscheidend ist: „Eine radikale Form der Fremdheit ist also nicht denkbar, ohne daß Vernunft, Subjekt und Intersubjektivität umgedacht werden. Die Scheu vor einem solchen Umdenken mag es erklären, daß die Fremdheit bis heute immer wieder abgeschwächt oder gar abgewehrt wird", Waldenfels, Bernhard: Hyperphänomene. Modi hyperbolischer Erfahrung, Berlin 2012, 298.
19 Zur Frage der Gewalt: Zilleßen, Dietrich: Gegenreligion. Über religiöse Bildung und experimentelle Didaktik (Profane Religionspädagogik 1), Münster ²2019, 23–43.
20 Helsper, Werner: ‚Antinomien des Lehrerhandelns in modernisierten pädagogischen Kulturen: Paradoxe Verwendungsweisen von Autonomie und Selbstverantwortlichkeit', in: Combe, Arno / Helsper, Werner (Hg.): Pädagogische Professionalität: Untersuchungen zum Typus pädagogischen Handelns, Frankfurt a. M. ¹⁰2023, 521–569, hier 530.
21 Vgl. Meyer-Blanck, Michael: Zeigen und Verstehen. Skizzen zu Glauben und Lernen, Leipzig 2018, 135–152.
22 Vgl. Derrida, Jacques: Eine gewisse unmögliche Möglichkeit, vom Ereignis zu sprechen (Merve 254), Berlin 2003.
23 Lévinas, Die Spur des Anderen, 257.
24 Ebd., 200.

Symboldidaktik ein. Natürlich bezog sich schon die Liberale Religionspädagogik zentral auf die Einsicht der Unmöglichkeit, Glauben zu machen, und die Evangelische Unterweisung auf die Unmöglichkeit, von Gott zu sprechen, doch diese Einsichten wurden nicht explizit mit Konzepten des Unbewussten verknüpft. Explizit bezieht sich Hubertus Halbfas auf das Konzept des Unbewussten. Inspiriert von der Psychoanalyse Carl Gustav Jungs plädiert Halbfas für eine neue Alphabetisierung der Schüler:innen in Bezug auf Religion. Im bewussten Bruch mit traditionellen Ansätzen hebt er die Notwendigkeit der Ausbildung eines Symbolsinns hervor. Sein Ansatz zielt darauf ab, die Sprache der Religion in ihrem symbolischen Charakter zu erfassen und die spezifische Wahrheit sprachlicher Formen wie Mythos, Märchen, Sagen, Legenden und Gleichnisse zu erkunden und zu erschließen. Er ging von einer tieferen Wirklichkeit aus, die hinter der Welt der Erscheinung liegt: die symbolische Welt der Religion. Er baut auf den Konzepten eines kollektiven Unbewussten und der Archetypenlehre auf, die die Erfahrung der Menschheit birgt und dessen Kristallisationskerne Symbole bilden, und führt dies als didaktisches Konzept aus. Schüler:innen soll durch Symbole ein Zugang zu einer allgemeinen und die Menschheit verbindenden Religiosität ermöglicht werden. Symbole, vom griechischen sym-ballein, zusammenwerfen, verbinden „das Eine und das Andere: Gestalt und Idee, Vordergründiges und Hintergründiges, Erscheinung und Verborgenes, Bewußtes und Unbewußtes, Leib und Seele, Weltliches und Göttliches"[25]. So war das Ziel, die oberflächliche zugunsten einer tieferen, eigentlicheren Wirklichkeit mittels des Symbolsinns zu überwinden. Religionsunterricht war Auseinandersetzung mit der Idee eines universalen Abstraktums, das in die Tiefe, zum Ganzen, zu Gott, zum Selbst und zur Seele führe.[26]

Einen wichtigen Beitrag zur Entwicklung der Symboldidaktik und damit der Beschäftigung mit dem Unbewussten in Anschluss an Halbfas leistete der evangelische Theologe Peter Biehl mit seinem Buch „Symbole geben zu lernen. Einführung in die Symboldidaktik anhand der Symbole Hand, Haus und Weg"[27]. Er entwickelt die Symboldidaktik insofern weiter, als er sie christologisch präzisiert und seinerseits an die Theorie Paul Ricœurs anknüpft. Auch bei Biehl begegnet ein Antagonismus, der sich darin zeigt, dass es ihm um „echte" Symbole geht. Diese zeichnen sich durch sechs Eigenschaften aus: Symbole besitzen Hinweis-Charakter, haben Repräsentationsfunktion, sind sozial eingebettet, geschichtlich und gesellschaftlich bedingt, d. h. haben ihre Zeit, erschließen tiefere Dimensionen innerer Wirklichkeit und wirken ambivalent.[28] Symbole seien von Zeichen dadurch zu unterscheiden, dass ihr Doppelsinn sich dadurch

---

25 Halbfas, Hubertus: Das dritte Auge. Religionsdidaktische Anstöße (Schriften zur Religionspädagogik 1), Düsseldorf 1982, 85.
26 Vgl. ebd., 121ff.
27 Vgl. Biehl, Peter: Symbole geben zu lernen. Einführung in die Symboldidaktik anhand der Symbole Hand, Haus und Weg, Neukirchen-Vluyn 1989.
28 Vgl. ebd., 46–51.

ausdrückt, Zeichen verschiedenen Grades zu produzieren. Symbole bezeichnen nicht nur etwas, wie das bei Zeichen eindeutig der Fall sei, sondern richten auf einen anderen Sinn aus, der nur in und mit dem Symbol zu erreichen sei.[29] Biehl führt aus, dass „der übertragene Sinn nur mit Hilfe des wörtlichen Sinns faßbar ist."[30] So enthüllt und verschleiert sich das Heilige im Symbol gleichermaßen. Dank dieser „Fundamentalunterscheidung zwischen heilig und profan"[31] werde die religionsphänomenologische Dimension der Symbole deutlich. Das Christentum radikalisiert nun seinerseits das Heiligkeitsverständnis, da durch Christus und das Kreuz alles profan und heilig gemacht werden kann. Darum nimmt auch die Christologie einen zentralen Platz in Biehls Symboldidaktik ein. Angesichts des Horizonts des Ganz-Anderen steht die Manifestation des Heiligen in und durch Christus zentral. Schöpfung und Hoffnung werden so in die Linie von Archäologie und Eschatologie eingetragen und zugänglich, im gleichzeitigen Entzug desselben. In Aufnahme von Paul Tillichs Symboltheorie wird schließlich religiöse Symbolik in drei Dimensionen unterschieden: Symbole Gottes, seines Handelns und schließlich seiner Inkarnation. „Die drei Ebenen primärer Symbole werden durch das Symbol der Dreieinigkeit Gottes verbunden. Kreuz und Trinität sind die Symbole, in denen das Ganze des christlichen Glaubens in spezifischer Weise zur Darstellung kommt."[32] Biehl kommt damit das Verdienst zu, von einer allgemeinen Religionstheorie zu einer christlich fundierten Symboldidaktik vorgedrungen zu sein. Das Unbewusste findet im Christentum seinen spezifischen Ort, das Heilige wird symbolisch vermittelt und zugänglich, wobei es sich stets genau dabei entzieht.

Eine fundamentale Kritik an den Konzeptionen Biehls und Halbfas' formulierte Michael Meyer-Blanck. Er unterzieht die Unterscheidungsmerkmale einer tieferen Wirklichkeit und der echten Symbolik einer semiotischen Revision. In Bezug auf die Theorie Umberto Ecos lehnt er jede metaphysische Annahme ab und hebt die Unterscheidung zwischen Zeichen und Symbol auf. Die Unterscheidung zwischen Symbol und Zeichen in seiner Mehrdimensionalität der Bedeutung kann nicht in demselben liegen, sondern müsse vom Subjekt hervorgebracht werden. So schreibt er: „[D]ie massive archetypische Ontologisierung führt bei Halbfas zu der Regel: je symbolischer, je archetypischer, desto ‚offener', und: je weniger tief und ganzheitlich, desto ‚geschlossener'. Auf solche angebliche Offenheit kann ich als Christ und denkender Mensch getrost verzichten."[33] Semiotisch hat das Zeichen keine Bedeutung, sondern bringt es subjektgebunden hervor. Zeichen sind im konventionellen Sinne zu interpretieren, d. h. nach ihrer Konvention in der Sprache, die ihrerseits auf Lernprozessen beruhen.

---

29 Vgl. ebd., 51.
30 Ebd., 52.
31 Ebd., 53.
32 Ebd., 61.
33 Meyer-Blanck, Michael: ‚Vom Symbol zum Zeichen. Plädoyer für eine semiotische Revision der Symboldidaktik', in: EvTh 55 (1995), Heft 4, 337–351, hier 339.

Daher sei die Funktion der Codes zu erproben. „Eine semiotisch revidierte Symboldidaktik jedoch hätte nicht das Verstehen von Symbolen zum vorrangigen Ziel, sondern die Verständigung und Selbstverständigung von symbolisierenden Subjekten. Die Aufgabe wäre eine semiotisch gedachte Symbolisierungshermeneutik, keine ontologisch gedachte Symbolhermeneutik."[34] Damit hebt Meyer-Blanck den differentiellen Charakter der Sprache hervor und drängt eine metaphysische Ontologie zurück.

Die Theorieebene wird dann ein weiteres Mal bei Dietrich Zilleßen radikalisiert, indem dieser nicht nur gegen das Postulat einer Metaphysik anschreibt, sondern die radikale Fremdheit von Sprache und Wahrnehmung selbst hervorhebt. In Bezug auf Jacques Derrida und Jacques Lacan wird das Konzept der profanen Religionspädagogik ausgearbeitet, wobei die explizite Bezugnahme auf das Unbewusste wieder aufgenommen wird: „Religionspädagogik zielt darauf, feste Korrelationen flexibel und veränderbar zu machen, Fremdes und Unbewußtes ins Spiel zu bringen und dieses Spiel zu unterhalten, auf dem Laufenden zu halten"[35]. Das Unbewusste tritt nun jedoch nicht mehr als metaphysisches Postulat einer tieferen Wirklichkeit auf, sondern wird alteritätslogisch herausgearbeitet. Zilleßen geht gemeinsam mit Bernd Beuscher vom Urparadox aus, als Mensch von Gott zu reden, das keinen gesicherten Boden zulässt, durch das Kreuz alle Heiligkeit profanisiert und damit zwischen allen Ordnungen artikuliert werden müsse. Die Uneindeutigkeit und Unschärfe müsse an Aufmerksamkeit gewinnen, da an ihr die Unsicherheit des Lebens allgemein symptomatisch sichtbar werde. Religion gerate in die zwielichte Ent-Sicherung zwischen Eigenem und Fremden und findet genau da ihren Platz. Das theologische Motiv dazu ist der Exodus als Auszug in die Fremde. Ein Gott, der sich nicht festschreiben lässt, befördere den Mut, Fixierungen in ihrer Labilität, Fragmentarität und Fragilität poetisch aufzulösen, um so das religiöse Erbe zu würdigen und der Lebendigkeit des Lebens zu entsprechen. Die gute Nachricht des Evangeliums ist die Ankündigung einer anderen Diskursdimension: „Der Andere verdinglicht mich nicht, sondern ermöglicht mir, aller Verdinglichung zu wehren",[36] um mich so aus der Selbstbezüglichkeit zu befreien. Im Antlitz des Anderen werde ich von einer Unendlichkeit getroffen, derer ich nicht Herr werden kann, die sich meiner Realisierung entzieht. Symbole verhelfen in diesem Sinne, „reflexiv zwischen der Macht der Normen und den darin auftretenden Rissen und Lücken"[37] zu spielen: „Wird das Subjekt gelassen genug, das Fiktiv-Imaginäre seines Selbstentwurfes zu erkennen, kann es offenbleiben für ein Anderes, über das es nicht verfügen kann."[38] Die These Zilleßens könnte damit zusammengefasst werden,

---

34 Ebd., 345.
35 Beuscher, Bernd/Zilleßen, Dietrich: Religion und Profanität. Entwurf einer profanen Religionspädagogik, Weinheim 1998, 45.
36 Ebd., 109.
37 Wiesinger, Bildung und Subversion, Tübingen 2024 (im Erscheinen).
38 Beuscher u. a., Religion und Profanität, 148f.

dass es der Symboldidaktik in ihrem religiösen Anliegen darum gehen müsse, durch Brüche, Spannungen und Widersprüche auf die irreversible Zeitlichkeit aller Selbst- und Fremdwahrnehmung aufmerksam zu machen, um dieser erprobend zu entsprechen. „Was er gewinnt, gewinnt er im Verlieren. Diesen Aspekt rückt eine elementartheologische Symboldidaktik in den Vordergrund."[39] Oder um es noch weiter zuzuspitzen: „Letztlich geht es darum, eine religiöse Beziehung zum Fremden zu gewinnen."[40]

So wandelte sich die Symboldidaktik von einem Konzept der tieferen Wirklichkeit über die semiotische Revision in ein Konzept, das alteritätslogisch operiert, indem es die radikale Fremdheit des Anderen anerkennt und von diesem aus denkt. Das Unbewusst ist nicht mehr als tiefere Wirklichkeit in uns, sondern vielmehr um uns und durchdringt alle Erkenntnis.

Erkenntnistheorie und der nicht aufgehende Rest

Bekanntlich ist es seit Immanuel Kant[41] ein Allgemeinplatz der Erkenntnistheorie der Neuzeit, dass wir nicht die Dinge an sich erkennen, sondern sich die Gegenstände nach der Erkenntnismöglichkeit richten. Wir erkennen die Dinge nicht, wie sie sind, sondern wie sie sich uns darstellen. Die Phänomenologie[42] nahm diese Erkenntnis auf und schärfte die erkenntnistheoretische Pointe. Wir haben nur Zugang zur Welt, wie sie sich uns darstellt. Wir dürfen die Welt nicht in eine Zwei-Welten-Lehre auseinanderfallen lassen, sondern die einzige Welt ist die, die uns erscheint. Die Annahme einer Welt hinter den Erscheinungen ist lediglich spekulativ, da darüber keine Aussage getroffen werden kann. Das Phänomen steht damit dem Wesen einer Sache nicht gegenüber, sondern ist, wie sich der Gegenstand von sich aus zeigt, wie er erscheint. Das Phänomen ist die Erscheinungsweise des Gegenstandes selbst.[43]

Aus dieser Einsicht können wir weitere Einsichten ableiten: Wenn wir keinen Zugriff auf die Welt an sich haben, es keinen Gegenstand an sich für uns gibt, sondern lediglich Erscheinungsweisen desselben, müssen, um etwas als etwas hervorzubringen, entweder die verschiedenen Partialeindrücke verdichtet und zu einem Ganzen aufgefüllt werden, das als solches nie vorhanden war, oder der

---

39 Zilleßen, Dietrich: „Symbole geben zu lernen". Elementare Erfahrungen bei der Wahrnehmung der Dinge', in: Jürgen Oelkers/Klaus Wegenast (Hg.): Das Symbol – Brücke des Verstehens, Stuttgart u. a. 1991, 150–168, hier 166.
40 Beuscher u. a., Religion und Profanität, 139.
41 Vgl. Kant, Immanuel: Kritik der reinen Vernunft (Werke Band II), Darmstadt ⁶2006.
42 Ich beziehe mich beim Begriff „Phänomenologie" auf die philosophische Strömung im Anschluss an Edmund Husserl als die Wissenschaft (der Phänomenalität) der Phänomene.
43 Vgl. Heidegger, Martin: Sein und Zeit, Tübingen ¹¹1967, 27–39 oder Merleau-Ponty, Maurice: Phänomenologie der Wahrnehmung, Berlin 1966, 3–18.

zu erkennende Gegenstand bleibt selbst in seinen unzusammenhängenden Partialeindrücken zersplittert.[44] Die Erkenntnis von *etwas als etwas* trägt damit stets einen imaginären Charakter. Etwas als abgeschlossen zu betrachten und *als etwas* hervorzubringen, schafft damit etwas, das es von sich aus nicht gibt: Ganzheit. Damit stellt sich die Frage, wie etwas überhaupt als etwas hervorgebracht werden kann, wenn es sich doch stets verschiebt und verändert. Die Antwort lautet: indem sich ein Signifikant einschreibt. Wir haben es mit einer (unbewussten) Namensgebung zu tun. Was ist ein Tisch? Ein Tisch ist, was als Tisch bezeichnet worden ist. Indem wir etwas als Tisch hervorbringen, wird es ein Tisch gewesen sein. Erkenntnis vollzieht sich als retroaktiver Effekt. Das, was sich uns darstellt und damit in unsere Erkenntnis bringt, bringt sich *als etwas* hervor, indem es eine symbolische Form annimmt. Phänomenologisch wird dieser Vorgang als signifikative Verschiebung bezeichnet.[45] Jede Erkenntnis trägt eine signifikative retroaktive Dimension. Das Problem der Signifikanten wird beim Sprachphilosophen Ferdinand de Saussure deutlich.[46] Er beschreibt, dass Sprache nicht als Abbildung von Wirklichkeit verstanden werden kann, sondern in sich ein System aus Differenz bildet. Keine Bezeichnung hat eine feste Bedeutung, sondern die Bedeutung einer Bezeichnung, genauer gesagt, eines bezeichnenden Signifikanten, ergibt sich aus der Differenz zu allen anderen Signifikanten. Erst wenn ein Bezeichnendes etwas bezeichnet, wird dessen Bedeutung hervorgebracht und beides miteinander verbunden, wie zwei Seiten eines Papierblattes, ohne dass diese zu trennen wären. Wenn der Tisch als Tisch bezeichnet worden ist, hat der Tisch seine Bedeutung gewonnen, indem die Bezeichnung das Bezeichnete *als etwas* hervorgebracht hat. Lacan verschärft nun diese Erkenntnis anhand zweier identischer Türen, die jeweils einen identischen Raum hinter sich abgrenzen. Über der einen Tür befindet sich die Bezeichnung „Herren" und über der anderen „Damen". Zwei gleiche Räume und doch zwei sehr verschiedene. Der Unterschied ergibt sich lediglich durch das Zeichen, das über ihnen

---

44 Vgl. Zupančič, Alenka: Warum Psychoanalyse?, Zürich/Berlin 2009, 27. Sie schreibt dort, dass das Gegenstück zur imaginären vollen Substanzialität der Erkenntnis „die Multiplizität ‚unmöglicher', phantomhafter, unlogischer und unverbundener Partialobjekte" ist.

45 „Nichts ist gegeben, ohne als solches gegeben zu sein, und niemand läßt sich darauf ein, ohne sich als jemand zu verhalten. In Anlehnung an den bedeutungsgenerierenden Aspekt dieses Differenzierungsgeschehens habe ich selbst wiederholt von einer signifikativen Differenz gesprochen. Gemessen an dem grundlegenden Charakter dieses Differenzierungsgeschehens erscheint der Rekurs auf bedeutungsverleihende Akte bereits als eine bestimmte Interpretation. Die Tatsache, daß mir ein Zettel an der Tür, ein falscher Zungenschlag oder ein seltsames Maschinengeräusch auffällt, hat noch nichts von einem Akt, den ich mir zuschreibe", so Waldenfels, Bernhard: Grundmotive einer Phänomenologie des Fremden, Frankfurt a. M. [4]2012, 35.

46 Vgl. Saussure, Ferdinand de: Grundfragen der allgemeinen Sprachwissenschaft, Berlin / New York [3]2001.

angebracht ist. Das Bezeichnende, d. h. der Signifikant, schreibt sich ein und bringt hervor, was erkannt wurde.[47]

Formen des Unbewussten im Kontext religiöser Bildung

Kehren wir damit in das Klassenzimmer zurück. Stellen wir uns die Frage nach dem Unbewussten in religiöser Bildung, müssten wir antworten: Es begegnet uns überall. Jeder Akt der Wahrnehmung zeigt etwas *als etwas* und geht mit dem Effekt der Abschattung einher. Jedes Auftreten einer Person in einer gesellschaftlichen Rolle, sei es Lehrerin oder Schüler, Mann oder Frau, Kollegin oder Referendar, Religions- oder Lateinlehrer bringt Assoziationsketten hervor, die auf die Träger zurückwirken und die soziale Interaktion und Kommunikation strukturieren. Jedes Auftreten im Klassenraum geht mit Anrufungsprozessen einher: als was möchte mich der Andere haben? Kommunikation wird eben nicht nur verstanden, sondern reißt auch immer die Kluft zwischen Geltung und Bedeutung auf.[48] Die Blicke der Anderen, die treffen und die soziale Gemeinschaft irritieren und neu arretieren, üben ihre Wirkung aus. Jedes Lesen eines Textes bringt ein Wissen ins Spiel, das sich retroaktiv rationalisiert und dennoch von woanders herkommt. Jedes Reden über Religion und jedes Reden im Modus der Religion ist eingebettet in ein intuitives, biographisches und beunruhigendes Wissen gleichermaßen. Es gleicht einem Spiel von Beruhigung und Beunruhigung. Jedes Sprechen über Gott schließt die Unmöglichkeit eben dieses Redens mit ein.

Religionsunterricht steht vor der Aufgabe, verschiedene Kompetenzen in unterschiedlichen Inhaltsfeldern zu vermitteln, und muss dabei die Leerstelle offenhalten, dass keine Wahrnehmung, keine Sinnschließung, keine Kommunikation abschließend sein kann. Religionsunterricht ist vielmehr Pflege des Risses ohne Anspruch auf Schließung. Der Überschuss an Geltung, an Signifikanz, an Leben will vielmehr gepflegt werden. „Religion setzt sich nicht an die Stelle einheitswissenschaftlicher Anmaßungen, sondern markiert deren Verlust und

---

47 „Ganz unabhängig von der Berechtigung der Kritik an bestimmten konzeptuellen Fragen, damals wie heute, sollte man niemals vergessen, dass eine bedeutsame Dimension der freudschen Entdeckung genau in der Erkenntnis der Überschneidung jener zwei als physisch und psychisch definierten Bereiche liegt. Wenn es überhaupt eine sinnvolle allgemeingültige Beschreibung des Objekts der Psychoanalyse gibt, dann vielleicht gerade diese: Das Objekt der Psychoanalyse ist die Zone, in der diese beiden Bereiche sich überschneiden, das heißt, wo das Biologische oder Somatische immer schon psychisch oder kulturell verfasst ist und wo gleichzeitig Kultur genau aus den Sackgassen der somatischen Funktionen heraus entsteht, die sie aufzulösen versucht (und dabei neue schafft)", Zupančič, Warum Psychoanalyse?, 7.
48 Vgl. Santner, Zur Psychotheologie des Alltagslebens, 46–50.

ermöglicht es, diesen Verlust nicht nur zu ertragen, sondern als Bedingung der Möglichkeit menschlicher Freiheit unter modernen Lebensverhältnissen zu verstehen und zu gestalten",[49] so der Marburger Religionspädagoge Bernhard Dressler. Die Herausforderungen des Unbewussten artikulieren sich als Aufgabe der unmöglichen Möglichkeit, dem zu entsprechen, was sich als Ereignis zeigt, was in seinem Offenbarungsgehalt dabei aber gleichzeitig stets entzogen bleibt.

Erfahrungen mit den Erfahrungen legen vielfältige Spuren in Bereiche religiöser Bildung, und sie stoßen an die Frage, was im Kontext von Bildung allgemein und noch einmal speziell im Kontext religiöser Bildung dadurch erklärbar wird, wenn wir es als Prozesse begreifen, die nicht bewusst entschieden und gemacht werden. Wir stoßen allzu oft auf habitualisierte Praxis, strukturelle Gegebenheiten, Normalisierungen und Sedimentierungsmuster. Daher ist die Einsicht, dass viele dieser Prozesse gerade nicht bewusst gewollt und gesteuert sind, sondern vielmehr Effekte von Wiederholung und Normalisierung sind, eine befreiende Einsicht, die eben dadurch interessante, kreative, neue Handlungs- bzw. Interventionsmöglichkeiten eröffnet.

Literatur

Beuscher, Bernd / Zilleßen, Dietrich: Religion und Profanität. Entwurf einer profanen Religionspädagogik, Weinheim 1998.
Biehl, Peter: Symbole geben zu lernen. Einführung in die Symboldidaktik anhand der Symbole Hand, Haus und Weg, Neukirchen-Vluyn 1989.
Bonhoeffer, Dietrich: Widerstand und Ergebung, München ^{9}1951.
Buck, Elisabeth: Bewegter Religionsunterricht: Theoretische Grundlagen und 45 kreative Unterrichtsentwürfe für die Grundschule, Göttingen ^{5}2010.
Derrida, Jacques: Eine gewisse unmögliche Möglichkeit, vom Ereignis zu sprechen (Merve 254), Berlin 2003.
Dressler, Bernhard: Religionsunterricht. Bildungstheoretische Grundlegungen, Leipzig 2018.
Freud, Sigmund: Werke aus den Jahren 1932–1939, Bd. 16: Gesammelte Werke, hrsg. v. Anna Freud, S. Fischer, Frankfurt a. M. ^{2}1961.
Halbfas, Hubertus: Das dritte Auge. Religionsdidaktische Anstöße (Schriften zur Religionspädagogik 1), Düsseldorf 1982.
Heidegger, Martin: Sein und Zeit, Tübingen ^{11}1967.
Helsper, Werner: ‚Antinomien des Lehrerhandelns in modernisierten pädagogischen Kulturen; Paradoxe Verwendungsweisen von Autonomie und Selbstverantwortlichkeit', in: Arno Combe / Werner Helsper (Hg.): Pädagogische Professionalität: Untersuchungen zum Typus pädagogischen Handelns (Suhrkamp Taschenbuch Wissenschaft; 1230), Frankfurt a. M. ^{10}2023, S. 521–569.
Kant, Immanuel: Kritik der reinen Vernunft (Werke Band II), Darmstadt ^{6}2006.
Lacan, Jacques: Die vier Grundbegriffe der Psychoanalyse. Das Seminar, Buch XI, Wien 2015.

---

49 Dressler, Bernhard: Religionsunterricht. Bildungstheoretische Grundlegungen, Leipzig 2018, 213.

Lacan, Jacques: ‚Die Freud'sche Sache oder Sinn der Rückkehr zu Freud in der Psychoanalyse. Erweiterte Fassung eines am 7. November 1955 an der neuropsychiatrischen Klinik in Wien gehaltenen Vortrags', in: ders.: Schriften I: Vollständiger Text, Wien u. a. 2016, 472–513.

Lacan, Jacques: Die Kehrseite der Psychoanalyse, Das Seminar XVII (1969–1970), hg. v. Jacques-Alain Miller, Wien u. a. 2023.

Laclau, Ernesto: On Populist Reason, London / New York 2007.

Lévinas, Emmanuel: Die Spur des Anderen. Untersuchungen zur Phänomenologie und Sozialphilosophie, Freiburg u. a. ⁶2012.

Merleau-Ponty, Maurice: Phänomenologie der Wahrnehmung, Berlin 1966.

Meyer-Blanck, Michael: ‚Vom Symbol zum Zeichen. Plädoyer für eine semiotische Revision der Symboldidaktik', in: EvTh 55 (1995), Heft 4, 337–351.

Meyer-Blanck, Michael: Zeigen und Verstehen. Skizzen zu Glauben und Lernen, Leipzig 2018.

Santner, Eric L.: Zur Psychotheologie des Alltagslebens. Betrachtungen zu Freud und Rosenzweig, Zürich 2010.

Saussure, Ferdinand de: Grundfragen der allgemeinen Sprachwissenschaft, Berlin / New York ³2001.

Stoellger, Philipp: ‚Glaube als Begehren: Oder: Von der Rechtfertigung des Begehrens', in: Hartmut von Sass (Hg.): Glaube und (De-)Motivation: Beiträge zur theologischen Ethik (Perspektiven der Ethik; 21), Tübingen 2024, 115–137.

Waldenfels, Bernhard: Grundmotive einer Phänomenologie des Fremden, Frankfurt a. M. ⁴2012.

Waldenfels, Bernhard: Hyperphänomene. Modi hyperbolischer Erfahrung, Berlin 2012.

Waldenfels, Bernhard: Sozialität und Alterität. Modi sozialer Erfahrung, Berlin 2015.

Weber, Samuel: Rückkehr zu Freud. Jacques Lacans Ent-stellung der Psychoanalyse (Passagen Philosophie), Wien ²2000.

Wiesinger, Christoph: Authentizität. Eine phänomenologische Annäherung an eine praktisch-theologische Herausforderung (PThGG 31), Tübingen 2019.

Wiesinger, Christoph: Bildung und Subversion, Tübingen 2024 (im Erscheinen).

Zilleßen, Dietrich: „‚Symbole geben zu lernen". Elementare Erfahrungen bei der Wahrnehmung der Dinge', in: Oelkers, Jürgen / Wegenast, Klaus (Hg.): Das Symbol – Brücke des Verstehens, Stuttgart u. a. 1991, S. 150–168.

Zilleßen, Dietrich: Gegenreligion. Über religiöse Bildung und experimentelle Didaktik (Profane Religionspädagogik 1), Münster ²2019.

Zupančič, Alenka: Warum Psychoanalyse?, Zürich/Berlin 2009.

Formen der Bedeutungslosigkeit
Die religiöse materielle Kultur als Beispiel für blinde Flecken der praktisch-theologischen Forschung

Sonja Beckmayer

Praktische Theologie: Was sie (nicht) wahrnimmt

Die Pastoralpsychologie „deutet die gesamte pastorale oder auch kirchliche Tätigkeit aus dem Blickwinkel psychischer Phänomene und psychologischer Theorien."[1] Dieser Beitrag stammt nun nicht von einer Pastoralpsychologin, sondern von einer kulturwissenschaftlich orientierten Praktischen Theologin. Dies ist sowohl Grenze als auch Horizont. Grenze dahingehend, dass dieser Beitrag keine Tiefenbohrung auf der Schnittstelle zwischen Seelsorge und Psychologie sein wird, sondern nach dem Unbewussten nicht nur in der Praktischen Theologie, sondern der Praktischen Theologie als Wissenschaftsdisziplin fragt, die als Reflexionsform wiederum „dazu befähig[t], über die religiöse Praxis in kritischer Distanz und methodisch geordnet nachzudenken"[2]. Der Begriff der „Sehhilfe" beispielsweise findet sich in nicht wenigen praktisch-theologischen Beiträgen. Ein bestimmter Zugang wird genutzt, um als pars pro toto etwas Größeres aufzuzeigen. Dies können Themenfelder ebenso sein wie empirische Zugänge. Dem Gegenstück zu den „Sehhilfen", dem „blinden Fleck", wird hingegen seltener praktisch-theologische Aufmerksamkeit geschenkt.[3] Dieser Beitrag tut dies auf Basis des Tagungs-Vortrages über die „Bedeutungslosigkeit der religiösen Dinge"[4] und entwickelt anhand der dort aufgeworfenen Fragen das Themenfeld noch einmal weiter: Was ist es, das die Praktische Theologie nicht wahrnimmt, was ist das Unbewusste des Fachs Praktische Theologie?

---

1 Hauschildt, Eberhard: Art. „Seelsorgelehre", in: TRE 3 (2000), 54–74, 54.
2 Wagner-Rau, Ulrike: Praktische Theologie als Theorie der christlichen Religionspraxis. In: Kristian Fechtner, u. a. (Hg.): Praktische Theologie. Ein Lehrbuch (ThW 15), Stuttgart 2017, 19–28, 21.
3 Prominent schrieb Thomas Zippert zuletzt über „Blinde Flecken der evangelischen Theologie" (Zippert, Thomas: Blinde Flecken der evangelischen Theologie. In: PrTh [2023] 58, 91–96) unter Bezug auf die Missbrauchsvorfälle.
4 Beckmayer, Sonja: Die Bedeutungslosigkeit religiöser Dinge. Vortrag, gehalten im Rahmen der Tagung „Das Unbewusste in der religiösen Praxis" am 18.06.2022 in Marburg.

Religiöse materielle Kultur als „blinder Fleck" der Praktischen Theologie

Sonntagmorgen, der Gottesdienst hat begonnen. Zur Lesung nimmt der Pfarrer die Altarbibel vom Altar, dreht sich zur Gemeinde. Das aufgeschlagene, großformatige Buch wackelt, klappt fast zusammen. Der Pfarrer möchte die aufgeschlagene Seite der Lesung nicht verlieren, greift instinktiv um, doch das Buch gleitet ihm aus den Händen. Mit einem lauten Knall fällt die Altarbibel auf den Fußboden vor dem Altar und rutscht mit Schwung noch die drei Altarstufen nach unten. War es zuvor in der Kirche still, herrscht nun eine entsetzte Starre.
Zwei Kirchenvorsteherinnen und der Küster sind am schnellsten. Sie springen von ihren Plätzen auf. Noch bevor der Küster vorne ankommt, hat eine Kirchenvorsteherin das Buch zu fassen bekommen, nur dass es aufgrund des unerwarteten Gewichts auch ihr wieder aus den Händen gleitet. Der Pfarrer eilt, aus seinem eigenen Schrecken erwacht, die drei Stufen herunter, nimmt die Altarbibel auf, klappt sie zu, dankt den beiden Damen und trägt das Buch wieder zum Altar. Mit dem Rücken zur Gemeinde schlägt er die Altarbibel erneut auf, muss aber vor Aufregung in seiner Mappe nachsehen, um welche Stelle es noch einmal geht. Schließlich ist es geschafft, der Pfarrer holt tief Luft, greift das Buch erneut, diesmal stabil, dreht sich zur Gemeinde um und sagt lächelnd „Nun ja, das kann ja mal passieren, ist ja nichts Schlimmes." Die anwesenden Gemeindemitglieder sehen ihn entgeistert an und erholen sich erst langsam während der Lesung von ihrem Schrecken. Als der Pfarrer die Altarbibel nach der Lesung wieder auf den Altar legt, sind vereinzelte Seufzer der Erleichterung zu hören.

Der Pfarrer hat recht, so etwas kann passieren. Der doppelte Sturz der Altarbibel aus seinen Händen und denen der Kirchenvorsteherin kann vorkommen. Er hat theologisch auch damit recht, dass dies nichts Schlimmes ist. Die Altarbibel ist nur ein Buch, eine gebundene Sammlung von bedruckten Seiten. Sie ist anders als die Tora-Rolle oder der Koran kein heiliges Buch. Die geschilderten Ereignisse zeigen menschliche Missgeschicke. Und doch, der Moment, als das Buch fällt, das Klatschen auf den Steinboden, alle hat es erschreckt. Nicht nur, weil es unerwartet und laut war, sondern weil es mitten im Gottesdienst die Bibel war, die unrettbar entglitt. In der Bibel steckt doch mehr als Druckerschwärze und Papier. Sie ist nicht irgendein Buch. Das zu sehen, war praktisch-theologisch lange nicht möglich.

Materielle Kultur

Dinge sind „ganz allgemein physische Gegenstände der menschlichen Umwelt, unabhängig von ihrem Hersteller, dem Herstellungsprozess oder ihren spezifischen Materialeigenschaften"[5]. Innerhalb der Dinge lohnt sich eine Unterscheidung zwischen Kunstwerken und Artefakten. Kunstwerke sind selbstgenügsam.[6] Artefakte sind „Dinge […], die industriell, in großer Stückzahl, mit einer ähnlichen Ausstattung und mit einer intendierten Funktion produziert werden, deren tatsächlicher Gebrauch dieser Intention aber auch widersprechen kann."[7] Die Bedeutung und mithin die Bedeutungslosigkeit eines Dings kann von eben diesen Kategorien abhängen. Einem Kunstwerk wird eher eine Bedeutung zugeordnet als einer Massenware wie einem Kaffeelöffel oder einem Kugelschreiber. Wir alle sind meist von mehr und nicht von weniger Dingen umgeben,[8] und sie alle prägen unseren Alltag.[9] Diese uns umgebende Dingwelt[10] ist unser Normalzustand.

Die Dinge verlangen dabei meist eine bestimmte Gebrauchsweise, weil sie für einen spezifischen Gebrauch entwickelt und hergestellt wurden. In einem Buch soll nach dem Aufschlagen gelesen werden. Wir, die Nutzerinnen und Nutzer, können dieser *erwarteten Gebrauchsweise* des Gegenstandes entsprechen oder widersprechen. So fahren Sie beispielsweise mit einem Auto, nutzen es aber in der Regel nicht als Blumenvase – unter Umständen aber als Aufbewahrungsort ähnlich einem Schrank. Die Dinge machen uns ein *Gebrauchsangebot*, das wir *annehmen*, *ablehnen* oder *abändern* können. Auch der *Nichtgebrauch* der Dinge ist als eigene und wichtige Gebrauchsweise zu nennen. Hierbei werden Dinge (vermeintlich) nicht genutzt, bleiben aber vorhanden und sind potentiell nutzbar.

Man kann bestimmte *Gebrauchsgruppen* unterscheiden: Das, was man nicht *tagtäglich* in der Hand hält, wie ein mehrere tausend Jahre altes Ostrakon; was einer *spezialisierten Gebrauchsweise* unterliegt wie ein Spargelschäler, oder einem bestimmten *Gebrauchskontext* geschuldet ist wie das abgewetzte Band-T-Shirt, das man zu jedem Konzert der Band trägt. Doch gilt dies nicht immer und

---

5   Beckmayer, Sonja: Die Bibel als Buch. Eine artefaktorientierte Untersuchung zu Gebrauch und Bedeutung der Bibel als Gegenstand (PTHe 154), Stuttgart 2018, 39.
6   Vgl. Heidegger, Martin: Der Ursprung des Kunstwerkes. In: Holzwege, Frankfurt a. M. 1950, 7–68, 18.
7   Beckmayer, Bibel, 39.
8   Jan Carstensen geht für das Jahr 2000 in einem Jugendzimmer von 500 bis 2200 Dingen aus (vgl. Carstensen, Jan: ZimmerWelten_zwei. Wie junge Menschen 2000 und 2010 wohnen, Essen 2010).
9   Vgl. insgesamt zur Einführung in das Forschungsfeld Hahn, Hans Peter: Materielle Kultur. Eine Einführung, Berlin ²2014.
10 Vgl. zum Überblick des Begriffs Heesen, Anke te (Hrsg.): Dingwelten. Das Museum als Erkenntnisort, Köln 2005. Bereits 1921 sprach aber William Haas von der „psychischen Dingwelt" (vgl. Haas, William S.: Die psychische Dingwelt, Bonn 1921).

überall: als Archäologin haben Sie öfter ein Ostrakon in Händen, als Koch ebenso einen Spargelschäler und als Tontechnikerin einer Band auch regelmäßig deren T-Shirts am Leib.

Religiöse Dinge und ihr Gebrauch

Zu einer dieser Gebrauchsgruppen könnte man auch die *religiösen Dinge* zählen, wobei es Überschneidungen zu den oben beschriebenen Gruppen gibt. Die Altarbibel wird nicht täglich lesend zur Hand genommen, die Kanzel ist ein spezialisiertes Predigt-Ding und der Talar dem amtlichen Handeln der Pfarrperson zugeordnet. Religiöse Dinge scheinen in diesem Licht eine Sonderform der spezialisierten Dinge zu sein, eben die für einen religiösen Gebrauch bestimmten Dinge. Nimmt man diesen absichtlich weiten Zugang zu den religiösen Dingen auf, sind alle Dinge *religiöse Dinge, die aus, in oder durch eine religiöse Praxis* entstehen. Dies können kirchliche Gebäude ebenso sein wie das Kettchen, das ein Kind zur Taufe erhält. Der aktive Gebrauch von Dingen in religiösen Zeremonien oder zu religiösen Anlässen[11] macht Dinge dabei ebenso zu religiösen Dingen wie die eigengewählte Zuordnung von den Dingen in den Bereich des Religiösen durch ihre Nutzerinnen und Nutzer.[12]

Die religiösen Dinge werden in ihrem Gebrauch innerhalb einer (wie auch immer gearteten) religiösen Praxis mit einer Bedeutung aufgeladen, selbst wenn man dies nicht bewusst und aktiv tut. Diese Bedeutung liegt auf zwei Ebenen, der *kulturell-gesellschaftlichen* und der *persönlichen*. „Dinge erhalten durch kommunikative Sinninvestitionen (durch starke Geschichten, die über sie erzählt, oder durch Riten, die um sie organisiert werden) eine Bedeutung, die kulturell eingetragen und codiert wird. Kulturell codiert heißt: die Bedeutsamkeit existiert unabhängig von individuellen Verwendungsformen."[13] Deshalb erschrecken die Hörerinnen und Hörer im oben genannten Beispiel, als die Altarbibel gleich mehrfach zu Boden fällt. Die Altarbibel ist nicht von persönlicher Bedeutung, aber als Bibelbuch von allgemein-kultureller Bedeutung; als Speicherort des biblischen Textes von religiöser Bedeutung und als gemeindlicher Gegenstand von gemeinschaftlicher Bedeutung.

Wie in der letzten Kategorie, der gemeinschaftlichen Bedeutung als Gegenstand der Gemeinde, angedeutet wird, hängt an den religiösen Dingen oft auch

---

11   Vgl. Cress, Torsten: Sakrotope. Studien zur materiellen Dimension religiöser Praktiken (Kulturen der Gesellschaft 23), Bielefeld 2019.
12   Vgl. Mädler, Inken: Transfigurationen. Materielle Kultur in praktisch-theologischer Perspektive (PThK 17), Gütersloh 2006.
13   Korff, Gottfried: Vom Verlangen, Bedeutungen zu sehen. In: Ulrich Borsdorf (Hg.): Die Aneignung der Vergangenheit. Musealisierung und Geschichte, Bielefeld 2004, 81–104, 96.

eine persönliche Bedeutung. Diese kann, muss aber nicht ausschließlich im Sinne einer persönlichen Relevanz und eines intensiven persönlichen Gebrauchs sichtbar werden. Die persönliche Bedeutung gerade auch der religiösen Dinge kann sich in intensiver Abneigung oder postulierter Ablehnung zusammen mit einem (vermeintlichen) Nichtgebrauch des Dinges zeigen. So wird die Kette mit dem Kreuz explizit nicht getragen, weil ihre Besitzerin oder ihr Besitzer damit ein kirchenkritisches Statement verbindet.

Religiöse Gegenstände unterliegen der Dynamik der persönlichen Bedeutung noch einmal intensiver als Alltagsgegenstände. Dies geschieht auch insbesondere dann, wenn sie der Besitzerin oder dem Besitzer *aus eigener religiöser Praxis vertraut sind*. Die Bibel, aus der jeden Abend gelesen wird, hat eine andere Bedeutung als die Tageszeitung. Ebenso ist es das Erleben von religiöser Praxis, in die ein Gegenstand eingebunden war, die ihm eine persönliche Bedeutung verleiht. Das Kniebänkchen aus Taizé begleitet den einen oder anderen beispielsweise noch immer. Ein religiöses Ereignis und der eigene (religiöse) Gebrauch machen Dinge also zu persönlichen religiösen Dingen. Einen hohen Stellenwert hat besonders auch bei den religiösen Dingen ihre *Provenienz*. Denn sowohl die Dinge, die von der oder dem Besitzenden selbst genutzt werden oder wurden, wie etwa die Konfirmationsurkunde[14] mit dem handschriftlich eingetragenen Konfirmationsspruch, können in die Kategorie der religiösen Dinge fallen, als auch die Dinge, die von anderen Personen als religiös verstanden wurden, wie der gestickte Konfirmationsspruch der Großmutter. Wenn ein Ding bereits für seine Vorbesitzerinnen und Vorbesitzer religiös war, kann diese Aura[15] des Religiösen erhalten bleiben. Anders als bei vielen Alltagsgegenständen braucht es keine intensive *Gebrauchsintensität*, durch die religiöse Dinge persönliche Bedeutung erlangen. Die Taufkerze[16] wurde bei der Taufe benutzt und ist damit eine andere als die Kerze im Garten-Windlicht[17]. Der mögliche einmalige Gebrauch und dessen Bedeutungsgenerierung für religiöse Gegenstände heben diese aus der Reihe der Alltagsgegenstände hervor. Aber gerade weil es für die meisten religiösen Gegenstände keinen alltäglichen Gebrauch gibt, liegt ihre Bedeutung nicht immer auf der Hand.

---

14 Vgl. Beckmayer, Sonja: Konfirmationsdinge. In: Klie, Thomas / Kühn, Jakob (Hg.): Kasualdinge. Anmutung und Logik kirchlicher Gegenstände (PTHe 185), Stuttgart 2023, 73–84.

15 Vgl. Benjamin, Walter: Das Kunstwerk im Zeitalter seiner technischen Reproduzierbarkeit, Ditzingen 2011, 15ff.

16 Vgl. Beckmayer, Sonja / Fechtner, Kristian: Kerzenkult. Zum kirchlichen Gebrauch eines Allerweltsdings. In: Tobias Kaspari (Hg.): Raumbildungen. Erkundungen zur christlichen Religionspraxis. FS Stephan Weyer-Menkhoff (Theologie – Kultur – Hermeneutik 26), Leipzig 2019, 113–121.

17 Unter diesem Blickwinkel ließe sich auch darüber diskutieren, wie sinnvoll der „erwünschte" Gebrauch der Taufkerzen in Tauferinnerungsgottesdiensten ist. Sollte man die Taufkerze nicht mehr finden können, wird sie im Tauferinnerungsgottesdienst zu einem schambehafteten Objekt.

Die Bedeutung eines Dinges ist in der Regel plural und nicht eindeutig, auch wenn es durch einen intendierten (gesellschaftlich-kulturell oder auch religiös normierten) Gebrauch eindeutig wirken soll. „Unsere Zeit treibt die Nebengedanken aus den Köpfen und die Mehrdeutigkeit aus den Sachen."[18] Diesen Dingen, Gebräuchen und Bedeutungen der religiösen Dinge könnte nachgegangen werden – dem steht nun leider die angenommene Bedeutungslosigkeit der Dinge entgegen.

Die unbewusste Bedeutung der (religiösen) Dinge

Die evangelische Theologie beschäftigt sich nicht mit Sachen, sondern mit Worten, Texten, Übersetzungen in Sprachen und Zeiten, Gesprächen und (biographischen) Ereignissen. Ein klassisches Beispiel dafür ist die Übernahme eines Feuerwehrautos durch eine meist Freiwillige Feuerwehr, die mit einer kleinen Andacht begleitet und gefeiert wird. Der katholische Geistliche segnet das neue Feuerwehrauto, die evangelische Pfarrerin die Feuerwehrleute. In der evangelischen Theologie geht es um Menschen, nicht um Dinge. Dass die Dinge aber doch eine (religiöse) Bedeutung haben, erkennt man eindrücklich am oben beschriebenen Fauxpas mit der Altarbibel. Theologisch sind die religiösen Dinge, die materiellen Seiten von Religion, ohne Bedeutung. Evangelische Kirchen sind keine heiligen Orte; sie werden eingeweiht, aber nicht geweiht. Das Wort Gottes ist gesprochenes Wort, nicht geschrieben oder gedrucktes Wort – was zu Missverständnissen in interreligiösen Kontakten führen kann. Für die Taufe ist es wichtig, dass mit Wasser getauft wird und nicht zum Beispiel mit Sand (Lima-Dokument), aber das Wasser wird nicht in besonderer Weise geweiht, es kommt aus dem Wasserhahn. Klie spricht von „Sach-Verhalten", „die zwar sporadisch in Teilbereichen der Praktischen Theologie aufgegriffen wurden, die jedoch über die z. T. engen Grenzen der jeweiligen Theoriesegmente hinaus nicht als eigenlogische Instanzen wahrgenommen wurden"[19]. Inken Mädler tat dies in ihrer Arbeit, indem sie Interviews in den Wohnungen ihrer Probandinnen über die „Dinge, an denen das Herz hängt", führte. Bei ihr „war der ‚Gegenstand' dieser Untersuchung kein materieller Gegenstand, sondern einer, der sich gegenständlich verdichtet und als das Phänomen des intensiven Hängens an Gegenständen oder als die Liebesbeziehung zu einer Sache, die eine entsprechende Dichte der

---

18 Jeggle, Utz: Vom Umgang mit Sachen. In: Köstlin, Konrad / Bausinger, Hermann (Hg.): Umgang mit Sachen. Zur Kulturgeschichte des Dinggebrauchs, Regensburg 1983, 11–25, 16.
19 Klie, Thomas: Wie die Praktische Theologie zur Sache kam. In: Keller, Sonja / Roggenkamp, Antje (Hg.): Die materielle Kultur der Religion (rerum religionum 12), Bielefeld 2023, 77–89, 78.

Bedeutung aufweist und von lebensweltlichem Gewicht ist, umschrieben werden."[20] Jedoch war diese Prägung der Dinge durch den Menschen und der Menschen durch die Dinge[21] eben nicht ohne die Dinge selbst möglich. Und auch Ulrike Wagner-Rau stellte zu Mädlers Ansatz in einer Relecture heraus: „Denn generell gilt, dass wir nicht nur in ‚Geschichten verstrickt' (Wilhelm Schapp) sind, sondern auch mit einer Dingwelt verwoben, die vor und neben aller ausdrücklichen Versprachlichung Sinnpotenziale birgt und die uns die Einzigartigkeit unseres Lebens auch in seinen emotionalen, schwer in Worte zu fassenden Aspekten präsent hält."[22] Die Dinge selbst als Zugang zur religiösen materiellen Kultur zu nutzen und diese zum Sprechen zu bringen, statt mit den Besitzerinnen und Besitzern ein Interview zu führen, erweitert einige Jahre später den praktisch-theologischen Blick und das empirische Methodenrepertoire um die „Artefaktorientierung"[23].

Formen der „Bedeutungslosigkeit"

Die (vermeintliche) Bedeutungslosigkeit der religiösen Dinge zeigt sich in zwei Ausprägungen: die explizite Bedeutungslosigkeit und die implizite. *Explizite* Bedeutungslosigkeit erfolgt durch eine willentliche Erklärung, so zum Beispiel, wenn der Pfarrer der Gemeinde nach dem Sturz der Altarbibel lächelnd erklärt: „Das kann ja mal passieren". Der gottesdienstliche Vorfall ist für ihn explizit nicht bedeutungsvoll, das Buch funktioniert noch, theologisch ist gerade nicht das Wort Gottes, sondern lediglich die Druckerschwärze auf den Boden gefallen, und der Gottesdienst kann nach dieser unangenehmen, weil peinlichen Unterbrechung einfach weitergehen. Die explizite Bedeutungslosigkeit kann sich aber auch im dezidierten Nichtgebrauch eines als religiös erkennbaren Gegenstandes zeigen, so z. B. die klar ausgesprochene Weigerung, in der Bibel zu lesen. Parallel dazu gibt es aber auch eine *implizite* Bedeutungslosigkeit der religiösen Dinge, die sich im Ignorieren ihrer Bedeutungen zeigt. Hier wird den religiösen Dingen keine Bedeutung beigemessen, weil man sich ihre Bedeutung nicht bewusst eingesteht. Die Kreuzkette, die zwar nicht getragen wird, aber auch nicht weggeworfen werden kann. Oder die Konfirmationsbibel, in der man nicht mehr liest, die aber noch immer im Regal steht. Hier zeigen sich implizite Dynamiken, die die vermeintliche Bedeutungslosigkeit in Frage stellen. Oft ist diese Dynamik damit verbunden, dass die religiös-persönliche Bedeutung nicht wahrgenommen

---

20 Mädler, Transfigurationen, 131–132.
21 Vgl. Mädler, Transfigurationen, 15.
22 Wagner-Rau, Ulrike: Aufmerksamkeit für die Dinge, an denen das Herz hängt. Eine Relecture von Inken Mädlers Buch „Transfigurationen", in: PTh (2019) 108, 99–106, 105.
23 Vgl. Beckmayer, Bibel, 65–90.

werden will, also die bewusste Entscheidung getroffen wird, sich (jetzt) nicht damit nicht auseinander zu setzen. Alternativ ist die Dynamik damit verbunden, dass eine Besitzerin oder ein Besitzer aktuell unfähig ist, die Bedeutung ihres oder seines religiösen Dings wahrzunehmen, weil sie im Unbewussten der Person liegt, bis es zu einem „Störfall" kommt.

Sichtbarmachung von Bedeutung

Für Utz Jeggle enthalten Dinge „mehr von den Untergründigkeiten des Lebens als es das Bewußtsein zuzugeben geneigt ist. Umgang mit Sachen kann deshalb auch eine Archäologie der Sinngebungen bedeuten, die dem Wissenschaftler, der sich ausschließlich der Sprache bedient, verborgen bleiben."[24] Um diese Schätze heben zu können, bedarf es eines *Aktes der Sichtbarmachung*, um die versteckte oder ignorierte Bedeutung der Dinge hervorzuholen.[25] Der wichtigste Akt der Sichtbarmachung gerade auch bei religiösen Dingen ist die *Krise*.[26] Sie holt die Bedeutung des religiösen Dings ins Bewusstsein der Nutzerinnen und Nutzer. Ding-Krisen sind dabei oft Gebrauchskrisen, weil jemand ein Ding ‚falsch' benutzt oder ein Unfall damit passiert. Das Herunterfallen der Altarbibel ist ein solcher Unfall, die Nutzung einer Altarbibel als Podest, um das Mikrophon besser erreichen zu können, wäre ein ‚falscher' Gebrauch und würde Empörung hervorrufen. Die Krise als Akt der Sichtbarmachung gilt nicht nur für religiöse Dinge, sondern auch für bedeutungstragende Alltagsgegenstände. Die Lieblingskaffeetasse, die zerbricht, lässt deren persönliche Bedeutung sichtbar werden. Bei den religiösen Dingen gibt es diese kleinen Krisen ebenfalls. Die Gemeindeglieder werden sicherlich berichten, dass dem Pfarrer die Altarbibel heruntergefallen ist. Anders als bei den Alltagsdingen sind die religiösen Dinge aber zusätzlich regelmäßig mit Lebenskrisen im Sinne der *Schwellensituationen* eines menschlichen Lebens verbunden. Nicht umsonst entstehen viele persönliche religiöse Dinge im Kontext von Kasualien – Taufkerzen, Konfirmationsurkunden, Hochzeitsringe – oder werden in ihrem Kontext weitergegeben: das Familien-Taufkleid, der Konfirmationsspruch, der Familienschmuck zur Trauung oder die persönlichen Dinge eines oder einer Verstorbenen. Die Ding-Krisen können auch jenseits der individuellen Krise Bedeutung sichtbar machen. Die Einführung der Lutherübersetzung 2017 wurde beispielsweise zu einer veritablen Krise der Altarbibeln. In vielen Gemeinden musste besprochen werden, was lange kein

---

24 Jeggle, Umgang, 18.
25 Oder wie oft haben Sie, liebe Leserin, lieber Leser über das Sitzmöbel, das sie gerade nutzen, nachgedacht?
26 Grethlein spricht vom „Krisen-Konzept", das die Praktische Theologie prägt (Grethlein, Christian: Praktische Theologie, Berlin ²2016, 21).

Thema mehr war: Wie nutzen wir die Altarbibel eigentlich, warum tun wird dies, und brauchen wir tatsächlich eine neue Altarbibel? Die bisher ungestellten Fragen mussten beantwortet und eine Entscheidung getroffen werden. Fiel diese für eine moderne Altarbibel mit der neuen Lutherübersetzung aus, musste erneut diskutiert werden: Wie groß sollte sie sein, welche Ausstattung braucht das Buch und die schwierigste Frage von allen: Wohin mit der alten Altarbibel? Die *Entsorgung* ist die Ding-Krise religiöse Dinge par excellence, an ihr brechen die Fragen auf, die man im Gebrauch des Dinges immer vermieden hat. Für die alten Altarbibeln dürfte in nicht wenigen Gemeinden diese Krise eine „klassische" Lösung erfahren haben, das „vorläufige" Aufbewahren in Sakristei oder Gemeindehaus – und damit ein Aufschieben der Entscheidung.[27] Ebenso sind Entwidmung[28] oder gar der Abriss von Kirchengebäuden massive Ding-Krisen, die verschiedenste Bedeutungsebenen erkennbar werden lassen.

Die unbewusste Wahrnehmung der Bedeutung der Dinge

Theologisch ist es statthaft, von der Bedeutungslosigkeit der Dinge zu sprechen. Nicht umsonst entsteht in der evangelischen Theologie erst seit einigen Jahren ein Interesse an den Dingen. Der Gebrauch der Dinge lässt auch Bedeutung entstehen. Ihr Gebrauch individualisiert die Dinge, selbst wenn diese eigentlich Massenware sind. Die Besonderheiten des Dinggebrauchs in einer religiösen Praxis sind, dass bereits ein einmaliger Gebrauch ausreichen kann, um Bedeutung aufzubauen; aber auch der religiöse Gebrauch durch eine andere Person kann einem Ding religiöse Bedeutung verleihen. Für religiöse Dinge gilt in besonderer Weise, dass die Krise der Modus ist, in dem ihre unbewusste Bedeutung bewusst wird. Durch diese Krise kann den Nutzerinnen und Nutzern und auch Dritten bewusst gemacht werden, dass diese Bedeutung vorhanden ist. Solange ein religiöses Ding unproblematisch seinen Zweck erfüllt, seinen Gebrauch zulässt, wird das religiöse Ding hingenommen und sonst weitestgehend ignoriert. Die Krise fordert auf, sich neu zum Ding zu verhalten. Nimmt man in der hier skizzierten Weise die Dinge ernst, ergeben sich Gelegenheiten zum theologischen, insbesondere auch seelsorglichen Arbeiten, wie etwa mit den „letzten Dingen"[29], also den als bedeutsam angesehenen Dingen, die Teil des Sterbe- und Trauerprozesses werden. Oder auch Dinge als Gesprächsanlässe in Kasualgesprächen, bei

---

27 Vgl. zur Bibel-Entsorgung Beckmayer, Bibel, 245–257.
28 Vgl. Keller, Sonja: Kirchengebäude in urbanen Gebieten. Wahrnehmung – Deutung – Umnutzung in praktisch-theologischer Perspektive (PThW 19), Berlin/Boston 2016.
29 Vgl. Beckmayer, Sonja / Held, Marcus: Die „letzten Dinge". Von der Beständigkeit der Dinge im Sterben. In: Klie, Thomas / Kühn, Jakob (Hg.): Die Dinge, die bleiben. Reliquien im interdisziplinären Diskurs (Rerum religionum 6), Bielefeld 2020, 125–140.

Geburtstagsbesuchen oder in der Alltagsseelsorge. Auf diese Weise werden diese Dinge als „biographische Souvenirs"[30] für die theologische Praxis nutzbar. Sie sind materielle Formen von Erinnerungen sowohl aus dem eigenen Leben als auch intergenerational aus dem Leben beispielsweise einer nahen Person. Die Dinge mögen unwichtig aussehen, erhalten aber durch den eigenen Gebrauch und die Erzählungen über den Gebrauch durch andere einen einzigartigen Stellenwert. Man könnten also sagen, dass die Dinge der religiösen materiellen Kultur auch ein Zugang sind, das Unbewusste (wieder) bewusst zu machen.

Wo und wie Neues der Praktischen Theologie bewusst werden kann

Die Dinge der religiösen materiellen Kultur sind ein Beispiel dafür, dass ein unbewusstes Thema der (Praktischen) Theologie wissenschaftlich produktiv ins Bewusstsein des Fachs geholt werden kann. Im Falle der religiösen materiellen Kultur brauchte es den Anstoß durch eine neue Nachbarwissenschaft: die mit materieller Kultur arbeitenden Kulturwissenschaften, um einen relevanten Teil der religiösen Gegenwartspraxis ins Bewusstsein der Praktischen Theologie zu holen. Zugleich wurde und wird die Theologie damit Teil der Material Culture Studies: „Materielle Kultur ist ein Querschnittsthema, das nicht exklusiv in den Arbeitsbereich eines Faches fällt."[31] Praktische Theologie als eine an diesem Querschnittsthema arbeitende Disziplin zu sehen, war lange nicht möglich, weil der Mehrwert dieser Arbeitsweise Praktischen Theologen und Praktischen Theologinnen kaum bewusst war. Erst das Thematisieren der materiellen Seite von Religion bei Inken Mädler[32] sowie die empirische Nutzbarmachung der Dinge in der Artefaktorientierung[33] brachten der Praktischen Theologie ins Bewusstsein, was bisher übersehen worden war. (Materieller) Ausdruck dieser Bewusstheit sind inzwischen mehrere Sammelbände beispielsweise zur (reli-

---

30 Vgl. zum Souvenir Konrad Köstlin, Souvenir. In: Wolfgang Alber u. a. (Hg.): Übriges. Kopflose Beiträge zu einer volkskundlichen Anatomie, Tübingen 1991, 131–141, zu den Überlegungen des „biographischen Souvenirs" Beckmayer, Bibel, 241, und zu den seiner Funktionsweisen Beckmayer/Held, Dinge, 133–140.
31 Hahn, Materielle Kultur, 12.
32 Vgl. Mädler, Transfigurationen, im Jahr 2006.
33 Vgl. Beckmayer, Bibel, im Jahr 2018.

giösen) Kleidung,[34] zu den Kasualdingen,[35] zu den Dingen der Bestattungskultur,[36] zur „religiösen Positionierung der Dinge"[37] oder zur „materiellen Kultur der Religion"[38].

Was kann man aus dieser Bewusstwerdung der Relevanz von religiöser materieller Kulturforschung für die Praktische Theologie lernen? Die Entwicklung wirklich neuer Zugänge, wie etwa die religiöse materielle Kulturforschung, oder gar die Etablierung neuer praktisch-theologischer Teilbereiche, wie der Kasualtheorie, tragen etwas völlig Neues ins Fach ein, das bis dahin nicht im Sichtfeld der Wissenschaftsdisziplin lag. Diese gänzlich neuen Bereiche zeigen nicht nur das Innovationspotential und die voranschreitenden Entwicklungen im Fach an. Sie sind auch ein deutlicher Indikator dafür, dass die Praktische Theologie vieles nicht schnell erkennt – denn wie konnte so lange die Bedeutungsschwere der Kasualien in ihren vielfältigen Lesarten oder die Tatsache, dass auch evangelische Religionspraxis bedeutungsvolle Gegenstände hat, übersehen werden? Praktische Theologie hat ihre blinden Flecken dort, wo es an das Unbewusste des Faches geht. Es gibt Themenfelder und Bereiche, derer sich die Fachvertreterinnen und -vertreter überwiegend nicht bewusst sind oder bewusst sein können, so dass gänzlich neue Themenfelder nur schwer Teil der Forschung werden. Entwickelte sich die Kasualtheorie erst im Kontext der Aufnahme der Ethnologie (Arnold van Gennep) und der Soziologie zu einem eigenen Teilgebiet der Praktischen Theologie, brauchte es für die Sichtbarwerdung der religiösen materiellen Kultur den Impuls durch eine spezialisierte Kulturwissenschaft. Wird die Bedeutung der Altarbibel erst in ihrem Herunterfallen erkennbar, zeigt sich das Unbewusste der Praktischen Theologie ebenso erst an seinen Grenzen zu anderen Fächern oder in Krisen.

Praktische Theologie hat ohne Krisen wenig Zugriff auf unbewusste kirchliche und religiöse Strukturen.[39] Corona war, unter Auslassung der gesundheit-

---

34   Klie, Thomas / Kühn, Jakob (Hg.): FeinStoff. Anmutungen und Logiken religiöser Textilien (PTHe 178), Stuttgart 2021.
35   Klie, Thomas: Kasualdinge. Wenn Sachen mithandeln. In: Beckmayer, Sonja / Mulia, Christian (Hg.): Volkskirche in postsäkularer Zeit. Erkundungsgänge und theologische Perspektiven, Stuttgart 2021, 179–188 und Klie, Thomas / Kühn, Jakob (Hg.): Kasualdinge. Anmutung und Logik kirchlicher Gegenstände (PTHe 185), Stuttgart 2023.
36   Klie, Thomas / Kühn, Jakob (Hg.): Die Dinge, die bleiben. Reliquien im interdisziplinären Diskurs (Rerum religionum 6), Bielefeld 2020.
37   Vgl. Roth, Ursula / Gilly, Anne (Hg.): Die religiöse Positionierung der Dinge. Zur Materialität und Performativität religiöser Praxis, Stuttgart 2021.
38   Vgl. Keller, Sonja / Roggenkamp, Antje (Hg.): Die materielle Kultur der Religion, Bielefeld 2023.
39   Dies wird auch in den Erstauswertungen der KMU VI deutlich (EKD [Hg.]: Wie hältst du's mit der Kirche? Zur Bedeutung der Kirche in der Gesellschaft. Erste Ergebnisse der 6. Kirchenmitgliedschaftsuntersuchung, Leipzig 2023). Zur kritischen Aufnahme vgl. Fritz, Martin: Triumph des Säkularen. Skeptische Rückfragen an die Erstauswertung der EKD-Mitgliedschaftsuntersuchung (KMU VI). In: ZRW 87 (2024), 3–24.

lichen Folgen, für die Forschung ein riesiges Labor.[40] Es wurde bewusst, was vielfach bis dahin nicht bewusst war oder missachtet wurde.[41] Unter Corona wurde deutlich, dass Fragen von Gottesdienst in leiblicher und digitaler Präsenz bisher völlig unterschätzt waren. Die Abendmahlstheologie wurde durch Abstände und Kontaktverbote neu angefragt. Die Haustaufe schien sich als neuer Normalfall zu reetablieren, obwohl sie ‚theologisch gefühlt' lange als überholt und geklärt galt. Insgesamt brachte Corona als Krise die Frage „Was geht, und was geht nicht?" in Kirche und Religion mit großer Macht ins praktisch-theologische Bewusstsein.

Praktische Theologie ist geprägt von ihren aktuell Forschenden und den Forschenden-Generationen vor ihnen. In der Praktischen Theologie gibt es kaum „Schulen", sehr deutlich aber Forschenden-Generationen. Der Umgang mit Empirie ist ein klarer Indikator dafür. Frühere Praktische Theologen, die heutigen „Klassiker", kamen vielfach ohne Empirie im Sinne einer wissenschaftlichen Methode aus. Diese wurde durch die Empirische Wende in der Praktischen Theologie aber zunehmend State of the Art, so dass die jungen Praktischen Theologinnen und Theologen durchaus sinnvoll mit z. B. den Sozialwissenschaften sprechen können. Aber auch die gesellschaftlichen und kulturellen Blickwinkel der unterschiedlichen Forschenden-Generationen bringen neue Forschungsbereiche nach oben. Die Digitalität ist ein massiv wachsendes Forschungsfeld, das vor allem von jüngeren Forschenden gewählt wird.

Praktische Theologie ist geprägt von pastoralen Sichtweisen. Nahezu alle Praktischen Theologinnen und Theologen sind auch Pfarrerinnen und Pfarrer einer deutschen Landeskirche. Dies gehört nicht zu den Voraussetzungen der wissenschaftlichen Karriere, wird jedoch „gern gesehen". Dadurch prägen pastorale Erfahrungen aber auch vielfach den Erkenntnishorizont der praktisch-theologisch Forschenden. Es werden auf Basis eigener pfarramtlicher Erfahrungen Fragen gestellt und Forschungsprojekte entwickelt. Diese sind wichtig und bringen das Fach voran. Jedoch ergibt sich hieraus auch eine indirekte Normierung des Faches, die damit einhergehen kann, die Bedeutung anderer Wissenschaftsdisziplinen zu ignorieren. Arbeiten an den Grenzen fallen oft denen leichter, die an der Grenze ausgebildet sind und auf der Grenze arbeiten, ein Beispiel dafür ist die (Pastoral-)psychologie,[42] aber auch der Grenzgang zur Literaturwis-

---

40 Dass dies nicht allein für die Praktische Theologie gilt, zeigt exemplarisch die kulturanthropologische Arbeit von Judith Schmidt (Schmidt, Judith: Kalkulierte Mobilität. Ökonomische und biographische Perspektiven auf Saisonarbeit. Frankfurt a. M. / New York 2021).
41 Die ersten praktisch-theologischen Arbeiten dazu finden sich im Kapitel „Test-Fall Corona: Theologie und Kirche in Krisenzeiten" in Beckmayer, Sonja / Mulia, Christian (Hg.): Volkskirche in postsäkularer Zeit. Erkundungsgänge und theologische Perspektiven (PTHe 180), Stuttgart 2021, 199–276.
42 So etwa Haußmann, Annette u. a. (Hg.): Die Entdeckung der inneren Welt. Religion und Psychologie in theologischer Perspektive (PThGG 36), Tübingen 2021.

senschaft.[43] An den Grenzen der Wissenschaftsdisziplinen können wirklich neue Ansätze entstehen.

Praktische Theologie nimmt wenig Zugriff auf „unangenehme" Themenbereiche ihrer Probandinnen und Probanden. Schambesetzte Themen[44] in der eigenen Religion kommen in der Forschung wenig vor. Der Feldzugang ist schwierig, auch für die Forschenden unangenehm und für die Forschungspartnerinnen und -partnern ebenso. Zwangsläufig aufgebrochen wird dies wieder durch eine Krise wie das Öffentlichwerden der Missbrauchsfälle auch in der evangelischen Kirche. Aber auch Themenfelder, die den betroffenen Personen kaum bewusst sind, werden von der Praktischen Theologie kaum wahrgenommen. Die Pfarrherrlichkeit etwa ist kein pastoraltheologisches Thema mehr, vielleicht auch weil sie als überwunden gilt. Das Phänomen jedoch ist nicht gänzlich verschwunden und zeigt sich in Beschämungsgeschichten zu Konfirmationen und Trauungen ebenso wie in Kirchenreformdiskussionen.

Zusammengefasst lässt sich sagen, Praktische Theologie reflektiert bisher das implizite Wissen[45] in Kirche, Religion und Wissenschaft kaum. Hier liegt ein Schatz an „blinden Flecken" des Faches, der sich lohnt, ins Bewusstsein seiner Forscherinnen und Forscher geholt zu werden.

Literatur

Beckmayer, Sonja: Die Bibel als Buch. Eine artefaktorientierte Untersuchung zu Gebrauch und Bedeutung der Bibel als Gegenstand (PThe 154), Stuttgart 2018.
Beckmayer, Sonja: Konfirmationsdinge. In: Klie, Thomas / Kühn, Jakob (Hg.): Kasualdinge. Anmutung und Logik kirchlicher Gegenstände (PThe 185), Stuttgart 2023, 73–84.
Beckmayer, Sonja / Fechtner, Kristian: Kerzenkult. Zum kirchlichen Gebrauch eines Allerweltsdings. In: Tobias Kaspari (Hg.): Raumbildungen. Erkundungen zur christlichen Religionspraxis. FS Stephan Weyer-Menkhoff (Theologie – Kultur – Hermeneutik 26), Leipzig 2019, 113–121.
Beckmayer, Sonja / Held, Marcus: Die „letzten Dinge". Von der Beständigkeit der Dinge im Sterben. In: Klie, Thomas / Kühn, Jakob (Hg.): Die Dinge, die bleiben. Reliquien im interdisziplinären Diskurs (Rerum religionum 6), Bielefeld 2020, 125–140.
Beckmayer, Sonja / Mulia, Christian (Hg.): Volkskirche in postsäkularer Zeit. Erkundungsgänge und theologische Perspektiven (PThe 180), Stuttgart 2021.

---

43 Vgl. Schult, Maike: Im Banne des Poeten. Die theologische Dostoevskij-Rezeption und ihr Literaturverständnis (FSÖTh 126), Göttingen 2012.
44 Vgl. Fechtner, Kristian: Diskretes Christentum. Religion und Scham, Gütersloh 2015.
45 Vgl. bspw. im Design und Ding-Kontext Egger, Stefanie: Stummes Wissen, Basel 2022; zu Beruf und Lernen Kraus, Anja u. a. (Hg.): Handbuch schweigendes Wissen. Erziehung, Bildung, Sozialisation und Lernen, Weinheim ²2021 und Hermkes, Rico u. a. (Hg.): Implizites Wissen. Berufs- und wirtschaftspädagogische Annäherungen (Wirtschaft – Beruf – Ethik 38), Bielefeld 2020.

Benjamin, Walter: Das Kunstwerk im Zeitalter seiner technischen Reproduzierbarkeit, Ditzingen 2011.
Carstensen, Jan: ZimmerWelten_zwei. Wie junge Menschen 2000 und 2010 wohnen, Essen 2010.
Cress, Torsten: Sakrotope. Studien zur materiellen Dimension religiöser Praktiken (Kulturen der Gesellschaft 23), Bielefeld 2019.
Egger, Stefanie: Stummes Wissen, Basel 2022.
EKD (Hg.): Wie hältst du's mit der Kirche? Zur Bedeutung der Kirche in der Gesellschaft. Erste Ergebnisse der 6. Kirchenmitgliedschaftsuntersuchung, Leipzig 2023.
Fechtner, Kristian: Diskretes Christentum. Religion und Scham, Gütersloh 2015.
Fritz, Martin: Triumph des Säkularen. Skeptische Rückfragen an die Erstauswertung der EKD-Mitgliedschaftsuntersuchung (KMU VI), in: ZRW 87 (2024), 3-24.
Grethlein, Christian: Praktische Theologie, Berlin ²2016.
Haas, William S.: Die psychische Dingwelt, Bonn 1921.
Hahn, Hans Peter: Materielle Kultur. Eine Einführung, Berlin ²2014.
Hauschildt, Eberhard: Art. „Seelsorgelehre", in: TRE 3 (2000), 54-74.
Haußmann, Annette u. a. (Hg.): Die Entdeckung der inneren Welt. Religion und Psychologie in theologischer Perspektive (PThGG 36), Tübingen 2021.
Heesen, Anke te (Hg.): Dingwelten. Das Museum als Erkenntnisort, Köln 2005.
Heidegger, Martin: Der Ursprung des Kunstwerkes. In: Holzwege, Frankfurt a. M. 1950, 7-68.
Hermkes, Rico u. a. (Hg.): Implizites Wissen. Berufs- und wirtschaftspädagogische Annäherungen (Wirtschaft – Beruf – Ethik38), Bielefeld 2020.
Jeggle, Utz: Vom Umgang mit Sachen. In: Köstlin, Konrad / Bausinger, Hermann (Hg.): Umgang mit Sachen. Zur Kulturgeschichte des Dinggebrauchs, Regensburg 1983, 11-25.
Keller, Sonja: Kirchengebäude in urbanen Gebieten. Wahrnehmung – Deutung – Umnutzung in praktisch-theologischer Perspektive (PThW 19), Berlin/Boston 2016.
Keller, Sonja / Roggenkamp, Antje (Hg.): Die materielle Kultur der Religion, Bielefeld 2023.
Klie, Thomas: Kasualdinge. Wenn Sachen mithandeln. In: Beckmayer, Sonja / Mulia, Christian (Hg.): Volkskirche in postsäkularer Zeit. Erkundungsgänge und theologische Perspektiven, Stuttgart 2021, 179-188.
Klie, Thomas: Wie die Praktische Theologie zur Sache kam. In: Keller, Sonja / Roggenkamp, Antje (Hg.): Die materielle Kultur der Religion (rerum religionum 12), Bielefeld 2023, 77-89.
Klie, Thomas / Kühn, Jakob (Hg.): Die Dinge, die bleiben. Reliquien im interdisziplinären Diskurs (Rerum religionum 6), Bielefeld 2020.
Klie, Thomas / Kühn, Jakob (Hg.): FeinStoff. Anmutungen und Logiken religiöser Textilien (PThe 178), Stuttgart 2021.
Klie, Thomas / Kühn, Jakob (Hg.): Kasualdinge. Anmutung und Logik kirchlicher Gegenstände (PThe 185), Stuttgart 2023.
Köstlin, Konrad, Souvenir. In: Alber, Wolfgang u. a. (Hg): Übriges. Kopflose Beiträge zu einer volkskundlichen Anatomie, Tübingen 1991, 131-141.
Korff, Gottfried: Vom Verlangen, Bedeutungen zu sehen. In: Borsdorf, Ulrich (Hg.): Die Aneignung der Vergangenheit. Musealisierung und Geschichte, Bielefeld 2004, 81-104.
Kraus, Anja u. a. (Hg.): Handbuch schweigendes Wissen. Erziehung, Bildung, Sozialisation und Lernen, Weinheim ²2021.
Mädler, Inken: Transfigurationen. Materielle Kultur in praktisch-theologischer Perspektive (PThK 17), Gütersloh 2006.
Roth, Ursula / Gilly, Anne (Hg.): Die religiöse Positionierung der Dinge. Zur Materialität und Performativität religiöser Praxis, Stuttgart 2021.
Schmidt, Judith: Kalkulierte Mobilität. Ökonomische und biographische Perspektiven auf Saisonarbeit, Frankfurt a. M. / New York 2021.

Schult, Maike: Im Banne des Poeten. Die theologische Dostoevskij-Rezeption und ihr Literaturverständnis (FSÖTh 126), Göttingen 2012.
Wagner-Rau, Ulrike: Aufmerksamkeit für die Dinge, an denen das Herz hängt. Eine Relecture von Inken Mädlers Buch „Transfigurationen", in: PTh (2019) 108, 99–106.
Wagner-Rau, Ulrike: Praktische Theologie als Theorie der christlichen Religionspraxis. In: Fechtner, Kristian u. a. (Hg.): Praktische Theologie. Ein Lehrbuch (ThW 15), Stuttgart 2017, 19–28.
Zippert, Thomas: Blinde Flecken der evangelischen Theologie. In: PrTh (2023) 58, 91–96.

III. Perspektiven zum Unbewussten
in Judentum, Islam und Buddhismus

Das Unbewusste in der religiösen Praxis des Judentums

Eine jüdische Perspektive

Barbara Traub

1. Die Seele – Das Unbewusste und deren Verknüpfungen im Judentum

Am Beginn des Buches Bereschit, dem ersten der fünf Bücher Moses, mit der Erschaffung des Menschen lesen wir, dass Gott dem Menschen eine Seele (*nishmat chaim*) einhaucht, sodass er ein Leben-Atmender wird. Unsere Weisen sprechen daher von einer doppelten Schöpfung: einer materiellen und einer seelischen. Beide sind gleichwertig, bewegen sich aber in entgegengesetzter Richtung. Während der Körper im zeitlichen Ablauf dem Verfall preisgegeben ist, kann die Seele sich immer höher entwickeln und sich im Laufe des Lebens immer weiter entfalten. Aus dieser getrennten Erschaffung stehen Körper und Seele einerseits in einem diametralen Gegensatz und andererseits auch in einer Bezogenheit zueinander. Der Körper ist greif- und erfassbar, unter dem Begriff der Seele treffen Vorstellungen des Denkens, Fühlens, der Triebe, des Verhaltens, des Charakterlichen, des Nicht-Greifbaren, der Spiritualität, des Geistigen, des Unbewussten aufeinander. All diese Begriffe haben miteinander Überschneidungen, sind oftmals unscharf definiert und entziehen sich teilweise wissenschaftlicher Erforschbarkeit. Sie umfassen Bereiche der Philosophie, insbesondere der Metaphysik, der Religion, der Naturwissenschaft, insbesondere der Psychologie und der Medizin, werden aber auch von der Esoterik und der Homöopathie aufgegriffen vor allem im Bereich der Vorstellung über seelische Heilungskräfte. Zwar liefert die moderne Gehirnforschung teilweise Verortungen dieser unterschiedlichen Aspekte der Seele im Gehirn und im Körper, bestätigt damit auch partiell Berührungspunkte dieser seelischen Aspekte aus wissenschaftlicher Perspektive, und dennoch bleibt die Sphäre des Unbewussten auch zum Teil ein Nicht-Greifbares, Unbestimmtes bzw. nicht Erklär- oder Nachweisbares.

Es ist schwierig, die Dimension des Unbewussten als Gegenstand der Psychoanalyse auf den Bereich der Religion zu übertragen, handelt es sich bei Ersterem um einen Begriff aus der Naturwissenschaft, der psychische Erscheinungsformen deskriptiv erfasst, während die Religion auf Glaubensüberzeugungen beruht, die ihre Basis auf überlieferten Traditionen, Erfahrungen und geschichtlichen Ereignissen haben. Beiden gemeinsam ist die Vorstellung einer substantiellen Seele oder Psyche, die in ihrer Einheit verschiedene Teilfunktionen beinhaltet. Jedoch kann ausgesagt werden, dass viele Bereiche innerhalb der religiösen Praxis im Judentum im Bereich des Unbewussten verortet sind bzw. im Unbewussten eingepflanzt werden, sodass dadurch eine enge Bindung an Traditionen und Riten erzeugt wird, deren Wirkungsweise nicht auf bewussten Handlungen, sondern oftmals durch die kontinuierliche Einübung bereits im frühkindlichen Alter in den Bereich der gefühlsmäßigen Bindung und des Unbewussten verlagert und dort verankert sind.

Rabbiner Samson Raphael Hirsch beschreibt die Seele folgendermaßen:

> Mit dem Geist erhielt er (der Mensch) das Leben, in dem Geist haftet seine Seele. Scheidet der Geist, so wird das Lebendige nicht miteingesargt; denn es haftet an dem Geist. (...) es gibt im Menschen ein sich aller Berechnung Entziehendes, (...)[1]

Rabbiner Hirsch deutet die Worte des Textes, dass beim Schöpfungsakt des Menschen diesem die Seele ins Haupt gehaucht wurde, somit könnte das Gehirn auch als Sitz der Seele lokalisiert werden und stünde demnach nicht im Gegensatz zur Gehirnforschung.

Rabbiner Israel M. Lau weist in seinem Werk „Wie Juden leben" auf die Bedeutung der doppelten Schöpfung und die Verbindung von Körper und Seele hin. Besonders deutlich kommt dies im Morgengebet zum Ausdruck:

> Mein Gott! Die Seele, die du mir rein gegeben, du hast sie geschaffen, du hast sie gebildet, du hast sie mir eingehaucht, und du hütest sie in mir, du wirst sie einst von mir nehmen und sie mir wiedergeben in der zukünftigen Welt. Solange die Seele in mir ist, danke ich dir, Ewiger, mein Gott und Gott meiner Väter, Meister aller Werke, Herr aller Seelen.[2]

Dabei geht das Judentum von einer Einheit der Seele aus, die sich aber zeitweise vom Körper entfernen kann bis hin zu Vorstellungen einer Seelenwanderung. Das Morgengebet bringt die zeitweilige und zeitbefristete Trennung der Seele vom Körper zum Ausdruck.

Auf den Atem oder Geist bzw. Spiritualität weist auch Emmanuel Levinas hin, wenn er von dem Vergleich und dem Unterschied zwischen Thora, Talmud und der Philosophie spricht:

> Selbstverständlich handelt es sich in der Philosophie und im Talmud nicht um die gleichen Wahrheiten. Aber ich denke, dass es ein spirituelles Element in jedem Atem geben kann.[3]

---

1   Hirsch, Samson Raphael: Pentateuch. Erster Teil: Die Genesis. Bd. 1. Frankfurt a. M. (erste Auflage 1867) ³1994, 48.
2   Lau, Israel M.: Wie Juden leben. Glaube, Alltag, Feste. Gütersloh ³1988, 11.
3   Levinas, Emmanuel: Die Menschheit ist biblisch. In: Weber, Elisabeth (Hg.): Jüdisches Denken in Frankreich. Frankfurt a. M. 1994, 117–132.

Tatsächlich gibt es nicht nur unterschiedliche Begriffe im Hebräischen für Seele, sondern es verbinden sich auch unterschiedliche Vorstellungen damit:

Wir treffen im ersten Buch Moses bereits auf die drei Begriffe: „*ruach*", als Geist Gottes, der über den Wassern schwebt; „*nefesh*", die den Menschen mit den anderen atmenden Lebewesen verbindet und als Körperseele definiert werden könnte; und „*neshama*" als die Seele, die es durch Erziehung und Bildung zu entwickeln gilt und die mit Gott in spiritueller Verbindung steht. In den Bereich der „*neshama*" fällt die Fähigkeit, Gutes vom Bösen zu unterscheiden, die Urteilsfähigkeit und die Fähigkeit zur Triebkontrolle. Allen dreien haftet etwas an, das dem Willen oder der rationalen Steuerung entzogen ist und in den Bereich der Spiritualität fällt, dem wir uns nur annähern oder es auf der Gefühlsebene erspüren können. Rabbiner Salomon Almekias-Siegl weist darauf hin, dass die Existenz der Seele das allgemeine Kennzeichen für alle Lebewesen dieser Welt ist: „Und alles Getier des Landes und alle Vögel des Himmels und alles, was sich reget auf der Erde, worin ein Lebens-Odem (*nefesh chaja*) ist."[4] Eine Seele ist in jedem Geschöpf Gottes vorhanden, aber *neshama* findet sich nur beim Menschen.

Im Judentum gibt es aber auch die Vorstellung, dass das Blut der Sitz der Seele ist. Die Thora beschreibt auch das Blut als Sitz der Seele: „denn das Blut ist die Seele" (5. Buch Mose 12,23).

Deshalb ist es verboten, das Blut im Fleisch zu essen, da zum einen die Vorstellung besteht, dass mit dem Blut die Seele verzehrt werden würde, zum anderen auch die Annahme vertreten wird, dass der Charakter und die Eigenschaften eines Tieres durch den Genuss des Blutes unbewusst auf die Seele des Menschen übergehen könnten. Hier treffen religiöse und mystische Aspekte aufeinander:

> Der Körper hat keinerlei Wunsch nach Transzendenz, solange seine eigenen und eigensüchtigen Bedürfnisse befriedigt werden. Die Seele gibt ihnen ihr Leben, Orientierung und Einheit. Die materielle Welt, die Welt des Körpers, ist fragmentiert. Die Seele ist die Nabe, um die herum sich alle unseren körperlichen Aktivitäten anordnen. (...) Die Seele sammelt all diese Fragmente von Reizen und Reaktionen des Körpers darauf und verbindet sie miteinander; sie verbindet das Triviale mit dem Erhabenen, das Materielle mit dem Spirituellen.[5]

Für die mystischen Bewegungen im Judentum gilt eine besondere Hinwendung zur Spiritualität, zu einer gefühlsmäßigen Hinwendung zu Gott, die durch die Schwingungen der Seele erreicht werden kann. Insbesondere die jüdische Mystik des Mittelalters strebt danach, sich dem Unverfügbaren, das letztendlich auch für Gotteserfahrung steht, anzunähern. Dabei wird die Seele einerseits als etwas Substantielles, zugleich aber auch Unverfügbares gesehen, die durch das Gebet, das Wiegen des Körpers, das Tanzen, durch die Gemeinschaft und die Begegnung mit dem Anderen mittelbar erfühlt werden kann.

---

4   1. Mose 1,30.
5   Jacobson, Simon: Die Weisheit des Rabbi Schneerson. Einfache Wahrheiten für eine schwierige Welt. München 2007, 28f.

Rabbi Jehuda Halevi schreibt in seinem Buch „Ha kusari" (Fano 1506), dass Juden eine zusätzliche Seele haben, die mit dem ganzen Volk Israel verbunden ist. Das Buch Sohar spricht sogar von einer dreifachen Verbindung mit Gott, mit der Thora und mit dem Volk Israel.

Ebenso weist Rabbi Aharon Horowitz auf die Interpretation Raschis im Traktat Beiza darauf hin, dass Juden am Shabbat eine zusätzliche Seele erhalten, mit der sie durch die Ruhe und Harmonie mit dem Göttlichen verbunden sind und dessen Wirkung erahnen können.

Andere Strömungen im Judentum sehen in der Erfüllung der Gebote, der Gebete und Rituale die Ausbildung und Erhöhung der Seele.

Die Mitzwot, also die Gebote, dienen zu einem großen Teil der Reifung und Erziehung der Seele. Im Judentum gibt es unterschiedliche Auffassungen, wie diese Seele zu verstehen ist. Entscheidend ist, dass Körper und Seele zwei unterschiedliche, aber miteinander verbundene Dimensionen des menschlichen Seins beschreiben. Für die jüdischen Gelehrten und Philosophen stellte von Anbeginn die Harmonie zwischen Körper und Seele die zentrale Botschaft des Judentums dar.

Im Buch Hiob (Kap. 31,2) wird die Seele als ein Teil Gottes von oben beschrieben. Rabbiner Raschi erklärt dazu, dass der Körper „von unten", von der Erde geschaffen wurde, und die Seele „von oben", vom Himmel kommt. Der Körper wird im Judentum als die Hülle oder Stiftshütte betrachtet, in die die Seele eingelegt ist, so wie die Thora als geistiges göttliches Leben im Zentrum der jüdischen Gemeinde stehen sollte. Das Wesen der Seele besteht aus vielen Teilen und Schichten. In der Literatur des jüdischen Denkens und in den Büchern der Kabbala wurden die verschiedenen Elemente der Seele viel diskutiert.

Rabbiner Moshe Ben Maimon, genannt Maimonides, hat eine Abhandlung über das Wesen der Seele verfasst, wobei er stark von der griechischen Philosophie beeinflusst ist. Er spricht von unterschiedlichen Teilen der Seele, die jeweils andere Tätigkeiten ausführt. Er führt fünf verschiedene Aspekte oder Teile an: den *ernährenden Teil* der Seele, der eng mit den körperlichen Abläufen verbunden ist; den *empfindenden Teil* der Seele, dem die Sinneswahrnehmungen zugeschrieben werden und der damit an der Körperoberfläche situiert ist; den *vorstellenden Teil* der Seele, womit die Bildung, Erfassung, das Denken, die Einordnung und Begriffsbildung gemeint ist; den *begehrenden Teil* der Seele, worunter die Emotionen und die Triebe erfasst werden; und den *rationellen Teil* der Seele, der für die Urteilsbildung und die Unterscheidung von „Gut" und „Böse" zuständig ist.[6] Dabei geht er aber immer von einer Einheit der Seele aus, in der unterschiedliche Teile jeweils wirksam werden. Deutlich kommt hier zum Ausdruck, dass von den Teilen der Seele der bewusste Anteil nur ein geringer ist.

---

6   Maimon, Mose Ben: Von der Seele des Menschen und ihren Kräften. In: ders., Acht Kapitel. Eine Abhandlung zur jüdischen Ethik und Gotteserkenntnis. Hamburg ²1992, 1–8.

Rabbi Jehuda Aharon Horowitz definiert in seinem Buch „Land Jehudas" die Seele prägnant: „Die Seele umfasst alles, was mit dem Menschen zusammenhängt und für die Augen nicht sichtbar ist".[7] Rabbiner Chaim aus Wolozyn teilt in seinem Werk „Nefesh HaChaim" die Seele in drei Teile:[8] Die *nefesh* ist die Basis der Seele, sie enthält die Gefühle und die grundlegende Lebendigkeit der Seele. Sie sitzt in der Leber, was Rabbi Chaim auf den Vers stützt: „Denn die Seele (*nefesh*) des Fleisches ist im Blut" (Waikra/3. Mose 17,11).

Der Geist (*ruach*) enthält die Gefühle und sitzt im Herzen. Die *neshama* schließlich ist nach seiner Meinung der Verstand und sitzt im Gehirn.

Vieles bleibt dem Menschen von seiner seelischen Sphäre verborgen und kann nur indirekt oder durch die Auswirkungen wahrgenommen werden. Je mehr der Mensch sich seiner Bildung und Ausbildung der Seele widmet, umso mehr kann er Bewusstsein über seine seelischen Vorgänge erlangen – in dieser Vorstellung ergibt sich eine Brücke zu Freuds Postulat „Wo Es war, soll Ich werden."[9]

Die Frage, die sich dem heutigen Judentum und der/dem gläubigen Jüdin/Juden stellt, ist daher, inwieweit aufgrund der medizinischen Forschung, insbesondere der Gehirnforschung, wir immer noch an die Existenz einer substantiellen Seele glauben können und inwieweit sie sich mit der psychoanalytischen Vorstellung eines Unbewussten überschneidet. Tatsächlich bestätigt die Gehirnforschung Bereiche im Gehirn, die für die Gefühle und für die Religiosität bzw. Spiritualität zuständig sind. Michael Blume weist in seinem Buch „Gott, Gene und Gehirn" darauf hin, dass der Mensch genetisch auch ein spirituelles Bedürfnis besitzt.[10] Aber bedeutet dies, dass durch die Erkenntnisse der Naturwissenschaften der Gottesglaube und die Vorstellung der von Gott gegebenen Seele obsolet geworden sind, oder bestätigen diese gerade, dass es Bereiche des Unerklärbaren gibt, die für den gläubigen Menschen das spirituelle Leben, das Leben jenseits des Mess- und Verfügbaren bedeuten – eben das Wirken des Göttlichen, das sich jenseits des unmittelbar Greifbaren vollzieht? Die Psychoanalyse geht davon aus, dass die Vorstellung einer göttlichen Kraft aus der menschlichen Vorstellung herrührt, während die Religion Gottes Wirken ins Zentrum stellt, dem sich der gläubige Mensch anvertraut.

Nach der Lehre Freuds ist ein großer Teil des geistigen Lebens unbewusst. Zugleich äußert sich das Unbewusste in Träumen und Bildern, und diese weisen auf zugrundeliegende seelische Konflikte hin. Dabei drängt sich das Unbewusste oftmals anarchisch in unser Bewusstsein hinein und verwirrt oder entstellt konfliktbesetzte Bereiche. In diesem Sinne entwickelte auch C. G. Jung seine Theorie

---

7   Rabbi Jehuda Aharon Horowitz: Land Jehudas. Jerusalem 2022.
8   Rabbi Chaim: Nefesh HaChaim. Wilna 1824, Teil 1,19.
9   Freud, Sigmund: Neue Folge der Vorlesungen zur Einführung in die Psychoanalyse. Studienausgabe. Bd. 1, Frankfurt a. M. ⁵1974, 516.
10 Vaas, Rüdiger / Blume, Michael: Gott, Gene und Gehirn. Warum Glaube nützt. Die Evolution der Religion. Stuttgart 2009, 113 u. a.

des Unbewussten, das sich in Bildern, Symbolen und Träumen zeigt, weiter und spricht von den Träumen und Symbolen als „Bindeglied zwischen der rationalen Welt des Bewusstseins und der Welt des Instinktes und des Unbewussten"[11]. Insbesondere hat er sich den kollektiven Bildern und Vorstellungen gewidmet, die in den verschiedenen Religionen und Kulturen vorhanden sind, im Sinne einer Freilegung des Instinkthaften und der Sehnsucht nach einer verlorengegangenen religiös-kulturellen Welt.

2. Die Beschreibung triebhaften Verhaltens in der Thora

Am Beginn der fünf Bücher der Thora, insbesondere im Buch Bereschit (1. Mose) und Schemoth (2. Mose), entdecken wir eine Reihe von Erzählungen, die triebhaftes Verhalten und dessen Auswirkung beschreiben. Es werden Menschen dargestellt, die ihren Begierden oder Frustrationen einfach nachgeben, ohne über ein klares Wertesystem zu verfügen, das ihnen hilft, ihre Triebe zu steuern oder zu reflektieren. Menschliches Verhalten, das auf dem Ausleben unbewusster Motive beruht, führt demnach zu Mord, Tötung und am Ende zur fast vollständigen Vernichtung des Menschengeschlechts (siehe die Noach- Erzählung).

2.1 Lust- und Unlustprinzip in den Erzählungen der Thora

Im Kapitel 3 der Thora des Buches Bereschit lesen wir: „Da sprach die Schlange zu dem Weibe: Ihr werdet nicht des Todes sterben. Sondern Gott weiß, dass welches Tages ihr davon esset, werden aufgetan eure Augen, und ihr werdet wie Gott, erkennend Gutes und Böses. Und es sah das Weib, dass der Baum gut war zum Essen und dass er eine Lust für die Augen und lieblich der Baum zu betrachten."[12] Mit dem Beginn der Menschheitsgeschichte in der Thora wird der Mensch im Spannungsfeld des Lust- und Unlustprinzips beschrieben. Ebenso wird er aber auch als einer dargestellt, der nach Erkenntnisgewinn, also Bewusstsein, strebt. Man könnte darauf das Postulat Freuds unmittelbar anwenden: „Wo Es war, soll Ich werden."[13] Mit dem Bewusstwerden geht aber auch die Erkenntnis einher, dass wir sterblich, also endlich sind, und damit verbindet sich zugleich auch die Todesangst, die in der Regel mit dem Gefühl der extremen Unlust gekoppelt ist. Die Sphäre der Gefühle läuft auf der Ebene des mehrheitlich

---

11 Jung, C. G.: Der Mensch und seine Symbole. Zürich/Düsseldorf 1999, 43.
12 1. Mose 3,4–6.
13 Freud, Vorlesungen zur Einführung in die Psychoanalyse, 516.

Unbewussten ab. Rainer Maderthaner weist in seinem Lehrbuch der Psychologie auf die Studien von Schneider und Schiffrin (1977)[14] hin, welche belegen, dass die kontrollierte versus automatisierte Verarbeitung von Informationen enge Grenzen einer bewussten Steuerung menschlicher Lebensäußerungen aufzeigt. Daraus ließe sich ableiten, dass zwar der Ausdruck von Emotionen auf einer kognitiven Ebene, also auf Lernerfahrungen, beruht, die in bestimmten Arealen des Gehirns eingespeichert werden, wobei diese jedoch mehrheitlich nicht bewusst ablaufen, sondern durch Reize ausgelöst und in der Regel als unbewusst wahrgenommen werden. Daher steuern „unbewusste psychische Prozesse unser Erleben und Verhalten" zu einem sehr großen Anteil.[15] Die Forschung unterscheidet zwischen kurzfristigen, eher undifferenzierten Emotionen als Affekten und langfristigen, aber schwach ausgeprägten Emotionen als Stimmung. Dabei gibt es Überschneidungen. Der Psychologe Igor Lazarus (1991) schlägt eine „Cognitiv-Motivational-Relational Theory of Emotion" vor, die besagt, dass in einer Emotion sowohl Informationen über die Umwelt als auch individuelle Einschätzungen der Situation enthalten sind, wobei im Letzteren auch bedürfnisorientierte Ziele zum Ausdruck kommen.

Insbesondere der Bereich der Emotionen und Affekte läuft zu einem großen Teil auf der Ebene des Unbewussten ab. Moderne Emotions- und Triebforscher wie etwa James A. Russel gehen davon aus, dass Emotionen – als Interaktionen zwischen Affektreaktionen und kognitiven Situationsinterpretationen – pausenlos entstehen, sich verändern und Emotionen auslösen. Dazu zählen Glück, Freude, Trauer, Überraschung, Ärger, Ekel, Furcht, Verachtung, Schmerz, Mut, Verzweiflung, Schuld, Scham, Hass, Erleichterung, Bedauern, Neid, Enttäuschung, Zorn, Verwunderung und Hoffnung. Diese Prozesse gelangen aber kaum in unser Bewusstsein. Dabei streben Menschen im Allgemeinen positive Emotionslagen an und vermeiden negative („Affektoptimierung").[16] Und an eben diesem Punkt lässt sich eine Brücke zu der Freudschen Theorie des Unbewussten bzw. des Es schlagen, das den Sitz der Emotionen, der Wünsche, Begierden und Ängste darstellt:

Das *Lustprinzip* ist ein Begriff innerhalb der klassischen *psychoanalytischen Theorie* von *Sigmund Freud*. Er bezeichnet das Streben des *Es* nach sofortiger Befriedigung der ihm innewohnenden elementaren *Triebe* bzw. Bedürfnisse. Indem dies geschieht, wird Triebspannung entladen und den damit verbundenen Unlust-Gefühlen ausgewichen, bzw. werden diese in ihr Gegenteil verwandelt. Der komplementäre psychische Wirkmechanismus zum Lustprinzip ist das sogenannte *Realitätsprinzip*.

Entgegen einem weit verbreiteten Irrtum bezieht Freud das Lustprinzip in seinen späteren Werken nicht mehr ausschließlich auf das sexuelle *Lust-*

---

14 Maderthaner, Rainer: Psychologie. Wien 2008, 235.
15 A.a.O., 42.
16 A.a.O., 313.

empfinden, sondern kommt zu dem Ergebnis, dass es für jede Art von Bedürfnissen oder Mängeln maßgeblich ist, die ein Lebewesen ausgleichen muss, um sich und seine Art zu erhalten.

Die moderne Psychologie unterscheidet hier Emotionen von Affekten und Trieben. Von Trieben spricht man, wenn Verhaltenstendenzen vorwiegend biologisch reguliert sind, wie dies etwa bei Hunger, Durst, Sexualität etc. der Fall ist.

Die Thora beschreibt in dem Verhalten ihrer Protagonisten oftmals die Wirkung unbewusst ablaufender Emotionen, die in dem Bestreben, Unlust zu vermeiden, zu extremen Handlungen bzw. zu grenzüberschreitenden Folgen führen.

Schon am Beginn der Menschheitsgeschichte wird uns das erste Menschenpaar als von Begierden geleitet beschrieben:

Adam und Chawa werden von dem Baum der Erkenntnis mit seiner verlockenden Frucht angezogen und durch die Schlange der Versuchung zugeführt, die verbotene Frucht zu essen. Der Trieb zur Lustbefriedigung setzt den Schritt, der weitreichende Konsequenzen für das erste Menschenpaar zur Folge hat. Fortan wird das Menschheitsgeschlecht zu einem Spielball der positiven und zunächst mehrheitlich negativen Triebe werden. Während es bei Chawa und Adam um die Befriedigung eines oralen Triebs und zwar um das Einverleiben der verlockenden verbotenen Frucht geht, der auch Parallelstrukturen mit der kindlichen Entwicklung aufweist, die Freud in seiner Beschreibung der kindlichen Entwicklung als die orale Phase beschreibt, wird in den weiteren Kapiteln der Thora das Prinzip des Geschwisterkonflikts, insbesondere der Eifersucht, abgehandelt:

Kain erschlägt seinen Bruder Hewel aus dem Gefühl der Missachtung und Zurücksetzung durch den Allmächtigen heraus, indem er Hewel als den Urheber seiner Unlustgefühle wahrnimmt. Sein Zorn richtet sich nicht gegen Gott selbst, der für ihn aufgrund seiner Allmacht unerreichbar ist, sondern er verschiebt die Wut gegen seinen Bruder, der für ihn der am leichtesten Erreichbare zu sein erscheint. Da die ersten Menschen noch über kein Wertesystem verfügen, werden Frustrationen und Enttäuschungen durch die Beseitigung desjenigen bewältigt, der als der Verursacher von Unlustgefühlen wahrgenommen wird. Den Gegenspieler und Konkurrenten aus dem Weg zu räumen, erscheint als der einfachste und spontanste Weg, seine Unlustgefühle wegzuschieben und loszuwerden. Und dennoch wird Kain trotz oder gerade deshalb zum Begründer des Menschheitsgeschlechts als derjenige, der zunächst seinem Hass und seiner Destruktivität erliegt und dann mit einem Mal auf der Stirn gezeichnet ist. Wie lässt sich dieses interpretieren? Im Gegensatz zu Hewel, an dem keine Emotion erkennbar ist oder beschrieben wird und der damit auch keine Entwicklungsmöglichkeit erkennen lässt, erliegt Kain zwar seinen negativen Emotionen, aber bei ihm ist auch ein Keim einer Veränderbarkeit bzw. einer Beziehungsmöglichkeit gegeben, gerade weil er Emotionen zeigt. Es geht daher darum, diese negativen Emotionen umzuformen und überwinden zu lernen. Aus der zunächst von Hass geprägten Reaktion der Brudertötung gelangt Kain zu einer zweiten Reaktion: der Angst, selbst getötet zu werden. Er hat an und durch seine Handlung erfahren, was es bedeutet, ein Menschenleben auszulöschen, und kann sich von daher vorstellen, was es bedeutet, das eigene Leben zu verlieren. Das Kainsmal auf der Stirn mag als sichtbares Zeichen gedeutet werden, dass das Menschengeschlecht nach der Vertreibung aus dem Gan Eden endlich bzw. sterblich geworden ist. Aus der ursprünglichen Gottverbundenheit, die einem unbewussten Zustand der Glückseligkeit gleicht, gerät das Menschengeschlecht in einen Zustand der Sehnsucht nach Gottverbundenheit und der Sehnsucht nach einer *altera pars*, einer Sehnsucht nach Geborgenheit und Liebe als positiven Emotionen, die durch seinen destruktiven Drang, dem *„jezer hara"*, dem bösen Trieb, immer wieder zerstört werden. Das Kainsmal mag aber auch dafür stehen, dass der Mensch nach der Vertreibung aus dem Paradies fortan mittels seiner Seele über ein Ortungssystem verfügt, das Angst auslösen oder ihm helfen kann, ein Wertesystem zu entwickeln.

Auch in der Josefs-Erzählung wird die Geschwisterrivalität als Movens für einen gewaltsamen Akt dargestellt. Josef, der der Lieblingssohn des Vaters Jakob ist und sich mit seiner herausgehobenen Rolle vor seinen Geschwistern brüstet und damit unbewusst Eifersucht und Neid bei seinen Geschwistern weckt, wird von diesen zwar nicht persönlich getötet, aber in eine Grube geworfen mit der Absicht, dass er von vorbeiziehenden Karawanen gefunden werde. Die Brüder wollen keine Blutschuld mehr auf sich laden. Jedoch spielt auch in dieser Erzählung Hass aufgrund von Gefühlen der Zurücksetzung und der Rivalität um die Gunst des Vaters eine entscheidende Rolle. Das Entfernen und Auslöschen eines unliebsamen Familienmitglieds stellt zwar als Handlung eine bewusste und geplante Aktion dar, die negativen Emotionen, die Wut und der Hass, spielen sich aber dennoch auf einer anderen Ebene und zwar der des Unbewussten ab. Beispielhaft wird hier gezeigt, welch zerstörerische psychische Wirkung Eifersucht und Geschwisterrivalität, also Gefühle der Missachtung und der Zurücksetzung, auslösen können. Der menschliche Triebwunsch, gesehen und „erkannt" zu werden, lässt destruktive Emotionen freiwerden, wenn er nicht ausreichend erfüllt wird. Es lässt sich an dieser Erzählung die Entwicklung feststellen, dass der Zorn der Brüder auf Josef zwar nicht mehr zur unmittelbaren Tötung führt, aber dennoch die Entfernung der unliebsamen Person zur Folge hat. Und die Angst vor dem Schmerz und der Trauer des Vaters lässt die Brüder zu einer Lüge greifen, indem sie erzählen, dass der Bruder von wilden Tieren zerrissen worden sei. Die Kränkung des Vaters verursacht bei den Brüdern ein unangenehmes Gefühl, zum einen, weil sie dennoch nicht die Beachtung bekommen, nach der sie sich sehnen, zum anderen, weil sie sich fortan mit Schuldgefühlen auseinandersetzen müssen.

2.2 Allmachtsphantasien

Die Erzählung des Turmbaus zu Babel zeigt ein anderes Beispiel von Triebwünschen auf: die Allmachtsphantasie. Das frühe Menschengeschlecht strebt nach einer Einheit, um nicht weiter zerstreut oder vernichtet zu werden und um einen Turm und eine Stadt zu bauen, die bis zum Himmel reicht.

> Da sprachen sie: Sieh her, wir wollen uns eine Stadt bauen und einen Thurm, und dessen Spitze soll in den Himmel reichen, so wollen wir uns einen Namen machen![17]

Samson Raphael Hirsch interpretiert diese Einheit als eine Gefahr, in der der Einzelne in seiner Individualität verloren geht:

> Aber hier liegt die Gefahr. Während der einzelne schon von selbst zuletzt an die Beschränktheit seiner Kräfte erinnert wird, ist dies bei der Gesamtheit nicht der Fall; sie ist ja wirklich stark; sie kommt leicht dazu, sich als Selbstzweck hinzustellen, als ob der Einzelne nur in ihr seine Bedeutung finde, die Gesamtheit nicht zur Ergänzung des einzelnen da sei, sondern der einzelne ganz in der Gesamtheit aufzugehen habe.[18]

Das heißt, aus der Einheit heraus eine unendliche Macht zu entfalten, die quasi gottgleich erscheint. Samson Raphael Hirsch, der Begründer der modernen Orthodoxie, sieht in dem Turmbau zu Babel und der folgenden Sprachverwirrung durch Gott den Trieb der Menschheit zu Eigensinn, aber auch zu Individualität und Unterscheidung sowie Pluralität und Mannigfaltigkeit.[19] Gott selbst will die Machtansammlung und Konzentration von Macht in einer einheitlichen Konzentration nicht. Rabbinerin Elisa Klapheck erläutert diesen Aspekt, dass die Thora als eine Absage des Judentums an Despotismus und Machtansammlung in einer Hand Stellung nimmt, in ihrem Buch „Zur politischen Theologie des Judentums",[20] insbesondere in ihrem Kapitel „Babylon – oder politisches Plädoyer gegen die Tyrannei des Einen".

Die Bedeutung des Machtstrebens als einem dominanten menschlichen Trieb beschrieb der Psychoanalytiker Alfred Adler in seinem Werk und begründete damit die zweite Wiener Schule der Psychotherapie.

Die Thora, so wurde schon weiter oben festgestellt, beschreibt Emotionen und ihre Folgen, wenn sie ungebremst ausgelebt werden. Als Jüdin oder Jude hören wir diese Erzählungen schon zu einem sehr frühen Zeitpunkt der Kindheit und speichern sie dadurch ins Gedächtnis und ins Unbewusste ein. Die psychologische Forschung beschreibt sogenannte Basis-, Primär- oder Grundemotionen, die kulturübergreifend relativ übereinstimmend in ihrer mimischen Ausdrucksform klassifiziert werden und zwischen mindestens zwei bis zwanzig

---

17 Hirsch, Genesis, 170f.
18 A.a.O., 170.
19 A.a.O., 171ff.
20 Klapheck, Elisa: Zur politischen Theologie des Judentums. Hamburg 2022, 35ff.

liegen.²¹ Die französische Rabbinerin Delphine Horvilleur weist in ihrem Buch „Comprendre le monde" darauf hin, dass die Thora vor allem die Wirkung negativer Emotionen darstellt:

> Je crois que chaque génération raconte les memes histoires. Ce sont d'ailleurs souvent des histoires de danger, des histoires violentes, terribles. (...) Nous lisons effectivement dans la bible des histoires de violence, de meurtres. Si nous retirons de la bible tout ce qui pose problème il ne restera pas grand chose car beaucoup d'histoires posent problème. Comme dans les contes, ces histoires servent à nous préparer à la vie. Elles ne nous demandent pas de les imiter mais elles nous disent ce qui peut arriver, ce à quoi nous pouvons être confronter et comment apprendre à faire face de facon responsables à ces situations, comment faire pour que cela n'arrive pas.²²

2.3 Die Sehnsucht nach Liebe – ein Pendeln zwischen Trieb und Gefühl

In der Thora finden wir zahlreiche Beschreibungen von Liebesbeziehungen sowohl als Objekt der Täuschung wie auch des Glücks.

So beschreibt die Thora die Liebesbeziehung zwischen Schimschon und Delilah. Zweimal täuscht Schimschon die Geliebte, indem er ihr ein falsches Mittel gegen seine übernatürliche Kraft verrät und sie ihn damit nicht binden kann. Beim dritten Mal verrät er genervt von ihrem Drängen, dass sie ihn nur binden könne, wenn sie ihm die sieben Locken abschneidet. Sexuelle Begierde, Manneskraft, Täuschung, der Trieb, sein geschlechtliches Gegenüber abhängig zu machen, Verlust der übernatürlichen, von Gott gegebenen Kraft bis hin zur Wiedererlangung derselben und zur endgültigen Vernichtung zeichnen diese Erzählung der Thora aus. Liebe, Machtverlust, Verlust der Manneskraft und Tod sind in dieser Erzählung miteinander verwoben, kombiniert mit Täuschung und List. Zwar bedarf es bei einer Täuschung und einer List eines bewussten Denkprozesses, die dahinterstehenden Beweggründe führen aber wieder in den Bereich der Triebe und damit ins Unbewusste zurück.

Auch die Erzählung von König David und Batsheba ist von Trieb, Liebe und Tod und Reue geprägt. Auch hier wird die Folge beschrieben, wenn der Mensch Spielball seiner Triebe wird, aber zugleich auch die Möglichkeit der Reue und Umkehr, also die bewusste Abkehr von Triebbefriedigung, beispielhaft dargelegt.

---

21 Maderthaner, Psychologie, 310f.
22 Horvilleur, Delphine: Comprendre le monde. Montrouge 2020, 39f.

2.4 Die Sphäre der Träume

Die Thora beschreibt an mehreren Stellen Traumvorstellungen. Zwei sollen hier beispielhaft herausgegriffen werden: zum einen der Traum Jakobs und sein Ringen mit dem Engel und zum anderen Josefs Traum. Obwohl beide Träume im philosophischen wie religiösen Sinn als Prophezeiungen gedeutet werden, interpretiert das Judentum diese dahingehend als Eingebungen des Göttlichen, indem auserwählte Menschen zu Mittlern des göttlichen Willens werden. Diese Träume beinhalten Symbole, Zeichen und Bilder, die zum festen Bestandteil unseres europäischen Denkens geworden sind und immer wieder Anlass geben, Spielräume der Interpretation zu eröffnen.

3. Religiöse Praxis und ihr Bezug zum Unbewussten

3.1 Die Feste

Der Bereich der Feste im Judentum bezieht sich sehr oft auf geschichtliche Begebenheiten, die Ausgestaltung der Feste beinhaltet allerdings sehr viele emotionale Aspekte, die in den Bereich der Mystik fallen. So beschreibt Micha Brumlik beispielsweise das Lied Shlomo Alkabez' „Lecha Dodi", mit dem die „Braut Shabbat" symbolisch begrüßt wird, als Zeichen, dass der Shabbat als göttliche Gabe spürbar wird.[23] Die ganze Gemeinde wendet sich bei der letzten Strophe dem Eingang so zu, als ob der Shabbat als Braut in den Raum einzieht. Dabei geht es nicht nur um ein Wissen, was Shabbat bedeutet, sondern um ein körperliches und seelisches Empfinden einer Ruhe, die uns mit dem Göttlichen in Verbindung bringt. Die jüdische Mystik geht auch davon aus, dass der Mensch am Shabbat, wenn er sich dieser Ruhe hingibt, die ihn mit der Erschaffung der Welt und dem Göttlichen in Verbindung bringt, eine zweite Seele erhält, die ihn über den Shabbat hinweg begleitet. Am Ende von Shabbat bei der Hawdala-Feier nehmen wir den süßen, wohlriechenden Duft der Basamim-Büchse auf und atmen die Wohlgerüche des Shabbat als Sinneswahrnehmung ein, die uns die Woche über begleiten sollen. Hier geht es nicht um eine primär kognitive Handlung, sondern um eine spirituelle Erfahrung, indem Kerzenlicht (= optische Sinneswahrnehmung und Geruchswahrnehmung) sich direkt an unsere Sinne wendet. Auf einer unbewussten Ebene sollen uns der Geruch, das Licht, die Ruhe von Shabbat einprägsam erlebbar gemacht werden.

---

23 Brumlik, Micha: Die Heilung der Welt – Tikkun Olam. In: Conradi, Elisabeth / Vosman, Franz (Hg.): Praxis der Achtsamkeit. Frankfurt a. M. 2016, 87–92.

Ähnlich verhält es sich mit dem Pessach-Fest: Wir erinnern uns an den Auszug aus Ägypten, indem wir symbolische Speisen auf einem Sederteller legen und anhand dieser die schwierige Zeit der Sklaverei auch körperlich erleben, indem wir die symbolischen Speisen wie etwa Bitterkräuter in Salzwasser getaucht verzehren. Auch essen wir eine Woche lang Mazzot, um uns körperlich diese Zeit des Auszugs aus der Sklavenherrschaft in Ägypten auch physisch spürbar zu machen. Der Genuss von Freiheit soll uns durch unseren Körper seelisch vor Augen geführt werden. Wir sitzen am Sederabend angelehnt auf dem Stuhl, um das wohlige Gefühl von Freiheit zu spüren. Wir stellen ein Glas mehr, als Gäste anwesend sind, auf den Tisch, da wir den Propheten Eliyahu als Gast erwarten – Symbolhandeln, das von der realen Handlung auf ein spirituelles oder mystisches Erleben verweist.

Die meisten der jüdischen Feste im Jahreskreis beinhalten neben der Erinnerung an ein geschichtliches Ereignis eine oder mehrere Komponenten der sinnlichen Wahrnehmung und vollziehen damit ein sinnliches Erleben, das sich tief im Unbewussten einnistet. Viele der Feste regen mehrfache Sinneswahrnehmungen an: Geruchs- und Geschmackssinn durch Speisen und Getränke (beispielsweise das Essen von milchigen Speisen zu Shawuot), optische Eindrücke durch bestimmte Kleidung (Anlegen festlicher Kleidung am Shabbat), um die Festtagsstimmung zum Ausdruck zu bringen, oder dekorative Ausgestaltung der Wohnung oder Synagoge wie etwa bei den beiden Festen Shawuot und Sukkot, bei denen die Ernte im Tempel abgegeben wurde, den Gehörssinn, der durch verschiedene zu den Festen gehörende charakteristische Lieder angeregt wird. Oftmals werden zu Festen aber auch bestimmte Stimmungen zum Ausdruck gebracht: eine ruhige und geheiligte Atmosphäre zu Shabbat, die so weit geht, dass beispielsweise schlechte Nachrichten am Freitag nicht überbracht werden sollen, damit die Shabbatfreude nicht getrübt wird. Eine trauernd-demütigende Stimmung an Jom Kippur wird durch das Fasten verstärkt. An diesem Tag des Gedenkens und der Reue wird ein Stimmungswechsel vollzogen, der von demütig bis erfreut einen Bogen zeichnet und in der Tonlage der gesungenen und rezitierten Gebete deutlich wird.

Auch die Verbindung von Realität zum Unbewusst-Spirituellen kommt deutlich in dem Gedenktag Jom Kippur zum Ausdruck. Die Gebete, die angestimmt werden, bringen den Bogen von Reue, Demut, Trauer, Schuldbenennung bis hin zu Dankbarkeit für eine neue Lebensspanne und für eine Chance zum Neubeginn zum Ausdruck. Durch den Ritus des Fastens, indem dem Körper jegliche Nahrung entzogen wird, gelangen wir in einen spirituellen Zustand, der uns aus dem Alltag enthebt und eine Todeswahrnehmung erahnen lässt.

3.2 Lebensfeste und Symbolhandeln

3.2.1 Der Ritus der Beschneidung

Das männliche Kind, das am achten Tag nach der Geburt beschnitten wird, erlebt diesen Akt keinesfalls bewusst. Dieses Ereignis bringt vielmehr zum Ausdruck, wie sehr die jüdische Religion gerade auf das Unbewusste einwirkt, um die religiöse Bindung aufzubauen und zu stärken. Ein männliches Kind, das gesund geboren wurde, am achten Tag beschneiden zu lassen, kostet die Mutter und den Vater seelische Kraft. Durch diesen Akt wird nicht nur formal die Zugehörigkeit zur jüdischen Gemeinschaft bewusst vollzogen, sondern es wird auf der unbewussten Ebene durch Überwindung der Angst eine spirituelle Verbindung seitens der Eltern mit dem Glauben an Gott und an die jüdische Gemeinschaft hergestellt. Das Kind wird damit Teil einer Gemeinschaft von ethischen Werten und Geboten, die zu einem großen Teil sein Unbewusstes prägen und gerade in den ersten Jahren durch Vorbild und Einübung im Unbewussten verankert werden. Rabbinerin Antje Deusel weist in ihrem Buch „Mein Bund, den ihr bewahren sollt" darauf hin, dass die Beschneidung symbolisch auch auf die Beschneidung der Triebe verweist, die das Judentum als Prägung zu einem friedlichen Miteinander beinhaltet.[24] Das Kind wird von diesem Zeitpunkt an unbewusst religiös durch das Vorbild der Eltern geprägt.

3.2.2 Das Segnen der Kinder

Jeden Shabbat am Freitagabend segnen Eltern ihre Kinder. Dabei stellen sich die Kinder vor das Angesicht der Eltern. Diese legen ihre Hände auf den Kopf des Kindes und sprechen einen Segensspruch, der den Wunsch ausdrückt, dass diese ihren jüdischen Vorbildern (die Jungen den Söhnen Mosches und die Töchter den Erzmüttern Sarah, Rivka und Rachel) nacheifern mögen. Der Akt des Segnens besteht aus einer realen und bewussten Handlung der Eltern gegenüber den Kindern (und im späteren Kindesalter auch der Kinder gegenüber den Eltern, indem diese sich segnen lassen). Zugleich vollzieht sich diese Handlung aber auch auf einer spirituellen Ebene. Es wird damit ein Gefühl von Gemeinsamkeit, Verbundenheit und Schutz vermittelt, das mehrheitlich nicht auf einer bewussten Ebene abläuft. Ebenso bedeutet die Segnung der Speisen oder auch bestimmter Handlungen im Tagesvollzug das Herausheben und die Heiligung der jeweiligen Handlung. Diese rituellen Segenssprüche lernt ein jüdisches Kind bereits im frühen Kindesalter durch die Eltern oder in der jüdischen Kindertagesstätte. Es prägt sich als Handlung im Unbewussten ein.

---

24 Deusel, Antje: Mein Bund, den ihr bewahren sollt. Religionsgesetzliche und medizinische Aspekte der Beschneidung. Freiburg/Basel/Wien 2012, 28ff.

3.2.3 Das Anbringen der Mesusot

Es besteht im Judentum das Gebot, an allen Durchgängen der Wohnung und des Hauses Mesusot (also: verzierte Hülsen mit einem kleinen Spruch aus der Thora) als Segen für die Wohnung anzubringen in Erinnerung an den Auszug aus Mizraim (Ägypten) und als Zeichen für den Todesengel, das jüdische Haus zu verschonen. Auf der Mesusa ist das Zeichen des Buchstabens „Schin" angebracht, welcher der Anfangsbuchstabe des hebräischen Wortes „Schaddai", der Allmächtige, ist. Mit der Anbringung der Mesusot stellen wir als Jüdinnen und Juden unsere Bleibe unter den Schutz des Allmächtigen. Es ist ein Zeichen nach außen hin, aber auch eine Verbindung nach innen.

3.2.4 Die Speisegesetze

Viele Riten im Judentum dienen neben der Anerkennung Gottes als des Schöpfers und Lenkers unseres Lebens auch der Unterscheidung des jüdischen Menschen von seiner Umwelt. Diese Abgrenzung ist einerseits zwar ein bewusster Akt, aber gerade der Genuss von Speisen und die Vorlieben für bestimmte Speisen laufen sehr stark auf einer unbewussten Ebene ab. Außerdem wird Kindern von Beginn an vermittelt, was koscher und nicht koscher ist, und der Gaumen wird unbewusst geprägt.

3.2.5 Die Gebetshaltung und Gebetsrhythmisierung

Im Judentum werden viele Gebete und Segnungen im Stehen gesprochen. Dabei wird der Körper in eine wiegende Bewegung gebracht. Dadurch dringen die Worte, die gesprochen werden, unmittelbar in den Körper ein und versetzen ihn wie auch die Psyche / den Geist in einen anderen Seinszustand. Es hebt den Gläubigen aus der Alltagsbeschäftigung heraus. Die Schwingungen des Körpers erzeugen einen Zustand der Konzentration, aber auch der besonderen Entspannung und Hinwendung.

3.2.6 Gebetsrezitation

Die Gebete im Judentum werden mit einer bestimmten gleichförmig klingenden Tonlage hebräisch gesprochen. Die Rhythmisierung wird in den Texten durch Zeichen angegeben. Jedoch lernen bereits die Kinder durch Zuhören die Gebetsklänge und die Stimmlage, in der gebetet wird. Diese singende Rezitation prägt sich unmittelbar ins Unbewusste ein und versetzt den Betenden wie auch den Hörenden in eine Stimmung von Ehrfurcht, Hinwendung, manchmal auch Trauer oder Sehnsucht.

Zusammenfassung

Der jüdische Glaube umfasst zahlreiche Traditionen und Riten, deren Umsetzung zwar erlernt und kognitiv geprägt werden, die gefühlsmäßigen Inhalte, die Emotionen, aber auch die Einstellungen und Wertmaßstäbe, die hervorgerufen werden, sind jedoch vielfach unbewusst. Sie dienen als starkes Band an den Glauben und an die Gemeinschaft und prägen auf diese Weise unsere Haltung zum Leben und zu unseren Mitmenschen. Vor allem die Ehrfurcht vor allem Lebendigen wird als unbewusste Maxime von Beginn an in der jüdischen Religionspraxis und in der jüdischen Erziehung eingepflanzt und wirkt daher im Unbewussten als Reglement.

Literatur

Brumlik, Micha: Die Heilung der Welt – Tikkun Olam. In: Conradi, Elisabeth / Vosman, Franz (Hg.): Praxis der Achtsamkeit. Frankfurt a. M. 2016, 87–92.
Deusel, Antje: Mein Bund, den ihr bewahren sollt. Religionsgesetzliche und medizinische Aspekte der Beschneidung. Freiburg/Basel/Wien 2012.
Freud, Sigmund: Neue Folge der Vorlesungen zur Einführung in die Psychoanalyse. Studienausgabe. Bd. 1, Frankfurt a. M. ^{5}1974.
Hirsch, Samson Raphael: Pentateuch. Erster Teil: Die Genesis. Bd. 1. Frankfurt a. M. (erste Auflage 1867) ^{3}1994.
Horowitz, Rabbi Jehuda Aharon: Land Jehudas. Jerusalem 2022.
Horvilleur, Delphine: Comprendre le monde. Montrouge 2020.
Jacobson, Simon: Die Weisheit des Rabbi Schneerson. Einfache Wahrheiten für eine schwierige Welt. München 2007.
Jung, C. G.: Der Mensch und seine Symbole. Zürich/Düsseldorf 1999.
Kandel, Eric: Das Zeitalter der Erkenntnis. Die Erforschung des Unbewussten in Kunst, Geist und Gehirn von der Wiener Moderne bis heute. München 2012.
Klapheck, Elisa: Zur politischen Theologie des Judentums. Hamburg 2022.
Lau, Israel M.: Wie Juden leben. Glaube, Alltag, Feste. Gütersloh ^{3}1988.
Levinas, Emmanuel: Die Menschheit ist biblisch. In: Weber, Elisabeth (Hg.): Jüdisches Denken in Frankreich. Frankfurt a. M. 1994, 117–132.
Maderthaner, Rainer: Psychologie. Wien 2008.
Maimon, Mose Ben: Acht Kapitel. Von der Seele des Menschen und ihren Kräften. In: ders.: Eine Abhandlung zur jüdischen Ethik und Gotteserkenntnis. Hamburg ^{2}1992, 1–8.
Rabbi Chaim: Nefesh HaChaim. Wilna 1824, Teil 1,19.
Vaas, Rüdiger / Blume, Michael: Gott, Gene und Gehirn. Warum der Glaube nützt. Die Evolution der Religiosität. Stuttgart 2009.

Das Unbewusste in der religiösen Praxis des Islams
Eine Perspektive der muslimischen Seelsorge

Tarek Badawia

1. Einleitung

In der islamischen Prophetenbiographie wird über eine Diskussion unter den Gläubigen berichtet, die über ihre Wahrhaftigkeit im Glauben aufgrund der Wahrnehmung innerer Einflüsterungen, Versuchungen oder destruktiver Gedanken sehr verunsichert waren. Die Diskussionen wurden öffentlich und sprachen immer mehr Menschen an. In den Berichten wird deutlich, dass es dabei offenbar einerseits um tabuisierte Themen und andererseits um Zweifel und endlose, nicht zielführende Fragenketten geht, auf die man (in seiner Einsamkeit) keine Antwort findet kann. Die Betroffenen kämpfen vergeblich gegen solche inneren (unbewussten) Prozesse an und entscheiden sich deshalb, sich Rat und Hilfe beim Propheten (in seiner Funktion als Seelsorger) zu holen. Ein Ratsuchender fragt anonym: Manche von uns nehmen im Inneren Dinge wahr, und es fällt uns schwer, darüber zu reden. In einer annehmenden Haltung fragt der Propheten danach, ob die Personen solche Inhalte aus dem Inneren wahrnehmen oder ob sie diese als Phantasien oder Träume einordnen. Auf die bejahende Antwort, dass es sich um ernsthafte Inhalte aus der „Tiefe ihrer Seele" handelt, bekommen sie die Möglichkeit, in einem seelsorgerlichen Gespräch über die Inhalte und deren Einwirkung auf ihr Verhalten zu reden. Im Grunde lassen sich die Themen aus den verschiedenen Berichten[1] in drei Hauptkategorien einteilen: a) Für manche ging es tatsächlich um – wortwörtlich übersetzt – „hässliche" und „abscheuliche" Themen; b) für andere waren es endlose Fragen nach Wesen und Wirken des Schöpfers, die sie rational nicht bearbeiten können; c) im dritten Themenfeld sammeln sich Sorgen und Versagensängste im Umgang mit „Seelenzuständen" und Verhaltensformen, die man im Sinne der (neuen) Glaubenslehre verbessern möchte, aber dennoch nicht kann. Aus den verschiedenen Reaktionen des Propheten lässt sich ableiten, dass die Ratsuchenden beim Propheten ein offenes Ohr für ihre Sorgen finden. Er bestätigt sie dabei mit zwei Leitideen: 1) die Erfahrung solcher inneren Widerstände deutet auf einen gesunden

---

[1] Vgl. u. a. Hadith nach Muslim, Nr. 132; n. al-Buḫārī, al-ʾadab al-mufrad, 970; ṣaḥīḥ Abu Dāwūd, 5111, Online-Enzyklopädie der Hadīṯe: https://www.dorar.net (letzter Zugriff am 30.06.2024).

Glauben hin; 2) das aktive rechtschaffene Handeln stellt einen (und nicht ausschließlich ‚den') Ausweg aus dem Labyrinth unendlicher, nicht zielführender Holzwege im Umgang mit Krisen und Grenzsituationen dar. Der Koran, der nach islamischer Sicht das lebensbegleitende Gotteswort darstellt, bestätigt die entlastende Haltung des Seelsorgers (in dem Fall des Propheten) und verkündet: Allah weiß, was in euren Seelen ist. Er kennt das Geheimnis und auch das, was noch in euch tiefer verborgen ist (vgl. K 17:25 u. 20:7–8).[2]

Für einen kurzen Augenblick kann der Bericht für sich sprechen. Darüber hinaus kann die spontane Deutung dem Deutungs- und Assoziationsvermögen der Leser und Leserinnen überlassen werden. Solche „alten Texte und Berichte" mit theologischem Gehalt sollen interpretiert und damit mit unserem gegenwärtigen Wissensstand in Einklang gebracht werden können. Auf der Spurensuche nach dem Konstrukt des Unbewussten in der religiösen Praxis des Islams hat sich nach meiner bisherigen Recherche in der islamischen Gedankenwelt zwar keine ausformulierte Theorie oder Modellierung des Unbewussten, aber eine Menge von Gedankengängen und Begrifflichkeiten ergeben, welche die Dynamik von Bewusstem und Unbewusstem aus verschiedenen Perspektiven beleuchtet. Die exemplarisch rekonstruierten Gedankengänge aus der Tradition der muslimischen Seelsorge zum Thema „Das Unbewusste in der religiösen Praxis" werden durch eigene hermeneutische Übersetzungsarbeit mit den relativ modernen Begriffen vom Bewussten und Unbewussten ins Verhältnis gesetzt. Ohne eine solche hermeneutische Erschließung der Inhalte wäre es riskant oder sogar fahrlässig, den historischen Raum und den kulturellen Kontext, in dem die im Folgenden skizzierten Gedanken entstanden sind, nicht zu berücksichtigen. Dies gilt ebenso für das (fast ausschließliche) theologische Erkenntnisinteresse der zitierten Autoren, die stark theozentrisch gedacht haben und sicherlich nicht humanwissenschaftlich interdisziplinär, wie man das heute erwartet.

Einleitend lässt sich Folgendes thesenartig voraussagen: Obwohl das Unbewusste im Sinne einer verborgenen psychischen Struktur, einer latent wirkenden Instanz in der Psyche oder von wirksamen, aber nicht zugänglichen psychischen Prozessen im Bereich von Individuum, Kultur und Gesellschaft als Grundidee des Unbewussten[3] in vielen islamischen Quellen nicht explizit thematisiert wird, bestätigen meine bisherigen Erkundungen die Existenz des Unbewussten als Phänomen in der islamischen Tradition. Das Phänomen, dass bewusstes Handeln von verdrängten, verborgenen Schichten gespeist wird, die teilweise, bedingt oder gar nicht zugänglich sind, ist in der islamischen Tradition nicht unbekannt. Das Verborgene in der psychischen Struktur als Konstrukt wird nicht

---

2   Bei Koranübersetzungen wird i.d.R. Asad (2009) wie folgt zitiert (K Sure:Vers). Der besseren Nachvollziehbarkeit werden manche Koranverse durch das Einfügen von Anmerkungen des Autors in eckigen Klammern ergänzt bzw. in Anlehnung an Asads Übersetzung paraphrasiert.

3   In Anlehnung an die allgemeinen lexikalischen Begriffsbestimmungen des Unbewussten u. a. nach Gödde 2022 und Solms 2022.

abgelehnt. Es wird auch nicht per se als etwas Negatives abgewertet. Grundsätzlich ist es aber erforderlich, das eigene Handeln bewusst (theologisch gesprochen gottesbewusst) und verantwortungsvoll zu gestalten. Hierzu zählt selbstverständlich auch – so der Theologe und Mystiker al-Ghazālī –, sich durch bewusstes Handeln aus den sichtbaren und unsichtbaren Zügeln und fesselnden Ketten der seelischen Sklaverei zu befreien (vgl. al-Ghazālī 2006, 92).

Im Weiteren werde ich wie folgt vorgehen: Im ersten Schritt wird der Auftrag der muslimischen Seelsorge skizziert. Darauf wird das „Unbewusste in der religiösen Praxis" aus einer islamischen Perspektive in Anlehnung an die Theologen und Seelsorger al-Muḥāsibī (gest. 857) und al-Ghazālī (gest. 1111) in drei Schritten reflektiert: Betrachte! Erkenne! Kultiviere das Selbst!

Die Ausführungen erheben keinen Anspruch auf Vollständigkeit. Sie stellen aufgrund der bisherigen Recherche und Selbsterkundungen in diesem Themenfeld lediglich einige Wissensfragmente aus der islamisch-theologischen Anthropologie und Seelenkunde dar, die sicherlich noch ausbaufähig sind.

2. Was ist los, warum? Der Zugang muslimischer Seelsorge

Der Beitrag bezieht sich auf die (in Deutschland noch) junge Disziplin der muslimischen Seelsorge. Die Seelsorge ist eine theologische Disziplin. Die Hilfe zur Selbsthilfe ist durch ihre Ausrichtung auf den Glauben gekennzeichnet (vgl. exempl. Badawia 2022, Winkler 2000). Im Vergleich zu anderen therapeutischen Ansätzen und Formen der Krisenintervention arbeitet die Seelsorge selbstzentriert und glaubensbezogen, indem sie im Rahmen des seelsorgerlichen Gesprächs den Fokus auf die (individuelle) Religiosität als einen zentralen Faktor der Lebensbewältigung legt. Die Seelsorge – anschaulich formuliert – *greift* die Sorgen der Seele auf und unterstützt den Ratsuchenden in einem Selbsthilfeprozess, diese zu *begreifen*. In Krisensituationen sind für die seelsorgerliche Intervention im Rahmen einer helfenden Beziehung zwei wechselseitige Prozesse relevant. Es handelt sich um folgende Aspekte, die miteinander eng verwoben sind und die sich auf die beiden fundamentalen Fragen „Was ist los?" und „Warum?" beziehen – das „Versorgen" und das „Begreifen" (vgl. Badawia et al. 2020, 2022).

Bei der Frage nach dem „Was ist los?", die sich nach der ersten Fassungslosigkeit infolge eines unerwarteten und belastenden Lebensereignisses stellt, ist zuallererst Trost und Beistand zum Ertragen der Situation unentbehrlich, damit im Weiteren auf die Frage nach dem „Warum?" die Sinnsuche für das Begreifen und zur Überwindung der Krise beginnen kann. Durch die Bereitstellung dieser Versorgung entwickelt die Seelsorge einen gemeinsamen Weg mit dem Hilfesuchenden. Sie unterstützt den Betroffenen, hält das Schwere mit ihm aus und schafft Erleichterung und Entlastung. Sie streckt eine helfende Hand aus und gibt dem Notleidenden, der in seinem inneren Gefühlschaos oft wie im Nebel herumirrt, eine erste Orientierung für einen möglichen Weg durch die Krise. Wenn Hoffnung und Perspektive erfahrbar werden, kann wieder etwas Ruhe einkehren – eine Grundvoraussetzung, um allmählich auch emotional zu begreifen, was los ist. So zielt Seelsorge als eine deutende Maßnahme zur Wiederherstellung von Handlungsfähigkeit darauf ab, Raum für Gedanken und Gefühle in Grenzsituationen zu schaffen, die durch die Aussprache und die gemeinsame Reflexion neu strukturiert werden können.

Die Arbeit mit Impulsen aus der eigenen religiösen Tradition zielt darauf ab, die essenzielle Entlastungsfunktion des Glaubens zu entdecken und dadurch Ressourcen für die Lebensbewältigung zu entfalten. In dem o. g. Bericht sprechen Personen über ihre persönlichen „Sorgen" im Glauben. Diese simple Tatsache überrascht – so die Erfahrung des Autors – viele (muslimische) Ratsuchende heutzutage, weil sie nicht gelernt haben, den Zusammenhang zwischen Glauben und psychischer Gesundheit zu reflektieren. Die Seelsorge schafft diesen Raum und fördert in einem personen- und themenzentrierten Gespräch das nötige (Selbst)Vertrauen in die eigene Handlungsfähigkeit.

Oft ist es den Ratsuchenden nicht bewusst, dass es in der Seelsorgepraxis hauptsächlich um Prozesse der geistigen Bewusstmachung geht und nicht um religiöse Überzeugungsarbeit oder die Klärung normativer Fragen zu Geboten und Verboten. Der seelsorgliche Begleitweg verfolgt im Grunde das Ziel, die Ratsuchenden zur Entdeckung ihrer persönlichen Glaubenshaltung, zur Reflexion der inneren Haltung im Glauben und im Endeffekt zur bewussten Lebensbewältigung mithilfe ihrer Glaubenskategorien zu ermutigen.

Etwas genauer formuliert: Ein Arbeitsbündnis in der Seelsorge zielt – so die Position des Autors – auf die Bewusstmachung der Ambivalenz von Religiosität ab. „O Mensch! Wir haben den Koran nicht auf dich hinabgesandt, um dich unglücklich zu machen, um dich zu quälen" (vgl. K 20:1-2). Sich diese potenzielle Gefahr des Unglücklich-Seins und einer gequälten Haltung im Glauben[4] ins Bewusstsein zu rufen, ist der erste Schritt in Richtung einer reflektierten Religiosität. Die Seelsorge kann Ratsuchenden helfen, Mut zu fassen, die guten Seiten und auch die (häufig unbewussten) Schattenseiten der Religion[5] in einer Atmo-

---

4 Häufig kommt in Gesprächen das Thema der Willensfreiheit im Zusammenhang mit dem Willen Gottes vor. Während die islamische Glaubenslehre dem Menschen die Willensfreiheit als Wesensmerkmal seiner Natur zuschreibt, werden z. B. in traditionellen (Groß)Familienstrukturen oder geschlossenen Gemeinschaften und Gruppen (Sekten) deterministische Ansichten vermittelt. Das Eltern-Kind-Verhältnis ist ein sehr brisantes Thema. Junge Menschen, die selbstbestimmt leben wollen, kämpfen sehr stark gegen solche unbewusst wirkende Denkstrukturen, die manchmal sogar dazu führen können, dass sie sich gegen den eigenen Willen entscheiden, weil der Elternwille (fälschlicherweise) mit dem Willen Gottes so gekoppelt wird, dass man sich dagegen nicht wehren *darf*.

5 Beispielhaft sei auf Phänomene der religiös motivierten Gewaltanwendung, der Ideolo-

sphäre des Vertrauens zu thematisieren. Die starke Politisierung der Religion, feindselige Einstellungen gegenüber dem Fremden und dem Andersgläubigen, frauenfeindliche Vorstellungen und gewaltverherrlichende Assoziationen mit dem Schöpfergott sind nur ein paar Beispiele für das ‚Unbewusste', das inzwischen aufgrund von kontinuierlichen Krisen in vielen islamisch geprägten Ländern das Handeln „im Namen der Religion" latent bestimmt.

Die geistige Bewusstmachungsstrategie greift konzeptionell auf die sinnstiftende und sinnschaffende Funktion des Glaubens[6] zurück. Wenn man in der Seelsorge den Fokus auf diese Funktion des Glaubens setzt und den Ratsuchenden in der Seelsorgepraxis dabei unterstützt, Abstand zu dem gesamten normativen „Katalog" der religiösen Praxis[7] und zu den sonst unbewusst wirkenden Denk- und Verhaltensmustern im Namen von Tradition und Religion[8] zu nehmen, hätte man eine Chance, das Wesen der Religiosität – im islamischen Sinne – anders wahrzunehmen. Dies versteht sich nämlich im Wesentlichen zum einen im Sinne des kontinuierlichen Gedenkens Gottes zum Herbeirufen des Lichts in die bedrohliche Finsternis des Innenlebens (*ḏikr*) und zum anderen im Sinne der Reflexion aller Grundlagen des Lebens (*fikr*). Beide reflexiven Prozesse zählen zu den Kernaufgaben muslimischer Religiosität. Die Lehre der muslimischen Seelsorge hat sich traditionell u. a. den Dynamiken vom Äußeren und Inneren, von Tiefe und Kraft, von Bewusstheit (*waʿy*) und Nachahmung (*taqlīd*) sowie von geistiger Wachsamkeit (*yaqaẓa*) und Nachlässigkeit (*ġafla*) gewidmet. Die Selbsterkenntnis – so al-Ghazālī – steht im Mittelpunkt. Denn: „Es wird [...] gesagt, daß [sic] in den offenbarten Büchern Gottes zu lesen sei: ‚O Mensch! Erkenne dich selbst, so erkennst du deinen Gott.' Der Gesandte Gottes (Muhammad) sagt: ‚Wer sich selbst am besten kennt, kennt seinen Gott am besten.'" (Al-Ghazālī 2006, 98).

---

gisierung oder der Verfolgung von Andersgläubigen hingewiesen. Die Studien zum Phänomen der „Pathologischen Religiosität" geben weiteren Aufschluss darüber, was hier mit Schattenseiten der Religion gemeint ist (siehe Utsch 2012).

6 Ich denke an dieser Stelle über den Rahmen der Offenbarungsreligionen hinaus und schließe mich der Franklschen Vorstellung von Gläubigkeit als einen umfassenden Sinnglauben an (vgl. Frankl 2023, 60–65).

7 Die Sinnhaftigkeit der regelmäßigen Gottesdienste sowie der sinnstiftenden Riten und Normen wird nicht in Frage gestellt. Allerdings muss v. a. in Krisensituationen die Frage nach Sinn und Zweck von solchen Normen und Riten ohne Angst vor Sanktionen reflektiert werden können.

8 Als Beispiel kann hier das weitverbreitete Denkmuster des „Leidens als Ausdruck tiefer Religiosität" genannt werden. Unbewusst wird nach dem Muster gehandelt: Je mehr man leidet, desto frommer sei man.

3. Betrachte das Selbst!
Ein theologisch-anthropologischer Zugang

Das Ziel des theologisch-anthropologischen Zugangs ist es, Ratsuchenden aus dem engen Rahmen „unbewusster" Einstellungen, die das Seelenleben betrüben, zu befreien.[9] Es wird aus dem Koran abgeleitet, dass eine reflexive und achtsame Haltung zum inneren Frieden mit sich selbst, dem Schöpfer und der Schöpfung sowie mit den Mitmenschen die Definition von Glück im Dies- und Jenseits darstellt.

Im Gegensatz zu der weit verbreiteten und unbewusst wirkenden Vorstellung von einem Gesetzesbuch enthält der Koran sehr wenige Gesetze (unter 3 % des gesamten Textvolumens von 114 Kapiteln und 6236 Versen). Vielmehr stellt er einen sinndeutenden Rahmen menschlicher Existenz als Geschöpfe Gottes dar und bietet damit u. a. eine sinnstiftende Orientierungs- und Reflexionshilfe. Insbesondere in Krisen- und Grenzsituationen wird das Bedürfnis an einer solchen Hilfe brisant. Eine Krise wird in der islamischen Glaubenslehre als eine Art „innerer Hürde" (ʿaqaba)[10] betrachtet, die im Sinne einer bewussten Selbstentwicklung genommen werden soll. Die theologische Semantik verwendet hierfür den Ausdruck „Prüfung" (ʾibtilāʾ) (vgl. K 67:1). Sinn und Zweck einer solchen Prüfung (und nicht eines solchen Quälens) ist es, eine lebendige Innerlichkeit, Reflexion und Sinnstiftung zu ermöglichen. Drangsal, Willkür, Strafe und Unterdrückung des Menschen durch Gott sind hier ausgeschlossen.

Deshalb lädt der Koran ein, u. a. das Seelenleben auch zum Gegenstand der spirituellen Reflexion über die Zeichen Gottes zu machen: Die Erde ist voller Zeichen Gottes für die Denkenden, sowie auch in euch selbst. Sieht ihr das nicht? (vgl. K 51:21). Ferner fordert er auf, die Struktur des menschlichen Selbst (nafs) zu reflektieren:

> Betrachte das menschliche Selbst! [Betrachte] ihre ausgewogene Gestaltung! [Betrachte,] wie es erfüllt ist von moralischen Schwächen wie auch Bewusstsein von Gott! Einen glücklichen Zustand wird fürwahr erlangen, wer dieses (Selbst) an Reinheit wachsen läßt [sic], und wahrhaft verloren ist, wer es (in Finsternis) vergräbt. (K 91:7–10).

Die Aufforderung „Betrachte!" macht auf die Besonderheit des Betrachtungsgegenstands aufmerksam. Die Betrachtung des Selbst als Anspielung auf das außerordentlich komplexe Phänomen des Lebewesens mit entsprechenden körperlichen Bedürfnissen, Trieben, Gefühlen und intellektuellen Aktivitäten wird – so die Logik der koranischen Erzählung – zum Gegenstand des Glaubens gemacht.

---

9   Bildlich spricht der Koran von einer spürbaren „Enge in der Brust", die die Kraft des klaren Verstandes betrübt (vgl. K 6:125; 10:100).
10 Der Koran spricht vom „Nehmen einer Hürde" (vgl. K 90:11).

Insbesondere soll die „ausgewogene Gestaltung des Selbst" aus der Hand des Schöpfers betrachtet werden, der es – laut Asad – mit innerem Zusammenhang und Eigenschaften versehen hat, die mit den zu erfüllenden Aufgaben übereinstimmen, und es somit a priori den Erfordernissen seiner Existenz anpasst (Asad 2009, 1156 u. 1165).

Aus der Sicht der islamischen Anthropologie bringen Kinder eine vom Schöpfergott eingegebene „natürliche Veranlagung für Sinnfragen" (*fitra*) mit. Der Begriff „*fitra*" ist einer der zentralen koranischen Begriffe, der in den meisten deutschsprachigen Übersetzungen und Verwendungen mit „religiöse Natur des Menschen", „religiöser Natürlichkeit", „natürlicher Disposition" oder „religiöser Ausrichtung des Menschen" übertragen wird. Der theologische Begriff „*fitra*" gibt etymologisch u. a. Aufschluss darüber, dass Kinder über eine intuitive, angeborene Fähigkeit verfügen, zwischen Recht und Unrecht, Wahr und Falsch zu unterscheiden und damit Gottes Existenz und Einheit zu spüren (vgl. Asad 2009, 776). Diese Fähigkeit lässt sich – islamisch betrachtet – auf die Geschöpflichkeit des Menschen zurückführen. Dies besagt, dass der Mensch grundsätzlich auf den Schöpfergott ausgerichtet ist. Der Mensch, v. a. als Kind, trägt diese Ausrichtung als eine Veranlagung in sich, bedarf jedoch der ständigen Erinnerung an seine Natur bzw. an seinen ihm nicht mehr bewussten geistgeschöpflichen Ursprung zur Ausrichtung auf Gott als seinen Schöpfer (vgl. Braun 2008, 159).

Der Mensch ist nach islamischer Sicht sowohl mit einem inneren Drang zum Guten als auch zum Üblen ausgestattet. Er ist von Natur aus weder gut noch böse, sondern er verfügt über eine – im Zustand der ursprünglichen Weltbegegnung – ausgewogene innere Struktur der Offenheit und stetigen Verbesserung. Diese Bestrebungen werden in dem oben zitierten Vers – aus islamisch-theologischer Sicht als Fitra-Prinzip betrachtet – einerseits mit „Schwächen" (der Hang zum Übel) und andererseits mit dem „Bewusstsein von bzw. für Gott" (der Hang zum Guten) beschrieben.[11] Im Vergleich zu allen anderen Geschöpfen Gottes, die keinen eigenen Willen und keinen Ermessensspielraum haben, steht der Mensch im Rang über ihnen, weil er sowohl über einen freien Willen als auch über die Möglichkeit des Abwägens verfügt. Als Fazit kann konstatiert werden: Alles Unbewusste, das gegen das „Fitra-Prinzip" agiert, gilt es zu entdecken und aufzuarbeiten.

Zur Vollständigkeit dieser Ausstattung gehört nach koranischer Erzählung der Hinweis auf die „Feinde des Menschen auf seiner Lebensreise" unbedingt dazu. Eine interessante Figur bekommt der Mensch nach dieser Erzählung als „unangenehmen" Wegbegleiter auf den Lebensweg mit. Das ist die Figur des

---

11 Am Beispiel des Gerechtigkeitsgebotes sensibilisiert der Koran die Gläubigen für die unbewusste Wirkung von Hass und Feindseligkeit bzw. von manipulativen Strukturen durch Familie, Verwandtschaft und sonstige Arten von Verbundenheit und verpflichtet sie, sich um der Gerechtigkeit willen von (unbewussten) Einflussfaktoren zu befreien (vgl. K 4:135; 5:8).

Bösen, genannt Satan (*asch-schaytan*). Aus diesen exemplarischen – theologisch betrachteten – Belegstellen geht für das muslimische Menschenbild u. a. eine im Grunde unauflösbare, unzertrennliche Bindung der Geschöpfe (inklusive des Menschen) an den Schöpfer hervor. Aus dieser (Rück)Bindung an den Schöpfer wird das religiöse Bewusstsein bei einem gottergebenen Mensch (gen. Muslim [männlich], Muslima [weiblich]) gespeist. Der Sinn seiner Existenz besteht für den schwachen Satan (vgl. K 4:76) darin, die Rückbindung bzw. das Bindungsverhältnis von Mensch und Gott zu stören bzw. vollständig zu verhindern. Im Alltag muslimischer Religiosität trifft man entgegen dem koranischen Bild auf erstaunlich manipulative satanische Mächte, Strategien und Verführungskünste, die inzwischen ein phantasievolles Ausmaß im kollektiven Bewusstsein angenommen haben, dem (unbewusst) jede Menge verschwörungstheoretischer Gedankenkonstruktionen und Zerstörungsphantasien zugeschrieben werden.

Der Mensch wird als Krone der Schöpfung u. a. mit der Vernunft, den Fähigkeiten zum Wissens- und Spracherwerb, der Beziehungsfähigkeit, der Freiheit und mit einer Rechtleitung bzw. dem Licht Gottes ausgestattet. In der 76. Sure mit dem Titel „Der Mensch" wird die Haltung des Menschen gegenüber diesen Gaben antizipiert: Manche werden dankbar und andere undankbar werden (vgl. K 76:1-4).

4. Erkenne das Selbst Strukturen und Instanzen

Auf die Frage der Urgemeinde an den Propheten des Islams danach, ob das rituelle Gebet seinen Sinn erfülle und von Gott angenommen werde, wenn man es nur „routinemäßig" verrichte und sich der Tiefe seiner Sinnhaftigkeit nicht bewusst sei, antwortete er mit den Worten: Es zählt von dem Gebet das, was man bewusst (im Sinne von klarem Verständnis und voller geistiger Präsenz und Konzentration) erlebt. In einem anschaulichen Sprachbild wird der spirituelle Ertrag des Gebetes ins Verhältnis mit den bewusst gestalteten Schritten des rituellen Gebetes (demütige Haltung, Sinn, Ritus, Rezitation, Bittgebet etc.) gesetzt. Bei manchen bildet der bewusste Ertrag nur ein Fünftel, ein Zehntel, eine Hälfte oder mehr. Für diesen bewussten Zustand kommt in der prophetischen Antwort das Verb „ʿaqal"[12] vor, das etymologisch ein aktives, willentliches Binden der zerstreuten mentalen Kräfte an den wachsamen Geist darstellt.

Die Betrachtung dieser Sorge der Betenden vor dem Hintergrund des Unbewussten in der religiösen Praxis erinnert an die o. g. Ambivalenz des Religiösen.

---

12 Die Aussage lautet: „Der Mensch hat von seinem Gebet so viel, wie er bewusst verrichtet" (*laysa lilʿbdi min ṣalātihi illa ma ʿqila minha*).

Denn die Sorge um die geistige Präsenz vor dem Schöpfer im Gebet bzw. um die bewusste Verrichtung des Gebetes geht nicht selten mit der Besorgnis um das Selbstwertgefühl im Zusammenhang mit der Gotteserfahrung einher. Die Reflexionen des Theologen und Mystikers al-Ghazālī (gest. 1111) über das Gebet zeigen, dass die Spirale des Selbstzweifels beginnt, wenn diese (unbewusste) Sorge so an Macht gewinnt, dass sie den Menschen vom Gebet abhält. Der Selbstzweifel beginnt, wenn der Betende den Gedanken zulässt, dass er für die Begegnung mit Gott nicht gut genug sei.

Al-Ghazālīs Rat aus dem Teufelskreis der lähmenden Kräfte erfolgt nach dem „Prinzip Handeln" (al-ʿmal). Damit entgegnet der Mensch der lähmenden Kraft der (unbewussten) Nachlässigkeit (ġafla) in seinem Streben nach Glück. Gegen eine solche diffuse Haltung der Nachlässigkeit (auch im Sinne von Ungewissheit, Unentschlossenheit, Selbstunkenntnis etc.) hilft die Beschäftigung mit den Grundlagen von Wissen und Handeln. Er schreibt: Denn zu „der Kenntnis dessen, wonach du strebst, kannst du nur gelangen, wenn du zuerst deine Seele, ihre Kräfte und ihre spezifischen Merkmale erkennst." (Al-Ghazālī 2006, 97)

Dem Rat al-Ghazālīs zufolge lässt sich für die Seelsorge ein konstruktiver Beitrag zur Selbsthilfe formulieren. Dieser besteht darin, im Seelsorgegespräch über die Seelendynamik aufzuklären und dabei den Prozess der kritischen Selbsterkenntnis zu fördern. Die Debatte um die Bestimmung psychischer Strukturen und Instanzen weist in der islamischen Tradition einen enormen Reichtum an Ideen und Deutungsoptionen auf.[13] Diese aufzuarbeiten, ist in diesem Beitrag nicht zu leisten. Im Folgenden[14] werden aus Platzmangel nur ein paar elementare Strukturen des Selbst präsentiert, um Einblicke in die Seelendynamik der islamischen Tradition zu gewähren.

Die folgende Vier-Elemente-Struktur der Psyche findet bei aller Vielfalt der Konzepte und Ansätze von Gelehrten einen breiten Konsens, weil sie dem Koran als Hauptreferenz entnommen wurde:

1. *Ar-Rūḥ* (Seele, Geist): Das Wesen der Seele (*rūḥ*) als der Hauch Gottes im aus Erde erschaffenen Menschen (vgl. K 15:29) ist für den Menschen nicht zugänglich. Nüchtern teilt der Koran mit, dass das menschliche Erkenntnisvermögen dafür nicht ausreicht (vgl. K 17:85). Vor dem Hintergrund kann die Seele (*ar-rūḥ*) – so meine Position – als spirituelle Instanz bezeichnet werden, auf die eine Empfänglichkeit für das Göttliche einwirkt. Sie stiftet die Lebendigkeit von Geist und Leib und stellt ein Gefühl bzw. einen Zustand der Kohärenz her. Die geistige Instanz stiftet das Ich-Bewusstsein und fungiert – schöpfungstheologisch betrachtet – als Bindungselement an den Ursprung (den Schöpfer).

---

13 Siehe exempl. Elleisy 2013; Rüschoff/Kaplick 2018.
14 U. a. in Anlehnung an Abu-Raiya 2018; al-Daghistani 2017; al-Ghazālī 2006; Badawia/Erdem 2022; Kellner 2021; Schimmel 1992.

2. *Al-ʿaql* (der Intellekt) ist ein Oberbegriff für alle kognitiven, rationalen Prozesse in Bezug auf Denken, Urteilen und Handeln. Alle intellektuellen Fähigkeiten des Verstehens und Erklärens und der Wissensverarbeitung werden ihm zugeordnet. Al-Ghazālī fügt ihm noch die Funktion zu, die Psyche (*an-nafs*) zu einem höheren Status zu führen. Für ihn sind „die Anforderungen der Vernunft höher und erhabener (sind) als diese Kräfte [der Triebseele, TB]. Denn die Vernunft ist der oberste Herr, dem gedient werden muss. Sein Wesir, der ihm von allen Kräften am nächsten steht, ist die praktisch Vernunft, die ihm dient, die wir gemäß den Vorschriften der (theoretischen) Vernunft Handlungsvermögen genannt haben." (Al-Ghazālī 2006, 104f.) *Al-ʿaql* als rationale Instanz ist die einzige bewusste Struktur in der psychischen Struktur des Menschen.
3. *An-Nafs* (die Psyche): Die Bezeichnung geht auf das Wort *nafs* (Ego) zurück, das mit dem physiologisch lebensrelevanten Akt des Atmens (*nafas*) als der Lebenskraft zusammenhängt. An-Nafs ist die psychologische Einheit, die in Form von Attributen, Eigenschaften, Bedürfnissen, positiven sowie negativen Zuständen wahrgenommen wird. In dieser psychischen Instanz werden die Spannungen (bzw. die Konflikte) aus den Erfahrungen von Kontinuität und Diskontinuität bzw. von stetigen und unstetigen Verläufen des Lebens – wie es Bollnow (1966) formuliert hat – lokalisiert. Diese Verläufe des Lebens werden im Koran mit drei Typologien der Psyche (*nafs*) in Zusammenhang gebracht. In der Literatur werden diese als Stufen oder Zustände[15] bezeichnet (vgl. Kellner 2021, 131):
    a. Die das Schlechte gebietende Seele (*al-nafs al-ammāra bi-s-sūʾ*): Dieser Begriff beschreibt einen psychischen Zustand, der von dominanten Impulsen gekennzeichnet ist, welche im koranischen Sinn als „negativ", „böse" bzw. „destruktiv" beschrieben werden (vgl. K 12:53).
    b. Die (sich selbst tadelnde) Seele (*al-nafs al-lawwāma*): Mit diesem Begriff wird der Zustand eines Menschen beschrieben, der motiviert ist, den Weg der moralischen Läuterung zu beschreiten und die Fehler infolge seiner Neigungen zu korrigieren (vgl. K 75:2).
    c. Die Seele, die Ruhe und Frieden gefunden hat (*al-nafs al-muṭmaʾinna*). Im Koran wird damit ein seelischer Zustand beschrieben, in dem der Mensch im spirituellen Frieden und in innerer Ruhe lebt (vgl. K 89:27). Schließlich, wenn die Seele eine höhere Stufe (der Vollkommenheit) erreicht hat, kann die *an-nafs al-muṭmaʾinna* erreicht werden (K 89:27), den Frieden erlangen, und, wie der Koran verspricht, wird sie in

---

15 Aufgrund ihrer tiefenpsychologischen Wechselwirkung erkenne ich bei der näheren Betrachtung dieser Zustände eine gewisse Nähe zum Archetypen-Konzept von Carl G. Jung (1875–1961). Inwiefern diese Typologie der Nafs-Zustände unbewusste Wirkfaktoren auf das eigene Verhalten beinhalten, ist eine interessante und noch offene Fragestellung in der islamischen Seelenkunde.

diesem Zustand des inneren Friedens zu ihrem Schöpfer zurückgerufen bzw. zurückgeholt (vgl. Schimmel 1992, 166–169).

4. *Al-Qalb* (das Herz) kann als zentrale Instanz durch zwei wesentliche Funktionen ausgezeichnet werden: Das Herz fungiert zum einen als die Integrationsfigur aller bisher geschilderten Prozesse. Es verbindet sämtliche Impulse und schafft ein sinnhaftes, zusammenhängendes Ganzes. Das semantische Feld des Herzensbegriffes ist umfangreich und bringt etymologisch den Kerngedanken von einem aktiven Seelenleben im Sinne einer dauerhaften Dynamik von Kontinuität und Diskontinuität zum Ausdruck.[16] Dieser ständige Wechsel der Zustände ergibt sich aus den unstetigen Formen des Lebens, denen der Mensch zwangsläufig ausgesetzt ist. Demzufolge gilt es zum anderen im metaphorischen Sinne als Referenzort der ethischen Urteilsfähigkeit des Menschen.

Die gängige Rezeption dieser psychischen Struktur – wie es mir bisher bekannt ist – betrachtet die skizzierten psychischen Elemente als Entwicklungsmodell. Das heißt, es wird davon ausgegangen, dass die „Schlechtes gebietende Triebseele" einen „unreifen" Zustand aufweist, der hauptsächlich mit negativen Attributen[17] besetzt wird. Das teleologische Ziel wäre das Erreichen des seelischen Friedens, der sich in der Selbststruktur eines „in sich friedlich ruhenden Selbst" (*an-nafs al-muṭmaʾinna*) niederschlägt.

Vor dem Hintergrund der Suche nach dem Unbewussten in der religiösen Praxis bevorzuge ich an dieser Stelle die Lesart, dass es sich bei diesen verschiedenen Beschreibungen des Selbst um Ressourcen und Potenziale des Selbst (Neigung, Kritik, Vertrauen, Frieden) handelt, die ständig situationsbedingt und themenbezogen neu im Sinne der Herstellung von Kohärenz ausgehandelt werden sollen. Solche anstrengenden Aushandlungen schaffen das nötige Selbstbewusstsein, wie im folgenden Abschnitt thematisiert wird.

5. Kultiviere das Selbst! Die Anstrengung um das bewusste Selbst

Die islamische Seelenkunde geht wie die allgemeine Bildungstheorie auch von der Erziehungs- und Bildungsbedürftigkeit des Menschen aus. Der lebenslange

---

16 „Qalb" deutet auf einen Zustand des dauerhaften Wechsels hin (vgl. Ibn Manẓūr, q-l-b, Online-Version, abrufbar unter: www.lesanarab.com [letzter Zugriff am 30.06.2024].

17 Als Figur für alle verbotenen Leidenschaften und Verführungen durch den Satan, die noch unter dem gängigen Ausdruck „ʿayb" archetypisch im Sinne von „sozial abscheulich" kollektiv unbewusst kodiert werden. In vielen sozialen Strukturen hat diese Kategorie von „ʿayb" (das macht man nicht) noch stärkere Sanktionskraft als religiöse Gebote.

Weg zu einer Befähigung eines Menschen zum rechtschaffenen Handeln wird in der Seelsorge als innerer Kampf bzw. als innere Anstrengung (*muğāhada*)[18] bezeichnet. Der Sufismus-Forscher Al-Daghistani (2017) konkretisiert im Anschluss an diverse Vertreter der Mystik einige Schwerpunkte dieser inneren Anstrengung wie folgt: „Der innere Kampf gegen eigene Triebe, die Überwindung der Begierden, Reinigung des Herzens, Prüfung des Gewissens, ständige Achtsamkeit und Kontemplation über die metaphysischen Wahrheiten führen schließlich zu den grundlegenden Selbst- und Gotteserkenntnissen, aufgrund derer die spirituelle Selbstvervollkommnung und der Zustand der Seligkeit möglich sind." (Al-Daghistani 2017, 37). Exemplarisch wird dieses Prinzip der Selbstkultivierung (bekannt auch als Selbstläuterung) im Zusammenhang mit der anstrengenden Pilgerfahrt nach Mekka genannt, die man als Muslim und Muslima pflichtgemäß nur einmal im Leben machen sollte (vgl. K 22:78). Dieser Vers aus der 22. Sure mit dem Titel „Die Pilgerfahrt" sowie mehrere andere Stellen (z. B. K 15:78; 29:6, 69; 79:41–43) haben Diskussionen über die Natur solcher „Gegenkräfte im Seelenleben" ausgelöst und darüber, ob diese für das bewusste Ich zugänglich sind: Wozu bedarf es des inneren Kampfes bzw. der harten Anstrengung?

Nach der Logik der islamischen Bildungslehre ist eine solche Selbstanstrengung im Rahmen der Lebensbewältigung erforderlich, weil sie – so die Islamwissenschaftlerin Annemarie Schimmel – dazu dient, die „Empfänglichkeit für das Übernatürliche" als Weg zur wahrhaften Erkenntnis und ganzheitlichen Gotteserfahrung zu ermöglichen (vgl. Schimmel 2018, 115–117). Die anstrengende Selbstkultivierung richtet sich nach dem Theologen und Mystiker al-Muḥāsibī gegen eine latent wirkende psychische Gegenkraft der Begierde und Neigungen. Denn dies ist das größte Hindernis auf dem Weg der Selbstkultivierung. Er begründet seine Ansicht mit der Prophetenaussage: Keiner erlangt den vollkommenen Glauben, bis er es schafft, seine latenten Neigungen (*hawā-hu*) daran auszurichten, womit ich gekommen bin.[19]

In seinem Werk „Die Kultivierung des Selbst" (*Ādāb an-nufūs*) kritisiert al-Muḥāsibī Zustände des augenscheinlich religiösen Lebens, die er als amoralische Zustände der muslimischen Gesellschaft bezeichnete. Er führt seine Beobachtungen (von Betrügereien, Lügen, Missachtung von Armen und Schwachen, Tyrannei etc.) auf eine „krankhafte Entkopplung" des Äußeren (*ẓāhir*) und des Inneren (*bāṭin*) zurück. Eine solche krisenhafte Entkoppelung wird in seiner metaphorischen Sprache etwa so beschrieben: Diese entkoppelte Haltung ist auf

---

18 Es sei an dieser Stelle darauf hingewiesen, dass das inzwischen ideologisch und politisch missbrauchte Konzept des „Dschihad" seinen Ursprung in dieser Debatte um die Selbstdisziplinierung und Selbstüberwindung hatte. Vor allem in der Gefängnisseelsorge ist das ein wichtiges Thema, die Deutungsmuster im kollektiven Unbewussten um das politisierte Konzept aufzuarbeiten bzw. radikalisierte junge Menschen in ihrem inneren Kampf gegen solche unbewusst wirkenden Radikalisierungsmechanismen zu unterstützen.
19 Vgl. Ibn Rağab 2003, Hadith Nr. 41.

Dauer schmerzhaft, weil sie die Kette der kognitiven und emotionalen Perlen des Innenlebens zerreißt. Diese Perlenkette um das Herz des Aufrichtigen schenkt ihm den nötigen inneren Halt und die innere Schönheit (vgl. al-Muḥāsibī 1991, 19). Menschen verlieren nach ihm ihre innere Schönheit, wenn sie das Äußere zum Maßstab ihres Handelns setzen. Dabei würden sie den Bezug zum Inneren verlieren. Die Krise gibt ihmzufolge Anlass, das Äußere an das Innere zu binden. Gelingt diese Bindung, wird der Mensch „innerlich schön" und sein Handeln sozial wirksam (ṣāliḥ). Wenn aber das Äußere dauerhaft im Widerspruch zum Inneren stünde, wird man beides verlieren. Das Äußere verhärtet, und das Innere verdirbt und wird zur „inneren" Gottheit konstruiert (vgl. al-Muḥāsibī 1991, 29–31). Für die (unbewusste) Konstruktion einer solchen inneren Gottheit, die den Menschen dann voll im Griff hat und ihm seiner Willens- und Handlungsfreiheiten beraubt, verwendet al-Muḥāsibī den koranischen Begriff „al-hawā" (vgl. K 25:43; 45:23).

Al-Hawā umschreibt in verschiedenen Koranstellen die Vorlieben, Wünsche, Triebe, Begierden und all jene Kräfte in der Seelendynamik, die zwar das menschliche Handeln stark beeinflussen, aber dem bewussten Ich nicht unmittelbar zugänglich sind. Ob die Bestimmungskraft solcher Kräfte im Prozess der Lebens- bzw. Alltagsbewältigung in Vergessenheit gerät und – tiefenpsychologisch formuliert – verdrängt wird, bleibt bei al-Muḥāsibī offen. Das Konstrukt gewinnt im Laufe der psychosozialen Entwicklung des Individuums zunehmend an Prägungskraft. Diese Prägungskraft hat etwas Anziehendes, Verführerisches oder Entmutigendes. Sie ist also überwiegend negativer Natur. *Al-Hawā* verkörpert nicht nur das egoistische Verlangen nach Lustbefriedigung bzw. nach individueller Lustmaximierung. Es wird als eine Art Selbstentfremdung des Individuums in dem Sinne verwendet, dass der Mensch – theologisch gedeutet – dem ihm vorgesehenen höheren Status als Stellvertreter Gottes nicht gerecht werden kann, wenn er – bildlich gesprochen – in der dunklen Kammer solcher fesselnden Anziehungskräfte gefangen bleibt. Daher wird in der Seelsorge-Literatur auf die etymologische Bedeutung des Wortes Bezug genommen. Demnach deutet die Wortwurzel (h-w-y) auf den Akt des Fallens ins Bodenlose hin.[20] Die Metapher des Fallens oder des Gefangen-Seins kann nach al-Muḥāsibīs Grundverständnis aus heutiger Sicht mit Kontrollverlust oder Verlust von Selbststeuerungsmechanismen assoziiert werden.

---

20 Vgl. Ibn Manẓūr, h-w-y, Online unter: www.lesanarab.com [letzter Zugriff am 30.06.2024].

6. Fazit

In Anlehnung an eine lange Tradition der muslimischen Seelsorge wurde einleitend eine Position innerhalb der Tradition vertreten, dass die islamische Bildungslehre im Kern darauf abzielt, den Menschen durch die Förderung seiner (selbst)reflexiven Ressourcen und Fähigkeiten aus der Macht von Fremdbestimmungen, Begierden und Neigungen zu befreien. Die Seelsorge begegnet dem Menschen in einer besonderen Lebenslage, in der Krise. Dies stellt ein Momentum im menschlichen Leben dar, in dem der Mensch seine Handlungsfähigkeit für einen Augenblick verliert und auf Hilfe zur Lösung von Denk- und Handlungsblockaden angewiesen ist. Die Seelsorge unterstützt den Ratsuchende dabei, sich wieder seiner Ressourcen und Potenziale bewusst zu werden, um selbstbestimmt sein Leben zu führen. Der grob skizzierte Begleitprozess als Hilfe zur Kultivierung des Selbst zielt darauf ab, das Bewusstsein zu stärken und im Umkehrschluss den Menschen zur Emanzipation seines Selbst aus unbewussten Verstrickungen zu ermutigen.

Literatur

Abu-Raiya, Hischam: Auf dem Weg zu einer systematischen qur'anischen Theorie der Persönlichkeit, in: Rüschoff, Ibrahim / Kaplick, Paul M. 2018, 182–206.
Al-Buḫārī, Muhammad ibn Ismāʿīl: al-ʿAdab al mufrad [Nobles Benehmen – gesondert angeführt]. Hg. von Kamāl Yūsif ḥūt, Beirut 1985.
Al-Daghistani, Raid: Epistemologie des Herzens: Erkenntnisaspekte der islamischen Mystik, Köln 2017.
Al-Ghazālī, Abū Ḥāmid M.: Das Kriterium des Handelns: Mīzān al-ʿamal. Aus dem Arab. übers., mit einer Einl., mit Anm. und Indices hg. von ʿAbd-Elṣamad ʿAbd-Elḥamīd Elschazlī, Darmstadt 2006.
Al-Muḥāsibī, Ḥāriṯ b. Asad, al-: Ādāb an-nufūs [Kultivierung des Selbst], Damaskus 1991.
Al-Nawawī, Yaḥyā Ibn Sharaf: Das Buch der vierzig Hadithe [Kitāb al-arbaʿīn]. Mit dem Kommentar von Ibn Daqīq al-ʿĪd. Aus dem Arab. übers. und hg. von Marco Schöller, Frankfurt a. M. 2007.
Asad, Mohammad: Die Botschaft des Koran, Düsseldorf 2009.
Badawia, Tarek / Erdem, Gülbahar (Hg.): Muslimische Seelsorge im interdisziplinären Diskurs: Psychologie und Seelsorge in Begegnung, Stuttgart 2022.
Badawia, Tarek / Erdem, Gülbahar / Abdallah, Mahmoud (Hg.): Grundlagen muslimischer Seelsorge. Die muslimische Seele „verstehen" und „begreifen", Wiesbaden 2020.
Bollnow, Otto Friedrich: Krise und neuer Anfang. Beiträge zur pädagogischen Anthropologie, Heidelberg 1966.
Braun, Rüdiger: Fitra und Fides – Glaubensvergewisserung und Alteritätsdenken im muslimischen Dialog mit dem Christentum, Erlangen 2008.
Elleisy, Magdy: Die Seele im Islam: Zwischen Theologie und Philosophie, Hamburg 2013.
Frankl, Viktor E.: Der unbewußte Gott. Psychotherapie und Religion, München [19]2023.

Gödde, Günter: Unbewusst, das Unbewusste (II), in: Mertens, Wolfgang (Hg.): Handbuch psychoanalytischer Grundbegriffe, Stuttgart 2022, 1034–1048.

Ibn Manẓūr, Ǧamāl ad-Dīn: Lisān al-ʿarab [Wörterbuch der arabischen Sprache]. Beirut, Online-Version unter: www.lesanarab.com.

Ibn Raǧab, al-Ḥanbalī: Ǧamiʿ al ʿulūm wa al-ḥikam [Die Sammlung von Wissen und Weisheit], Kairo 2003.

Kellner, Martin: Psychische Entitäten bei Koranexegeten, in: Rüschoff, Ibrahim / Kaplick, Paul M. (Hg.): Islamintegrierte Psychotherapie und Beratung. Professionelle Zugänge zur Arbeit mit Menschen muslimischen Glaubens, Gießen 2021, 127–140.

Online-Enzyklopädie der Hadīṯe: https://www.dorar.net.

Rüschoff, Ibrahim / Kaplick, Paul M. (Hg.): Islam und Psychologie. Beiträge zu aktuellen Konzepten in Theorie und Praxis, Münster 2018.

Schimmel, Annemarie: Sufismus: eine Einführung in die islamische Mystik, München 2018.

Solms, Mark: Unbewusst, das Unbewusste (I), in: Mertens, Wolfgang (Hg.): Handbuch psychoanalytischer Grundbegriffe, Stuttgart 2022, 1026–1034.

Utsch, Michael (Hg.): Pathologische Religiosität. Genese, Beispiele, Behandlungsansätze, Stuttgart 2012.

Winkler, Klaus: Seelsorge, Berlin 2000.

Das Konzept des Unbewussten im Gespräch mit buddhistischen Denk- und Sprachmustern

Daniel Rumel

Beginnt man damit, das westliche Konzept des Unbewussten mit der spirituellen Praxis des Buddhismus ins Gespräch zu bringen, lässt man sich automatisch auf eine vielschichtige Übersetzungsaufgabe ein. Zunächst müsste man schauen, ob es eine adäquate Übersetzung des Begriffs des Unbewussten in buddhistischen Kontexten überhaupt gibt. Ein anderer Weg könnte sein, nach analogen Fragerichtungen Ausschau zu halten, wie jene, die das Konzept des Unbewussten im westlichen Denken ausgeprägt haben. Sicherlich gäbe es weitere Winkel, aus denen heraus man sich dem Thema annähern könnte.

Das Ziel dieses Beitrags besteht darin, ein ansatzweise adäquates Verständnis einiger Grundzüge buddhistischen Denkens auf eine Weise aufzuführen, welche die praktischen Vollzüge buddhistischer Spiritualität so verständlich machen, dass eine vergleichende Übersetzung zu dem Grundkonzept des Unbewussten, wie es in westlichen Formen der Psychoanalyse geläufig ist, ermöglicht wird. Die Grundhaltung dabei ist eine lernoffene. Es wäre nämlich zunächst nicht zu erwarten, dass sich das Konzept des Unbewussten, wie es in psychoanalytischen Bezügen formuliert wird, überhaupt in einer buddhistischen Praxis abbilden lässt. Eher soll es darum gehen, eine offene Darstellung buddhistischer Grundbezüge so zu formulieren, dass sie auf eine produktive Weise mit dem Grundkonzept der Existenz eines Unbewussten in Bezug gebracht werden können. Hierbei soll vor allem die Frage leitend sein, ob die Idee des Unbewussten etwas von der Begegnung mit einer buddhistischen Praxis lernen kann. Wäre dies der Fall, kann dieser Beitrag ein Aufschlag sein für eine tiefere Betrachtung und eine Begegnung zweier Kontexte wieder aufnehmen, die vor allem bei C. G. Jung in Ansätzen aufgegriffen, jedoch bisher nur wenig weiterverfolgt wurde.

Hierbei sei eine Einschränkung vorausgeschickt. Jedes einzelne angesprochene Feld ist für sich genommen plural und mannigfaltig entwickelt. Es kann also kein Anspruch auf eine Gesamterhebung der buddhistischen Praxis, aber auch nicht der Konzeption des Unbewussten gestellt werden. Eher soll es darum gehen, mikrologisch einzelne Punkte ins Gespräch zu bringen und dieses Gespräch zu einer fruchtbaren Lernerfahrung auszubauen. Auf dieser Grundlage sei der Fortgang folgendermaßen skizziert:

Zunächst soll (1) an der mythologischen Gestalt des Buddha der Gedanke des Bewusstseins im Buddhismus so erarbeitet werden, dass er daraufhin die spirituelle Praxis des (2) Chan (Zen) Buddhismus verständlich macht, um daraufhin diese Praxis mit der Konzeption des Unbewussten ins Gespräch zu bringen. Hierfür sei zuvor (3) die Darstellung des Unbewussten als tiefenpsychologische Kategorie kurz skizziert, bevor der abschließende Teil versucht (4), die Ergebnisse ins Gespräch zu bringen.

Obwohl dies nicht der erste Beitrag zum gestellten Themenzusammenhang ist,[1] sind abschließende Ergebnisse nicht zu erwarten. Eher soll es darum gehen, ein Feld zu eröffnen. Das eigentliche Ziel wäre somit in wohlformulierten, weiterführenden Fragen zu suchen und nicht in geleisteten Antworten.

1. Vom Sehen und Nicht-Sehen. Die Figur des Buddha

Hier sei vorausgeschickt, dass die Figur des Buddha zwar häufig, vor allem im praktischen Kontext, als historische Person verstanden wird, das eigentliche Schriftzeugnis für solch ein Verständnis jedoch nur wenig Anhaltspunkte bietet. Historisch-kritisch wissen wir einfach nichts von einer Person des Buddha.[2] Deshalb sei der Rang eines Buddha und somit auch die Figur des historischen Siddhārtha Gautama Buddha hier als mythologische Figur verstanden und in ihrer Konzeption dargestellt. Hierdurch kann ein klarerer Blick auf das freiwerden, was es mit dem Erwachen und somit auch mit der Figur des Buddha, aber auch der buddhistischen Praxis selbst auf sich hat.

Das Wort Buddha lässt sich auf die Sanskritwurzel √bud zurückführen, die semantisch recht schlicht auf das *Öffnen der Augen* verweist.[3] Im übertragenen Sinne geschieht dieses Öffnen auch jeden Morgen beim Aufwachen, weshalb die Übertragung „Der Erwachte" ebenfalls gut gerechtfertigt werden kann.[4] Hier liegt bereits ein wichtiger Bezugspunkt zur Frage nach dem Unbewussten: Wenn der Buddha die einzige Person ist, die als *erwacht* beschrieben werden kann, dann heißt dies im Umkehrschluss, dass das, was wir allgemein als Wachbewusstsein

---

1 Vor allem der Beitrag Waldrom, William: The Buddhist Unconcious. The alaya-vijñana in the Context of Indian Buddhist Thought, London 2003 ist mir bekannt. Er ist aber ein Paradebeispiel für das, was dieser Beitrag vermeiden möchte: Die schlichte Projektion eines westlichen Konzeptes auf ein hochkompliziertes buddhistisches Rahmenkonzept bei einer direkten Gleichsetzung.
2 Axel Michaels macht das in seinem Einführungswerk wahrscheinlich am deutlichsten: Michaels, Axel: Buddha: Leben. Lehre. Legende, Chicago 2011.
3 Rumel, Daniel: Liebe und Leerheit. Eine Komparative Studie des Liebesbegriffs bei Hans Urs von Balthasar und des Leerheitsbegriffs bei Teisetzu Teitaro Suzuki, Paderborn 2022. Vgl. auch Weber, Claudia: Wesen und Eigenschaften des Buddha in der Tradition des Hīnayāna-Buddhismus, Wiesbaden 1994, 8.
4 Da allerdings keinerlei semantischer Bezug zum Licht besteht, sollte auf die Übersetzung „Der Erleuchtete" eher verzichtet werden.

bezeichnen, eigentlich ein Traumbewusstsein ist. Dies eröffnet die Frage, welche unbewussten Muster die Projektionsgrundlage für unser Alltagsbewusstsein bilden.

Treten wir aber nochmal einen Schritt zurück und bleiben bei der genauen Übersetzung des Wortes „Buddha" als „Der, der die Augen aufhat", oder etwas einfacher: „Der, der sieht". Hier entsteht ebenfalls unmittelbar der Umkehrschluss: Wenn der Buddha jener ist, der sieht, dann ist alles, was wir Sehen nennen, ein Nicht-Sehen. Doch was sieht der Buddha? Auf diese Frage gibt es in der Überlieferung, genauer im *Bodhikathā-Sutra*, eine eindeutige Antwort: Er sieht das pratītya-samutpāda, das *Entstehen in Abhängigkeit*.[5] Der Inhalt des Erwachens des Buddha, also das, was der Buddha sieht, wenn er zum Sehenden wird, gehört konzeptionell in die Mitte allen buddhistischen Denkens.[6] Von diesem, recht komplizierten Lehrsatz geht in der Tat die gesamte buddhistische Philosophie aus. Doch was ist sein Inhalt? Da dieser auch für unseren Zusammenhang von Bedeutung ist, sei er kurz in der recht verlässlichen Übertragung von Frauwallner zitiert:

> In Abhängig vom Nichtwissen entstehen die Willensregungen, abhängig von den Willensregungen das Erkennen, abhängig vom Erkennen Name und Form, abhängig von Name und Form der sechsfache Bereich, abhängig vom sechsfachen Bereich die Berührung, abhängig von der Berührung die Empfindung, abhängig von der Empfindung der Durst, abhängig vom Durst das Ergreifen, abhängig vom Ergreifen das Werden, abhängig vom Werden die Geburt, abhängig von der Geburt Alter und Tod, Schmerz und Klagen, Leid, Betrübnis und Verzweiflung. So kommt die Entstehung dieser ganzen Leidensmasse zustande.[7]

Wir sehen sehr schnell, dass es der Darstellung um eine tiefe Einsicht in die Bedingtheitszusammenhänge des Bewusstseins geht. Wir verstehen diese besser, wenn wir sie in ihrer historisch-philosophischen Intention begreifen. Die Kette ist eine Antwort auf die Grundfrage des buddhistischen Denkens. Dieses Denken beginnt zunächst damit, dass die in der vedischen Kultur gängige Annahme der Existenz eines ātman, einer substanziellen Seele, die der Träger des Verlaufes der Wiedergeburten ist, verneint wird. Die Anātman-Lehre bildet das unterscheidende Kriterium der frühen buddhistischen von den anderen vedischen Schulen. Gleichzeitig übernahm man aber die Idee eines Kreislaufes der Wiedergeburten, des *saṃsāra*, wörtlich: „Zusammen Kreisen". Hieraus entsteht unweigerlich eine Spannung. Wie soll der Kreislauf der Wiedergeburten gedacht werden, wenn es nichts gibt, das ihn durchläuft? Dies ist die Grundfrage des buddhisti-

---

5   Vgl. zum Folgenden Frauwallner, Erich: Die Philosophie des Buddhismus, Berlin 2010, 18.
6   Vor allem Lambert Schmithausen stellte das in zahlreichen Publikationen immer wieder heraus. Vgl. vor allem: Schmithausen, Lambert: Zur zwölfgliedrigen Formel des Entstehens in Abhängigkeit, in: Hōrin. Vergleichende Studien zur japanischen Kultur (7) 2000, 41–76.
7   Frauwallner, Die Philosophie des Buddhismus, 18.

schen Denkens⁸ und die *pratītya-samutpāda* bildet die einflussreichste, ja von allen Schulen anerkannte Antwort auf diese Frage.

Wichtig für unseren Kontext ist dieser Zusammenhang, weil er sich als eine umfassende Analyse des menschlichen Geistes verstehen lässt und somit einen zentralen Zugang für die Frage nach dem Bewusstsein und im Umkehrschluss auch nach analogen Denkmustern im buddhistischen Denken eröffnet. Die Kette beginnt dabei mit dem Ursprung des Kreislaufes, der *Unsehendheit* (Skt. avidyā). Hier sei festgehalten, dass es noch nicht um ein Subjekt im westlichen Sinne geht, das nicht sieht und nicht versteht. Man müsste sagen: *Es geschieht Nicht-Sehen*. Dies umfasst einen unmittelbar praktischen Aspekt. Bei der Kette geht es nämlich nicht um die theoretische Ausformulierung einer Ontologie, sondern um eine praktische Anleitung zur spirituellen Erlösung. Es geht darum, „den Punkt aufzuzeigen, an dem die spirituelle Praxis eingreifen und so den zu erneuter Wiedergeburt führenden Prozess zum Stillstand bringen kann."⁹

Eine umfassende Analyse der Kette kann an dieser Stelle nicht geleistet werden. Hilfreich scheint aber eine kurze Skizze, die sich an der gegebenen Problemstellung orientiert. Der Kreislauf der phänomenologischen Erscheinung einer Ich-Perspektive beginnt mit dem Geschehen eines Nicht-Sehens oder Nicht-Verstehens.¹⁰ Auf der Grundlage des Nicht-Sehens, welches, wie gesagt, bis hier noch kein Subjekt als Träger besitzt, entsteht das, was Frauwallner mit „Willensregung" übersetzt (Skt. saṃskāra). Hier handelt es sich um Formen von Eindrücken, die für den Zusammenhang wichtig sind, weil sie als Elemente im Speicherbewusstsein gesammelt und zu einem gegebenen Zeitpunkt wieder aktualisiert werden. Um diesen Zusammenhang besser zu verstehen, sei aber kurz der nächste Kausalaspekt der Kette skizziert: Liest man in deutschen Übersetzungen das Wort Bewusstsein, so liegt im Originaltext meist das Wort *vijñāna* zugrunde. Die Übersetzung „Bewusstsein" ist an dieser Stelle deshalb gerechtfertigt, weil es sich um ein Auseinander- (vij) Kennen (jñāna) handelt. Etwas kennt (oder einfacher gesagt erfährt) sich als Gegenüber von etwas anderem. Hier kann eine Brücke zur klassischen, intentionalen Bewusstseinsdefinition seit Husserl und Brentano gezogen werden: Bewusstsein ist immer Bewusstsein von etwas.¹¹ Auf der Grundlage des Auseinander-Kennens folgt dann, dass man das, was sich als getrennt wahrnimmt, räumlich verortet und begrifflich benennt: Name und Form. Erst durch diese Wahrnehmung entsteht das subjektive Empfinden, dass sich dann als Zentrum der sensualen Erlebniswelten wiederfindet. Diese Empfindungen sind dann negativ, positiv oder neutral, was das Entstehen des Durs-

---

8 Vgl. hierzu Kajiyama, Yuichi: Ālāyavijñāna und Abhängiges Entstehen, in: Hōrin. Vergleichende Studien zur japanischen Kultur (7) 2000, 77–93.
9 Schmithausen, Zur zwölfgliedrigen Formel, 43.
10 Um die Gleichheit hier einzusehen, hilft das englische „I see", was ebenfalls das gleiche semantische Feld abdeckt.
11 Vgl. Szanto, Thomas: Bewusstsein, Intentionalität und mentale Repräsentation. Husserl und die analytische Philosophie des Geistes, Berlin/Boston 2012, 452.

tes zur Folge hat. Mit dem Wort Durst sind alle affektiven Willensregungen im Sinne eines Verlangens gemeint. Oft wird dieses als eigentliche Wurzel allen Leidens beschrieben.

Wichtig für unseren Zusammenhang ist vor allem die Sichtweise, dass sich an keiner Stelle ein substanzielles Personengefüge bildet. Es gibt kein *Etwas*, das den Kreislauf durchläuft. Hier liegt der wahrscheinlich größte Unterschied zu allen Konzeptionen der eher westlich[12] geprägten Rede vom Unbewussten, und diese Einsicht scheint schwer zu fallen, so dass sie in westlichen Interpretationen oftmals nicht inhaltlich angeführt wird.[13] Es liegt aber gerade hier die Ursache allen Leidens darin, dass im Bewusstseinsprozess sich etwas sieht, das sich als substanziell wahrnimmt, es aber am Ende nicht ist. Ohne substanzielles Ich existiert aber auch zunächst kein Unbewusstes, zumindest nicht im Sinne westlich geprägter Psychologie, also eines unabhängigen Subjektes, das ein Unbewusstes besitzt, bzw. erworben oder ererbt hat.

Diese schlichte Konsequenz vorausgesetzt, kann aber doch aus dem Gegebenen ein Zusammenhang abgeleitet werden, der die Frage weiterführt. Der Buddha ist jener, der die Kette, welche mit *Unsehendheit* beginnt, durch *Sehen* durchbricht. Aber was geschieht hier eigentlich? Das Sehen von Dingen und dem eigenen Selbst als distinkte Entitäten ist ein Nicht-Sehen. Durch die Übung der Meditation (Skt. samādhi) gelingt es, das Nichtsehen in ein Sehen zu überführen. Der Buddha wird als Ideal einer Person dargestellt, der dies gelungen ist. Hierin kann er aber selbst nicht mehr als substanzielle Person begriffen werden, sondern als verlöscht (Skt. nirvāṇa). Das, was der Buddha ist, *ist* nicht im ontologischen Sinne einer substanziellen Entität.[14] Verlöschen der subjektiven Perspektive ist konstitutiv für einen Buddha. Somit wird der Buddha zur paradoxen Person. Sie konstituiert sich durch ihre Auflösung.

Als Bild hierfür kann zunächst eine Metapher dienen, derer sich auch die buddhistische Kultur immer wieder bedient hat, um den gegebenen Vorgang besser zu verstehen: „Die Welle und das Meer" (Abb. 1). So lässt sich das Nicht-Sehen als der Wind beschreiben, der über das Meer bläst und seine schlichte Klarheit und Reinheit, sein schlichtes Wasser-Sein, aufwühlt. Aus diesem Vorgang gehen Wellen hervor, die nach einer Zeit wieder ins Meer übergehen.[15] Das

---

12 Hier sei in keiner Weise eine essentialistische Perspektive beschrieben. Mit „eher westlich" bezeichne ich einen Diskurs, der so vor allem in asiatischen Kontexten nicht stattgefunden hat. Dies heißt aber nicht, dass es ein genuin westliches Denken gibt, welches einem genuin östlichem gegenübersteht.

13 Schon in der mythologischen Darstellung des Buddha ist es die Kerneinsicht der Anātman-Lehre, die ihn an der Sinnhaftigkeit zweifeln lässt, diese überhaupt zu unterrichten. Vgl. hierzu ein frühes Relief: https://global.museum-digital.org/object/407423.

14 Hieraus wird auch der berühmte Lehrsatz des Zen deutlich: „Wenn Du den Buddha triffst, töte ihn."

15 Vgl. zu dieser Metapher und ihrer Verwendung im Dàshéng Qǐxìn Lùn Rumel, Daniel: Der eine Geist und die zwei Tore. Die Frage des Transzendenzdenkens im Dàshéng Qǐxìn Lùn,

Nicht-Sehen wäre dann der geistige Vorgang des Aufwühlens, dessen Ergebnis dann die Kulminationsprozesse (Wellen) sind, das Wahrnehmen in Unterschiedenheit (B1). Was geschieht nun in der Übung der Versenkung? Man sinkt im Meer ab, so dass man unter die Oberfläche taucht (B2). Man nimmt die Einheit der zuvor getrennt wahrgenommenen Wirklichkeit wahr, spürt aber zunächst noch die Bewegtheit der Wellen. Je tiefer man versinkt, desto weniger Bewegtheit nimmt man wahr. Der Wind des Nicht-Sehens hat keinen Einfluss mehr auf das Geschehen der Wahr-Nehmung. Hier liegt die Perspektive des Sehenden, des Buddha (B3).

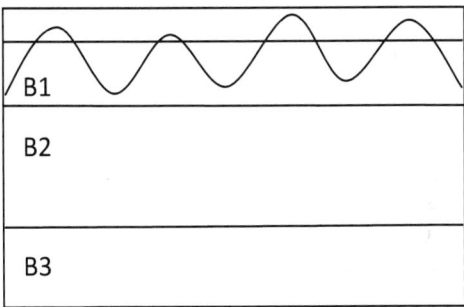

Abb. 1: Die Welle und das Meer

So stellt sich doch bei aller Verneinung eines substanziellen Ichs die Frage nach den Grundzügen der immer wieder vergänglich entstehenden Bewusstseinsmomente, welche sich, fälschlicherweise, als Ich begreifen. Aus Sicht der buddhistischen Darstellung wird dieses Konglomerat an wechselseitig abhängigen Bezügen zirkulär verursacht. Aus der entstehenden Auffassung einer Ich-Perspektive gehen Regungen und Handlungen hervor, die ihrerseits wiederum Zusammenhänge verursachen. Die aus den Taten hervorgehenden Zusammenhänge werden als Samen gespeichert. Diese Auffassung verursachte die Annahme eines sogenannten *Speicherbewusstseins* (Skt. ālāyavijñāna). In diesem Speicherbewusstsein entstehen dann aus den gespeicherten Willensregungen (Skt. saṃskāra, eigentlich Zusammenballungen) sogenannte Samen (Skt. bija), welche sich dann zu einem gegebenen Zeitpunkt in den Kreislauf der Kette zu einer *Frucht* auswachsen, also neue Ausformungen und konditionelle Felder bilden, die dann wiederum zu benannten Formen führen, welche in den Kreislauf des Werdens eingehen.

Durchbrochen wird der Kreislauf dann, wenn der Aspekt des Nichtsehens einfach nicht geschieht. Dabei entsteht immer die paradoxe Situation, dass es im gesamten Prozess kein Subjekt gibt, also auch niemanden, der ins Nirvana eingeht. Das Gegenteil von Nicht-Sehen wäre in diesem Fall genauer *Verlöschen* (Skt.

---

in: Nitsche, Bernhard / Baab, Florian: Dimensionen des Menschseins – Wege der Transzendenz?, Paderborn 2018, 241–258.

nirvāṇa) im Sinn der Annihilation einer subjektiv intentionalen Gebundenheit des Bewusstseinsstroms.

Bezüglich der Frage nach dem Zusammenhang mit dem, was man in westlich geprägter Tiefenpsychologie das Unbewusste nennt, können somit vor einer abschließenden Betrachtung schon einmal einige Grundgedanken festgehalten werden:

Aus buddhistischer Sicht wäre die Idee eines substanziellen Subjektes generell aufzugeben. Fragt man also ontologisch nach einem Bewusstsein und einem Unbewussten, auf welches dieses Bewusstsein aufruht, lässt sich eine solche Position nur schwer kommunizieren. Dennoch stoßen wir nicht auf eine uneinholbare Inkommensurabilität. Vor allem der Grundgedanke des Durstes als entscheidende Triebkraft des Kreislaufes des Entstehens, aber auch der Aspekt des Nicht-Sehens, also einer konsequenten Nicht-Wahrnehmung dessen, was tatsächlich ist, liefern Ansatzpunkte, die die bis hierher aufgeführten Felder doch in ein fruchtbares Gespräch bringen können. Dabei wird zu fragen sein, ob das buddhistische Verständnis nicht als eine gänzliche Umkehrung der westlichen Perspektive des Unbewussten verstanden werden kann. Das Unbewusste ist nicht ein aus verdrängten Aspekten bestehender Bereich der individuellen Psyche des Menschen, der spezifisch symptomatische Erscheinungsformen im Bewusstsein annimmt, sondern der gesamte humane Bewusstseinsapparat ist ein unbewusster Projektionsprozess von wechselseitig abhängigen Bedingungsstrukturen. Es bleibt nur die Frage, wer hier projiziert. Ähnlich scheint aber auch zu sein, dass unser bewusstes Erleben weitreichend geprägt wird durch unbewusste Mechanismen und dass die Einsicht in diese Mechanismen ein großes Heilungspotenzial beinhaltet.[16] An dieser Stelle liegt wahrscheinlich die größte Parallele.

Um dies besser zu verstehen, sei im Folgenden zunächst eine Praxis der genaueren Betrachtung unterzogen, die in westlichen Kulturkreisen meist als Zen-Buddhismus bekannt ist, ihre Wurzeln allerdings in China hat und dort als *Chan* bezeichnet wird.

2. Die Grundpraxis des Zen

Die Praxis des Zen fand vor allem in den 1960er Jahren ihren Weg in die westliche Kultur. Dabei durchlief sie zahlreiche Anpassungs- und Inkulturationsprozesse.

---

16 Niemand hat diesen Zusammen wohl so gut geahnt und beschrieben wie C. G. Jung. Vgl. das Geleitwort zum Buch Suzuki, Daisetzu: Die Große Befreiung. Einführung in den Zen-Buddhismus, Zürich 1986, 9–39.

Hier sei kurz der Versuch unternommen, den Grundgedanken dieser Praxis orientiert an unserer Fragestellung auszufalten.[17]

Der Ursprung der Praxis des Chan ist ca. im 5. Jhd. n. Chr. in China anzusetzen. Hier wird von einer Übung berichtet, welche die Texte als *chan* (Chin. 禪) bezeichnen, was eine lautliche Übertragung des Sanskrit-Terminus *dhyāna* ist. Wir würden den Begriff heute sicherlich schnell mit *Meditation* übersetzen. Etwas präziser und weniger schillernd handelt es sich um einen geistlichen Zustand, in welchem das rationale, auf analytischen Urteilen beruhende Denken zurückgesetzt wird und einen weiten Raum freigibt, in dem sich das zeigen kann, was wirklich da ist. Es geht also um ein Zurücknehmen der projektiven Mechanismen des Bewusstseins, welche durch eine gedankengeleitete Urteilsfunktion erzeugt werden. Deshalb beschreiben es auch die ersten semantischen Übersetzungen im Chinesischen mit stilles (Chin. 靜), tiefes Bedenken (Chin. 慮).[18] Hierbei handelt es sich nicht um ein Bedenken, das sich kategorialer Anschauung bedient, sondern um ein rezeptives Vernehmen, das sich aller menschlichen Ideen entledigt.

In gewisser Hinsicht hat diese Praxis kein Ziel, weil ein solches ja wiederum auf Ideen beruhen müsste, derer sich der/die Praktizierende ja gerade entledigen möchte. Gerade die Entledigung aller ich-bezogenen Kategorien gibt einer Erfahrung Raum, welche durchaus als Unbewusstes beschrieben werden kann, weil sie sich jedes kategorialen Zugriffs entzieht. Die Erfahrung besteht aber darin, dass in der Tiefe unseres Bewusstseins ein unbedingter Frieden liegt. Ein Punkt, der von keiner Erfahrung berührt wurde, auf dessen Grund aber alle Erfahrungen aufruhen. Auf diesen unbewussten Urgrund werden wir zurückgeworfen, wenn wir unser rationales Reflektieren zurücksetzen.

Gleichzeitig ist diese Erfahrung aber wiederum ein natürlicher, untergründiger Bezugspunkt unseres Ich-Erlebens. Die Praxis des Chan ahmt ja die Praxis des Buddha nach, die ihn zum Erwachen geführt hat. Der Inhalt dieser Einsicht ist aber die oben beschriebene *Kette des Entstehens in Abhängigkeit*.[19] Wir können also rein schematisch diese Komplexität so reduzieren, dass wir von zwei Bereichen ausgehen: Einen Bereich dessen, was wir *saṃsārisches* Bewusstsein nennen können, und einen vielleicht sogar *unterliegend* zu nennenden Bereich des erwachten Bewusstseins. Das saṃsārische Bewusstsein zeichnet sich durch ein Ich-Zentrum aus, das mit kategorialen, stets intentionalen Bezügen zu einer Welt steht, die es als Außen wahrnimmt und die aus Dingen und Beziehungen

---

17   Ich habe bisher keinen Beitrag gefunden, der dies so präzise und umfassend leistet wie Röllike, Hermann-Josef: Der Ursprungsgedanke des Chan-Buddhismus im China des 7. Jahrhunderts, in: ders. (Hg.), Denken der Religion, München 2010, 231–247. Deshalb sei dieser Beitrag im Folgenden zugrunde gelegt.
18   Um hier den Unterschied zu vielen westlichen Interpretationen von Meditation zu sehen, vergleiche man die Meditationen von Descartes, in denen die Vernunftbewegung gerade an- und nicht ausgeschaltet wird.
19   Vgl. Frauwallner, Die Philosophie des Buddhismus, 18–20.

besteht. Das erwachte Bewusstsein zeichnet sich dadurch aus, dass das Erscheinen unabhängiger Elemente abgelöst wird durch ein *Sehen*, das keine Objekte mehr sieht, sondern nur noch Verursachungsprinzipien, die nicht voneinander getrennt sind. Hier entsteht gerade der Transformationspunkt: Das vorherige Sehen erscheint dem Erwachten als ein Nicht-Sehen. Vollendet sich dieser Prozess geschieht *bodhi*, das Sehen.

Die Metapher des Erwachens eröffnet hier, nochmals aufgeführt, ein für unsere Problemstellung wichtiges semantisches Feld. Das Erwachen aus einem Traum suggeriert, dass der Mensch zuvor gefangen war in einem unbewussten Zustand, der jetzt, aus der Sicht des Erwachten, zu Bewusstsein kommt. Dann müssen wir aber unsere intuitive Interpretation aus der buddhistischen Perspektive genau umdrehen. Unser Alltagsbewusstsein wäre der Ausdruck einer projektiven Verlorenheitserfahrung von karmisch verknüpften Inhalten. Diese würden noch nicht einmal von einer ontologisch festzustellenden Person erfahren, sondern einfach durchlaufen, ohne dass sich ein Träger ausweisen lassen könnte.

Rückübertragen in die Metapher der Wellen und des Meeres wären diese Erfahrungen Wellen, die sich aufwirbeln, weil sie vom Wind des Nicht-Sehens aufgewirbelt werden. Sie hätten keine unabhängige Existenz. Es ist aber auch nicht so, dass sie gar nicht existierten. Aus genau dieser Perspektive lässt sich nun final die Praxis des Chan in seiner semantischen Übertragung präzise verstehen. Die Texte beschreiben das, was in der Praxis geschieht, als *Nicht-Zweien* (Chin. 不二), welches gleichzusetzen ist mit dem *Einen des Geistes* (Chin. 一 心).[20] In der Metapher gesprochen wird alle intentionale Wahrnehmung *ge-nicht-zweit*. Jede Zweiheit verschwindet somit, was ebenfalls jegliche Intentionalität auflöst. Dies eint den Geist. Durch das Tiefer-Sinken im Meer verschwindet die Wahrnehmung der Wellen, und die Einheit wird gewahr. Gleichzeitig beantwortet sich die Frage, wem sie gewahr wird: dem einen Geist (Meer) selbst. Dieser ist weiter nicht zugänglich durch kategoriale Verweise, was die Aversion der Zen-Kultur vor philosophischen Spekulationen verständlich werden lässt.

Doch ist die Einheit des Meeres dann das Unbewusste? Für die Wahrnehmung einer Welle ist die Einheit unterliegend. Die Vermittlung der Erfahrung geschieht durch einen tiefen Frieden, der sich ablöst, von den teils stürmischen Elementen der Wellen. Was sich hier aber weiter nicht finden lässt, ist eine subjektive Perspektive. Diese würde ja wieder zweien, wo Nicht-Zweiheit das Erleben konstituiert. Dennoch wäre das Erleben der Nicht-Zweiheit für alle Zweiheiten das Un-, weil eben nicht Bewusste.

---

20 Röllike, Ursprungsgedanke, 239.

3. Das Unbewusste

Auch bei dem Begriff des Unbewussten gibt es zahllose Konzeptionen, die hier im Überblick nicht aufgeführt werden können.[21] Gehen wir aber einmal von der etwas abstrakten Grundannahme aus, dass die Idee eines Unbewussten aus der Erfahrung erwächst, dass es Teile unseres Bewusstseins gibt, die in unserer Alltagsagilität nicht bewusst zugänglich sind, diese aber trotzdem in besonderer Weise beeinflussen, wenn nicht gar in Teilen konstituieren. Dabei wurde stets davon ausgegangen, dass der bewusste Gehalt des Menschen in jedem Augenblick immer nur einen kleinen Ausschnitt seiner psychischen Gesamtwirklichkeit ausmacht. Ein Großteil ist unbewusst. Freud unterteilt diesen Bereich nochmals in Elemente, die genuin unbewusst sind und das auch immer bleiben; Teile, die ins Unbewusste verdrängt wurden, und nur aktuell nicht im Bewusstsein vorhandene Elemente, die aber prinzipiell zugänglich wären.[22]

Auf diese Topik und ihre Dynamiken soll hier nicht weiter eingegangen werden. Ein eher abstrakterer Vergleich soll der einleitenden Fragestellung gemäß ausgeführt werden. Zunächst lässt sich festhalten, dass die phänomenale Gegebenheit des psychischen Erlebens sich ihrer eigentlichen Verursachungsdynamiken nicht bewusst ist. Dies gilt sowohl für den Begriff des Unbewussten der westlich geprägten Psychologie als auch für die buddhistische Tradition, soweit wir sie hier ausgefaltet haben. Beide Perspektiven gehen weiter davon aus, dass eine gesteigerte Bewusstheit der mental bedingenden Dynamiken ein tieferes Verständnis derselben zur Folge hat, das sich dann positiv auf das bewusste Subjekt auswirkt. Doch bei der genaueren Nachfrage, was denn dieses Subjekt ausmacht, erheben sich große Differenzen.

Speziell in der Spielart der Ich-Psychologie, wie sie in den 1930er Jahren vor allem von Heinz Hartmann mitentwickelt wurde, geht die Psychoanalyse vom Zentrum eines Ichs aus, das man als das moderne Subjekt beschreiben könnte. Bei diesem Ich handelt es sich vor allem um das zu adressierende Zentrum des Realitätsabgleichs.[23] Auch wenn die Annahme einer konfliktlosen Ich-Instanz fraglich bleibt, kann eine solche als regulative Idee aller psychoanalytischen Begleitung angesetzt werden. Es steht bei all dem außer Frage, dass in allen psychoanalytischen Bezügen und somit allen Konzeptionen des Unbewussten des in diesem Rahmen geprägten Diskurses die Existenz eines solchen unabhängigen Subjektes, welches zur Selbstreflexion fähig ist, vorausgesetzt wird. Selbst wenn wir in den meisten Bezügen von einer relativen Unabhängigkeit sprechen müssen, weil alle inneren Bezüge eine Form von verinnerlichter Äußerlichkeit

---

21 Für den Versuch einer Skizze vgl. Storck, Timo: Das dynamische Unbewusste, Wiesbaden 2019, 88–91, sowie seinen Beitrag in diesem Band.
22 Freud, Sigmund: Das Unbewusste, in: GW X, Frankfurt a. M. 2006, 264–303.
23 Vgl. ebd., 91.

bilden, ist die generelle Subjektbezogenheit als nahezu transzendentale Grundvoraussetzung nicht von der Hand zu weisen.

Es war C. G. Jung, welcher diese Perspektive etwas geweitet hat. Für ihn besteht das Unbewusste eben nicht einfach aus Anteilen, die potenziell alle bewusst sein könnten, es aber vor allem aus moralisch-erzieherischen Prozessen der frühen Kindheit nicht sind, sondern aus einer tieferen Ebene, die er das *kollektive Unbewusste* genannt hat, und einer teils noch tieferen, die für ihn das *Selbst* darstellt.[24] Bezüglich des Selbst lässt sich nun aber eine Parallele zur Erfahrung des Chan aufweisen. So bildet das Selbst als Idee der gesamten und integrierten Persönlichkeit einen Teil des Unbewussten der Ich-Perspektive. Gleichzeitig ist dieser Teil aber die Grunderfahrung „eidos (Idee) aller supremen Einheits- und Ganzheitserfahrungen, wie sie vorzüglich allen monotheistischen und monistischen Systemen"[25] zu eigen sind. Die archetypischen Bilder des Selbst nehmen für Jung oft kosmische, aber stets ganzheitliche Formen an. Immer geht es um die Einheit aller Gegensätze,[26] welche sich in der Praxis des Chan als das Nicht-Zweien beschreiben lassen würde.

In gewissem Sinne ließe sich hier also eine Analogie finden, die auch auf Erfahrungen referieren könnte, die transkulturell gemacht wurden. In gewissem Sinne war es das Grundanliegen Jungs, diese transkulturellen psychischen Elemente aufzuweisen und als archetypische Bilder vergleichend ansichtig zu machen. In Bezug auf unsere Problemstellung läge hier eine hohe Resonanz zwischen dem Selbst Jungs und der Erfahrung der Einheit des Geistes im Zen oder Chan Buddhismus.

4. Abschlussbetrachtung

Am Ende steht hier die Entdeckung der Vielfältigkeit sowohl in den Bezügen der Konzeption des Unbewussten als auch in denen des Buddhismus. Diese ist nicht weiter überraschend, sondern war nahezu vorausgesetzt. Das Konzept des Unbewussten ist so disparat und vielfältig, wie es auch der Buddhismus ist. Das soll nicht frustrieren oder das Ergebnis schmälern. Es hat sich gezeigt, dass bei spezifischen Anwendungen des Begriffs des Unbewussten aus westlicher Perspektive sowohl Resonanzen als auch Dissonanzen zur spezifischen Praxis, z. B. des Chan, entstehen. Dies eröffnet nun einen weiten Raum. Vor allem die erfahrungsbasierte Bezogenheit des buddhistischen Geistes mit dem Konzept des Selbst bei C. J. Jung scheinen vielversprechend zu sein und bedürfen einer

---

24 Jung, Carl Gustav: Das Persönliche und das Kollektive Unbewusste. In: GW 13, Olten 1972, 13.
25 Jung, Carl Gustav: Aion. Beiträge zur Symbolik des Selbst, GW 19, Olten 1976, 43.
26 Ebd., 73.

tieferen Untersuchung. Diese könnte vor allem praktisch begleitet werden und wird dies bereits in vielen Bezügen, welche die Praxis des Chan und Zen in ihrer Wirksamkeit zur Heilung psychopathologischer Dynamiken entdecken. Aus diesen praktischen Erfahrungen wäre dann aber auch immer wieder zurückzufragen, wie sich die gewonnenen Bezüge in den Traditionen selbst abbilden lassen. Somit könnte eine schlicht von Bedürfnissen geleitete Konzeption vermieden und eine tatsächliche Begegnung der kulturellen Systeme erreicht werden.

Literatur

Frauwallner, Erich: Die Philosophie des Buddhismus, Berlin 2010.
Freud, Sigmund: Das Unbewusste, in: GW X, Frankfurt a. M. 2006.
Jung, Carl Gustav: Das Persönliche und das Kollektive Unbewusste. In: GW 13, Olten 1972.
Ders.: Aion. Beiträge zur Symbolik des Selbst, GW 19, Olten 1976.
Kajiyama, Yuichi: Ālāyavijñāna und Abhängiges Entstehen, in: Hōrin. Vergleichende Studien zur japanischen Kultur (7) 2000, 77–93.
Michaels, Axel: Buddha: Leben. Lehre. Legende, Chicago 2011.
Röllike, Hermann-Josef: Der Ursprungsgedanke des Chan-Buddhismus im China des 7. Jahrhunderts, in: ders. (Hg.), Denken der Religion, München 2010, 231–247.
Rumel, Daniel: Der eine Geist und die zwei Tore. Die Frage des Transzendenzdenkens im Dàshéng Qǐxìn Lùn, in: Nitsche, Bernhard / Baab, Florian: Dimensionen des Menschseins – Wege der Transzendenz?, Paderborn 2018, 241–258.
Ders.: Liebe und Leerheit. Eine Komparative Studie des Liebesbegriffs bei Hans Urs von Balthasar und des Leerheitsbegriffs bei Teisetzu Teitaro Suzuki, Paderborn 2022.
Schmithausen, Lambert: Zur zwölfgliedrigen Formel des Entstehens in Abhängigkeit, in: Hōrin. Vergleichende Studien zur japanischen Kultur (7) 2000, 41–76.
Storck, Timo: Das dynamische Unbewusste, Wiesbaden 2019, 88–91.
Suzuki, Daisetzu: Die Große Befreiung. Einführung in den Zen-Buddhismus, Zürich 1986, 9–39.
Szanto, Thomas: Bewusstsein, Intentionalität und mentale Repräsentation. Husserl und die analytische Philosophie des Geistes, Berlin/Boston 2012.
Waldrom, William: The Buddhist Unconcious. The alaya-vijñana in the Context of Indian Buddhist Thought, London 2003.
Weber, Claudia: Wesen und Eigenschaften des Buddha in der Tradition des Hīnayāna-Buddhismus, Wiesbaden 1994.

IV. Psychoanalytische Perspektiven

Die Dialektik der Offenbarung[1]

Psychoanalyse, religiöse Praxis und Apokalypse angesichts des Unbewussten

Timo Storck

1. Einleitung

Ich möchte mich im Folgenden der Frage nach dem Verhältnis von religiöser Praxis und dem (psychoanalytischen) Unbewussten unter dem Gesichtspunkt der Offenbarung nähern. Dabei soll es um die Frage gehen, ob sich religiöse Praxis und Psychoanalyse unter Umständen darin begegnen, sich einer je bestimmten Art von Zutage-Treten oder Entbergung zu widmen. Da diese potenziell insofern eine grundlegende Erschütterung bedeutet, als nicht zu wissen ist, was danach kommt, nähere ich mich dieser Figur unter dem Bild der Apokalypse. Diejenige Offenbarung, die hier berührt ist, verweist insofern auf eine Dialektik aus „Entbergen" und „Unverfügbar-Bleiben" als gerade zutage tritt, dass eine Zukunft bevorsteht, von der man nichts wissen kann.

Ich werde dafür argumentieren, dass diejenige erschütternde Erfahrung einer Apokalypse/Offenbarung, um die es hier geht, den Menschen insofern zum Anderen, d. h. in einen Dialog mit diesem führt, als dies der Weg ist, mit der angstvollen Ungewissheit umzugehen, die darin liegt, nicht wissen zu können, was angesichts einer existentiellen Erfahrung des Zusammenbruchs vor einem liegt.

Der vorliegende Beitrag ist ein psychoanalytischer. Bemerkungen zur Religion oder zu religiöser Praxis sind ebenso in diesem Kontext zu sehen wie der Umstand, dass eine theologische Betrachtung außerhalb der methodischen und theoretischen Reichweite des Aufsatzes und der Kompetenzen seines Autors liegt. Hinzu kommt, dass Bezugnahmen auf Begriffe und Denkfiguren wie Offenbarung/Apokalypse oder Begegnung auf den Zusammenhang einer jüdisch-christlichen Zugangsweise eingegrenzt bleiben. Damit soll nicht gesagt werden, dass sich die hier entwickelten Überlegungen einzig auf diese Art der religiösen Praxis beschränken müssen.

---

1 Die Arbeit an diesem Aufsatz wurde möglich im Rahmen eines Fellowships am Käte Hamburger Centre for Apocalyptic and Postapocalyptic Studies an der Universität Heidelberg, das ich zwischen Oktober 2023 und Juli 2024 inne hatte.

In der Auseinandersetzung mit der (nicht allein biblischen) Figur der Apokalypse ist ferner zu beachten, dass in der Figur eines „Weltuntergangs" die je eigene Position zu reflektieren ist.

Wie sich beispielsweise mit Florian Mussgnug[2] vergegenwärtigen lässt, ist die Apokalypse insofern „relativ", als existentielle individuelle wie kollektive Disruptionen für den Menschen schlicht nicht erst bevorstehen, sondern immer wieder bereits eingetreten sind und/oder bestimmte Regionen oder Gruppen betreffen.

Ich werde im folgenden Teil zunächst darlegen, von welchem Verständnis der für die vorliegende Arbeit zentralen Begriffen ich ausgehe, im Hinblick auf „Unbewusstes", „Religion" und „(Post-) Apokalypse" (2. Teil). Im Anschluss daran werde ich zunächst diskutieren, was in einer „postfreudianischen" Perspektive in religiöser Praxis unbewusst sein kann. Dabei wird sich zeigen, dass weder die bloße Abwehr existentieller Hilflosigkeit mittels der Religion noch die Suche nach (infantilisierter) Wunscherfüllung zentral ist (wie noch von Freud angenommen), sondern eine genuine Auseinandersetzung mit einer Erfahrung von Wahrheit (3. Teil). Daran anknüpfend werde ich untersuchen, wie sich in religiöser wie psychoanalytisch-klinischer Praxis die Figur einer Offenbarung in dialektischer Weise zeigt: Die Offenbarung des Unbewussten lässt uns (auch) zurückschrecken und versetzt uns in einen Zustand existentieller Verunsicherung (4. Teil). Schließlich werde ich dafür argumentieren, dass die dialogische-differente Begegnung in religiöser Praxis wie in Psychoanalyse eine Möglichkeit liefert, diese Angst angesichts einer Offenbarung einer ungewissen Zukunft zu bewältigen und in der Lebensführung in eine Offenheit zu gelangen, die Ängste weder verleugnet noch von diesen überflutet wird (5. Teil).

2. Unbewusstes, Religion, Apokalypse

Zunächst möchte ich aufzeigen, von welchem Verständnis von „Unbewusstem" ich ausgehe. Das psychoanalytische Unbewusste ist als ein *dynamisch* Unbewusstes gekennzeichnet. Damit ist das gemeint, was nicht nur in einem deskriptiven Sinn unbewusst ist (das wäre der Fall, wenn es ‚nur' aktuell nicht mit psychischer Aufmerksamkeit versehen ist), sondern was seine Unbewusstheit einem Zusammenspiel „drängender" und „verdrängender" bzw. entstellender psychischer Kräfte verdankt. Dynamisch unbewusst ist etwas, das infolge der psychischen Abwehr (z. B. Verdrängung, Verschiebung, Rationalisierung u. a.) dem bewussten Erleben nicht (mehr) zugänglich ist. Die Abwehr und ihre Mechanismen setzen dann ein, wenn eine Vorstellung „mehr" Unlust als Lust nach sich ziehen

---

2 Mussgnug, Florian (2022). Apocalypse. In: Herbrechter, S. et al. (Hg.): *Palgrave Handbook of Critical Posthumanism*. Palgrave Macmillan, Cham.

würde. Es ist also dieselbe Vorstellung, die zum einen Lustvolles, zum anderen Unlustvolles mit sich bringt.

Es ist also ein psychischer Konflikt (aus dem Ziel, Lust aufzusuchen, und dem Ziel, Unlust zu vermeiden), der die Abwehr mobilisiert und dafür sorgt, dass etwas unbewusst wird – und bleibt, denn die psychische Abwehr besteht nicht in einem singulären Akt, sondern wird beständig aufrechterhalten. Sie besteht daher auch nicht allein in der Verdrängung (diese würde ‚nur' etwas vom bewussten Erleben fernhalten),[3] sondern es treten weitere Abwehrmechanismen hinzu, beispielsweise die Verschiebung. Das hat zur Folge, dass in aller Regel etwas nicht einfach in dem Sinne unbewusst ist, dass es keine Rolle mehr für das Erleben spielte oder schlicht für das bewusste Erleben nicht mehr auffindbar wäre, sondern dass etwas nicht mehr als das bewusst wird, was es bedeutet, sondern als etwas anderes. Anders gesagt: Im psychoanalytischen Sinn dynamisch unbewusst ist etwas, wenn es nicht mehr in Verbindung zu anderen Vorstellungen oder Affekten gesetzt werden kann, für die es bedeutsam ist. Dynamisch Unbewusstes ist daher umso wirksamer für das Erleben und Handeln, nur kann (und soll) nicht erkannt werden, dass und weshalb es das ist.

Was diese Unlust ist, die hervorgerufen zu werden droht, kann etwas genauer bestimmt werden: Unlust bestimmt Freud[4] als das Ansteigen (bzw. Stark-Bleiben) der Intensität eines Reizes. In diesem Modell ist es also nicht die Qualität eines Reizes, die ihn aversiv sein lässt, sondern die Reiz*stärke*. Lust wird erlebt, wenn die Intensität eines Reizes absinkt, Unlust, wenn sie ansteigt. An anderer Stelle betont Freud,[5] dass die Quantitäten sich im psychischen Erleben als Qualitäten von Lust bzw. Unlust zeigen. Versteht man „Unlust" affekttheoretisch, dann kann gesagt werden, dass Unlust die Form von Schuldgefühlen, Scham oder Angst haben kann. Der Angst kommt dabei eine besondere Rolle zu. In Freuds erster Angsttheorie setzt sich unabgeführte Triebenergie unmittelbar in Angst um. Damit ist gemeint, dass das fehlende Absinken einer Reizintensität zur Angstentwicklung führt. In späteren Formulierungen seiner Angsttheorie versteht Freud diese dann als eine „Signalangst", Angst *ist* nicht mehr Unlust, sondern zeigt an, dass diese *droht*. Im vorliegenden Zusammenhang ist entscheidend: Die Vermeidung unlustvoller Affekte, unter diesen kommt der Angst eine besondere Stellung zu, spielt eine zentrale Rolle dabei, dass etwas unbewusst wird bzw. bleibt.

Es spricht vieles dafür, „unbewusst" in einem adjektivischen Sinn zu verstehen. Eine Verörtlichung im Sinne eines Unbewussten, „in" das etwas gelangt oder „von wo" es Wirkungen ausübt, führt in konzeptuelle Probleme. Vielmehr ist „unbewusst" eine Qualität, die einer Vorstellung im Verhältnis zu anderen

---

[3] Vgl. für eine religionsphilosophische Untersuchung der Verdrängung auch: Heinrich, Klaus (2021). *Arbeiten mit Ödipus. Begriff der Verdrängung in der Religionswissenschaft.* Freiburg, Wien: ca ira.
[4] Freud, Sigmund (1915c). Triebe und Triebschicksale. *GW* X, 209–232, 214.
[5] Freud, Sigmund (1950a) Entwurf einer Psychologie. *GW Nachtragsband*, 373–486, 404.

Vorstellungen oder Affekten zukommen kann. „Unbewusst" ist somit eine Art Verhältnis unterbrochener Verbindungen. „Das Unbewusste" kann als Begriff verwendet werden, um all das zu bezeichnen, was unbewusst ist, jedoch nicht als Ort oder Region des Psychischen.

Damit kann auch grob skizziert werden, welche Ziele die Psychoanalyse im Hinblick auf das Unbewusste verfolgt. Es geht weniger darum, die psychische Welt wieder „zurechtzurücken", so dass dem Individuum nichts mehr unbewusst wäre, sondern eine Art von Bezugnahme auf das zu ermöglichen, was die innere Welt strukturiert. Das kann derart aussehen, dass jemand einen mentalen Spielraum oder eine Neugier auf sich selbst entwickelt, ohne dass das hieße, sich selbst vollkommen transparent, in seinen Handlungen vollkommen steuerbar oder in seinem Erleben unbedingt rational zu werden.

Für „religiöse Praxis" kann im vorliegenden Rahmen nicht mehr als eine Arbeitsdefinition gegeben werden. Ich verstehe darunter im Weiteren die individuelle Auseinandersetzung mit einem Glauben und einer Lebenspraxis (angesichts eines göttlichen Gegenübers), die im zumindest impliziten Zusammenhang mit einer Glaubensgemeinschaft steht. Dabei spielen, vermittelt über religiöse Schriften, eine Geschichte und Tradition im Blick auf den Menschen und die Welt sowie Annahmen zu einer guten Lebensführung eine Rolle. „Religiöse Praxis" würde in diesem Sinne immer zweierlei meinen: die „geistige" Praxis einer Auseinandersetzung mit dem eigenen Glauben sowie die Praxis einer guten Lebensführung. Im vorliegenden Aufsatz bleibt die Darstellung auf Christentum und Judentum zentriert.[6]

Dass „religiöse Praxis" in verschiedener Weise immer auch damit in Verbindung gestanden hat, massive Gewalt gegenüber anderen (Glaubens-) Gruppen auszuüben, kann nicht übergangen werden, steht aber nicht im Fokus der vorliegenden Untersuchung.

Dabei ist mir eine wertfreie Betrachtung religiöser Praxis und individueller oder kollektiver Motive wichtig. Herbert Will[7] hat darauf hingewiesen, dass Freud in seiner Betrachtung der Religion einen persönlichen „Kampf" zwischen Religion und Aufklärung auf dem Feld der Opposition zwischen Religion und empirischer Wissenschaft austrägt und sich dabei klar auf die Seite des vermeintlich aufgeklärten wissenschaftlichen Rationalismus schlägt. Ohne Zweifel bedeutet dies eine verpasste Chance, die Rolle des Glaubens für den Menschen genauer zu durchdringen.

---

6   Vgl. zu Psychoanalyse und Buddhismus z. B.: Weischede, Gerald & Zwiebel, Ralf (2015). *Buddha und Freud. Präsenz und Einsicht.* Göttingen: Vandenhoeck & Ruprecht; zu Psychoanalyse und Islam z. B.: Benslama, Fethi (2017). *Psychoanalyse des Islam.* Berlin: Matthes & Seitz.; zu Psychoanalyse und Hinduismus z. B.: Kakar, Sudhir (2008). *Freud lesen in Goa.* München: Beck. Vgl. auch die Beiträge von Badawia, Rumel und Traub in diesem Band.

7   Will, Herbert (2014), Vom Niedergang der Weltanschauungen: Freuds Atheismus im Kontext betrachtet. *Psyche - Zeitschrift für Psychoanalyse und ihre Anwendungen,* 68, 1-30; vgl. auch Wills Beitrag in diesem Band.

Schließlich sind einige Bemerkungen zum zugrundegelegten Begriff von „Apokalypse" zu machen. Zwar ist der Begriff kaum von seiner biblischen Bedeutung zu trennen, ich verwende ihn hier allerdings in einem weiter gefassten Rahmen. Dabei folge ich Tilly[8] im Hinweis, dass „Apokalypse" im bloßen Sinn eines negativen Untergangs oder Unglücks zu verstehen eine Verkürzung bedeuten würde. „Apokalypse" soll sich hier beziehen auf die (offenbarende) Verkündung eines Endes der bisherigen Zeit und dessen, was bisher gewesen ist.[9]

Das bedarf selbst wiederum einiger Erläuterungen. Erstens soll die Apokalypse als Offenbarung verstanden werden, also als ein Zutagetreten, eine Entbergung. Wie sich im Weiteren noch zeigen wird, wohnt dieser Offenbarung eine besondere Dialektik aus Entbergen und Verbergen/Unverfügbarkeit inne.

Zweitens ist diese Offenbarung in ihren Grundzügen weder „positiv" noch „negativ", sie zeigt nicht eine Zerstörung oder Verschlechterung an. Gleichwohl wohnt ihr etwas potenziell Aversives (Unlustvolles, Ängstigendes) inne, insofern sie offenbart, dass etwas „untergehen" wird und eine Zukunft bevorsteht, die mit der Vergangenheit nicht in einer erkennbaren Fortsetzungslinie steht.

Die Zeitlichkeit, die damit angesprochen ist, verweist auf das, was im Apokalypse-Diskurs oftmals dazu führt, von der Postapokalypse zu sprechen. Versteht man die Apokalypse als Offenbarung, also als einen Moment, in dem etwas offenbar wird, wenn auch als auf die Zukunft gerichtete Verkündung, dann ist alles ab dem Zeitpunkt dieser Verkündung als postapokalyptisch zu verstehen. „Postapokalypse" meint hier gerade nicht den Zustand oder Zeitraum, *nachdem* etwas untergegangen ist, sondern den Zeitraum zwischen der Offenbarung und dem Ende. Giorgio Agamben[10] hat davon in seinem Kommentar zum paulinischen Römerbrief als der „Zeit, die bleibt", gesprochen.

Die Apokalypse als Offenbarung setzt also die Postapokalypse in Wirkung. Damit bewirkt sie auch eine bestimmte Strukturierung der Zeit, insofern nun postapokalyptisch eine „Angst vor dem Zusammenbruch" im Sinne Winnicotts[11] wirksam wird, welcher gleichwohl bereits geschehen ist, aber nicht repräsentiert werden konnte. Das und die psychoanalytische Perspektive auf Nachträglichkeit[12] können dabei helfen, die besondere Zeitlichkeit des Postapokalyptischen genauer zu fassen, wenngleich diese Überlegungen an anderer Stelle vertieft werden.[13]

---

8   Tilly, Michael (2012). *Apokalyptik*. Tübingen, Basel: Francke.
9   Vgl. Lear, Jonathan (2022). *Imagining the end*. Cambridge, London: Belknap Press.
10 Agamben, Giorgio (2000). *Die Zeit, die bleibt. Ein Kommentar zum Römerbrief*. Frankfurt a. M. 2006: Suhrkamp.
11 Winnicott, Donald Woods (1974). Fear of Breakdown. *International Review of Psychoanalysis*, 1, 103–107.
12 Z. B. Laplanche, Jean (2022). *Nachträglichkeit*. Gießen: Psychosozial.
13 Storck, Timo (in Vorb.). *Krisen auf der Couch*. Stuttgart: Klett-Cotta.

3. Vorschläge zu einer postfreudianischen Psychoanalyse der religiösen Praxis

Die Psychoanalyse hat sich wiederholt, wenngleich in der Regel mit einer gewissen Ambivalenz der Religion und Religiosität zugewandt[14]. Freuds Religionskritik ist weitgehend bekannt: Wenngleich die scharfe Zurückweisung religiösen Glaubens als einer Neurose, wie Freud sie beispielsweise in *Totem und Tabu* 1912/13 vornimmt, im Spätwerk einer etwas differenzierteren Sicht weicht, bleibt Freud doch der selbst titulierte „gottlose"[15] Mediziner und Empiriker, der es seiner Frau untersagt, am Freitag dem jüdischen Ritual gemäß Kerzen anzuzünden[16]. Freud widmet sich der Religion im Wesentlichen in den drei Arbeiten *Totem und Tabu*[17], *Die Zukunft einer Illusion*[18] und *Das Unbehagen in der Kultur*[19] sowie in seiner etwas anders angelegten[20] Moses-Studie *Der Mann Moses und die monotheistische Religion*[21]. Ich werde mich auf einige übergeordnete Aspekte konzentrieren.[22]

Das Neurotische an der Religion ist für Freud der sich darin äußernde Vaterkomplex: Der Glaube an und die Furcht vor einem (hoffentlich gerechten) großen Vater, der Gebote und Verbote ausspricht und dem man sich anzudienen habe, was auch dazu führt, dass Freud den Schuldaspekt in der Religion zentral setzt.[23]

---

14   Vgl. Bohleber, Werner (2009). Psychoanalyse und Religion: Facetten eines nicht unproblematischen Verhältnisses. *Psyche - Zeitschrift für Psychoanalyse und ihre Anwendungen, 63*, 813–821. Da das Verständnis C. G. Jungs vom oben dargelegten Modell des Unbewussten in einigen wichtigen Punkten abweicht, lasse ich seine umfassenden Überlegungen zu „Psychologie und Religion" an dieser Stelle außen vor. Vgl. Jung, Carl Gustav (1962). *Psychologie und Religion*. Zürich, Stuttgart: Rascher.
15   Vgl. Gay, Peter (1988). *„Ein gottloser Jude". Sigmund Freuds Atheismus und die Entwicklung der Psychoanalyse*. Frankfurt a. M.: Fischer.
16   Will, Niedergang der Weltanschauungen, 8.
17   Freud, Sigmund (1912/13). Totem und Tabu. *GW IX*.
18   Freud, Sigmund (1927c). Die Zukunft einer Illusion. *GW XIV*, 323–380.
19   Freud, Sigmund (1930a). Das Unbehagen in der Kultur, *GW XIV*, 419–506.
20   Vgl. Blass, Rachel B. (2012). Das Rätselhafte an der Freud'schen Puzzle-Analogie. In: Storck, Timo (Hg.). *Zur Negation der psychoanalytischen Hermeneutik*. Gießen: Psychosozial, 119–141, v. a. 128f.
21   Freud, Sigmund (1939a) Der Mann Moses und die monotheistische Religion. *GW XVI*, 101–246.
22   Vgl. ausführlich: Köhler, Thomas (2006). *Freuds Schriften zu Kultur, Religion und Gesellschaft*. Gießen: Psychosozial, 113–240.
23   Eine Variante dessen liefert Lacan, wenn er formuliert „Wenn es keinen Gott gäbe, dann wäre nichts erlaubt" (Lacan, Jacques [1996]. *Die Ethik der Psychoanalyse*. Weinheim: Beltz Quadriga). Er wendet damit die Annahme um, dass das Fehlen Gottes auch eine Freiheit von Verboten wäre, sondern argumentiert gerade dafür, dass Gott die Erlaubnis für ein (gottesfürchtiges oder gottgewolltes) Handeln gibt. Vgl. auch Žižek, Slavoj (2015). Das

Ausführlich äußert sich Freud in *Die Zukunft einer Illlusion*.[24] Zwei Argumente zu den sich in der Religiosität äußernden unbewussten Motiven möchte ich herausgreifen: Das ist zum einen die Figur, dass Religion ein Weg sei, mit der Hilflosigkeit des Menschen umzugehen.[25] Religiöse Praxis und Glaube erscheinen hier als ein Weg, sich mit der Endlichkeit des Lebens, dem Ausgeliefertsein an die Natur und der fehlenden Allmacht (nicht) auseinanderzusetzen: Sinnstiftend im Leben und darüber hinaus ist der Wille Gottes, das menschliche Leben endet bloß irdisch, und alles hat einen größeren Sinn. Zum anderen ist das die Figur einer infantilen Wunscherfüllung: Das gut und gottesfürchtig geführte Leben wird belohnt werden; ein gerechter Gott-Vater schützt (und erlöst) seine Kinder. Beide Figuren laufen darin zusammen, dass Freud im Glauben eine Vermeidung der unausweichlichen Materialität des Lebens sieht: Der Mensch ist endlich und allein und auf sich gestellt.

Dass Menschen glauben, ist nicht verwunderlich, aber es wird von Freud als ein Weg verstanden, existentielle Ängste zu umgehen, die dem Glauben und der religiösen Praxis unbewusst unterliegen. Er vertritt also im Bezug auf das Verhältnis von religiöser Praxis und Unbewusstem eine entlarvende Haltung: Wer glaubt, täuscht sich und unterliegt einer Illusion. Religiöse Praxis erwächst aus Abwehrbemühungen, ihr unterliegen unbewusste Motive.

Diese Freud'sche Haltung ist auch innerpsychoanalytisch einer Kritik unterzogen worden. Will[26] etwa stellt heraus, wie Freud hier unpsychoanalytisch vorgeht, indem er seinen eigenen (demonstrativen) Atheismus nicht psychoanalytisch untersucht, sondern im Sinne einer Wissenschaftsorientierung als vernünftige Folge herleitet. Sein Ringen zwischen wissenschaftlicher Ausrichtung, psychoanalytischer Reflexion menschlichen Erlebens und Handelns auf der einen und religiös geprägter Lebensführung auf der anderen Seite bleibt so unaufgelöst.

Entsprechend sind auch von psychoanalytischer Seite alternative Wege der Betrachtung religiöser Praxis vorgelegt worden.

Christentum gegen das Heilige. In: Žižek, Slavoj & Gunjevic, Boris (2015). *God in Pain. Inversionen der Apokalypse*. Hamburg: Laika, 39–65. Ebenfalls einen anderen Zugang wählt Fromm mit dem Versuch einer humanistischen Religion aus psychoanalytischer Sicht, indem er das Göttliche als eine bestimmte Selbst-Erfahrung beschreibt, also überaus „diesseitig", wenn auch unerfassbar. Fromm, Erich (1950). Psychoanalyse und Religion. In: Fromm, Erich (2008). *Ihr werdet sein wie Gott / Psychoanalyse und Religion*. München: dtv, 15–128.

24 Vgl. Spector Person, Ethel (2009). Deconstructing Freud's The Future of an Illusion: eight conceptual strands. In: O'Neil, Mary Kate & Akhtar, Salman (Hg.): *On Freud's "The Future of an Illusion"*. London: Karnac, 65–82.

25 So zum Beispiel zur „ökonomischen Funktion der Religion" bei: Ricœur, Paul (1969). *Die Interpretation*. Frankfurt a. M.: Suhrkamp, v. a. 261.

26 Will, Niedergang der Weltanschauungen.

Die Formulierungen zum Glauben (faith) bei Wilfred Bion umfassen ein weiteres Feld als das der religiösen Praxis oder Erfahrung im engeren Sinn.[27] Die Fähigkeit, „mit O eins zu sein", repräsentiert für Bion einen Glaubensakt, und Glaube sei „ein wissenschaftlicher geistiger Zustand"[28]. Bei Bion ist die Überlegung zentral, sich diesem Zustand überlassen zu können. Mit dem beschriebenen Glaubensakt ist ein Loslösen von „realitätsgerechter", fokussierter Aufmerksamkeit gemeint und ein Einswerden mit dem, was ansonsten distinkter Gegenstand der Erfahrung oder Reflexion wäre. Dies kann in eine religiöse oder „transzendente" Erfahrung führen.

Ronald Britton[29] formuliert eine psychoanalytische Konzeption des Glaubens (belief). Dieser wird verstanden als etwas, das als „unconscious belief" das Erleben und Handeln leitet und bewusst gemacht werden kann. Es handelt sich also hier ebenfalls nicht um unmittelbar religiöse Annahmen, wobei solche innerhalb des von Britton vorgeschlagenen Modells sehr wohl ein Bereich der „beliefs" sein können.

Will gebraucht die Figur einer Transgression und beschreibt, wie diese „(1) von einer inneren Not [herausgehe], die die Suche nach einem hilfreichen Anderen aktiviert. Darauf führt es (2) zu einer Entgrenzung des Ichs und Belebung einer religiösen Welt, aus der sich (3) eine Akteurumkehr und rettende Erfahrung entwickelt."[30] Das Individuum gerät in eine existentielle Krise (die letztlich auch die Krise der Existenz als solcher sein kann, also eine konkrete schwere physische Bedrohung), und dies zieht eine Art der Anrufung nach sich, so dass die Bewältigung der existentiellen Krise darin bestehen kann, diese Art von Dialog zu führen, der eben nicht die infantile und illusorische Unterwerfung unter einen Vater-Gott ist, sondern ein In-Kontakt-Kommen, mithin gerade das Gegenteil einer Abwehr. Ich werde darauf noch zurückkommen.

Was m. E. im Ansatz Freuds ganz wesentlich verloren geht (vgl. Loewald,[31] der das Ganzheitliche/Ewige in der religiösen Erfahrung herausstellt, dem Freuds Anliegen der Psychoanalyse als Praxis einer Zerlegung zuwiderlaufen musste), ist gerade die Möglichkeit, dass sich in religiöser Praxis etwas genuin offenbart, das weder aus dem Wirken einer psychischen Abwehr noch in deren Zurücktreten einer psychischen Abwehr allein besteht. Wie im Weiteren zu zeigen wird, ist diese Art der Offenlegung bzw. Offenbarung eine zweischneidige

---

27 Vgl. Civitarese, Guiseppe (2019). On Bion's Concepts of Negative Capability and Faith. *Psychoanalytic Quarterly 88*, 751-783; Mertens, Wolfgang (2018). *Psychoanalytische Schulen im Gespräch über die Konzepte Wilfred R. Bions*. Gießen: Psychosozial, 315ff.
28 Bion, Wilfred R. (2006). *Aufmerksamkeit und Deutung*. Frankfurt a. M.: Brandes & Apsel, 42.
29 Britton, Ronald (2001*). Glaube, Phantasie und psychische Realität*. Stuttgart: Klett-Cotta.
30 Will, Herbert (2017). Religiöse Erfahrung als Transgression: Ein Gedicht Edith Jacobsons aus nationalsozialistischer Haft als Beispiel. *Psyche - Zeitschrift für Psychoanalyse und ihre Anwendungen, 71*, 235-259, 236.
31 Loewald, Hans (1978). Comments on Religious Experience. In: Loewald, Hans (1978). *Psychoanalysis and the History of the Individual*. New Haven, London: YUP, 53-77.

Angelegenheit: Es offenbart sich eine Wahrheit, die mit einer existentiellen Krise verbunden ist,[32] ähnlich wie der erfahrene Zugang zu etwas, das bislang unbewusst geblieben ist.

Ein wichtiger Bezugspunkt für eine Religionspsychologie im Angesicht des Unbewussten kann bei William James[33] und dessen Verbindung von Religion zum „Unterbewussten" gefunden werden: Die Erscheinungsformen des religiösen Lebens sind für James „häufig mit dem unterbewußten Teil unserer Existenz verbunden"[34]. In diesem Bereich entstehen für James „alle mystischen Erfahrungen"; er sei „der Urquell von vielem, das der Religion Nahrung gibt". Bei „tiefreligiösen Menschen" stehe „das Tor zu dieser Region ungewöhnlich weit offen"[35]. James gebraucht den Begriff eines „unterbewußten Selbst" und vertritt die Hypothese, „daß das ‚Mehr', mit dem wir uns in der religiösen Erfahrung verbunden fühlen […,] die unterbewußte Fortsetzung unseres bewußten Lebens ist"[36].

4. Die Dialektik der Offenbarung: Entbergen und Unverfügbarkeit

Gerade das psychoanalytische Unbewusste könnte sich dafür anbieten, zwischen religiöser Praxis und der Psychoanalyse zu vermitteln, und dies insofern, als hier religiöse Erfahrung und eine besondere Form der Selbst-Erfahrung berührt sind[37].

Was kann mit einer „Offenbarung"[38] im Hinblick auf das Unbewusste gemeint sein? Kürzlich hat Udo Hock[39] auf die Figur der Entstellung hingewiesen und sie dahingehend verstanden, dass das Unbewusste sich darüber vermittelt,

---

32 Vgl. aus einer fundamentalontologischen Perspektive auf das Verhältnis von Apokalypse und Wahrheit auch: Vioulac, Jean (2021). *Apocalypse of truth*. Chicago: University of Chicago Press.
33 James, William (2014). *Die Vielfalt religiöser Erfahrung: Eine Studie über die menschliche Natur*. Berlin: Verlag der Weltreligionen/Insel.
34 James, *Vielfalt religiöser Erfahrung*, 467.
35 James, *Vielfalt religiöser Erfahrung*, 472.
36 James, *Vielfalt religiöser Erfahrung*, 490f.
37 Dieter Funke hat ferner aus theologischer und psychoanalytischer Sicht in seiner Kritik der Dualisierung des Bewusstseins und der Folgen einer erhöhten menschlichen Gewaltbereitschaft den Begriff des „Transbewussten" eingeführt, auf den ich im vorliegenden Rahmen allerdings nicht vertieft eingehen kann. Vgl. Funke, Dieter (2023). *Als Himmel und Erde sich trennten*. Gießen: Psychosozial.
38 Vgl. zur Philosophie der Offenbarung z. B.: Schelling, Friedrich Wilhelm (1977). *Philosophie der Offenbarung*. Frankfurt a. M.: Suhrkamp.
39 Hock, Udo (2024). Entstellung – ein Grundbegriff der Psychoanalyse. *Psyche - Zeitschrift für Psychoanalyse und ihre Anwendungen* 78, 579–613.

dass sich etwas als Entstelltes zeigt, in einer Figur des gleichzeitigen Zeigens und Verbergens. Darin ist entscheidend, dass unbewusst ist, dass das, was sich zeigt, dies über ein gleichzeitiges Sich-Verbergen tut. Etwas zeigt sich, und es wird auch erkannt, aber es besteht eine Art Bruch oder Lücke zwischen dem, *als was* es sich zeigt, und dem, *was* sich in diesem Sich-Zeigen zeigt.

Es handelt sich also um eine spezielle Art einer Offenbarung, nämlich insofern, als gerade durch das Sich-Zeigen auch etwas verborgen bleibt bzw. wird. Das ist die Logik der Entstellung, die etwas anderes ist als ein bloßer Entzug. In dieser Art von Offenbarung wird etwas präsentiert und zugleich entzogen, bleibt unverfügbar, nicht als etwas Positives bestimmbar. Der Psychoanalyse geht es dann im Kern weniger darum, das Unbewusste bewusst zu machen, sondern den Charakter einer Entstellung aufzuzeigen, eben den Bruch zwischen dem, was sich zeigt, und dem, als was es sich zeigt.

Nun kann ohne Zweifel eine Entstellung auch einen symptomatischen Charakter haben, also den Charakter einer Lösung für Konflikte, die solche Angst mit sich bringen, dass eine Lösung gefunden werden muss, und sei es eine in Gestalt des Symptoms, das zwar Leiden oder eine Hemmung mit sich bringt, aber immerhin ein Gleichgewicht schafft.

Wie führt ein Weg aus diesem symptomatischen Gleichgewicht? Was braucht es, damit jemand „neu darüber verhandeln" kann? Welche Wege des Umgangs findet er? Versteht man psychotherapeutische Prozesse als mehr als nur eine Art von komplexem Training in Richtung des Einübens neuer Umgangsweisen, dann gelangt man an die Figur einer existentiellen Krisenerfahrung, die in einer Psychoanalyse spürbar wird, eine geteilte Erfahrung der Erschütterung, aus der in offener Weise etwas Neues entstehen kann.

Diese existentielle Krisenerfahrung teilt mit der Apokalypse (als der Verkündung eines „So wird es nicht mehr weitergehen"), dass nicht bestimmbar ist, was nach ihr kommt, sondern nur, dass etwas zusammenbricht. Sei dieses Etwas gut oder schlecht: Jedenfalls ist es „Etwas" gewesen, im Kontrast zum Ungewissen, das vorausliegt. Auch wenn es die Krankheit sein kann, die hier zusammenbricht, so ist es doch auch der Zusammenbruch der bisherigen Umgangsweisen. Es ist also eine existentielle Erfahrung von Angst, die zuvor im Vertrauten und Erwartbaren gebunden war. Es handelt sich um eine Angst angesichts der Ungewissheit gegenüber einem „Danach", von dem man nichts wissen kann. Wenn man so will, dann offenbart sich hier das Unbewusste: als gespürtes Wissen darum, dass in der Offenbarung als einer Entbergung, eines Wissens um die Entstelltheit des Entstellten, offenbar wird, dass zwischen dem, was sich zeigt, und dem, als was es sich zeigt, ein Bruch besteht.

Diese Art von Offenbarung lässt sich als apokalyptisch kennzeichnen: Es ist das Offenbar-Werden, dass das, was bisher war, nicht mehr sein wird, dass aber auch nicht klar ist, was an seine Stelle tritt. Die Offenbarung des Unbewussten, hier verstanden als Entbergen des Umstands, dass es den beschriebenen Bruch gibt, das Individuum also auch seiner selbst nicht sicher sein kann, setzt etwas

Postapokalyptisches in Gang, markiert also einen offenbleibenden Zeitraum zwischen der Ankündigung einer zu Ende gehenden Zeit und ihrem tatsächlichen Ende.

Es ist an dieser Stelle wichtig zu betonen, dass die Psychoanalyse nicht darauf abzielt, einen psychischen Zusammenbruch als Vorbedingung des Heilungsprozesses absolut zu setzen. Es tut nicht gut, einen Zusammenbruch zu erleiden. Gemeint ist damit vielmehr, sich einer Erfahrung aussetzen zu können, in der man auf vermeintlich stabilisierende, letztlich aber vor allem symptomatische „Krücken" verzichtet, ohne schon zu wissen, worauf man sich statt dessen stützen kann – außer einer Beziehung, wie noch zu zeigen sein wird.

Die Offenbarung als existentielle Krisenerfahrung ist ängstigend, das heißt vom Erleben von Angst begleitet, weil a) Angst nicht länger abgewehrt wird, b) das Unverfügbare der eigenen Vorstellungen als Entstellungen, also die Entstelltheit des Entstellten, zutage tritt, c) die Ungewissheit eines Danach gespürt wird.

Solche Art der Angsterfahrung ist ein nächster Bereich, in dem sich religiöse Praxis und Psychoanalyse begegnen. Auf der religionsphilosophischen Seite tut dies natürlich beispielsweise Sören Kierkegaard,[40] von psychoanalytischer Seite zuletzt ausführlich Guido Meyer.[41] Eine Gemeinsamkeit beider Zugänge ist die Figur einer menschlichen Aufgabe, Ängsten gegenübertreten zu können – eine Pathologie der Angst besteht in der Regel ja in deren Unaushaltbarkeit, so dass sie dann entweder negiert wird oder aber jemanden überflutet.

Die Antwort der religiösen Praxis wie auch der Psychoanalyse auf die Frage, wie sich der Angst zu stellen ist, lautet: über den Halt in einer Beziehung und dessen Verinnerlichung.

5. Skizze einer religiösen und psychoanalytischen Ethik der dialogisch-differenten Begegnung

Figuren wie Dialog, Begegnung oder Zwiesprache lassen sich in religiöser Praxis wie in der Psychoanalyse finden. Interessanterweise gebraucht Freud gerade die Form des Dialogs mit einem Gegenüber, um in *Die Zukunft einer Illusion* seine religionskritische Position darzulegen.

Meinem Eindruck nach gibt es im Hinblick auf Dialog und Begegnung zum einen Ansätze, die das Verbundensein darin thematisieren. In religionsphilosophischer Sicht steht vor allem Martin Buber[42] für das Ich-Du-Verhältnis des

---

40 Kierkegaard, Sören (1992). *Der Begriff Angst*. Stuttgart: Reclam.
41 Meyer, Guido (2024). Die Psychoanalyse der Angst: Grundlagen und historische Entwicklungen. *Psyche - Zeitschrift für Psychoanalyse und ihre Anwendungen*, 78, 105–147.
42 Buber, Martin (1923). *Ich und Du*. Stuttgart: Reclam.

Menschen (zum anderen Menschen wie zu Gott). Buber argumentiert dabei klar gegen die (vermeintliche) Annahme Freuds, das Unbewusste sei rein psychisch, nicht naturhaft, und formuliert: „Der Psychoanalytiker kann das Unbewußte des andern nicht verstehen, aber er kann das Bewußte des andern als etwas Primäres verstehen."[43] Das führt zur Figur des Dialogs. In der Psychoanalyse kann darauf geblickt werden, dass die analytische Beziehungserfahrung Entwicklung und Veränderung mit sich bringt.

Zum anderen gibt es Ansätze, die Dialog oder Begegnung von der Seite der Andersartigkeit oder Alterität beschreiben. Religionsphilosophisch ist hier Emmanuel Levinas[44] der zentrale Referenzautor; ebenso wie die dialektische Perspektive auf den Dialog bei Theunissen wichtig ist,[45] psychoanalytisch ließe sich ebenfalls auf eine Reihe von Ansätzen aus Frankreich rekurrieren, etwa Julia Kristeva[46] oder Jean Laplanche.[47] Hier geht es darum, dass das Vom-Anderen-*als*-Anderem-Kommende etwas in Gang setzt, das mit der Subjektwerdung zu tun hat. Der Andere ist hier immer auch ein radikal Anderer, das dialogische Du ist bestimmt über eine „fremdartige" Begegnung und Differenzerfahrung angesichts des differenten Gegenübers.

Führt man dies eng auf die oben beschriebene existentielle Krisenerfahrung einer Offenbarung des Unbewussten und die damit einsetzende Figur des Postapokalyptischen, dann kann betont werden, dass derjenige Halt, der die Angst angesichts des Nicht-mehr-weiter und der offenen Zukunft ertragbar macht, in der dialogisch-differenten Begegnung mit einem Anderen gefunden wird. Dies können die religiöse Praxis und ein Dialog mit Gott sein oder die psychoanalytische Praxis in einem Dialog zwischen Analysand und Analytiker bzw. in beiden Fällen die Verinnerlichung einer dadurch möglich gewordenen Selbst-Beziehung, in der sich zum Unbewussten zu stellen weniger ängstigend bzw. eine Angst weniger überwältigend sein muss.

Das hier Gemeinte lässt sich beschreiben als eine Ethik der dialogisch-differenten Begegnung angesichts einer Offenbarung des Unbewussten. Diese Offenbarung ist dialektisch zu verstehen: In ihr zeigt sich etwas, und es zeigt sich dessen Unverfügbarkeit. Die damit verbundene existentielle Krisenerfahrung und das Postapokalyptische der Ankündigung eines bevorstehenden Endes führen, nämlich insofern sie es erforderlich machen, sich der eigenen Erfahrung zu

---

43 Buber, Martin (1965). Das Unbewußte. In: *Martin Buber Werkausgabe, Bd. 10*, 217–235, hier: 220.
44 Levinas, Emmanuel (2003). *Die Zeit und der Andere*. Hamburg: Felix Meiner.
45 Theunissen, Michael (1977). *Der Andere*. Berlin, New York: de Gruyter, s. dort auch den Hinweis darauf, dass in Bubers Dialog-Modell des Ich-Du-Verhältnisses das Berührtsein durch die gesellschaftlichen Verhältnisse fehle, bzw. dass Theunissen es als einen Versuch der Überwindung der Negativität auffasst, 234ff.
46 Kristeva, Julia (1990). *Fremde sind wir uns selbst*. Frankfurt a. M.: Suhrkamp.
47 Laplanche, Jean (2017). *Die allgemeine Verführungstheorie und andere Aufsätze*. Frankfurt a. M.: Brandes & Apsel.

stellen, in eine besondere Form der Begegnung. Diese Begegnung könnte man als den Kern religiöser und psychoanalytischer Praxis angesichts des Unbewussten beschreiben.

Literatur

Agamben, Giorgio (2000). *Die Zeit, die bleibt. Ein Kommentar zum Römerbrief.* Frankfurt a. M. 2006: Suhrkamp.
Benslama, Fethi (2017). *Psychoanalyse des Islam.* Berlin: Matthes & Seitz.
Bion, Wilfred R. (2006). Aufmerksamkeit und Deutung. Frankfurt a. M.: Brandes & Apsel.
Blass, Rachel B. (2012). Das Rätselhafte an der Freud'schen Puzzle-Analogie. In: Storck, Timo (Hg.). *Zur Negation der psychoanalytischen Hermeneutik.* Gießen: Psychosozial, 119–141.
Bohleber, Werner (2009). Psychoanalyse und Religion: Facetten eines nicht unproblematischen Verhältnisses. *Psyche - Zeitschrift für Psychoanalyse und ihre Anwendungen 63*, 813–821.
Britton, Ronald (2001). *Glaube, Phantasie und psychische Realität.* Stuttgart: Klett-Cotta.
Buber, Martin (1923). *Ich und Du.* Stuttgart: Reclam.
Buber, Martin (1965). Das Unbewußte. In: *Martin Buber Werkausgabe, Bd. 10*, 217–235.
Civitarese, Guiseppe (2019). On Bion's Concepts of Negative Capability and Faith. *Psychoanalytic Quarterly 88*, 751–783
Freud, Sigmund (1912/13). Totem und Tabu. *GW IX.*
Freud, Sigmund (1915c). Triebe und Triebschicksale. *GW X*, 209–232.
Freud, Sigmund (1927c). Die Zukunft einer Illusion. *GW XIV*, 323–380.
Freud, Sigmund (1930a). Das Unbehagen in der Kultur, *GW XIV* 419–506.
Freud, Sigmund (1939a). Der Mann Moses und die monotheistische Religion. *GW XVI*, 101–246.
Freud, Sigmund (1950a). Entwurf einer Psychologie. *GW Nachtragsband*, 373–486.
Fromm, Erich (1950). Psychoanalyse und Religion. In: Fromm, Erich (2008). *Ihr werdet sein wie Gott / Psychoanalyse und Religion.* München: dtv, 15–128.
Funke, Dieter (2023). *Als Himmel und Erde sich trennten.* Gießen: Psychosozial.
Gay, Peter (1988). *„Ein gottloser Jude". Sigmund Freuds Atheismus und die Entwicklung der Psychoanalyse.* Frankfurt a. M.: Fischer.
Heinrich, Klaus (2021). *Arbeiten mit Ödipus. Begriff der Verdrängung in der Religionswissenschaft.* Freiburg, Wien: ca ira.
Hock, Udo (2024). Entstellung – ein Grundbegriff der Psychoanalyse. *Psyche - Zeitschrift für Psychoanalyse und ihre Anwendungen 78*, 579-613.
James, William (2014). *Die Vielfalt religiöser Erfahrung: Eine Studie über die menschliche Natur.* Berlin: Verlag der Weltreligionen/Insel.
Jung, Carl Gustav (1962). *Psychologie und Religion.* Zürich, Stuttgart: Rascher.
Kakar, Sudhir (2008). *Freud lesen in Goa.* München: Bock.
Kierkegaard, Sören (1992). *Der Begriff Angst.* Stuttgart: Reclam.
Köhler, Thomas (2006). *Freuds Schriften zu Kultur, Religion und Gesellschaft.* Gießen: Psychosozial.
Kristeva, Julia (1990). *Fremde sind wir uns selbst.* Frankfurt a. M.: Suhrkamp.
Lacan, Jacques (1996). *Die Ethik der Psychoanalyse.* Weinheim: Beltz Quadriga.
Laplanche, Jean (2017). *Die allgemeine Verführungstheorie und andere Aufsätze.* Frankfurt a. M.: Brandes & Apsel.
Laplanche, Jean (2022). *Nachträglichkeit.* Gießen: Psychosozial.
Lear, Jonathan (2022). *Imagining the End.* Cambridge, London: Belknap Press.

Levinas, Emmanuel (2003). *Die Zeit und der Andere*. Hamburg: Felix Meiner.
Loewald, Hans (1978). Comments on Religious Experience. In: Loewald, Hans (1978). *Psychoanalysis and the History of the Individual*. New Haven, London: YUP, 53–77.
Mertens, Wolfgang (2018). *Psychoanalytische Schulen im Gespräch über die Konzepte Wilfred R. Bions*. Gießen: Psychosozial.
Meyer, Guido (2024). Die Psychoanalyse der Angst: Grundlagen und historische Entwicklungen. *Psyche - Zeitschrift für Psychoanalyse und ihre Anwendungen 78*, 105–147.
Mussgnug, Florian (2022). Apocalypse. In: Herbrechter, S. et al. (Hg.): *Palgrave Handbook of Critical Posthumanism*. Palgrave Macmillan, Cham.
Ricœur, Paul (1969). *Die Interpretation*. Frankfurt a. M.: Suhrkamp.
Spector Person, Ethel (2009). Deconstructing Freud's The Future of an Illusion: eight conceptual strands. In: O'Neil, Mary Kate & Akhtar, Salman (Hg.): *On Freud's "The Future of an Illusion"*. London: Karnac, 65–82.
Schelling, Friedrich Wilhelm (1977). *Philosophie der Offenbarung*. Frankfurt a. M.: Suhrkamp.
Storck, Timo (in Vorb.). *Krisen auf der Couch*. Stuttgart: Klett-Cotta.
Theunissen, Michael (1977). *Der Andere*. Berlin, New York: de Gruyter.
Tilly, Michael (2012). *Apokalyptik*. Tübingen, Basel: Francke.
Vioulac, Jean (2021). *Apocalypse of truth*. Chicago: University of Chicago Press.
Weischede, Gerald & Zwiebel, Ralf (2015). *Buddha und Freud. Präsenz und Einsicht*. Göttingen: Vandenhoeck & Ruprecht.
Will, Herbert (2014). Vom Niedergang der Weltanschauungen: Freuds Atheismus im Kontext betrachtet. *Psyche - Zeitschrift für Psychoanalyse und ihre Anwendungen, 68*, 1–30.
Will, Herbert (2017). Religiöse Erfahrung als Transgression: Ein Gedicht Edith Jacobsons aus nationalsozialistischer Haft als Beispiel. *Psyche - Zeitschrift für Psychoanalyse und ihre Anwendungen 71*, 235–259.
Winnicott, Donald Woods (1974). Fear of Breakdown. *International Review of Psychoanalysis 1*, 103–107.
Žižek, Slavoj (2015). Das Christentum gegen das Heilige. In: Žižek, Slavoj & Gunjevic, Boris (2015). *God in Pain. Inversionen der Apokalypse*. Hamburg: Laika, 39–65.

Mutter Teresa betet.
Zur Konzeptualisierung unbewusster Vorgänge in der Gebetspraxis

Herbert Will

Gebetspraxis und Spiritualität

Im Folgenden möchte ich den Blick auf das Beten als Kommunikation mit Unverfügbarem lenken (Küchenhoff 2021). Betrachtet man es phänomenologisch, so ist Beten diejenige religiöse Kommunikationsform, die Gesten und Worte verwendet – Worte, die kollektiv formuliert sind oder individuell, und die mit Körperhaltungen und Gebärden der Sammlung, der Demut, des Grußes verbunden sind, mit Ehrfurcht, Unterwerfung, Freude, Ergebung, mit Hingabe, manipulatorischen Handlungen oder symbolhafter Wiederholung (Flasche 1990). Vieles davon werden wir wiederfinden, wenn wir Mutter Teresa und ihr Beten als Beispiel nehmen. Der Rosenkranz etwa, das rituelle Gebet, mit dem sie sich so gerne und oft an Maria, die Mutter Jesu, wendet, zeigt auf komplexe Weise, wie religiöse Tradition, individuelle Emotion, verbaler Inhalt und körperlich-gestischer Ausdruck in der aktuellen Gebetssituation zusammenspielen und das Ereignis des Betens gestalten:

> Mutter Teresas kompromisslose Treue zum Gebet war eine Tugend, die ihre Schwestern bereits beobachtet hatten, als sie noch in Loreto war. Sie fiel auch ihren ersten Nachfolgerinnen auf und beeindruckte dann ganze Generationen der *Missionaries of Charity*, in späteren Jahren auch die zahlreichen Besucher der Kapelle des Mutterhauses. „Die Menschen waren fasziniert davon, einfach zu beobachten, wie Mutter betete. Sie saßen da und schauten zu, wie sie in dieses Mysterium regelrecht hineingezogen wurde", berichtete eine ihre Nachfolgerinnen. Ihre laute und klare Stimme beim Beten zu hören oder ihren eindringlichen, auf den Tabernakel fixierten Blick zu sehen, hinterließ den Eindruck einer höchst innigen Verbindung mit Gott. Kaum einer wusste, dass sie die Früchte dieser Innigkeit jahrzehntelang nicht genießen konnte. (Kolodiejchuk 2007, 312).

In der folgenden Untersuchung gehe ich von Mutter Teresa als einem eindrucksvollen Beispiel katholischer Spiritualität aus. Ihre Gebetspraxis wurde nach ihrem Tod für den Prozess der Selig- und Heiligsprechung sorgfältig dokumentiert und steht als zuverlässige Quelle zur Verfügung (Kolodiejchuk 2007).[1] Dabei sind

---

1 Die Belege für meine Überlegungen stammen alle aus diesem Buch. Wenn ich im Folgenden daraus zitiere, gebe ich nur noch die Seitenzahl des Zitats an. Ich danke Eckhard Frick

auch die emotionalen und psychischen Begleitumstände differenziert dargestellt. Auch wenn Mutter Teresa kontrovers diskutiert wird, ist die Intensität ihrer spirituellen Praxis doch allgemein anerkannt (Büssing & Dienberg 2021). Insofern soll sie hier als ein besonders pointiertes und anschauliches Beispiel für Grundstrukturen der Gebetspraxis herangezogen werden.

Wenn ich hier von Spiritualität spreche, muss ich mich auf den Zusammenhang des Christentums beschränken, auch wenn spirituelle und meditative Traditionen in allen großen Religionen eine wichtige Rolle spielen. *Spiritualität* ist eine lateinische Wortschöpfung, die von dem Verb *spirare* ausgeht, das *wehen, hauchen, atmen, leben* und auch *erfüllt* und *beseelt sein* bedeutet (Stowasser 1954). Spiritualität ist mit Inspiration verwandt. In der christlichen Tradition gilt der *Spiritus Sanctus*, der Heilige Geist, als ihre Grundlage. Ihre Gründungssituation ist das Pfingstwunder. Nach Jesu Himmelfahrt waren die Jünger „stets beieinander einmütig im Gebet samt den Frauen und Maria, der Mutter Jesu, und seinen Brüdern" (Apg 1,14). Als der Pfingsttag gekommen war, waren sie alle an einem Ort beieinander, „und sie wurden alle erfüllt von dem Heiligen Geist" (Apg 2,4). Gebet und Spiritualität als ganzheitliches, körperlich-geistiges und gemeinschaftliches Geschehen sind in der christlichen Tradition eng miteinander verknüpft. Wobei die Psychoanalyse auch eine einzelne, individuelle Gebets- oder Meditationssituation als etwas Gemeinschaftliches betrachtet, weil dabei die Gemeinschaft in der einzelnen Person mit ihren inneren Objekten und Beziehungserfahrungen aktiviert wird. Vorbereitet durch die Praxis der Andacht und des Betens ergreift Heiliges, Unverfügbares die betroffenen Menschen – das meint Spiritualität in unserem Zusammenhang.

Eine psychoanalytische Perspektive

Was kann die Psychoanalyse zu einem Verständnis des Betens als Kommunikation mit dem Unverfügbaren beitragen? Ausgehend von Mutter Teresas Gebetspraxis möchte ich einige Konzepte diskutieren, die unbewusste Vorgänge beim Beten erläutern können. Methodisch ist dabei von Belang, dass diese Konzepte nicht wie in der traditionellen psychoanalytischen Religionspsychologie vom dynamisch Unbewussten ausgehen – damit ist jenes unbewusste Material gemeint, das hoch konflikthaft ist, unbewältigt und unintegriert und das deshalb verdrängt oder verleugnet wird. Dieses dynamisch Unbewusste steht im Zentrum der psychoanalytischen Krankheitslehre und Behandlungstheorie, weil seine verdrängten oder verleugneten Kräfte im Individuum für Symptombildung und Leiden sorgen.

SJ, Psychoanalytiker und Professor für Spiritual Care und psychosomatische Gesundheit an der TU München, für eine intensive Diskussion der Thematik.

Mutter Teresa betet.

Wenn wir Religion und Spiritualität heute nicht mehr wie zu Freuds Zeiten als kollektive psychische Krankheit betrachten, sondern als eine eigenständige Dimension des Menschseins, als eine Existenzweise (Freud 1927; Latour 2014; Will 2014), dann geht es hier strukturell um deskriptiv Unbewusstes, das zunächst einmal dem Bereich psychischer Gesundheit angehört. Dabei will ich keineswegs unterschlagen, dass religiöse Traditionen allzu häufig psychisches Leiden hervorrufen, etwa durch Triebunterdrückung oder moralischen Rigorismus (Moser 1976). Deskriptiv Unbewusstes meint Vorgänge, die nicht der Verdrängungsschranke unterliegen, sondern tendenziell zugänglich sind. Verdrängt Unbewusstes ist nur durch Deutung erreichbar (was in Freuds Terminologie methodenkritisch ein Erraten meint); deskriptiv Unbewusstes hingegen bedarf der konzeptuellen Erfassung, um es betrachten zu können.

Nimmt man die einzelne religiöse Person mit ihrer konkreten spirituellen Praxis in den Blick, dann lädt sich das Angebot der Religion individuell auf und verbindet sich mit den persönlichen Konfliktfeldern und Nöten. Der Titel *Mutter Teresa betet* soll beides aufgreifen: einerseits die deskriptiv unbewussten Prozesse, die in der kulturell-religiösen Praxis des Betens liegen, andererseits die individuellen Persönlichkeitsvariablen, mit denen Mutter Teresa das Beten emotional ausgestaltet.

Mit ihrer Auffassung vom Religiösen als Ausdruck einer Psychopathologie war die Psychoanalyse als Generaltheorie der Religionskritik angetreten (Freud 1927). Heute wird sie bescheidener argumentieren und angesichts der Komplexität religiös-spiritueller Phänomene auf die Notwendigkeit der interdisziplinären Zusammenarbeit hinweisen. Ich nähere mich Mutter Teresa als Psychoanalytiker, Arzt und evangelischer Theologe. Dabei bin ich beeinflusst durch Denkweisen der Religionswissenschaft, Religionssoziologie, Religionspsychologie, Religionsphilosophie und Theologie. Religion und Spiritualität betrachte ich als Verdichtung von Menschheitserfahrungen, die existentielle Fragen bündeln und Wege bereitstellen, damit umzugehen. Der Ausgangspunkt einer psychoanalytischen Betrachtung ist dabei das emotionale Erleben, sind die Beziehungserfahrungen, Wünsche und Ängste der Menschen, wie sie sich in der Kommunikation mit Unverfügbarem ausgestalten. Mit den folgenden Überlegungen setze ich eine ganze Reihe von Untersuchungen fort, in denen ich – ausgehend von konkreten Beispielen – einen zeitgenössischen psychoanalytischen Zugang zu Phänomenen des religiösen und spirituellen Lebens erarbeite.

Wenn ich nun Mutter Teresa vorstelle, mag es zunächst hagiographisch klingen. Ich möchte auch eine gewisse Faszination angesichts der Absolutheit ihres religiösen Anspruchs nicht verhehlen. Gleichwohl hoffe ich, den notwendigen methodischen Abstand einzuhalten.

Amor Jesu dolcissimus

Den leidenden Jesus zu lieben und von ihm geliebt zu werden, gehört seit vielen Jahrhunderten zu den hohen Zielen weiblichen Ordenslebens im Christentum. Für Mutter Teresa wurde die liebende Vereinigung mit Jesus, dem Jesus des Kreuzes, zur lebensbestimmenden Sehnsucht.

Mutter Teresa wird 1910 als Tochter einer wohlhabenden katholischen Familie im albanischen Skopje geboren. Sie zeigt schon früh eine starke religiöse Begabung und Begeisterung, entscheidet sich im Alter von zwölf Jahren, Ordensfrau zu werden, und tritt mit 18 Jahren ins Noviziat der irischen Loreto-Schwestern ein. Vielleicht spielt dabei eine Rolle, dass ihr Vater überraschend stirbt, als sie acht Jahre alt ist. In der Nachfolge der hl. Therese von Lisieux nimmt sie den Ordensnamen Teresa an. In Kalkutta wird sie Lehrerin und charismatische Schulleiterin der *St. Mary's School*, bevor sie 1946 mit 36 Jahren ihre ganz besondere Berufung erlebt.

Während der Zugfahrt zu den jährlichen Exerzitien und während der Exerzitien selbst hört sie die Stimme Jesu mehrmals zu sich sprechen und antwortet ihm. Es entsteht ein intimes Wechselgespräch. Später kommen eindrucksvolle Visionen hinzu. Jesus bittet sie, ihr zu helfen, wie er zu lieben und zu leiden und einen Orden indischer Schwestern zu gründen, der sich der Ärmsten, Kranken und Sterbenden und der Kinder in den Slums annimmt. Sie zweifelt, zögert, fragt ihn, seine Antwort ist: „Willst du mich zurückweisen?" Zudem entsteht ein intimer Liebesdialog, in dem Jesus etwa sagt: „Du bist meine Braut für meine Liebe geworden", und Mutter Teresa ihn anspricht als „mein Jesus" und „mein eigener Jesus". Sie macht sich Notizen über diese sie tief bewegenden Erfahrungen und erzählt ausschließlich ihrem geistlichen Führer, dem Jesuitenpater Van Exem, davon. Nach langem Zögern erlaubt dieser ihr, sich an den Erzbischof Périer von Kalkutta zu wenden (61–67, 116–122).

Zuvor war ihre Sehnsucht immer größer geworden, alles für Jesus zu sein und ihn so zu lieben, wie er noch niemals zuvor geliebt worden war. Sie liest die Lebensgeschichte der hl. M. Cabrini (welche die Missionarin italienischer Einwanderer in den USA war) und wird von der Idee fasziniert, nach deren Vorbild zur Missionarin Jesu in den Slums Indiens zu werden. Schließlich kommt es in der intensiven Phase des Betens und der spirituellen Exerzitien zu der *Akteursumkehr*, die typisch ist für *religiöse Transgression* (Will 2017; s. u.). Nicht mehr Mutter Teresa wünscht sich die einzigartige Nähe zu Jesus, sondern er wendet sich mit seinem Ruf an sie, alles zu verlassen und in Indien sein Werk zu tun. Anstelle von ihr mit ihrer Sehnsucht wird nun er mit seinem Ruf zum Akteur:

> Mutter Teresa schreibt an Erzbischof Périer: „Ich betete lang – ich betete so viel – ich bat Unsere Mutter Maria, Jesus zu bitten, all dies von mir zu nehmen. Je mehr ich betete – umso deutlicher wurde die Stimme in meinem Herzen und so betete ich darum, dass Er mit mir tun solle, was immer er wollte." (63)

In der folgenden Zeit vertritt Mutter Teresa ihre Berufung sehr offensiv und drängt auf ihre Umsetzung. Zugleich verstärken sich ihre mystischen Erfahrungen, so dass ihr geistlicher Berater sehr nüchtern überlegt, ob sie nicht bald in den Zustand der Ekstase geraten könnte, den die hl. Teresa von Avila besonders eindrucksvoll beschrieben hat (102). Mutter Teresa ist einerseits erfüllt von „der Süße & dem Trost & der Vereinigung dieser Monate" (102), nimmt aber auch immer wieder einen skeptischen Abstand dazu ein. Nach langen Prüfungen und Überlegungen wendet sich Erzbischof Périer schließlich an Rom. 1948 wird ihr von Papst Pius XII die Erlaubnis gewährt, Loreto zu verlassen, die *Missionaries of Charity* zu gründen und die Arbeit in den Slums zu beginnen. Aufgrund ihrer Bodenständigkeit und Hartnäckigkeit, ihrer organisatorischen Begabung und ihrer außergewöhnlichen menschlichen und spirituellen Ausstrahlung gedeiht der Orden und dehnt sich bis zu ihrem Tod 1997 auf alle Erdteile aus mit über 350 Häusern in mehr als 77 Ländern (357). Wegen ihrer ausgesprochen willensstarken Persönlichkeit und der Rigorosität ihrer Anforderungen wird Mutter Teresa jedoch auch kontrovers diskutiert.

Gebet und spirituelle Trockenheit

Im Folgenden konzentriere ich mich auf die Zeit nach der intimen Begegnung mit Jesus und der Ordensgründung. Nun nämlich stellt sich eine innere Distanz zu Gott ein, die Mutter Teresa enorm quält und die im völligen Gegensatz zu dem Einheitserleben der glücklichen Berufungszeit steht. Hier zeigt sich, dass Beten keine Garantie des guten Kontaktes mit dem Unverfügbaren bereitstellt, sondern auch Kontaktlosigkeit quälend vertiefen kann. „Meine Gebete sind jämmerlich trocken und gefroren – welch unsagbarer Schmerz", schreibt Mutter Teresa 1959 (231). Ihren geistlichen Beratern sind derartige Zustände aus der religiösen Tradition bekannt. Sie nennen sie spirituelle „Trockenheit" und „Dunkelheit" und ordnen sie als geläufige Erfahrung großer Mystiker:innen ein.

> „Ich bete nicht mehr. – Ich spreche die Worte der Gemeinschaftsgebete aus – und versuche mein Äußerstes, um aus jedem Wort die Süße herauszuholen, die es geben kann. – Doch mein Gebet der Vereinigung gibt es nicht mehr. – Ich bete nicht mehr. – Meine Seele ist nicht mehr eins mit Dir –", so schreibt Mutter Teresa 1959 an Jesus (313).

Sowohl aufgrund ihrer persönlichen Disposition als auch in der Tradition ihres Ordens spielt das Beten eine zentrale Rolle in ihrem spirituellen Leben. Ihr Tagesablauf beginnt über Jahrzehnte hinweg um 4:40 Uhr mit dem Morgengebet des Ordens:

O Jesus, durch das Heiligste Herz Mariens opfere ich Dir die Gebete, Werke, Freuden und Leiden dieses Tages in allen Intentionen Deines Göttlichen Herzens auf. In Vereinigung mit allen Heiligen Messen, die überall in der Katholischen Welt dargebracht werden, opfere ich Dir mein Herz auf. Mach es sanftmütig und demütig wie Deines. (401).

Nach den Gemeinschaftsgebeten und Meditationen über das Wort Gottes zwischen 5:00 Uhr bis 6:00 Uhr besucht sie die Heilige Messe. Anschließend hält sie ihre eigene heilige Stunde mit Jesus, „so dass ich zwei Stunden mit Jesus bekomme, bevor die Leute & Schwestern anfangen, mich zu benutzen. – Erst lasse ich mich von ihm benutzen." (312). Dann gibt es Frühstück und den Aufbruch zum Apostolat in den Slums oder zu ihren vielfältigen anderen Aufgaben. Um 12:30 Uhr schließen sich Gemeinschaftsgebete, das Mittagessen, eine halbe Stunde Mittagsruhe und eine halbe Stunde geistlicher Lesung an. Nach der weiteren Arbeit bei den Armen verbringt sie um 18:00 Uhr eine Stunde Anbetung vor dem Allerheiligsten. Hier dürften auch die Beobachtungen ihres Gebetsverhaltens stattgefunden haben, die ich oben zu Beginn wiedergegeben habe. Es folgen das Stundengebet und Abendessen, um 21:00 Uhr schließlich das Nachtgebet und oft noch bis spät in die Nacht hinein das Beantworten von Post (440).

Ich schildere den Tageslauf Mutter Teresas in diesen Einzelheiten, weil dadurch spürbar wird, wie stark die betende Zuwendung zu Maria und Jesus ihre innere und äußere Welt prägt. Es ist auffällig, dass sie sich in den allermeisten Gebeten, die in dem Buch (Kolodiejchuk 2007) wiedergegeben sind, an Maria oder an Jesus richtet; kaum jemals an Gott direkt. Je menschennäher das Gegenüber des Gebetes erscheint, desto leichter kann es offenbar angesprochen werden; je göttlicher, desto weniger ist es direkt verfügbar. Maria hilft auf dem Weg zu Jesus, und Jesus hilft auf dem Weg zu Gott. So ergibt sich immer wieder folgende Reihe: „Ich möchte Jesus mit der Liebe Marias lieben, und seinen Vater mit der Liebe Jesu." (317). Im Folgenden gebe ich einige Beispiele ihrer Gebete wieder.

An Maria wendet sie sich oft mit dem Rosenkranz oder auch mit den Worten des *Stabat Mater*, welche die Gefühle Unserer Lieben Frau am Fuße des Kreuzes aufnehmen: „Let me share with thee His pain", oder auf Deutsch: „Lass mit Dir mich herzlich weinen, ganz mit Jesu Leid vereinen, solang hier mein Leben währt." (237). An Kardinal Picachy schickt sie mit einem Dankschreiben eine kleine Statue Unserer Lieben Frau von Fatima, zu deren Füßen ein kleiner Vogel sitzt. „Dort möchte ich gerne sein", schreibt sie dazu, wie der Vogel zu den Füßen Marias. „Oft bete ich zu ihr für Sie – und er wird Sie daran erinnern, für mich zu beten." (330–1).

Aus Mutter Teresas Gebeten *an Jesus* bringe ich einige kurze persönliche Beispiele:

„Heiligstes Herz Jesu, ich vertraue auf Dich – ich will Dein Dürsten nach Seelen stillen." (194). „Jesus, ich nehme an, was immer Du gibst – und ich gebe, was immer Du nimmst." (262). „Lass mich das fühlen, was Du gefühlt hast. Lass mich an Deinem Schmerz teilhaben." (281). „Jesus in meinem Herzen, ich glaube an Deine treue Liebe zu mir. Ich liebe Dich." (340). „In Einheit mit all den vielen Menschen, die sich auf der ganzen Welt aufopfern, opfere ich Dir mein Herz auf. Mach es sanftmütig & demütig wie Deines." (340).

Das ausführliche Beichtgebet aus dem Jahr 1959, das Mutter Teresa direkt *an Gott* richtet, hat sie aufgeschrieben und an ihren geistlichen Berater, Pater Pitachy, geschickt. Es ist das erschütternde Dokument eines gequälten Herzens. Ich zitiere Passagen daraus:

> Herr, mein Gott, wer bin ich, dass Du mich im Stich lassen solltest? Das Kind Deiner Liebe – das nun meistgehasste – dasjenige, dass du weggeworfen hast als unerwünscht – ungeliebt. Ich rufe, ich klammere, ich will – und da ist Niemand, der mir antwortet – Niemand, an den ich mich klammern kann – nein, Niemand. – Allein. Die Dunkelheit ist so dunkel – und ich bin allein. (...)
> Ich wage nicht, die Worte & Gedanken auszusprechen, die mein Herz bedrängen – & die mich unsagbar Agonie erleiden lassen. So viele unbeantwortete Fragen leben in mir – ich habe Angst davor, sie zu enthüllen – wegen der Gotteslästerung. – Wenn es einen Gott gibt, verzeih mir bitte. – Vertraue, dass alles im Himmel mit Jesus enden wird. – Wenn ich versuche, meine Gedanken zum Himmel zu erheben – erlebe ich eine solch überzeugende Leere, dass diese Gedanken wie scharfe Messer zurückkehren & meine innerste Seele verletzen. – Liebe – das Wort – es bringt nichts. – Man erzählt mir, dass Gott mich liebt – jedoch ist die Realität von Dunkelheit & Kälte & Leere so überwältigend, dass nichts meine Seele berührt. Bevor das Werk anfing, gab es so viel Einheit – Liebe – Glaube – Vertrauen – Gebet – Opfer. – Habe ich den Fehler gemacht, mich blind dem Ruf des Heiligsten Herzens hinzugeben? (...)
> Was tust Du, Mein Gott, jemand so Kleinem an? Als du mich batest, Deine Passion in meinem Herzen einzuprägen – Ist dies die Antwort darauf? (218–220).

Beten als religiöse Transgression

Die typische Wendung im religiösen Erleben, die ich oben als Akteursumkehr bezeichnet habe – die Wendung von der eigenen Aktivität (z. B. Beten) zur erlebten Antwort Gottes oder Jesu – zeigt aus psychoanalytischer Sicht manche Eigenarten einer projektiven Identifizierung. Doch sie allein darauf zurückzuführen, verkennt den besonderen Charakter religiösen Erlebens, wie ihn schon William James herausgearbeitet hat (1979). In meiner Studie über religiöse Transgression (Will 2017) untersuche ich diese Besonderheit am Beispiel der jüdisch-atheistischen Analytikerin Edith Jacobson. Jacobson und viele ihrer politischen Mitgefangenen hatten in der Extremsituation nationalsozialistischer Haft eine drängende metaphysische Sehnsucht und religiös-ekstatische Erlebnisse entwickelt, obwohl sie meist einer materialistischen Weltanschauung anhingen. Der Kontext bei Mutter Teresa ist ein völlig anderer, die existentielle Bereitschaft zur religiösen Transgression und Akteursumkehr jedoch vergleichbar.

Während *transgression* im Englischen eine Grenzüberschreitung im Sinne von Übertretung, Verstoß oder Vergehen meint, verwende ich den Begriff in der Sphäre des Religiösen für die Überschreitung aus der menschlichen in eine heilige oder göttliche Welt – ein psychischer Vorgang, der eine Passage zwischen Immanenz und Transzendenz ermöglicht (Yelle & Ponzo 2021). William James hatte in seinem Buch über *Die Vielfalt religiöser Erfahrung* nach einer Gemeinsamkeit gesucht und folgende Hypothese entwickelt: Das Gemeinsame religiöser Erfahrungen liege in dem Vorgang, in dem die bewusste Person aus einem existentiellen Unbehagen in ein größeres Selbst übergeht, aus dem rettende Erfahrungen kommen (1979, 515). Dabei postulierte er, dass unbewusste Vorgänge als vermittelnde Instanz zwischen der bewussten Person und den religiösen Konstruktionen wirkten.

In einer psychoanalytischen Konkretisierung dieser Hypothese konzeptualisiere ich religiöse Transgression als Dreischritt (Will 2017): 1. eine *existentielle Suchbewegung*, die über das Bestehende hinausgreift und nach dem Unverfügbaren fragt, 2. die Einbettung in eine religiöse Tradition und spirituelle Praxis, die zu einer *Entgrenzung des Ichs* führt, und 3. eine *Akteursumkehr*, die mit einer rettenden Erfahrung einhergeht und das Selbsterleben im Sinne einer Dezentrierung verändert: Nicht mehr Ich, sondern die andere Welt wird bestimmen.

Betrachten wir Mutter Teresas Gebetspraxis aus dieser Perspektive, so scheint ihr ganzes Ordensleben auf religiöse Transgression angelegt zu sein. Das Beten erweist sich als zentrales Feld, in dem sie jeden Tag neu in vielen Anläufen versucht, ihr Ich zu überschreiten, ihre Sehnsucht nach Kontakt mit dem Anderen, religiös Unverfügbaren lebendig werden zu lassen und sich in Akteursumkehr von Jesu Liebe erfüllen zu lassen. Als Beispiel einer transgressiven Passage möchte ich das oben zitierte Morgengebet anführen. Hier spricht sie als Beterin Jesus an, erwähnt das Heiligste Herz Mariens als emotionalen Mittler und äußert ihr Vorhaben, Jesus die Gebete, Werke, Freuden und Leiden des Tages zu opfern. Mit der Verwendung des Wortes „opfern" stellt sie eine Nähe zu Jesu Selbstopfer am Kreuz her, die schließlich in die Akteursumkehr mündet, dass Jesus selbst ihr Herz sanftmütig und demütig machen möge.

Mutter Teresa betet mit höchster emotionaler Intensität den ganzen Tag und ihr ganzes Leben in diese transgressive Bewegung hinein. Damit erweist sie sich als religiöse Virtuosin in Max Webers Sinn: Sie versucht, ihr Leben und ihr Herz ganz und ausschließlich dem Heiligen zu weihen und ihre religiöse Musikalität wie eine Virtuosin auszubilden (Will 2014). Einen gut Teil ihrer außergewöhnlichen religiösen Qualifizierung scheint ihre Gebetspraxis bereitzustellen – wenn der Vergleich erlaubt ist, dann betet sie so, wie eine Violinvirtuosin Geige übt. Beten würde dann heißen, religiöse Transgression zu üben. Beten erweist sich als Weg, um die religiöse Musikalität auszubilden und zu pflegen.

Beten als transzendierende Triangulierung

Einige Tage vor Mutter Teresas Tod – sie ist schwer krank und bettlägerig – ist eine Ordensschwester Zeugin einer Szene, die aus meiner Sicht einen Hinweis auf den Vorgang der transzendierenden Triangulierung gibt.

> Ich sah, wie Mutter allein, (…) ein Bild des Heiligen Antlitzes (…) betrachtete (…) und sie sagte: „Jesus, ich verweigere Dir nichts." Ich dachte, sie spräche zu jemandem. Ich ging wieder hinein. Nochmals hörte ich dasselbe: „Jesus, ich habe dir nie etwas verweigert." (380).

Nehmen wir an, eine Frau wünsche sich – rein weltlich – eine innige Beziehung zu einem Mann, der sie erkennt und liebend und unterstützend mit ihr umgeht. Schließlich trifft sie einen, und ihr Wunsch geht in Erfüllung. Ist Mutter Teresas Beziehung zu Jesus, wie Freud es vorschlägt (1927, 352–3), als illusionäre Wunscherfüllung einzuschätzen, in der ein solcher irdischer Wunsch auf eine jenseitige Phantasiegestalt verschoben ist? Nun, die sinnliche und emotionale Komponente in Mutter Teresas Beziehung zu Jesus ist nicht zu übersehen. Doch das Spezifische an Jesus geht weit darüber hinaus. Mit der Theorie der Wunscherfüllung schwer vereinbar sind etwa die Forderungen, die von Jesus ausgehen: die ethische Forderung, ihm in seinem Leiden und seiner Hingabe für die Ärmsten nachzufolgen. Und in der Situation der todkranken Mutter Teresa die Forderung, dem Sterben ins Auge zu sehen und Jesus in seinem Tod nachzufolgen. Durch ihre Beziehung zu Jesus gibt Mutter Teresa ihrem bevorstehenden Tod eine religiöse Qualität. Wie Untersuchungen zum menschlichen Transzendenz-Bedürfnis zeigen, gibt nicht zuletzt die finale Begrenztheit unseres Lebens Anlass, nach Transzendenz zu suchen (Yelle & Ponzo 2021; Will 2024).

In dem Begriff der transzendierenden Triangulierung verbinde ich zwei Worte, die eine Öffnung oder ein Heraustreten, eine Passage, bezeichnen. Zunächst zum *Transzendieren*. Ob es ein Brandopfer ist, eine Abendmahlsfeier, die Meditationserfahrung eines Hindu Yoga, die durch schamanische Techniken erreichte Ekstase oder Mutter Teresas Gebetspraxis – religionswissenschaftliche Untersuchungen zum Begriff der Transzendenz stellen die Eigenart des *Transzendierens* als *Passage* zwischen dem Hier-und-Jetzt und dem, was als jenseitig (oder darüber) vorgestellt wird, in den Vordergrund. Transzendenz lässt sich dann als eine Beziehungskategorie zwischen dem gegenwärtig Immanenten und dem darüber Hinausgehenden auffassen (Yelle & Ponzo 2021). Der Philosoph Ludwig Wittgenstein hat diese Bewegung intensiv erlebt und reflektiert (Will 2014, 111–146). „Er durchbricht die Begrenzung und wird religiös" – so benennt Wittgenstein die transzendierende Passage (2004, 45).

Immanenz – Transzendenz, irdisch – himmlisch, sterblich – unsterblich, begrenzt – unbegrenzt, verfügbar – unverfügbar, derartige Relationen legen es nahe, Transzendenz insgesamt als einen relationalen Begriff zu betrachten. Er erhält seine Spannung aus dem Erleben eines Hier-und-Jetzt, dem etwas Entscheidendes fehlt. In dieser Weise prozessual betrachtet, wird Transzendenz nicht als feste Größe oder Dauerzustand imponieren, sondern als ein Ergriffensein oder eine Erleuchtung, die vorübergeht. Wenn es gut geht, bewirkt sie eine Veränderung, eine veränderte Haltung bei der Rückkehr ins Hier-und-Jetzt. Transzendentes wird dann als Passage wirksam, wenn es hilft, eine veränderte Haltung zum Immanenten zu gewinnen – konkret, wenn Mutter Teresas Gespräch mit Jesus ihr hilft, mit ihrem Sterben besser zurecht zu kommen.

Wenn Transzendieren die Passage zwischen Immanenz und Transzendenz meint, dann steht Triangulierung für die Passage zwischen Dyade und Triade. *Triangulierung* ist ein Terminus, der in der psychoanalytischen Objektbeziehungstheorie entwickelt wurde und die Dreiheit der Beziehungen hervorhebt, in die das Kind gestellt ist: zur Mutter, zum Vater und zur Beziehung der Eltern miteinander. Wenn trianguläre Beziehungsstrukturen auf gute Weise internalisiert wurden, dann beinhalten sie auch die Regulation von Konflikten und das Aushalten von Ambivalenzen in den Beziehungen (Grieser 2022). Wenn es zur dyadischen Engführung kommt, kann Triangulierung der inneren Öffnung und Erweiterung dienen. Kulturelle Angebote wie Literatur, Musik oder Film lassen sich als derartige triangulierende Erweiterungen auffassen, welche die Enge unmittelbaren Beziehungserlebens aufbrechen können. Das Triangulierungsangebot von Spiritualität und Religion kann ebenso wirken und geht noch darüber hinaus. Es ist insofern eigenständig, als es das Unverfügbare selbst thematisiert und als ein ganz Anderes, das ungreifbar ist, in den Beziehungsraum bringt. Es geht von der menschlichen Grundsituation aus, nicht im Bestehenden aufzugehen, sondern auf einen Hintergrund bezogen zu sein, der nicht zur Verfügung steht, der nicht immanent, sondern transzendent ist. Insofern soll der Begriff der transzendierenden Triangulierung eine Passage bezeichnen, welche die Möglichkeiten menschlicher Triangulierung überschreitet (Will 2019).

Um dies zu erläutern, möchte ich auf Mutter Teresas geistliche Berater zurückkommen. Sie sind für sie immer wieder von entscheidender Bedeutung. Man kann sie als menschliche – und durchgehend männliche – Triangulierer betrachten, die ihr immer neu helfen, aus einer dyadischen Engführung in ihrem religiösen Selbstdialog, aus einer inneren Sackgasse, herauszufinden. Doch zugleich stellen sie Mittler zur religiösen Welt dar und bieten Mutter Teresa Wege einer transzendierenden Triangulierung an. Diese Wege können sie durch ihre „priesterliche" Funktion und durch die religiösen Traditionen und Praktiken öffnen, die sie vertreten und zu denen die intensiven Tage spiritueller Exerzitien gehören, die sie anleiten.

Transzendierende Triangulierung meint insofern nicht nur einen kognitiven Vorgang, sondern einen ganzheitlichen Prozess der Passage, zu dem auch die Gebetspraxis und die ethische Orientierung gehören, die zum Handeln aufruft. Wenn Mutter Teresa betet, dann versucht sie so intensiv wie möglich, eine lebendige Beziehung zu Jesus herzustellen. Und sie ist jeden Tag damit beschäftigt, die in Jesus verkörperte Fürsorge für Arme und Kranke in eigenes tätiges Engagement umzusetzen und sich durch Gebete dafür zu motivieren. Beides, ihre Gebetspraxis und ihre Ethik, sind nicht weltlich begründet. Vielmehr nehmen sie ausdrücklich die religiös-spirituelle Dimension in Anspruch, die transzendierend über das menschliche Glück und Unglück hinausweist und triangulierend die dyadische Verstrickung ins Allzumenschliche überschreitet.

Beten als Verzauberung / Entzauberung. Mediopassivität

In den letzten Jahrzehnten wurde die psychoanalytische Situation in der Behandlungsstunde zunehmend als Begegnung zweier Subjekte betrachtet, die ihre eigene, präsentische Realität hat. Damit tritt neben die Freudsche Unterscheidung von äußerer materieller Realität und innerer psychischer Realität ein Zwischenreich der *präsentischen Realität* von Begegnung und aktueller emotionaler Erfahrung. Während innere und äußere Realität erst durch eine Dritte-Person-Perspektive konstituiert werden, beruht die präsentische Realität auf den Erste- und Zweite-Person-Perspektiven des subjektiven Erlebens und der unbewussten Kommunikation im Hier und Jetzt.

Entwicklungspsychologisch lässt sie sich in Winnicotts Konzept vom Übergangsraum verankern, das ist das Erlebnisfeld kleiner Kinder, in dem keine Trennung von Subjekt und Objekt und von Phantasie und Realität stattfindet. Hier ist die primäre kindliche Kreativität zu Hause (Winnicott 1971). Das präsentische Erleben im Übergangsraum bestimmt nicht nur das Weltverhältnis kleiner Kinder, sondern bleibt eine wichtige Sphäre des Erlebens auch bei Erwachsenen, beispielsweise beim nächtlichen Träumen, aber auch in Religion und Spiritualität. Ich erläutere diese Verhältnisse, weil das *Beten* – als gestische und sprechende Kommunikation mit dem Unverfügbaren – dieser präsentischen Realität zugeordnet werden kann. Wenn Mutter Teresa betet, versucht sie, eine aktuelle, lebendige, emotionale Beziehung zu Maria, Jesus und Gott herzustellen.

Nun hat Hans Loewald (2000) vorgeschlagen, die Erlebnisqualität dieser Sphäre nicht wie Freud – der dabei eine Dritte-Person-Perspektive einnimmt – als Illusion zu bezeichnen. Stattdessen versucht er, das subjektive Erleben der präsentischen Realität mit dem Wort *enchantment*, Verzauberung, einzufangen (Loewald 2000, 512). Endet diese Verzauberung, dann schlägt sie in *disenchantment*, Entzauberung, um.

Es wird nicht deutlich, ob Loewald dabei die bekannte Formel Max Webers aufnimmt, der in seiner Religionssoziologie zu dem Schluss kommt, dass die zunehmende Intellektualisierung und Rationalisierung der modernen Welt ihre Entzauberung bedeutet. Die ehemalige Verzauberung der Welt durch die ekstatischen und visionären Fähigkeiten der alten Schamanen, Zauberer, Asketen und

Pneumatiker wird durch ihre Entzauberung abgelöst. Religiöse Unmusikalität greift um sich, weil Religion nicht mehr ausreichend praktiziert wird, und Religion wird zunehmend ins Reich des Irrationalen gedrängt (dazu Will, 2014, 98–101). Ich finde es überzeugend, Webers soziologische Begriffe der Verzauberung und Entzauberung ins Individuelle zu wenden und in der Innenwelt der einzelnen Person wiederzufinden, in ihrem religiösen und spirituellen Erleben – und das vor dem Hintergrund einer entzauberten äußeren Welt der Moderne.

Hier bietet Mutter Teresa uns ein extremes Beispiel. Die Intensität ihrer Gebetspraxis wurde beschrieben; ihre *Verzauberung* beim Beten nimmt noch bis zur großen Vereinigung mit Jesus und dem glücklichen Einheitserleben im Zusammenhang ihrer besonderen Berufung zu. Damals bittet sie ihren geistlichen Berater um die Erlaubnis, auch noch nachts beten zu dürfen, wenn sie aus Sehnsucht nach dem Kommen Jesu aufwacht und nicht mehr einschlafen kann. Er gestattet es ihr nicht (103). Hier wird das Ausmaß ihrer religiösen Verzauberung spürbar. Allerdings folgt dieser Verzauberung ein tiefgreifender Bruch.

Die spirituelle Trockenheit, die sich nun einstellt, interpretiere ich als *Entzauberung*. Trotz allergrößter Gebetsanstrengungen findet Mutter Teresa keinen Kontakt mehr zu Gott; es folgen Jahrzehnte der inneren Qual, der Einsamkeit und Dunkelheit, der inneren Kälte und Leere, des Ungewollt- und Ungeliebtseins – so wie sie es in dem oben wiedergegebenen Beichtgebet zum Ausdruck bringt (218–20). Zu einer Entspannung ihrer inneren Situation führt schließlich die Intervention ihres geistlichen Beraters Pater Neuner. Er hilft ihr, ihre Dunkelheit als eine spirituelle Seite ihres Werkes zu betrachten und sie als Teilhabe an der Dunkelheit und des Schmerzes Jesu auf Erden anzunehmen (250).

Erste empirische Studien zur *spirituellen Trockenheit* bei evangelischen Pastoren und katholischen Priestern zeigen, dass sie keine außergewöhnliche Erfahrung ist. Sie wird von vielen religiösen Menschen erlebt, sei es als spirituelle Krise oder als dauerhafter Zustand von Leere und Kontaktlosigkeit in der Gottesbeziehung (Büssing/Dienberg 2021). Die Wege, damit umzugehen, sind unterschiedlich. Was Mutter Teresa betrifft, so lassen sich aus psychoanalytischer Perspektive mehrere Einflussfaktoren diskutieren.

Sowohl ihre spirituelle Bemühung als auch deren Erfüllung im Einheitserleben und die Tiefe des nachfolgenden Absturzes sind außergewöhnlich und sprengen alle Dimensionen, wie sie etwa in den oben erwähnten empirischen Studien angezeigt werden. Sie will Jesus lieben, wie er noch niemals zuvor geliebt worden war, sie betet mit einer emotionalen Intensität, die allgemeine Bewunderung hervorruft, sie erlebt mystische Zustände, wie sie aus den Autobiographien großer Heiliger überliefert sind, sie wird zur charismatischen Führerin eines ausgesprochen rigorosen Ordens und fordert sich und ihren Ordensschwestern und -brüdern das Höchste ab. Betrachtet man den Absturz in die spirituelle Trockenheit von diesen Eigenarten ihrer Persönlichkeit her, so passt das Ausmaß ihres Höhenfluges zur Tiefe des nachfolgenden Absturzes.

Dieses Phänomen erinnert an das Boris-Becker-Syndrom. Nach seinem frühen Wimbledonsieg als Tennisspieler und der ungeheuren narzisstischen Anspannung zuvor konnte Becker den Erfolg nicht einfach genießen, sondern fiel in ein tiefes emotionales Loch der narzisstischen Entleerung. Wenn wir mit Winnicott und Loewald davon ausgehen, dass Verzauberung und Entzauberung auf einem präobjektalen fusionären Einheitserleben im psychischen Übergangsraum beruhen, dann verträgt sich das gut mit einer derartigen narzisstischen Dynamik.

Zudem spricht vieles dafür, dass Mutter Teresa aufgrund ihrer Persönlichkeit nach dem Absturz in die spirituelle Trockenheit deren Überwindung *erzwingen* wollte. Mit ungeheurer Energie und Konsequenz kämpft sie dagegen an. Hier nun möchte ich das Konzept der *Mediopassivität* einführen. Es wurde in der Phänomenologie entwickelt und besagt, dass in manchen Handlungsfeldern Aktivität und Passivität einander nicht ausschließen (Sell 2022). Beten gehört in dieses Feld und steht in der Mitte zwischen aktiver Gebetshandlung und passivem Empfangen. Im mediopassiven Gebet nimmt die Betende präreflexiv wahr, dass sie Teil eines sie betreffenden Prozesses ist, und kann darauf reagieren. Die wechselseitig stattfindende Teilhabe an Gestalten und Empfangen ist geradezu ein Kennzeichen des Gebetsprozesses. Hier nun entsteht der Eindruck, dass Mutter Teresa sehr mit der Anfechtung zu ringen hat, den religiösen Kontakt erzwingen zu wollen, anstatt in mediopassiver Teilhabe darauf zu hoffen, dass er sich einstellt.

Die Alterität Gottes und des Unbewussten

Auf einer tieferen Ebene des unbewussten Geschehens ist nicht auszuschließen, dass Mutter Teresa exemplarisch und gemeinsam mit vielen religiösen Virtuosen aus allen Religionen in ihrer spirituellen Trockenheit mit der *Alterität Gottes* konfrontiert wird. Wenn wir mit Küchenhoff (2021) davon ausgehen, dass die Psychoanalyse wie Religion und Spiritualität in besonderer Weise auf Unverfügbares bezogen ist, dann stoßen wir auf die *Alterität unseres Unbewussten*, die sich in der Alterität Gottes spiegelt. Hier gehe ich von Jean Laplanche (2003) aus, der die Fremdheit des Unbewussten als den Quellgrund psychischer Entwicklung herausarbeitet. Es gehört zur Konstitution des Menschlichen, den Kern des eigenen Unbewussten nicht kennen zu können und von seiner Dynamik bedroht zu sein, weil er uns implantiert wurde von dem Unbewussten der Eltern, das für diese ebenfalls unverfügbar und unverarbeitbar ist. An diesem Punkt fällt die Unterscheidung von deskriptivem und dynamischen Unbewussten in sich zusammen, die ich vorhin erwähnt habe.

Meine These wäre, dass durch eine extensive Gebets- und Meditationspraxis die schützende Verdrängungsschranke gegenüber diesem fremden, ängstigenden Kern des Unbewussten unterlaufen wird. Dadurch wird die Wahrnehmung der Alterität des Unbewussten und der Alterität und Negativität Gottes geöffnet. Diese wird als die andere Seite der mystischen Vereinigung spürbar und konfrontiert das religiöse Subjekt mit seiner grundlegenden Getrenntheit und Differenz. Das verzaubernde Einheitserleben in der spirituellen Aufhebung des irdischen Ichs hat zum Gegenstück den Abgrund an Einsamkeit, in den die Ahnung von der Fremdheit des Anderen führt. In diese Richtung geht auch die Einschätzung Pater Neuners, der in jenen Jahren der spirituelle Berater Mutter Teresas war:

> Es gab keinen Hinweis auf irgendein Versagen ihrerseits, das ihre spirituelle Trockenheit hätte erklären können. Es war einfach die dunkle Nacht, die alle Meister des spirituellen Lebens kennen – obwohl es mir nirgends so tief empfunden und auch so viele Jahre lang vorkam, wie es bei ihr der Fall war. (249–250).

Eine religionskritische Perspektive

Zum Schluss möchte ich erwähnen, dass Mutter Teresas grundlegender Zweifel an der Existenz und Zugewandtheit Gottes auch völlig anders interpretiert werden kann. Und zwar, wenn man den innerreligiösen (*emic*) Standpunkt verlässt und von einer außerreligiösen (*etic*) und „vernünftig"-religionskritischen Position aus die Glaubensfestigkeit Mutter Teresas und deren Erosion betrachtet (McCutcheon 1999). Hier könnte man sagen: Mutter Teresas Überzeugung von der Existenz und persönlichen Zugewandtheit Gottes beruhte auf einer religiösen Suggestion, die durch ihre Gebetspraxis, den kirchlichen Kontext und die Ermunterung der spirituellen Berater aufrechterhalten worden war. Es ist ein Akt der Aufklärung und der Wahrheitsliebe, wenn diese Überzeugung zusammenbricht. Endlich wird Mutter Teresa realistisch und kann erkennen, was sie selbst formuliert: „Man erzählt mir, dass Gott mich liebt, jedoch ist die Realität von Dunkelheit & Kälte & Leere so überwältigend, dass nichts meine Seele berührt" (219). „In meiner Seele fühle ich, dass Gott nicht wirklich existiert" (225). Sie schreibt von „einem ganzen Geflecht von Illusionen", dem sie zum Opfer gefallen sei (244). Aus einer religiösen Insider-Perspektive wird man von einer spirituellen Krise oder Anfechtung sprechen, aus einer nicht-religiösen Outsider-Perspektive von einer realistischen Einsicht.

Allerdings halte ich dafür, dass die Erforschung religiös-spiritueller Phänomene es erfordert, beide Perspektiven einnehmen zu können. Erst die Fähigkeit, religiöses Erleben und spirituelle Praxis als religiöser Insider zu verstehen und als Outsider kritisch in Frage zu stellen, öffnet den Horizont für die Erforschung des religiösen Feldes, zu dem eben auch grundlegende Infragestellungen und gelingende und scheiternde Gebetserfahrungen gehören.

Literatur

Büssing, Arndt / Dienberg, Thomas (Hg.): Gottes Unverfügbarkeit und die Dunkle Nacht. Vom Umgang mit der geistlichen Trockenheit. Regensburg 2021.
Flasche, Rainer: Art. „Gebet", in: Handbuch religionswissenschaftlicher Grundbegriffe 2, Stuttgart 1990, 456–468.
Freud, Sigmund: Die Zukunft einer Illusion. GW 14 (1927), 325–380.
Grieser, Jürgen: Art. „Triangulierung", in: Mertens, Wolfgang (Hg.): Handbuch psychoanalytischer Grundbegriffe. Stuttgart 2022, 979–986
James, William: Die Vielfalt religiöser Erfahrung. Olten 1979.
Kolodiejchuk, Brian (Hg.): Mutter Teresa: Komm, sei mein Licht. Die geheimen Aufzeichnungen der Heiligen von Kalkutta. München 2007.
Küchenhoff, Joachim: Für Unverfügbares offen bleiben. Die gemeinsame Aufgabe von Religion und Psychoanalyse, in: Psyche – Z Psychoanal 75 (2021), 193–229.
Laplanche, Jean: Die unvollendete kopernikanische Revolution in der Psychoanalyse. Gießen 2003.
Latour, Bruno: Existenzweisen. Eine Anthropologie der Modernen. Frankfurt a. M. 2014.
Loewald, Hans: Sublimation. Studies into Theoretical Psychoanalysis, in: The essential Loewald. Hagerstown: University Publishing Group (2000), 435–527.
McCutcheon, Russell T. (Hg.): The Insider / Outsider Problem in the Study of Religion. London / New York 1999.
Moser, Tilman: Gottesvergiftung. Frankfurt a. M. 1976.
Sell, Christian: Medio-passive Agency in Psychoanalysis: Responding to Hopelessness and Despair in the Therapeutic Relationship. Psychoanal Dialogues 32 (2022), 353–368.
Stowasser, Joseph: Lateinisch-deutsches Wörterbuch. München 1954.
Will, Herbert: Freuds Atheismus im Widerspruch. Freud, Weber und Wittgenstein im Konflikt zwischen säkularem Denken und Religion. Stuttgart 2014.
Will, Herbert: Religiöse Erfahrung als Transgression, in: Psyche – Z Psychoanal 71 (2017), 235–259.
Will, Herbert: Transzendierende Triangulierung, in: Ertel, Ulrich / Münch, Alois (Hg.): Religion und Psychose. Göttingen (2019), 245–268.
Will, Herbert: Spiritualität und die Bewältigung von Todesangst: Sophie Scholls letzter Traum, in: Anderssen-Reuster, Ulrike / Frick, Eckhard / Lewandowski, Ludwig (Hg.): Neuer Fortschritt in der Geistigkeit? Psychoanalyse und Spiritualität. Berlin (2024), 41–53.
Winnicott, Donald: Übergangsobjekte und Übergangsphänomene, in: ders.: Vom Spiel zur Kreativität. Stuttgart 1973, 10–36.
Wittgenstein, Ludwig: Licht und Schatten. Innsbruck/Wien 2004.
Yelle, Robert A. / Ponzo, Jenny (Hg.): Interpreting and Explaining Transcendence. Berlin/Boston 2021.

Von der Anwesenheit der Abwesenden
Zur Geste des Kniefalls

Peter J. Winzen

Die Rede vom Unbewussten bedarf im Lichte evidenzbasierter Wissenschaften der besonderen Begründung. Im 1. Kapitel werden die verschiedenen Dimensionen des Unbewussten zunächst philosophiegeschichtlich erläutert und sodann neurobiologisch/neuropsychoanalytisch pointiert: Von Ängsten eingenommenes Denken transformiert leiblich Bewusstes in Unbewusstes. Im 2. Kapitel wird der Bewegung des Kniefalls nachgegangen, die Ausdruck von Erniedrigung, aber auch von Ehrerbietung, von Protest, aber auch von Befreiung sein kann und insgesamt Unbewusstes aufscheinen lässt. Im Ausblick werden die theologischen Gehalte des Kniefalls und seine Bedeutung in der säkularen Moderne angesprochen.

1. Zum Unbewussten

Alle Aussagen, die das Unbewusste betreffen, stehen im Konjunktiv beziehungsweise in der Klammer einer Hypothese, da wir das Unbewusste nicht unmittelbar oder evidenzbasiert greifen können und seiner nicht habhaft werden – eben weil es unbewusst ist. So spricht etwa S. Freud, der spiritus rector der Psychoanalyse, immer von den Repräsentanten des Unbewussten und verweist somit auf die Dialektik von Verborgenheit und Offenbarung, also auf Vermittlungswege, die nötig sind, um Unbewusstes zu beschreiben. In Anlehnung an D. Bonhoeffer kann man vielleicht sagen: „Ein Unbewusstes, dass es gibt, gibt es nicht."[1] In einer existentiell bedrohlichen und innerlich zerrissenen Lage unterstreicht Bonhoeffer, dass ein Zugang zu jenem, was uns ausmacht, nicht in logischen Systemen und Gottesbeweisen zu finden ist.

Existentialphilosophische, leibtheoretische oder sozialpsychologische Konzepte können helfen, dem Unbewusstem im eigenen Da- und Mitsein nachzugehen. Wird dem Unbewussten eine eigene Entität zugeschrieben, sollte es auch menschheits- bzw. kulturgeschichtlich zu finden sein. Um 500 v. Chr. wird der Aphorismus Heraklits datiert: „Der Seele Grenzen kannst du nicht ausfinden, auch wenn du gehst und jede Straße abwanderst; so tief ist ihr Sinn" (Heraklit,

---

1 Gemäß dem Diktum „Einen Gott, den es gibt, gibt es nicht", Bonhoeffer (1998), 514. Vgl. auch Tillich (1956), 239.

2007, 17). Dem Seelischen wird in diesem Aphorismus eine Dimension zugeschrieben, die der Tiefe. Diese Zuschreibung finden wir wieder im heutigen Begriff der *Tiefen*psychologie, wonach das wesentlich Seelische bzw. Psychische nicht sichtbar, sondern verborgen und unbewusst ist. – Allerdings und nicht selten gilt auch, dass das Seelische so sehr an der Oberfläche sich zeigt und offensichtlich ist, gleichwohl aus gewöhnlicher Perspektive übersehen wird.

Der deutschen Philosophiegeschichte können wir (mindestens) drei hermeneutische Konzepte zum Unbewussten entnehmen: das deskriptiv Unbewusste, das dynamisch Unbewusste und das leiblich Unbewusste.

Schon G. W. Leibniz hatte einen Riecher für das kognitiv Unbewusste, als er vom schwankenden Bewusstsein im Meer der unbewussten Rezeptionen sprach (Leibniz, 1971, 10). Die Neurowissenschaften, die heutige wissenschaftliche Bezugsgröße für bewusste und unbewusste Rezeptionen, vermag detailliert zu belegen, dass die meisten senso-motorischen Eindrücke unbewusst bleiben und gleichwohl Spuren im Bewusstsein bilden und abhängig von jeweiliger Fokussierung auch bewusst werden können, weil das limbische System permanent Mikrowahrnehmungen emotional erfasst und bewertet.

A. Schopenhauer und F. Nietzsche weisen dagegen auf tief einsitzendes und vor allem konflikthaftes Streben und Drängen hin, welches Menschsein ausmacht, sich aber dem Bewusstsein vehement entzieht. Das schopenhauersche Aperçu „Was dem Herzen widerstrebt, lässt der Kopf nicht ein" wird immer wieder zitiert als Kern einer Theorie der Verdrängung von unkomfortablen oder schmerzhaften Erkenntnissen, wobei Schopenhauer ergänzt, dass zu viel Verdrängung und Verblendung zu Realitätsverlust und zum Wahnsinn führe. Versucht Schopenhauer, der leidhaften Konflikthaftigkeit durch asketischen Rückzug allen Drängens und Weltwollens zu entkommen, setzt Nietzsche dagegen umgekehrt darauf, dem Triebhaften gegen eine regulierende und unterdrückende Kultur freie Bahn zu verschaffen (s. Gödde/Buchholz, 2011, 28 f.).

So bezeichneten schon J. G. Herder und der junge J. W. Goethe das Unbewusste bzw. das Unbewusstsein als Natur- und Lebenskraft, worin menschliches Dasein wurzelt. Das Unbewusste bzw. Unbewusstsein wird zur Chiffre für kosmische Vitalität, die den Menschen umgibt, die ihm wesentlich und dessen Teil er ist. Zur Aufgabe wird es, später in der Romantik nochmals forciert, der bewussten Rationalität einen Zugang zum Unbewussten zu verschaffen (Herder, 1989; s. auch Oberlin, 2007), um Wesentliches zu erfassen.

Zum deskriptiv Unbewussten: War noch in den 1990er Jahren an vielen psychologischen Instituten die Meinung en vogue, dass es das Unbewusste nicht gäbe oder das Einbeziehen von Unbewusstem unwissenschaftlich sei, so bestätigen heute die Kognitionstheorien und die Neurowissenschaften (s. Gündel, 2006), dass das Gehirn „embodied" ist, das Bewusstsein also von körperlichen Affekten geführt und das Gedächtnis wesentlich von emotionaler Verdauung, d. h. mittelhirnig bzw. von limbischen Prozessen geprägt wird. Nicht mehr das Unbewusste, vielmehr das Bewusste wird erklärungsbedürftig. Nehmen die

Sinnesorgane Informationen von etwa zehn Millionen Bits/sec. wahr, die unbewusst und unkodiert bleiben, so wird die sprachlich kodierte Datenmenge, dem Bewusstsein zugänglich, auf 50 Bits/sec. geschätzt (s. Kettner/Mertens, 2010, 55 f.). Unser Bewusstsein kann als die Endstrecke emotionaler Aneignung von Widerfahrnissen und ihrer Verwandlung in Erfahrung, insgesamt also als Produkt unbewusst affektiver Arbeit begriffen werden. – Nicht nur die Psychoanalyse, auch andere Therapierichtungen setzen auf das Unbewusste, so etwa die Verhaltenstherapie, wenn diese rekurrierend auf tiefenpsychologische Konzepte nach unbewussten Verhaltensmustern fragt, die getriggerte Reaktionen, Reiz-Reaktionsschlaufen, Vermeidungsverhalten und fixierte Metakognitionen bzw. Glaubenssätze bewirken. Besonders die sogenannte dritte Welle der Verhaltenstherapie fokussiert auf emotionale Prozesse, die – im Gefolge von Leibniz – das kognitiv Unbewusste betreffen, also jenes Unbewusste, welches mit mehr Aufmerksamkeit bewusst werden kann und im therapeutischen Prozess auch bewusst werden soll, um Habituationen und Prägungen zu ändern (Reichardt, 2023, 228–245).[2]

Zum dynamisch Unbewussten: Warum allerdings entziehen sich tief einsitzende Habituationen der Bewusstwerdung? Weil diese mit unsagbaren Ängsten verbunden sind, die das Drängen und Wollen begleiten – so die psychoanalytische Antwort. Das Drängende wird dabei nicht rein biologisch begriffen, sondern leibnah in seinen sozialen Konditionen und umweltbedingten Prägungen nachgezeichnet – dafür stehen Begriffe wie „Triebschicksale" und „Objektbezug". Hatte S. Freud die psycho-sexuelle Ätiologie von psychischen Störungen bzw. Fixierungen betont, wurden im Gefolge der Objektbeziehungstheorien die verinnerlichten Beziehungserfahrungen als überzeitlich unbewusste innere Konflikte angesehen. Die heutige Neuropsychoanalyse spricht von einer größeren Mehrzahl umweltoffener Triebe, die unruhig, immer auszubalancieren und untereinander oftmals konfligierend sind: so u. a. der Lust-, der Spiel-, der Angst-/Wut-, der Fürsorge-, der Wissens- und vor allem auch der Such-Trieb (Solms, 2021, 108 ff.). Das Drängende ist dabei dem Bewusstsein nicht entzogen, das Wollen selbst bewusst. Unbewusst dagegen ist, mit welchen Ängsten und mit welchen Entstellungen das Wollen einhergeht (s. Hock, 2024). Unbewusst bleibt somit auch, wie sehr das Bewusstsein von abwehrenden Zensuren, von nachdrängendem Wollen, von eskamotierten Gegenbesetzungen und unbewussten Phantasien eingefärbt sowie – im Gefolge Schopenhauers – das Denken davon angeleitet ist. Mit Nietzsche wäre allerdings anzumerken, dass verdrängt Un-

---

[2] Zur sogenannten dritten Welle der Verhaltenstherapie zählen die in den 1990er Jahren diskutierten Verfahren, die die lebensgeschichtlich gewachsenen einstellungs- und gefühlsbedingten Aspekte des Denkens und Handelns berücksichtigen. Seit den 2000er Jahren wird die Therapieprozessforschung intensiviert, die gelegentlich auch als vierten Welle der Verhaltenstherapie bezeichnet wird, obgleich die Prozessforschung schulenübergreifend argumentiert. Vgl. Stagnier et al. (2024), sowie den Beitrag von A. Haußmann in diesem Band.

bewusstes nicht gänzlich verbarrikadiert werden kann, vor allem wenn die Verdrängung selbst in den Blick gerät.

Zum leiblich Unbewussten: Die Hypnotherapie, bestimmte humanistische Verfahren oder Formen der Gruppen- und Familientherapie rekurrieren auf das leiblich Unbewusste – oftmals in Verbindung mit Achtsamkeitstheorien. Dabei wird das Unbewusste als förderliche Ressource begriffen, welche – im Sinne Herders und Goethes – kreative Lebensentfaltung ermöglichen sowie Grenzen des Daseins und Bewusstseins weiten soll. Offen bleibt dabei jedoch die Frage, was in Trance oder mit Achtsamkeit zugänglich wird bzw. werden kann. Psychoanalytisch werden in den letzten zwei Jahrzehnten unrepräsentierte Zustände untersucht, d. h. Zustände, die nicht verdrängt, sondern leiblich eingeschrieben sind, jedoch nicht in die Psyche transformiert werden können (vgl. Zeitzschel, 2024, 11–15). Angesprochen sind damit traumatische Erregungen, die an D. Winnicotts Beschreibung eines Zusammenbruchs von Seinskontinuität (Winnicott, 1974) und an W. Bions Begriff roher proto-mentaler Elemente (Bion, 1997) erinnern, die die Psyche überfordern und wie ein Fremdkörper ohne Erinnerung und Bedeutung körperlich anhaften (Botella/Botella, 2015). Es bedarf einer Mentalisation (M'Uzan, 1978) oder Transformation (Levine et al., 2013), um die traumatischen Erregungen an die psychischen Fähigkeiten zur Repräsentation heranzuführen und ins Bewusstsein zu bringen. Offenbar berühren Trance- und Achtsamkeitserfahrungen traumatische Krisen und Bewusstseins-Einbrüche; offenbar auch bedürfen diese Erfahrungen einer imitativen Mitbewegung eines Gegenübers und einer symbolischen Nachlese, um somatische Narrationen (Leikert, 2024) über krisenbedingtes Verstummen hinaus wieder vernehmbar werden zu lassen.

Mit Blick auf die drei Dimensionen des Unbewussten kann zusammenfassend gesagt werden: bewusst ist uns das körperlich Drängende – psychoanalytisch gesprochen: Teile des Es (Solms, 2013) –, unbewusst dagegen die damit verbundenen Fantasien, Affekte und Kognitionen. Unbewusst bleiben somit die Begrenzungen des Denkens und die ständige Suche nach Homöostase bzw. nach Ausgleich einander widersprechender und gleichzeitig andrängender Motivationen. Das Bewusstsein ist dem körperlichen Wollen und Drängen ausgesetzt, so dass innere Konflikte entstehen, begleitet von Ängsten; das Bewusstsein ist überdies einer fremden Umwelt ausgesetzt, so dass insgesamt psychische Entwicklung und Denken entstehen, ebenso begleitet von Ängsten, welche (Ur-)Verdrängung (Freud, 2015d) und Unbewusstes generieren.

Schauen wir auf die Geschichte der Psychoanalyse, wird das Bemühen erkennbar, alle drei Dimensionen des Unbewussten zu thematisieren. Therapeutisch wird der Wert eines sowohl realitätsbehafteten wie emotionsgesättigten Denkens betont, das Eigenes vom Anderen unterscheiden kann. Dabei geraten die Affekte als Ausdruck unbewusster Prozesse (Kernberg, 1992; Döll-Hentschker, 2008) ebenso in den Blick wie die Beziehungserfahrungen, welche unbewussten Umgang mit den eigenen Wünschen und Realitätserwartungen prägen: das Gehaltenwerden und Halten (Winnicott, 1993) aneinander, das Nehmen und

Geben im Miteinander, das Fremdsein und Aushalten im Nebeneinander, das Begehren und Begehrtwerden (Laplanche, 2007) im Zueinander. Therapeutisch intendiert ist der Zugang zu den angstbedingten Entstellungen des Drängens und Wollens, worauf auch Sprache beruht: So ist keine Sprache ohne Idiolekt und jede Sprache angefüllt mit affektiven Indizes, die auf das Private, Traumhafte, Primärprozesshafte verweisen. Umgekehrt trägt jede Sprache die Struktur des Unbewussten, d. h. ist voll von Spuren, die das Ringen vom Idiolekt zum Soziolekt, vom Privaten zum Allgemeinen hinterlässt (Lacan, 1975, 14).

Die Aufklärung angstbedingter Entstellungen des Denkens, Handelns und Fühlens bedeutet, die eigenen Affekte symbolisieren zu können: „Wo Es war, soll Emotion werden" (Mertens, 2006). Den Affekten des eigenen Leibes bzw. denen, die als Zwischenleiblichkeit in Beziehungen entstehen (Merleau-Ponty, 1994, 194), nachzugehen, bedeutet auch, die begleitenden Ängste auszuhalten. Dazu bedarf es der Fähigkeit, passager sich dem Primärprozesshaften und dem Träumen, also auch dem Bizarren und fremd Anmutenden öffnen, diese fragmentarisch und evtl. auch widersprüchlich denken (Bion, 2006) zu können. Ist diese Fähigkeit nicht gegeben, bleibt Neurotisches fixiert, werden traumatische Erfahrungen nicht mentalisiert und verharrt unbewusste Phantasie (Isaac, 1948) im Wiederholungszwang bzw. führt sozial in den Kampf der Kulturen (Sen, 2020) sowie in die Gefangenschaft der Identitäten (M'Uzan, 1991). Nicht zufällig greifen schon die Frühromantiker W. Schlegel (Schlegel, 1967) und Novalis (Novalis, 1960) von den französischen Moralisten die Form des Aphorismus auf, um Aufklärung und zugespitzte Krisendiagnostik nicht in Form von geschlossenen bzw. erratisch erstarrten Denksystemen, sondern fragmentarisch, also kreativ zu formulieren. F. Nietzsche oder Th. W. Adorno führen diese Tradition bekanntlich fort – psychoanalytisch ist das Aphoristische als freie Assoziation bzw. als gleichschwebende Aufmerksamkeit, als szenisches Verstehen und als Übertragungsdeutung sowie als mimetisches Nachspüren körperlicher Engramme verortet, um das Pendeln zwischen primär- und sekundärhaftem Denken, zwischen Reverie und Analyse zu ermöglichen.[3]

Sind diese psychoanalytischen Wege ausreichend, um den Ängsten begegnen zu können, die Denken, Handeln und Fühlen begleiten? Letztlich gründen wohl alle Ängste in der zentralen Angst, von der Quelle des Lebens getrennt zu werden. Wird diese zentrale Angst thematisch, geraten auch Fragen nach Alpha und Omega bzw. nach Ewigkeit in Endlichkeit in den Vordergrund, also jene Themen, die klassisch mit Religion assoziiert sind. Um der Angst vor der eigenen Auflösung begegnen und diese aushalten zu können, bedarf es gleichzeitig der Dekonstruktion und Konstruktion, d. h. der Auflösung von allem bislang Gewohnten und einer Bindung, die alle Auflösungen überdauert.

---

3   Psychoanalytische Techniken stehen fallbezogen immer zueinander im Verhältnis; so dient etwa die Übertragungsdeutung neuer Vernetzung von Erfahrungen, bildet nur den Anfang eines neuen Verstehens und sollte freie Assoziation fördern, statt diese – etwa in forcierter Form – zu blockieren, vgl. Kurz, 2024.

S. Freuds sogenannte Todestrieb-Theorie (Freud, 1920g), die eine stumme Perspektive auf die eigene Endlichkeit warf, blieb widersprüchlich, unverstanden und weitgehend abgelehnt.[4] A. Green hat Freuds Todestrieb-Theorie mit den Begriffen Objektalisierung und Desobjektalisierung ausgelegt (Green, 2000) und darauf aufmerksam gemacht, dass der sogenannte Todestrieb dem Leben dienlich ist, insofern bestehende Bindungen veränderbar und flüssig bleiben können, also nicht dauerhaft fixiert bleiben. In Fixierungen lebt die Suche nach vitalen Re-Inszenierungen, die allerdings zur Wiederholung werden, wobei der Drang zur Neuaufführung im repetitiven Zwang endet. Dem steht die Fähigkeit zur Desobjektalisierung entgegen. Allerdings, auch darauf macht A. Green aufmerksam, ist die Desobjektalisierung stumm und kann zerstörend sein – stumm, da nicht an Widerfahrnisse und Erfahrungen, also auch nicht an körperliche Haltepunkte gebunden, sondern frei flottierend. So kann die Desobjektalisierung auch das eigene Ich, das eigene Denken, Handeln und Fühlen, also auch das Libidinöse und die Fähigkeit zu Bindung insgesamt angreifen und zerstören. Es bedarf also einer Triebmischung, wie S. Freud sagt, oder der Macht der Liebe, um die Welt zu erfahren und Bindungen einzugehen (Löchel, 2022). Wie also können Objektalisierung und Desobjektalisierung gemischt sein, ohne zu fixieren und ohne zu zerstören, wie gelangt Neues in Bestehendes, wie bleiben Bindungen im Geschehen von Ebbe und Flut präsent – als Voraussetzung vitalen Begreifens und Denkens?

2. Zum Kniefall

M. Josuttis spricht nicht vom Kniefall, sondern von Kniebeugung als „Verkleinerung", die eine Subordination, eine Unterwerfung konstituiere – im Gegensatz zum Stehen, welches an Auferstehung und Ebenbildlichkeit zum Gegenüber erinnere (Josuttis, 1991, 128 f.). Auch die RGG[3] und die RGG[4] führen nicht Kniefall, sondern das Stichwort Kniebeugung an, interpretieren diese allerdings als Gebetsgeste und leiblichen Ausdruck von Demut oder als bittende bzw. empfangende Haltung bei Segen, Abendmahl, Konfirmation, Heirat oder Ordination (Dienst, 1959; Brüske, 2001). Kulturgeschichtlich ist die Proskynese, das Niederwerfen oder die kniende Haltung, wohl aus dem Persischen von Alexander dem Großen importiert, von Aristoteles abgelehnt, von den Römern nie institutionalisiert und erst mit dem Christentum verstetigt worden.[5]

---

4   Zur Rezeption der Todestrieb-Theorie vgl. Storck (2020) und Picht (2020).
5   Den Protest gegen das Niederknien als Geste der Unterwerfung zeigt eindrucksvoll das Wandgemälde Hugo Vogels (zwischen 1902 und 1909) im Hamburger Rathaus, welches den segnenden Bischof Ansgar zur Zeit der Christianisierung Hamburgs im 9. Jahrhundert darstellt – allerdings ohne einen Knieenden, der sich segnen ließe. Die Botschaft: „ein Hamburger stehe immer aufrecht und knie vor niemandem", s. www.rathaus.hamburg/ein-hamburger-kniet-vor-niemandem-609038, www.kunst-fuer-alle.de/media_kunst/im

F. Heiler hat darauf aufmerksam gemacht, dass nicht nur im Persischen, sondern ubiquitär die Kniebeugung eine leibliche Geste ist, die mit mehrfachen Bedeutungen verbunden sein kann: mit Unterwerfung, mit Dienstbereitschaft, mit Empfänglichkeit oder auch mit Respekt (Heiler, 1969, 105f.). In Gen 18 wird den Erzeltern Abraham und Sarah die Geburt Issaks und damit der Beginn der Geschichte Israels verheißen: Abraham wirft sich zunächst zu Boden,[6] später steht er, während die Gäste sitzen und speisen. Beides – das Niederwerfen als Geste zu Beginn als auch das Stehen in späterer Szene – bekunden mehr Respekt denn Unterwerfung: das Niederwerfen und das Stehen widersprechen sich gestisch nicht.

Die berühmte neutestamentliche Verheißung der Geburt Jesu bzw. Mariä Verkündigung aus Lk 1 wird kunstgeschichtlich häufig dargestellt, wobei der verkündende Erzengel auf einem Knie kniet, das zweite Knie dagegen angewinkelt bleibt,[7] als ob das Niederwerfen und das Stehen in einer Geste zusammengezogen sind. Im Niederwerfen, im Stehen, im einbeinigen Knien ist noch viel Kraft, viel aktive Tat – soziologisch gesprochen: viel Autonomie, psychoanalytisch gesprochen: viel Ich präsent.

Das halbe Niederknien bzw. das Knien auf einem Knie, das andere angewinkelt, finden wir wieder unter #takeaknee oder #blacklivesmatter. Bei der olympischen Ehrung 1968 streckten Tommie Smith und John Carlos noch die geballten Fäuste als Black-Power-Geste in den Himmel, verweisend auf die Bürgerrechtsbewegung und vorauszeigend etwa auf Bob Marleys „Stand up for your rights". Ein halbes Jahrhundert später, am 25. Mai 2020, kniet der Polizeibeamte Derek Chauvin auf dem Hals des am Boden liegenden George Perry Floyd und nimmt ihm für immer die Luft zum Leben. Seit dieser Ermordung will Colin Kaepernick, der Quaterback der San Francisco 49ers, nicht mehr aufstehen, jedenfalls nicht mehr zur Hymne und vor der Fahne der Vereinigten Staaten, in denen so wenig united ist: obviously black lives do not matter at all. Mit diesem Protest sah sich die mächtige US-Army angegriffen, so dass der Veteran Nate Boyer dem Quarterback den persönlichen Rat gab, niederzuknien: „Knien wird in keiner Kultur als respektlos angesehen". So kniete C. Kaepernick mit einem Bein nieder, wie schon Martin L. King 1965 bei den Protestmärschen in Alabama. Das halbe Niederknien – bei der Verkündigung oder Eucharistie noch Ausdruck der Ehrfurcht und des Empfangens, beim Heiratsantrag oder beim Ritterschlag noch Ausdruck der Ehrerbietung und des Edelmuts – wird umgedeutet zu einem Ausdruck des Respekts und des Protestes zugleich, weil der Respekt den Toten und Leidenden gilt und der Protest sich gegen die Verhältnisse richtet.[8]

---

g/41/g/41_00269711~hamburg-hugo-vogel_ansgar-bekehrung---gemaelde-h-vogel-1906.jpg (30.03.2024).

6   Das hebräische Wort שָׁחָה (schachah) hat die Bedeutungsweite von niederfallen, sich niederbeugen, niederwerfen, verneigen, huldigen, anbeten.
7   Vgl. etwa Leonardo da Vinci, Verkündigung, zwischen 1472 und 1475.
8   Dietmar Schmidt-Pultke wies mich auf Alexander Kluges (Negt/Kluge, 1981, 50–58) Ausgestaltung des Morgenstern-Gedichts „Das Knie" hin (Morgenstern, 1977, 39). Die

Ikonographisch ist selten das Knien auf beiden Knien zu sehen. Rembrandts *Die Heimkehr des verlorenen Sohnes* (um 1666–1669) zeigt den Heimgekehrten knieend vor seinem Vater. Man sieht den Sohn von hinten und insgesamt wenig von ihm. Dramatisch inszeniert sind dagegen die Hände des Vaters, den Rücken des Sohnes liebevoll und milde umfassend, tröstend. Der Heimgekehrte kommt nicht wie Odysseus als schuldiger Held, sondern mit nichts und leeren Händen zurück. Nunmehr bereit, die Wärme der väterlichen Hände aufzunehmen oder die primäre elterliche Liebe, zeichnet Rembrandt die Hände des Vaters doch einmal als männliche, einmal als weibliche Hand (s. Nouwen, 2004). Das Knien des Sohnes kann als Kniefall erahnt werden: kein aktives Niederknien, eher ein Hingleiten, Hinabfallen, Dahinsinken – durchaus regressiv, konservativ, aber auch tröstend, befriedend, begütigend. Der Sohn ist knieend tatsächlich kindlichklein gegenüber dem Vater, aber auch der Vater wird – wohl nicht nur wegen seines Alters – gebeugt dargestellt: gebeugt über Kopf und Schulter des Sohnes, die großen Hände auf seinem Rücken. Beide, Vater und Sohn, wirken wie ein Körper, der sie nie waren und nun werden. In der bildlichen Szene wird offenbar eine Genealogie geschaffen, die nicht selbstverständlich scheint, sondern der Trennung und des Verlustes, der aktiven Verdrängung und des passiven Wartens bedarf, um zu gelingen.[9]

K. Huizing hat darauf aufmerksam gemacht, dass Gemälde am Betrachter handeln und Gesten „einleiben" (Huizing, 2007, 49), als solche kulturschaffend und auch religiös produktiv sein können. Die Bestimmung der Menschen zu ihrer jeweiligen Moderne, zu Umwelt und Universalem, zu Schöpfung und Schicksal, zu Kreatürlichkeit und Kreativität: all dies kommt in die bildliche Szene durch die Perspektiven und Positionen, durch Form und Farbigkeit, durch Gesichtszüge und Gesten, hauptsächlich Gesten der Hände. Die Geste des Kniefalls bleibt allerdings marginal und ist vielleicht keine Geste, weil der Kniefall – anders als das Niederknien auf ein oder beide Knie – nicht aktiv vollbracht wird, jedoch ebenso wenig nur passiv geschieht, sondern sich körperlich-kontextuell und mediopassiv (Rosa, 2019; Sell, 2022) ereignet: ein Ereignis, in welches das Ich hineingleitet, weil es das Ich umfasst oder mitnimmt[10].

Geschichtslehrerin Gaby Teichert macht sich ob der historischen Negativlast auf die Suche nach aufbauender Geschichte und trifft auf das Morgenstern-Knie, das seit dem Ersten Weltkrieg allein und einsam durch die Welt zieht und nicht so schnell vergessen kann. Daran anknüpfend wäre zu reflektieren, welche seelischen Schwierigkeiten Kriegsversehrte beim Niederknien bewältigen müssen, wenn die Beine verstümmelt sind.

9 Vgl. dazu die Assoziationskette, auf die J. Lacan (1978, 224) hingewiesen hat: parents, parer, separer, parent, parail.

10 Kulturgeschichtlich und ikonographisch ist sicher auch *Nicolas Poussins* Arcadia II zu erwähnen, gemalt zwischen 1638 und 1640. Das religiös nicht mehr eingefangene und schreckhaft emotionale Erleben der Endlichkeit wird abgewehrt durch eine re-arkadisierende Todesverleugnung. Diese Todesverleugnung wird im Bild sicht- und ahnbar durch den dargestellten Kniefall als Möglichkeit, die mit der Verleugnung verbundene Ich-Spaltung zu überwinden (vgl. Becht-Jördens/Wehmeier, 2012).

Am 7. Dezember 1970 kniete Willy Brandt vor dem Mahnmal des Warschauer Ghetto-Aufstandes und schreibt dazu später in seinen Erinnerungen: „Ich hatte nichts geplant, aber Schloss Wilanow, wo ich untergebracht war, in dem Gefühl verlassen, die Besonderheit des Gedenkens am Ghetto-Monument zum Ausdruck bringen zu müssen. Am Abgrund der deutschen Geschichte und unter der Last der Millionen Ermordeten tat ich, was Menschen tun, wenn die Sprache versagt. Ich weiß es auch nach zwanzig Jahren nicht besser als jener Berichterstatter, der festhielt: ‚Dann kniet er, der das nicht nötig hat, für alle, die es nötig haben, aber nicht knien – weil sie es nicht wagen oder nicht können oder nicht wagen können.' Zu Hause in der Bundesrepublik fehlte es weder an hämischen noch an dümmlichen Fragen, ob die Geste nicht ‚überzogen' gewesen sei. Auf polnischer Seite registrierte ich Befangenheit. Am Tage des Geschehens sprach mich keiner meiner Gastgeber hierauf an. Ich schloss daraus, dass auch andere diesen Teil der Geschichte noch nicht verarbeitet hatten" (Brandt, 1989, 213–215).

Als erster Nachkriegskanzler besucht W. Brandt Polen, legt zunächst einen Kranz am Grabmal des Unbekannten Soldaten nieder, die Ehrenkompanie und tausend Zuschauer sind dabei. Auf eigenen Wunsch gedenkt W. Brandt danach auch der ermordeten Juden am Denkmal der Helden des Ghettos – nur zwei Soldaten und wenige Zuschauer begleiten diese Szene. Insgesamt geht es bei diesem Polen-Besuch um die neue Ostpolitik der BRD, also um die Anerkennung der Oder-Neiße-Grenze und um Warschauer Verträge, die – darin scheinen sich die Historiker einig – später die Wiedervereinigung und die EU-Osterweiterung ermöglichten.

Deutung und Rezeption des Kniefalls dauern bis heute an: In Polen ist der Kniefall wenig bekannt, er wurde auch kaum öffentlich gezeigt; polnische Politiker thematisieren W. Brandts Haltung und Handlung bis heute als Geste, der kaum Taten folgten, vor allem keine Reparationszahlungen – nicht nur Millionen von Juden, sondern auch Millionen von Polen seien im deutschen Vernichtungskrieg ermordet worden. Zahlungen, Lieferungen, Reparationen sind und bleiben bis heute eine gegen die deutschen Regierungen erhobene Forderung. Im religiösen Sprachgebrauch: Einer Beichte möge die Buße folgen, einem Schuldbekenntnis die befreiende Tat. W. Brandt knieende Haltung, die Hände gefaltet, erinnern an eine christliche Gebetsgeste, in der Scham expressiv, Schuld benannt, Sprachlosigkeit gegenüber den Abgründen der Gewalt erste Worte und insgesamt Würdigung vor allem der Opfer möglich werden kann. So spricht denn auch N. Kermani im Bundestag anlässlich des 65jährigen Bestehens des Grundgesetzes davon, dass Deutschland seine Würde durch den Kniefall von Warschau wieder erlangt habe (Kermani, 2014). G. Pompidou, der damalige französische Präsident, hatte dagegen Schwierigkeiten mit dem Kniefall: Öffentlich präsentierte und körperlich in Szene gesetzte Demut zeige zu viel Inwendigkeit und respektiere nicht das Schamgefühl der Menschen (Brandt, 1989, 213–215).

Scham und Inwendigkeit, Schuld und Demut, Sprachlosigkeit und Würde: All dies wird ikonographisch und rezeptionsästhetisch mit dem Warschauer

Kniefall verbunden. Allerdings: Alle Bilder zeigen W. Brandt schon auf den Knien, und alle politischen Statements kommentieren den deutschen Kanzler knieend, weniger den Moment des Kniefalls selbst. W. Brandt betonte, dass er „nichts" geplant hatte, und deutete damit an, dass erst dieses „Nichts" das Fallen auf die Knie und das Hinuntergleiten ermöglichte. Die französische Agnostikerin und Philosophin S. Weil schrieb 1938 während ihrer Italienreise an einen Freund über ihrem Besuch der alten Kapelle Santa Maria degli Angeli, Franz v. Assisi gedenkend: „Als ich dort (...) allein war, zwang mich etwas, das stärker war als ich selbst, mich zum ersten Mal in meinem Leben auf die Knie zu werfen" (Schwanenflügel-Krogmann, 1970, 45).

Dem Hinsinken auf die Knie geht etwas voraus: eine Art „Nichts", welches ein „Außer-Sich-Sein" ermöglicht und so erst ein intensives Miteinandersein oder Mitsein mit dem, was an und unter uns Menschen geschah bzw. immer noch geschieht. Im Hinsinken auf die Knie können die Ich-Funktionen ohne Ich-Verlust zurücktreten hinter die unbegriffenen und nicht-begrifflichen leiblichen Impulse, die angefüllt sind von dem, was uns umgibt. Leibliche Impulse sind nicht körperliche Reflexe, sondern affektive Erfahrungen von Begegnungen über das Körper-Ich hinaus. Über das Körper-Ich hinaus empfinden heißt, Anteil nehmen am Mitmenschen, seiner Geschichte und seinem Schicksal – aber auch Anteil nehmen an aller Kreatur und ihrem Seufzen (Röm 8,22), welches wir nicht in Worte fassen können (Röm 8,26). Mit diesem Anteilnehmen an aller Kreatur wird die Quelle des Lebens und der Grund des eigenen Seins berührt – ohne die Angst, von ihr getrennt zu werden. Im Hinsinken auf die Knie wird mithin die Grundangst und die mit ihr verbundenen Abwehr überwunden, die unser Umgang mit den eigenen Grundbedürfnissen und mit dem Außen begleitet.

3. Ausblick

W. Bion, oft als Mystiker unter den Psychoanalytikern bezeichnet, suchte nach einer Wahrheit, die das Denken umfasst und zugleich für dessen Autonomie zugänglich ist (Bion, 1990, 19–25; Wiedemann, 2007, 270). Diese Suche erinnert an P. Tillichs Ansicht, dass der Gegensatz von Autonomie und Heteronomie in einer Theonomie überwunden sei, wobei Grundlagen und Strukturgesetze des Denkens anerkannt seien (Tillich, 1956, 103). Mehr noch als Tillich betont Bion allerdings das Aushalten eines „Nicht-Denkens" als Voraussetzung von Erkenntnis. So sprach er bekanntlich davon, dass jede Begegnung, jedes Gespräch, jede neue Therapiestunde „without desire and memory and understanding", ohne Wünsche, Erinnerung und Verstehen, beginnen und offen für Wahrheiten sein solle, die in die Begegnung und das Denken einströmen (Bion, 1967).

Mit der Idee des „Nicht-Denkens" wird in heutiger psychoanalytischer Praxis die Vorstellung verbunden, dass das Unbewusste das Unbewusste verstehe, eine Art „horizontales Unbewusstes", worauf schon S. Freud hingewiesen (s. Gödde/Bucholz, 2011, 69–112) hatte und das in der Phänomenologie als Zwischenleiblichkeit beschrieben wird. Die Praxis gegenwärtiger Psychoanalyse kann pointiert als Analyse der Zwischenleiblichkeit im vielfältigen Übertragungsgeschehen beschrieben werden, wobei Entstelltes offenbar, Fixiertes gelöst, Transgenerationelles verändert und Festgeschriebenes neu zu werden vermag. Im „Nicht-Denken" bei gleichzeitiger Offenheit für die Bewegungen des Gegenübers sollen dessen unrepräsentierte Zustände zugänglich und symbolisierbar werden. Dabei ist es nötig, von den unrepäsentierten Zuständen des Gegenübers erfasst und erschüttert zu werden, um sodann mit mehr Distanz zum Gegenüber einen Anfang des Verstehens zu finden (Picht, 2024). Verstehen bedeutet nicht, frühere Erlebnisse zu rekonstruieren, sondern das angstbesetzt leiblich Eingekapselte zu erfassen, um dessen Integration in die eigene Erfahrung und ins eigene Denken zu ermöglichen.

Übersehen wird bei der Analyse der Zwischenleiblichkeit und des Übertragungsgeschehens m. E. oft ein besonderer Moment, der dem Kniefall gleichkommt. Dies ist der Moment, wo das Gegenüber meist sehr bildhaft und kaum sprachlich, allenfalls eigensprachlich einen Ausdruck findet für das, was es existentiell ausmacht (Winzen, 2024), und diese Expression eine Stille bewirkt, die ein Miteinander und ein gemeinsames Nachdenken ermöglicht. Es ist eine Stille ohne tremendum et fascinosum, ohne Furcht und Faszination, und zugleich voller Transpersonalität und Metaphysik. Stille befreit von der Enge des Ichs, von den Definitionen der Worte, von den Introjektionen und Projektionen der Weltauffassungen. In der Stille, in der man selbst zur Stille wird, entsteht Raum für den Bezug zum Undefinierten und für noch Indefinites, wobei eine Präsenz aufscheinen kann, die bislang noch stumm war. Endet die Stille, wird der Raum zum Übergangsraum für neue Worte, die poetisch bleiben und zu fassen versuchen, was kaum fassbar scheint.[11] Hiob 2,13 berichtet davon, dass die drei Freunde „mit ihm auf der Erde sieben Tage und sieben Nächte saßen und nicht mit ihm redeten: denn sie sahen, dass der Schmerz sehr groß war". Und in Apk 8,1 wird berichtet: „Als das Lamm das siebte Siegel öffnete" – also die ganze Weltgeschichte offenbar wurde –, „trat im Himmel Stille ein, etwa eine halbe Stunde lang."

So verweist der Kniefall auf eine besondere Dimension des leiblich Unbewussten, auf die der Existenz, auf das *existere*, das Herausragen aus dem Grund des Daseins. Nicht das Unbewusste allgemein, nicht lediglich die Alterität des Unbewussten, nicht allein der Umgang mit dem Fremden im Eigenen stößt

---

11 Mit Verweis auf Heidegger wird zuweilen betont, dass die Stille zu einer Klarheit des Denkens und Authentizität führe. Eine solche Zentrierung kann sekundär aus der Stille erwachsen, der jedoch eine Dezentrierung vorausgeht. Dabei wird deutlich, dass Denken und Authentizität eingefärbt bleibt von Nicht-Ich-Bezügen.

schon Religiosität an (Küchenhoff, 2021; Mertens, 2014, 180–204), sondern jenes leiblich Unbewusste, das ohne Angst Zugang zur Quelle des eigenen Lebens und eine Einstimmung in die eigene Abhängigkeit findet.

Im Kniefall wird thematisch, was in Religion und Theologie umkreist wird. Im Hinabgleiten auf die Knie verflüchtigen sich Perspektive und Differenz, aktiv und passiv, Identität und Zuschreibung. Werden mit der Philosophie der Differenz und der Theorie der Objektbeziehungen die Genese und die Geschichte der Subjektivität erläutert, so wird mit dem Kniefall deutlich, was der Subjektivität vorausgeht.[12] Der Kniefall schafft Konvergenz und ermöglicht ein Einvernehmen des Unverstanden-Eigenen mit dem Unverstandenen-Anderen. Mit dem Kniefall erwacht ein „Denken, was sich vor dem Denken zurückzieht", um „mehr [zu] verstehen, als man versteht" (Lévinas, 2012, 257), wobei zugleich Vertrauen ins Dasein wie dessen traumatische Einbrüche berührt werden. Im Kniefall werden unmentalisierte Zustände nicht ausagiert, sondern ausgehalten und affektiv zugänglich. Der Kniefall ist eine leibliche Bewegung der Dekonstruktion (Derrida, 1994) oder Desobjektalisierung, befreit das Ich von sich selbst und eröffnet einen primären Bezug zum Gegenüber[13] – auch zu jenen Ermordeten, vor denen W. Brandt kniete und die so präsent waren: als Abwesende anwesend.

Literatur

Becht-Jördens, Gereon / Wehmeier, Peter M. (2012), Leben im Angesicht des Todes. Die Erfindung der Kunst als Medium der Angstbewältigung bei Nicolas Poussin (1594–1665), in: Erik Boehlke / Hans Forstl / Manfred Heuser (Hg.), Zeit und Vergänglichkeit, Berlin: edition GIB, 74–90.

Bion, Wilfred R. (²1997 [1961]), Lernen durch Erfahrung, Frankfurt a. M.: Suhrkamp.

– (1967), Notes on Memory and Desire, in: The Psychoanalytic Forum 2, 272–280.

– (1990 [1973/74]), Brazilian Lectures, London: Routledge.

– (2006 [1970]), Aufmerksamkeit und Deutung, Tübingen: Ed. Diskord.

---

12 Verweisen psychoanalytische Intersubjektivisten (Orange, Atwood, Stolorow) mit Bezug auf Levinas darauf, dass Subjektivität erst durch ein Gegenüber entstehe, so betonen die Relationisten (Odgen, Mitchel, Benjamin) mit Bezug zu Hegel, dass in der Begegnung etwas Drittes aufscheine, während die Beziehungsanalytiker (Bauriedl) mit Bezug zu Lorenzer betonen, dass in Begegnungen vorbestehende Subjektivität aus Kollusionen befreit werden solle.

13 Mit und aus dieser Stille kann Neues erwachsen. Nochmals zurück zu Mariä Verkündigung aus Lk. 1.: Wird den Bewegungsimpulsen der Verben im Text nachgegangen und die Verheißung bibliodramatisch in Szene gesetzt, entsteht eine Dynamik von Demut und Aufrichtung: Maria sinkt auf die Knie, der Engel wird von dieser Bewegung ergriffen und beugt sich zu ihr nieder, wonach beide sich aufrichten. *Gerhard Marcel Martin* wies mich darauf hin, dass bibliodramatisch aus dieser Textdynamik eine aufrichtende und aufrechte Szene erwächst.

Bonhoeffer, Dietrich (1998 [1944]), Widerstand und Ergebung, Werke, Bd. 8 hrsg. von Christian Gremmels / Eberhard Bethge / Renate Bethge, Gütersloh: Kaiser.
Botella, C. / Botella, S. (2015), Über das Erinnern. Das Konzept eines Gedächtnisses ohne Erinnerung, in: Internationale Analyse (10), 160–200.
Brandt, Willy (1989), Erinnerungen. Frankfurt a. M. u. a.: Propyläen.
Brüske, Gunda (2001): Art. Kniebeugung, in: RGG⁴ Bd. 4, Tübingen: J. C. B. Mohr, 1463.
Derrida, Jacques Derrida (³1994 [1967]), Die Schrift und die Differenz. Frankfurt a. M.: Suhrkamp.
Dienst, K.: Art. Kniebeugung, in: RGG³ Bd. 3, Tübingen: J. C. B. Mohr, 1683f.
Döll-Hentschker, Susanne (2008), Psychoanalytische Affekttheorien – eine historische Annäherung, in: Psychologie in Österreich, 446–455.
Freud, Sigmund (1920g), Jenseits des Lustprinzips, GW 13, 71–161.
– (2015d), Das Unbewusste, GW 10, 264–337.
Funke, Dieter (2011), Ich – eine Illusion? Bewusstseinskonzepte in Psychoanalyse, Mystik und Neurowissenschaften, Gießen: Psychosozial.
Gödde, Günter / Buchholz, Michael B. (2011), Unbewusstes, Gießen: Psychosozial.
Green, André (2000 [1999]), Todestrieb, negativer Narzissmus, Desobjektalisierungsfunktion, in: Psyche – Z- Psychoanal (55), 869–877.
Gündel, Harald (2006), Neuronale Grundlagen bewussten und unbewussten Erlebens, in: Michael Ermann (Hg.), Was Freud noch nicht wusste. Neues über Psychoanalyse, Frankfurt a. M.: Brandes & Apsel, 83–96.
Heiler, Friedrich (⁵1969), Das Gebet, München/Basel: Ernst Reinhard.
Heraklit (⁴2007), Fragmente. Griechisch und Deutsch, hrsg. von Bruno Snell, Zürich/München: Artemis & Winkler.
Herder, Johann Gottfried (1989 [1784–1791]), Ideen zur Philosophie der Geschichte der Menschheit, in: ders.: Werke, Bd. 6, hg. v. Martin Bollacher, Frankfurt a. M.: Dt. Klassiker-Verlag.
Hock, Udo (2024), Entstellung – ein Grundbegriff der Psychoanalyse, in: Psyche – Z- Psychoanal (78), 579–613.
Huizing, Klaas (2007), Handfestes Christentum. Eine kleine Kunstgeschichte christlicher Gesten, Gütersloh: Gütersloher Verlagshaus.
Isaac, Susan (1948), The Nature and Function of Phantasy, in: Int J Psychoanal (29), 73–97.
Josuttis, Manfred (1991), Der Weg ins Leben, München: Chr. Kaiser
Kermani, Navid (2014), Feierstunde 65 Jahre Grundgesetz am 23.05.2014, www.bundestag.de/webarchiv/textarchiv/2014/280688-280688 (30.03.2024).
Kernberg, Otto F. (⁵1992 [1966–1975]), Objektbeziehungen und Praxis der Psychoanalyse, Stuttgart: Klett-Cotta.
Kettner, Matthias / Mertens, Wolfgang (2010), Reflexionen über das Unbewusste. Philosophie und Psychologie im Dialog, Göttingen: Vandenhoeck & Ruprecht.
Küchenhoff, Joachim (2021), Für Unverfügbares offen bleiben. Die gemeinsame Aufgabe von Religion und Psychoanalyse, in: Psyche – Z Psychoanal (75), 193–229.
Kurz, Thomas (2024), Über das Deuten von Übertragungen, in: Psyche – Z- Psychoanal (78), 1–33.
Lacan, Jacques (1975 [1957]), Das Seminar über E. A. Poes „Der entwendete Brief", in: ders., Schriften I, Frankfurt a. M.: Suhrkamp, 7–60.
– (1978 [1964]): Die vier Grundbegriffe der Psychoanalyse. Das Seminar, Buch XI, hrsg. von N. Haas. Olten, Freiburg/Brsg. : Walter.
Laplanche, Jean (2007 [2003]), Trois acceptions du mot "inconscient" dans le cadre de la théorie de la séduction généralisée, in: ders., Sexual. La sexualité élargie au sens freudien 2000–2006, Paris: PUF «Quadrige», 195–213.
Leibniz, Gottfried Wilhelm (1971 [1704]), Neue Abhandlungen über den menschlichen Verstand, Hamburg: Meiner.

Leikert, Sebastian (2024), Zur Arbeit mit der somatischen Narration, in: Psyche – Z- Psychoanal (78), 473–505.
Lévinas, Emmanuel (⁶2012): Die Spur des Anderen. Untersuchungen zur Phänomenologie und Sozialphilosophie, Freiburg u. a.: Karl Alber.
Levine, Howard B. / Reed, Gail S. / Scarfone, Dominique (2013), Unrepresented States and the Construction of Meaning. Clinical and Theoretical Contributions, London: Carnac.
Löchel, Elfriede (2022), Wie Freud den stummen Todestrieb zur Sprache bringt – und was daraus wurde, in: Psyche – Z Psychoanal (76), 465–496.
Merleau-Ponty, Maurice (1994), Keime der Vernunft: Vorlesungen an der Sorbonne 1949–1952, hrsg. von Bernhard Waldenfels, München: Fink.
Mertens, Wolfgang (2006), „Wo Es war, soll Emotion werden", in: Michael Ermann (Hg.), Was Freud noch nicht wusste. Neues über Psychoanalyse, Frankfurt a. M.: Brandes & Apsel, 19–38.
– (2014), Psychoanalyse im 21. Jahrhundert, Stuttgart: Kohlhammer.
Morgenstern, Christian (⁶1977 [1905]), Alle Galgenlieder, Frankfurt a. M.: Insel.
M'Uzan, Michel de (1978), La bouche de l'inconscient, in : Nouvelle Revue de Psychoanalyse (17), 89–98.
– (1991), Du dérangement au changement, in: Revue française de psychoanalyse (LV), 325–337.
Negt, Oskar / Kluge, Alexander (1981), Die Patriotin, in: dies., Geschichte und Eigensinn, Frankfurt a. M.: Zeitausendeins.
Nouwen, Henri J. M (¹⁴2004, [1991]), Nimm sein Bild in Dein Herz. Geistliche Deutung eines Gemäldes von Rembrandt, Freiburg i. Br.: Herder.
Novalis (1960-1977 [1797/98]), Blüthenstaub-Fragmente in: ders., Schriften. Die Werke Friedrich von Hardenbergs, Bd. 2, Stuttgart: Kohlhammer, 413–464.
Oberlin, Gerhard (2007), Goethe, Schiller und das Unbewusste, Gießen: Psychosozial.
Picht, Johannes (2020), Todestrieb und „Todesgedanke". Zur Auslegung von „Jenseits des Lustprinzips", in: Psyche – Z Psychoanal (74), 868–894.
– (2024), Intuition, Konstruktion und die Frage nach Wahrheit in der Psychoanalyse, in: Psyche – Z- Psychoanal (78), 289–318.
Reichardt, Alexander (2023), Tiefenpsychologisch fundierte Verhaltenstherapie, Stuttgart: Schattauer.
Rosa, Hartmut (2019), „Spirituelle Abhängigkeitserklärung". Die Idee des Mediopassiv als Ausgangspunkt einer radikalen Transformation, in: Berliner Journal für Soziologie (Sonderband), Große Transformation? Zur Zukunft moderner Gesellschaften, 35–55.
Schlegel, K. W. Friedrich (1967 [1798]), Kritische Fragmente, in: ders., Kritische Friedrich-Schlegel-Ausgabe, 1. Abt., Bd. 2, Schöningh: Paderborn, 147–164.
Schwanenflügel-Krogmann, Angelika v. (1970), Simone Weil in Selbstzeugnissen und Bilddokumenten, Reinbek bei Hamburg: Rowohlt.
Sell, Christian (2022), Medio-passive agency in psychoanalysis: Responding to Hopelessness and Despair in the Therapeutic Relationship, in: Psychoanal Dialogues (32), 353–368.
Sen, Amartya (2006), Die Identitätsfalle. Warum es keinen Kampf der Kulturen gibt, München: C. H. Beck.
Solms, Marc (2013), Das bewusste Es, in: Psyche – Z-Psychoanal (67), 991–1022.
– (2021), The Hidden Spring, London: Profile Books.
Stagnier, Ulrich / Strauß, Bernhard / Ried, Winfried /Hofmann, Stefan G. (2024), Prozessbasierter Ansatz in der Psychotherapie. in: Psychotherapie (69), 15–23, doi.org/10.1007/s00278-023-00690-6 (31.03.24).
Storck, Timo (2020), 100 Jahre Rezeption des Todestriebkonzepts, in: Psyche – Z Psychoanal (74), 831–867.
Susan Isaac, (1948), The nature and function of phantasy, in: Int J Psychoanal (29), 73–97.

Tillich, Paul (1956), Systematische Theologie, Bd. 1, Stuttgart: Evangelisches Verlagswerk.
Wiedemann, Wolfgang (2007), Wilfried Bion. Biografie, Theorie und klinische Praxis des „Mystikers der Psychoanalyse", Gießen: Psychosozial.
Will, Herbert (2019), Transzendierende Triangulierung, in: Ulrich Ertel / Alois Münch (Hg.): Religion und Psychose, Göttingen: Vandenhoeck & Ruprecht, 245–268.
Winnicott, Donald W. (1993 [1960]), Die Theorie von der Beziehung zwischen Mutter und Kind, in: ders., Reifungsprozesse und fördernde Umwelt. Übers. von G. Theusner-Stampa, Frankfurt a. M.: S. Fischer, 47–71.
Winzen, Peter J. (2024), Das intergenerationelle Gespräch, in: ders. / Sabine Becker / Holger Fiedler, Palliative Care bei Kindern und ihren Familien, Stuttgart: Kohlhammer, 77–86.
Zeitzschel, Ute (2024), Die analytische Beobachtung frühgeborener Kinder auf der Neo-Intensivstation vor dem Hintergrund psychoanalytischer Auseinandersetzung mit den sogenannten „psychisch unrepräsentierten Zuständen", in: Zeitschrift für psychoanalytische Theorie und Praxis (39), 9–34.

C. Im Gespräch bleiben

„Wir halten es aus, nicht zu verstehen."

Das Unbewusste in Seelsorge und Supervision

Maike Schult im Gespräch mit Anne Reichmann

Schult: Frau Reichmann, Sie leiten seit 30 Jahren Supervisionsgruppen, in denen es darum geht, Unbewusstes für das Verstehen und Handeln fruchtbar zu machen – auf allen Feldern der pastoralen Praxis. Kann man das lernen? Kann man in einer Weiterbildung lernen, unbewusste Vorgänge zwischen Menschen zu erkennen, sie einzubeziehen und sinnstiftend damit umzugehen?

Reichmann: Ich denke, bis zu einem bestimmten Grad kann man das lernen. Aber die Qualität einer seelsorglichen Begegnung ist nicht messbar, und es gibt niemals einen Zustand, von dem man sagen könnte, dass jemand ‚es kann'. Dabei geht es nur vordergründig um Technik. Viel wesentlicher ist eine bestimmte innere Haltung: Die Seelsorgerin sollte menschlich offen und bereit sein, sich einem anderen Menschen so zur Verfügung zu stellen, dass dieser Neues über sich erfahren kann.

Lässt sich eine solche Haltung im Rahmen einer pastoralpsychologischen Weiterbildung gewinnen?

Die Weiterbildung ist ein umfassender Bildungsprozess, der die ganze Person betrifft, denn die Person ist unser Handwerkszeug. Das ist eine Herausforderung, bei der man an eigene Grenzen stößt und sie auch überschreitet. Von vielen Teilnehmenden wird das als eine große Entdeckung und Vertiefung ihrer Wahrnehmung empfunden. Nicht nur bedeutsam für die Arbeit, sondern für das ganze Leben. Und dieser Lernprozess hört niemals auf. In jedem Seelsorgegespräch, in jeder Beratung und Supervision lernt man vom Gegenüber, lässt sich verunsichern, geht über Bekanntes hinaus.

Was ist das Neue, das die Teilnehmenden in der Weiterbildung erfahren?

Vielleicht kann man es so sagen: In der alltäglichen Kommunikation hören wir auf das, was gesagt wird, und reagieren spontan darauf. Das geschieht schnell und unreflektiert. Das Neue hier ist: Wir hören viel aufmerksamer zu, und wir hören nicht nur auf das, was gesagt wird, sondern auch darauf, *wie* es gesagt wird. Was dabei vielleicht auch gestisch oder mimisch zum Ausdruck kommt. Dabei achten wir auch darauf, welche Art von Beziehung in Szene gesetzt wird. Denn mit allem, was ein Mensch zu einer anderen Person sagt, geht er zugleich mit ihr um: Er macht die andere ratlos und ohnmächtig; er klagt sie an; er macht ihr Vorwürfe; er versucht, sie zu etwas zu verführen. So zum Beispiel. Er überträgt dabei immer etwas auf die Andere und legt einen Teil seiner inneren Welt, wie sie sich aus seinen bisherigen Beziehungserfahrungen heraus entwickelt hat, in diese gegenwärtige Situation hinein. Das geschieht unbewusst, und das gilt es wahrzunehmen.

Und wie antworten Seelsorgende am besten auf solche Inszenierungen?

Als Seelsorgende reagieren wir nicht sofort, sondern achten auf das, was sich zwischen Gesagtem und Unausgesprochenem einstellt. Wir begeben uns also auf eine Suche, aber wir halten es auch eine Weile aus, nicht zu verstehen. Wir haben Zeit. Auch für das Schweigen. So kann sich ein neuer Raum öffnen. Für eine Sicht- und Fühlweise, die im Alltag keinen Platz hat. Und in diesem gemeinsamen Suchen, Fragen, Nachspüren kann sich dann auch ein Sinn einstellen. Zwischen den beiden. Wenn eine Einsicht zwischen ihnen auftaucht, die emotional berührend, vielleicht sogar erschütternd ist, dann ist nicht nur über etwas gesprochen worden, sondern es hat sich etwas ereignet. Eine Verwandlung, ein kreativer Prozess, der nicht nur alte Szenen wiederholt, sondern aus dem man anders hervorgeht.

Sie haben an anderer Stelle von Stolpersteinen gesprochen, auf die man in der Weiterbildung stößt – Herangehensweisen, die ungewohnt sind und das Erwartete irritieren. Was meinten Sie damit?

Manches von dem, was wir im Alltag tun, um jemanden zu unterstützen, wird hier anders gesehen. Es ist immer wieder zu beobachten, dass Seelsorgende mit sich zufrieden sind, wenn es ihrem Gegenüber am Ende des Gespräches besser geht. Manchmal ist das ja auch so. Manchmal kann man aber auch erleben, dass jemand am Ende sagt, das Gespräch habe ihm jetzt sehr geholfen, aber er sagt das im Grunde, damit es der Seelsorgerin besser geht. Womöglich damit sie geht, weil er nicht mehr die Hoffnung hat, von ihr verstanden zu werden. Womöglich weil er spürt, dass die Seelsorgerin seinen schlimmen Gedanken und Gefühlen gar nicht gewachsen ist, weil sie um ihre eigenen Abgründe nicht weiß und sich deshalb vor denen anderer fürchtet.

Die Motivation vieler Seelsorgenden ist doch aber, dass es anderen besser gehen möge.

Manchmal geht es nicht so schnell besser, wie wir es gerne hätten. Manchmal führt das Gespräch erst wirklich in eine Trauer hinein, und das fühlt sich nicht besser an als der kaum benennbare Schmerz zu Beginn des Gespräches. Aber diese Trauer ist vielleicht genau das, was ‚dran' ist in diesem Moment. In der Seelsorge sollte es keinen Druck geben, dass es jemandem besser gehen muss. Hier ist Raum für die Schattenseite des Lebens, für Unaussprechliches, für scheinbar Verrücktes, für Unerträgliches, das sich nur dadurch wandeln kann, dass man hindurchgeht.

Das heißt: Konventionen, die unser alltägliches Miteinander prägen, können ein tiefes Verständnis füreinander verhindern?

Man könnte diese Konventionen auch ‚Versuchungen' nennen: Wir möchten gerne trösten. Aber hin und wieder geht es darum, jemanden zu ertragen, der untröstlich ist. Wir möchten der Erwartung unseres Gegenübers entsprechen. Aber diese Erwartung kommt möglicherweise aus dem vertrauten Zusammenhang, der zum Problem geworden ist für jemanden. Wir möchten gerne verstehen und sagen dann auch: Ich verstehe Sie. Aber wenn ich etwas gleich zu verstehen meine, dann finde ich in dem, was mir gesagt wird, oft nur das, was ich kenne – und das entspricht *meinen* Erfahrungen, nicht seinen. Wir möchten gut sein. Dabei geht es uns aber um uns selbst, nicht um die andere. Wir suchen nach Nähe und Vertrautheit. Aber ein anderer Mensch ist zunächst einmal fremd, und was mir sehr nahe ist, das kann ich ohnehin nicht gut sehen. Den meisten, die Seelsorge in Anspruch nehmen, liegt daran, herauszufinden, was für sie wahr ist; sie möchten zu sich kommen, zu ihrer subjektiven Wahrheit. Dazu können wir als Seelsorgende am ehesten beitragen, wenn wir diese Versuchungen, von denen ich gesprochen habe, in uns selbst bemerken und ihnen widerstehen. Und das gelingt nicht immer.

Aber ist nicht das gerade Gegenstand des Lernens in einer Weiterbildung: die Introspektion und der reflexive Umgang mit sich selbst?

Das Gelingen in der Seelsorge ist nicht verfügbar. Ich habe mich selbst nicht vollständig in der Hand. Seelsorgende lernen, ihre Wahrnehmungen und Gefühle für das Verstehen eines anderen Menschen fruchtbar zu machen. Sie lernen theoretische Hintergründe und Konzepte. Sie lernen aber vor allem durch Erfahrung und über die Reflexion dieser Erfahrung. In der eigenen Analyse lernen sie Unbewusstes in sich selbst kennen, und sie merken, wieviel Ängste und Widerstände dem entgegenstehen, dass etwas davon ans Licht kommt. In der Supervision von Seelsorgegesprächen lernen sie, eigene Gefühle von solchen zu unterscheiden, die von der Gesprächspartnerin kommen und im eigenen Inneren wahrgenommen werden können. Eine innere Haltung übt sich ein, und es entsteht eine gewisse Toleranz für Verunsicherung und die Fähigkeit, eine Weile nicht zu wissen und nicht zu verstehen und nichts zu erwarten. Das ist eine besondere Fähigkeit, eine negative sozusagen. Man kann Seelsorge nicht ‚machen'. Es geht eher um ein Geschehenlassen. Man lässt sich auf einen Prozess ein, von dem man nicht weiß, was dabei herauskommen wird. Das braucht Mut und kann auch schiefgehen. Gerade der Respekt vor dem Unbewussten, das in mir und zwischen uns wirksam ist, macht ein wenig bescheidener, was den Erfolg anbelangt.

Die Einsicht in das Unverfügbare ist eine theologische Einsicht und von Rudolf Bultmann als eine theologische Denkfigur eingebacht worden.

Deswegen ist die Haltung, die Seelsorgende brauchen, ja auch eigentlich eine Glaubenshaltung. Es ist das riskante Vertrauen darauf, dass in dem gemeinsamen Suchen aus dem Dunklen etwas auftauchen wird, was ins Freie führt. Lebendige Prozesse sind Verwandlungen, denen wir uns anvertrauen können. Theologisch spreche ich dann von Gnade. Das ist etwas, was einem widerfährt.

Sie bringen Seelsorge mit dem Gottesglauben in Verbindung. Pastoralpsychologie versteht sich selbst als Verbindung von Psychologie und Theologie. Wie würden Sie diese Verknüpfung beschreiben?

In der Weiterbildung lernen die Teilnehmenden symbolisches Verstehen und erfahren am eigenen Leib, dass lebensgeschichtliche Beziehungserfahrungen mit biblischen Symbolen verbunden werden und sich in Glaubensvorstellungen niederschlagen (*Heribert Wahl*). Nur dann haben sie eine lebendige Bedeutung für uns. Das „persönlichkeitsspezifische Credo" (*Klaus Winkler*) kann man entdecken und auch kritisch reflektieren. Etwa wenn Frauen merken, dass ihre Gottesbeziehung gefärbt ist von ihrer Beziehung mit einem Elternteil, dem Vater vielleicht, dem sie gefallen mussten und der sich in ihrem Erleben nicht wirklich dafür interessierte, was sie selbst fühlten oder wollten.

Wie kann Seelsorge mit solchen Bildern umgehen?

Wir alle machen uns Bilder, von Gott, von Menschen, von Himmel und Erde und davon, wie alles miteinander zusammenhängt. Wir nennen das Realität. Aber was wir Realität nennen, ist nur unser Bild von ihr. Andere haben andere Bilder davon. Im Alltag halten wir unsere Bilder für die Realität und sprechen nicht darüber, was wir damit meinen. So kommt es zu Polarisierungen und Abwertungen.

Darum: Du sollst dir kein Bildnis machen...

Die Differenz zwischen dem Bild und demjenigen, von dem wir uns ein Bild machen, überhaupt zu bemerken und im Bewusstsein zu behalten – das scheint mir der Sinn des alttestamentlichen Bilderverbots zu sein, und es ist heute nicht weniger relevant als damals. Wertvoll erscheint mir für die Weiterbildung auch die Unterscheidung zwischen *fides quae* und *fides qua*, auf die *Dieter Seiler* immer aufmerksam gemacht hat. Die Unterscheidung zwischen Glaubensinhalt und Glaubenshaltung. Sie ist eine wertvolle Quelle theologischen Nachdenkens über sich und andere, gerade in der Seelsorge. Und es war ein englischer Psychoanalytiker, der in Bezug auf das, was ein Psychoanalytiker in seiner Arbeit tut, von *faith* (im Unterschied zu *belief*) gesprochen hat: Wilfred Bion. Sein Modell „*container-contained*", in dem es um das zwischenmenschliche Wechselspiel geht, in dem psychische Gehalte sich transformieren, hat er mit dem Glauben in Verbindung gebracht, wenngleich er Glauben nicht im Kern religiös, sondern weltanschaulich begriff: „Faith in O" ereignet sich demnach, wenn es möglich erscheint, dass eine emotional bedeutsame Wahrheit aus dem Unbekannten aufsteigt. Das ist unverfügbar, aber sehr beeindruckend.

Sind Glaubensvorstellungen den Glaubenden denn überhaupt bewusst?

Es gibt Glaubensvorstellungen, die unbewusst sind und gerade dadurch dominanter wirken; sie müssen nicht religiös sein. Deshalb geht es in der Seelsorge darum, erst einmal die Glaubensvorstellungen des Gegenübers zu erkunden, statt ihm etwa das Bild eines guten Gottes nahezubringen, mit dem er vielleicht (noch) nichts anfangen kann. Die Arbeit an den Glaubensvorstellungen hat in Seelsorge und Supervision eine besondere Aufmerksamkeit. Wenn ich etwa an die oben genannten Frauen denke, die Gott als einen unberührbaren, verbietenden Herrn sehen, dem sie gefallen müssen – so korrespondiert das oft mit einem Selbstbild, in dem Subjektivität kein Recht und keinen Raum hat. Vielen ist nicht bewusst, wie sehr solche Gottesbilder durch frühe Beziehungserfahrungen geprägt sind.

Es kann in der Weiterbildung also auch darum gehen, alte Beziehungserfahrungen zu überprüfen und neue Lesarten biblischer Texte zu eröffnen?

In der Weiterbildung gibt es auch Gelegenheit, sich an der psychodynamischen Deutung von biblischen Texten zu versuchen. *Hartmut Raguse* zum Beispiel hat dazu mit seinem Buch „Der Raum des Textes" einen methodischen Zugang eröffnet. Ist diese Spur erst einmal gefunden, bringen manche Gruppen immer reger religiöse Vorstellungen und ihre Entdeckungen über seelisches Erleben miteinander in Kontakt. Auch im politischen Kontext ist es erhellend, sich auf die Suche nach unbewussten Glaubensvorstellungen zu machen. Kollektive Überzeugungen, die dafür gesorgt haben, dass Männer freiwillig in Kriege ziehen, zum Beispiel. An Pastoralpsychologen und Pastoralpsychologinnen habe ich die Erwartung, dass sie über ihre eigenen Glaubensvorstellungen einigermaßen aufgeklärt sind und die Glaubensvorstellungen in der Kirche und in der Bibel kulturkritisch reflektieren können.

Nun hat unsere Kultur ja gerade eine eher religionskritische Grundhaltung...

Auch Religionskritik ist ein zentrales Thema in der Weiterbildung. Die kulturgeschichtliche Reflexion des Sündenbockmythos zum Beispiel und seine Bearbeitung in der Kreuzesgeschichte. Ich finde das hochaktuell in einer Gesellschaft, in der man möglichst nicht schuld an einem Unglück sein möchte, aber als erstes nach dem Schuldigen sucht. An dieser Stelle wurde mir immer bewusst, dass wir uns in der Weiterbildung auf das exemplarische Lernen beschränken müssen. Man kann da schon eine Leidenschaft entwickeln, die aber begrenzt werden muss. Es tun sich einfach zu große Horizonte auf.

Wie vermitteln Sie überhaupt in der Weiterbildung zwischen Theorie und Praxis?

Wir versuchen, an exemplarisch ausgewählten Texten die wesentlichen Linien psychodynamischen Denkens und Verstehens durchzuarbeiten. Die Teilnehmenden beziehen sie auf eigene Erfahrung und auf den gemeinsamen Lernprozess. Manches, was in der Gruppe geschieht, ist mit dem theoretischen Instrumentarium besser zu verstehen. Unser Ziel ist eine gemeinsame Entwicklung und individuelle Anverwandlung. Wenn Elemente der Theorie wirklich zu eigenen Werkzeugen geworden sind, dann können sie helfen, sich im Dschungel eines Gesprächs oder einer Gruppensituation besser zu orientieren. Das ist auch eine Frage des Wissens. Denn Wissen kann die Wahrnehmung schärfen und differenzieren. So, wie ich ja auch nur diejenigen Blumen am Wegesrand wirklich sehe, die ich zu benennen weiß. Aber Theorien sind Modelle und damit eine auf einen bestimmten Blickwinkel reduzierte Sicht der Realität. Die Realität ist immer mehr und anders. Deshalb ist es nötig, die Modelle an der Realität zu messen und zu erproben, was durch sie besser in Erfahrung zu bringen ist. Und dafür bedarf es auch der Fähigkeit, zu den eigenen Denk- und Erfahrungsmodellen in Distanz gehen zu können.

Bei Ihnen spielt ‚das Dritte' oft eine große Rolle, und auch die Metapher des Raumes taucht in pastoralpsychologischen Bezügen immer wieder auf. Sind das so Bilder dafür, auf eine andere Ebene wechseln und in Distanz gehen zu können?

Davon war bei den Bildern vorhin ja schon die Rede: Symbolisches Verstehen ist nur möglich, wenn ich unterschiedliche Pole unterscheide: das Göttliche selbst, meine Person und die jeweilige Vorstellung vom Göttlichen, das jeweilige Symbol. Nur durch diese Unterscheidung wird Reflexion und somit Distanz ermöglicht, wodurch Räume für Neues entstehen. Wenn ich ein Gegenüber verstehen will, brauche ich nicht nur meine Einfühlung und meine Resonanz als Gegenüber. Ich brauche eine dritte Position, von der aus ich erst die Beziehung zwischen uns erkennen und ins Verstehen einbeziehen kann. Diese dritte Position kann ich denken und innerlich besetzen. Dadurch kommen Luft und Abstand ins Spiel: Es entsteht ein Raum. Wo es kein Drittes gibt, kommt es zu einem Entweder – Oder, also zu Polarisierung oder Konflikt.

Ein anderes Stichwort, das Ihnen wichtig ist, ist das Wort von der „Grenze". Sie hatten es auch eingangs schon gebraucht. Was ist Ihnen wichtig an der Grenze in einer Zeit, die sich global und digital scheinbar grenzenlos ausdehnt?

Eine Grenze schließt etwas aus und ab. Aber sie schützt auch. Ohne Grenze kein Raum. Räume entstehen aus Grenzziehungen. Grenzen haben sogar einen schöpferischen Aspekt: So wurden Himmel und Erde geschaffen, Land und Wasser voneinander getrennt. Grenzen sorgen für Differenzierung, für Eigenart und für Vielfalt. Grenzen sind etwas Wunderbares, wenn man sie sich nicht als Betonwand, sondern als Haut vorstellt, die durchlässig ist.

Viele möchten im Moment eher Hierarchien flach halten und Grenzen abbauen...

Grenzen schaffen auch Klarheit. Wenn es keine klaren Grenzen gibt, muss man sich nicht wundern, wenn es zu Missbrauch in unterschiedlichen Formen kommt. Dass in den grenzenlosen digitalen Medien immer öfter Tabus fallen, sorgt dafür, dass junge Menschen verführt werden, sich preiszugeben und jegliches Gefühl für sich selbst zu verlieren. Das scheint mir auch verbunden mit einer zunehmenden Respektlosigkeit gegenüber dem Gesetz. Und mit wirtschaftlichen Vorstellungen verbunden: die Idee, dass grenzenloses Wachstum möglich sei, ist ja auch so ein unbewusster Glaubenssatz. All dies zeigt, dass Grenzenlosigkeit schnell maßlos ist und als solche zerstörerisch sein kann. Die Anerkennung von Grenzen, die uns real gegeben sind, bewahrt uns davor, einer Fassadenwelt (*Henning Luther*) aufzusitzen und uns über uns selbst und das Leben zu täuschen.

Sie stehen nicht nur für pastoralpsychologisches Arbeiten überhaupt, sondern auch für eine bestimmte Form der pastoralpsychologischen Arbeit: die Tiefenpsychologie. Diese hat viele Anregungen aus der Psychoanalyse übernommen und hat, mit Joachim Scharfenberg gesagt, die Freiheit und Autonomie des Subjekts im kirchlichen Raum fördern wollen.

Die Psychoanalyse hat die Autonomie des Subjektes betont. Sie hat aber auch das Scheitern autonomer Anstrengung in den Blick genommen sowie die, oft unbewusste, Abhängigkeit des Subjektes von seinem eigenen Dasein und seinem Kontext betont.

Was kann Pastoralpsychologie zu diesem Autonomie-Abhängigkeitskonflikt sagen?

Das Streben nach Autonomie ist sehr menschlich und sehr alt. Es hat in unserer Kultur an vielen Stellen zu einem Fortschritt geführt. Aber manchmal reduziert es Mensch und Natur auch auf das empirisch Nachweisbare, das Sichtbare, Verfügbare. Die instrumentelle Vernunft ist in all unsere Lebensbereiche, in unser Denken und Fühlen eingezogen. Wir bemerken es oft gar nicht, so selbstverständlich ist dieses Denken geworden. Es ist unaufgeklärt über sich selbst und in diesem Sinne irrational. Deswegen braucht es eine kritische Theorie.

Eine kritische Theorie, die das Unbewusste einbezieht?

Psychoanalyse, Theologie und auch die Pastoralpsychologie, in der Psychologie und Theologie zusammenkommen, sind für mich kritische Theorien, die das Unsichtbare und das, was wir ausblenden, nach vorne holen und integrieren: das Nichtbeachtete, die Opfer, das Negative, das Abgeschobene, die Ohnmacht. Das schließt auch das ein, was unserer Vernunft oft entgegensteht: das Triebhafte. Spürbar gerade in den Grenzsituationen des Lebens. Situationen, denen wir notwendig ausgeliefert sind: Wenn wir geboren werden, wenn wir sterben.

Und worin liegt die Gemeinsamkeit zwischen Psychoanalyse und Theologie?

Das Gemeinsame scheint mir vor allem der Respekt vor dem Unverfügbaren zu sein. Es geht nicht um die Unterwerfung oder Überwindung des Emotionalen, Irrationalen, Triebgesteuerten, sondern um die Anerkennung unserer Abhängigkeit. Und das findet seinen Ausdruck vielleicht am besten in der (selbst)kritischen Reflexion, im Erzählen, in der Kunst, der Poesie, der Religion.

Das alles sind Ansätze, die eher das Individuum im Blick haben. Oder die Beziehung zwischen zwei Menschen in der Seelsorge. Gilt die Denkfigur auch darüber hinaus? Für eine Institution wie die Kirche zum Beispiel?

Die letzten zehn Jahre meines beruflichen Lebens habe ich in einer Arbeitsstelle verbracht, deren Aufgabe es war, die Beratenden, die in der Nordkirche intern und extern tätig sind, zu vernetzen und zu Diskursen anzuregen. Wir haben also Beratung angeboten für institutionelle kirchliche Veränderungsprozesse und Leitende, auch Organisationsberatung. Die sogenannte Psychodynamische Organisationsberatung lehrt uns, Unbewusstes auch in Organisationen zu berücksichtigen, um die Macht von Strukturen oder vielmehr fehlenden Strukturen zu erkennen. Wir denken oftmals zu individualistisch, wenn wir von der Seelsorge herkommen, mit dem Risiko, Konflikte in einer Institution nur als persönliche zu behandeln. Vor allem bei mangelnder Wahrnehmung von Leitungs- und Entscheidungsverantwortung und bei unklaren Strukturen.

Was sagt das über die Steuerungsmöglichkeiten von Organisationen?

Man kann eine Organisation nicht instrumentell steuern und kontrollieren, weil es das Unbewusste gibt. Und weil die Komplexität nicht zu beherrschen ist. Man muss sich mit Anstößen begnügen, auch in der Beratung.

Wie zeigt sich das in der Kirche?

Wie mächtig das Unbewusste in der Kirche ist, zeigt sich vor allem an den Widerständen gegenüber den Veränderungsprozessen, die momentan erforderlich sind. Wenn man in diesen Prozessen die unbewussten Dynamiken übergeht, scheitern sie. Man muss die Widerstände respektieren und verstehen, indem man an den dahinter liegenden Ängsten arbeitet. Leitende müssen aber auch dafür sorgen, dass die Realität anerkannt wird und Menschen Verantwortung übernehmen. Ich erlebe in Supervisionen viel Rivalität unter Kollegen und Kolleginnen. Viel Angst vor dem Verlust der eigenen Bedeutung und viel Abwehr gegenüber Veränderungen. So aber verliert man die Menschen, für die man da ist, aus den Augen und ist emotional überanstrengt von diesen Konflikten. Auch hier ist es wichtig, Distanz zu gewinnen und auf eine dritte Position zu gelangen. Damit man zu einer offeneren Haltung findet, die Reflexion und Klärungsprozesse ermöglicht. Wenn Menschen ihre Aufgaben klären, gibt es mehr Unterschiede zwischen ihnen und dadurch eine bessere Kooperation.

Und wie finden Seelsorge und Leitung zueinander?

Leitende geraten manchmal in Konflikt zwischen Seelsorge und Leitungshandeln. Ihnen kann beides zugedacht sein. Aber oft fallen sich ihre beiden Rollen gegenseitig in den Arm, weil die jeweilige Aufgabe eine andere ist: Als Seelsorgerin stelle ich keine Anforderungen und gebe keine Sanktionen; als Leitende muss ich das aber unter Umständen tun. Ich kann seelsorglich leiten. Aber ich kann als Leitende nicht Seelsorge anbieten für Menschen, die von mir abhängig sind. Solche Art der Grenzüberschreitung oder der mangelnden Grenzziehung sorgt für Irritation und Missbrauch.

Das heißt, eine Kirche, die an Seelsorge und Supervision spart, spart auch als leitende Organisation an der falschen Stelle?

Seelsorge ist eine Kernaufgabe der Kirche. Und Supervision im Kern die Arbeit an der Rolle und an dem, was diese Rolle schwierig macht. Gerade weil es um komplexe, unbewusste Dynamiken geht. Das bekommt man nicht ‚kontrolliert'. Aber man muss darum wissen. Und es braucht einen Raum, in dem man dem nachgehen kann ohne Tabus und ohne Sanktionen. Das ist die Voraussetzung dafür, auf professionelle Weise eine offene Haltung einnehmen zu können. Denn das seelsorgliche Gespräch ist eben kein persönliches Gespräch, sondern ein professionelles. Nur so kann es dazu beitragen, dass Menschen für ihr persönliches Leben neue Sichtweisen gewinnen.

Dieses Neue zu finden, sein Aufspüren zu begleiten – ist das so etwas wie die mäeutische Aufgabe der Seelsorge, was sich gerade dann einstellt, wenn Unbewusstes aufscheinen und für einen Moment zugänglicher werden kann?

Die Bewusstmachung kann zu Klarheit führen. Viele Unklarheiten im professionellen Handeln geschehen unbewusst und lassen sich dadurch nicht greifen und nicht bearbeiten. Aufgabe der Supervision ist es, einen Raum zu bieten für die Frage, wozu man eigentlich da ist und wie die eigene Arbeit gelingen kann. Die Frage danach, wozu man eigentlich da ist, führt in ein bewussteres Tun, und das bewusstere Tun in eine neue Freude an der gemeinsamen Arbeit. So habe ich es jedenfalls erlebt.

Liebe Frau Reichmann, ich danke für das Gespräch.

Nachwort von Peter J. Winzen

Unbewusste Motive, Interessen und Übertragungen begegnen uns allerorten, weil wir diese mit uns tragen. Wünsche, Gedanken und Erinnerungen sowie intra- und interpersonelle Konflikte bleiben oftmals außerhalb des Bewusstseins, sodass auch institutionelle Praktiken und Entscheidungen, regulativ wie normativ, durch Unbewusstes geprägt sind (Scott, 2014).

Das Bemühen um Aufdeckung unbewusster Gehalte ist philosophie- und religionsgeschichtlich früh auffindbar. Schon Aristoteles schrieb dem Traum eine nicht bewusste Aktivität der Seele zu, wodurch Traumbilder wie Bilder im bewegten Wasser entstellt würden, deren Bedeutung zu entschlüsseln sei.

In der Moderne ist das Entziffern unbewusster Dynamiken besonders mit der Psychoanalyse verbunden. Die Psychoanalyse allerdings geht von Anbeginn mit einer religionskritischen Haltung einher, wobei Religion als kollektiv-neurotische Abwehr infantiler Ängste, Gottesvorstellung als Illusion sowie die Quellen der Religion als Phänomene früher existentieller Hilflosigkeit des Menschen angesehen werden. Als Referenztheorie für den Umgang mit dem Unbewussten hat sich die Psychoanalyse aber mittlerweile zu einer vielstimmigen Wissenschaft entwickelt, wobei u. a. triebtheoretische Aspekte um die Dimensionen von Beziehungserfahrungen erweitert wurden. Dabei zeigte sich, wie sehr stabile, d. h. haltende Beziehungen dazu verhelfen, frühe existentielle Ängste vor Zusammenbrüchen zu beruhigen. Dass der Beziehungsaspekt und die Erfahrung einer primären Liebe, die dem primären Narzissmus vorausgeht, tiefste Unsicherheitserfahrungen zu überwinden vermag, ist von alters her auch Kern von Religion und persönlichen Transzendenzerfahrungen.

Soziologisch wurde der Religion die Funktion zugeschrieben, sowohl den Umgang mit Unsicherheiten und Kontingenzen zu regeln als auch Unsicheres zuzulassen, um dem Erstarren in Fixierungen entgegenzuwirken (Luhmann, 1977). Dies erinnert an Ingeborg Bachmanns berühmten Appell, „Ruhe in die Unruhe und Unruhe in die Ruhe" zu bringen (Bachmann, 1964, 311). Auf Religion angewendet macht Bachmanns dynamisches Konzept darauf aufmerksam, dass Religion nicht nur funktionale, sondern auch existentiale Bedeutung birgt – auf der Suche nach dem eigenen Puls.

Wenn Wünsche nach Vitalität bei gleichzeitiger Geborgenheit religionskritisch lediglich als Quelle für projektive Gottesbilder benannt werden, wird die Stärke und der Sinngehalt dieser unstillbaren Wünsche übersehen, die auch jenseits früher Ängste und deren Abwehr wirkmächtig bleiben. So erstaunt es nicht, dass die aktuellen psychoanalytischen Theorieentwicklungen und Forschungen wieder zu Formen von Spiritualität zurückführen im Wissen um die Grenzen des Bewusstseins und um die eigene Einbindung in einen grundlegend vitalen

Kontext, dessen Herkunft und Zukunft nicht erfasst werden können (Mertens, 2014, 181).

Der Umgang mit Transzendentalem in spirituellen Ausdrucksformen und Begegnungen mit unbewussten Dynamiken sind strukturverwandt. Sowohl das in Religion umkreiste Transzendente als auch das Unbewusste sind unverfügbar – darin sind beide Bereiche gleich; unterschieden sind sie insofern, als das Unbewusste auf einer Entstellung von Bewusstem oder rätselhaft Widerfahrenem beruht, Religion dagegen einen Raum von gänzlicher Alterität und Unverfügbarkeit (Bultmann, 1984, 55) offenhält, auch jenseits des Bewussten und Erfahrenen.

Lebensweltlich wird dem Jenseitigen eine Weite zugeschrieben, während das Unbewusste körperlich anzuhaften scheint. Die Beiträge dieses Buches verdeutlichen, wie in religiöser Praxis durch den Bezug beider Perspektiven zueinander existentielle Themen in ihren Ambivalenzen entfaltet und ausgefächert werden können.

Der Blick auf das Jenseitige wie auf das Unbewusste, insgesamt auf Unverfügbares benötigt eine aufgeklärte Theologie, die religiöse Praxis würdigt, selbst religionskritisch ist und den unbewussten Phantasien von Spiritualität nachgehen kann. Und es bedarf einer Psychoanalyse, die analysekritisch Deutungen von Unverfügbarem nicht lediglich auf freie Assoziationen und Einfühlung gründet, sondern offen ist für hermeneutische Modelle begrenzter Reichweite, die etwa Religionsphilosophie und Theologie anbieten. Dem steht die Entwicklung einer Deutung am Einzelfall nicht entgegen. Eine Deutung gewinnt indes erst Bedeutung, wenn diese über den Einzelfall hinausreicht, also nicht lediglich induktiv, sondern abduktiv hermeneutische Modelle integriert. Ohne eine solche Integration stehen psychoanalytische Deutungen – wie auch sonstige psychotherapeutische Interventionen – in der Gefahr, selbst als säkularisierte Religion zu fungieren.

Erfahrungen mit dem Unverfügbaren bedingen bewusstseins-transzendente leibliche und soziale Prozesse, die nach Sprache suchen und wohl nur in der poetischen Verdichtung aller Wortarten einen Ausdruck finden: substantivisch und verbal, adjektivisch und adverbial (Kristeva, 1978). Die Beiträge dieses Buches gehen den Ähnlichkeiten und Überschneidungen, aber auch den Differenzen nach, die im Umgang mit unterschiedlichen Kategorien von Unverfügbarem entstehen und die weiter interdisziplinär zu erkunden sind.

Literatur

Bachmann, Ingeborg (1964), Gedichte. Erzählungen, Hörspiel, Essays, München: Piper.
Bultmann, Rudolf (1984), Theologische Enzyklopädie, hg. von E. Jüngel und K. W. Müller, Tübingen: Mohr Siebeck.
Kristeva, Julia (1978 [1974]), Die Revolution der poetischen Sprache, Frankfurt a. M.: Suhrkamp.
Luhmann, Niklas (1977), Die Funktion der Religion, Frankfurt a. M.: Suhrkamp.
Mertens, Wolfgang (2014), Psychoanalyse im 21. Jahrhundert, Stuttgart: Kohlhammer.
Scott, W. Richard (⁴2014), Institutions and Organizations. Ideas, Interests and Identities, Thousand Oaks / California: Sage.

Autorinnen und Autoren

Dr. phil. Tarek Badawia ist Professor für Islamisch-Religiöse-Studien mit praktischem Schwerpunkt, Islamische Religionspädagogik/Religionslehre am Department für Islamisch-Religiöse-Studien der Friedrich-Alexander-Universität Erlangen-Nürnberg.

Dr. theol. Sonja Beckmayer ist Wissenschaftliche Mitarbeiterin am Seminar für Praktische Theologie der Johannes Gutenberg-Universität Mainz und beschäftigt sich mit kulturwissenschaftlichen Ansätzen, materieller Religionsforschung und dem empirischen Arbeiten in der Praktischen Theologie.

Dr. theol. Ulrich Dällenbach ist Pfarrer im Kanton Baselland, Schweiz, und verfügt über eine Beraterausbildung in Existenzanalyse und Logotherapie.

Andreas Hasenkamp ist Studienleiter im Zentrum für Seelsorge der Evangelischen Landeskirche in Baden, Pfarrer, Lehrsupervisor der DGfP (Sektion Tiefenpsychologie) sowie Gruppenanalytiker IGA.

Dr. theol. Annette Haußmann ist Professorin für Praktische Theologie mit Schwerpunkt Poimenik an der Ruprecht-Karls-Universität Heidelberg. Sie ist Psychologische Psychotherapeutin, Wissenschaftliche Direktorin des Zentrums für Seelsorge der Evangelischen Landeskirche in Baden und Mitglied der DGfP (sektionsunabhängig).

Dr. theol. Eilert Herms ist Prof. em. für Systematische Theologie an der Evangelisch-Theologischen Fakultät der Eberhard Karls Universität Tübingen, zuvor in Mainz und in München. Er ist ordinierter Pfarrer, verfügt über eine pastoralpsychologische Zusatzausbildung und war lange Jahre Mitglied der DGfP.

Dr. theol. Michael Klessmann ist Prof. em. für Praktische Theologie mit dem Schwerpunkt Seelsorge an der Kirchlichen Hochschule Wuppertal, Pastoralpsychologe, Gestalttherapeut, sowie Lehrsupervisor der DGfP (Sektion KSA).

Dr. theol. Matthias Marks ist Pastor in der Evangelisch-Lutherischen Kirche in Norddeutschland. Er forscht zu Bildhermeneutik, Religionspsychologie und Kasualkultur.

Dr. theol. Gerhard Marcel Martin ist Prof. em. für Praktische Theologie an der Philipps-Universität Marburg, sowie Pfarrer und Bibliodramatiker.

Dr. theol. Regine Munz ist Privatdozentin für Systematische Theologie an der Theologischen Fakultät der Universität Basel. Sie arbeitet als reformierte Psychiatrieseelsorgerin in Liestal, Basselland.

Anne Reichmann ist Pastorin i. R., Lehrsupervisorin der DGfP (Sektion Tiefenpsychologie) und DGSv und arbeitet freiberuflich als Supervisorin. Sie war bis 2019 in Hamburg in der Institutionsberatung der Evangelisch-Lutherischen Kirche in Norddeutschland tätig.

Dr. theol. Daniel Rumel ist, neben akademischen Tätigkeiten (Studium der Katholischen Theologie, Mathematik, Buddhistischen Studien, Komparativen Theologie), Geistlicher Begleiter und Exerzitienleiter, sowie Ausbildungsleiter für Meditationskurse im Erzbistum Paderborn.

Prof. Dr. phil. Dr. theol. habil. Maike Schult ist promovierte Kultur- und Literaturwissenschaftlerin und habilitierte Theologin. Seit 2018 ist sie Universitätsprofessorin für Praktische Theologie an der Philipps-Universität Marburg. Sie ist als Mitglied der DGfP (Sektion Tiefenpsychologie) zertifizierte Beraterin und berufenes Mitglied der Fort- und Weiterbildungskommission (FuWK).

Dr. theol. Regina Sommer ist Leiterin des Referates Theologische Aus-, Fort- und Weiterbildung der Evangelischen Kirche von Kurhessen-Waldeck, sowie apl. Professorin für Praktische Theologie an der Philipps-Universität Marburg.

Dr. theol. Anne M. Steinmeier ist Prof. em. für Praktische Theologie an der Theologischen Fakultät der MLU Halle-Wittenberg. Sie ist Mitglied der DGfP (Sektion Tiefenspychologie), forscht zu Religion, Kunst und Psychoanalyse und war Geschäftsführende Herausgeberin der „Wege zum Menschen" (2003–2023).

Dr. phil. Dipl.-Psych. Timo Storck ist Professor für Klinische Psychologie und Psychotherapie an der Psychologischen Hochschule Berlin, Psychoanalytiker (IPA, DPV, DGPT), psychologischer Psychotherapeut (AP, TP) und war Fellow am Käte Hamburger Centre for Apocalyptic and Postapocalyptic Studies.

Dr. theol. Constanze Thierfelder ist Privatdozentin am Fachbereich Evangelische Theologie an der Philipps-Universität Marburg. Sie war Krankenhausseelsorgerin in der Psychiatrie und forscht in den Bereichen Religionspsychologie, Gesellschaft und Seelsorge. Sie ist Beraterin und Lehrsupervisorin der DGfP (Sektion Tiefenpsychologie) und Mitglied der IAPT.

Mag. Barbara Traub ist Professorin (h.c.) für das Judentum an der Evangelischen Hochschule Ludwigsburg im Bereich „Interreligiöses Lernen in einer multikulturellen Gesellschaft" im Fachbereich Religionspädagogik sowie u. a. Kuratoriumsvorsitzende der Hochschule für jüdische Studien in Heidelberg.

Dr. theol. Christoph Wiesinger ist Professor für Religions- und Gemeindepädagogik an der Evangelischen Hochschule Darmstadt. Er forscht zu Grundlagen religiöser Bildung, Psychoanalyse und Phänomenologie und ist Mitherausgeber der Zeitschrift InterCultural Philosophy.

Dr. med. Mag. theol. Herbert Will ist Facharzt für Psychotherapeutische Medizin, Psychoanalytiker (DPG, DPV, IPA) und ehemaliger Herausgeber der PSYCHE. Seine wissenschaftlichen Schwerpunkte sind: Klinische Psychoanalyse, Religion und Spiritualität. Veröffentlichungen siehe www.herbert-will.de.

Wolfgang Winter ist Pastor i.R. und Pastoralpsychologe (DGfP [Sektion Tiefenpsychologie], D3G, EKFuL). Er leitete die Ev. Ehe-, Lebens- und Erziehungsberatungsstelle, war Rektor des Studienseminars der Ev.-Luth. Landeskirche Hannovers und Lehrbeauftragter für Pastoralpsychologie der Theologischen Fakultät der Universität Göttingen.

Peter J. Winzen, MTh, ist Theologe, Soziologe, psychoanalytisch (POP/Wien) und traumatherapeutisch (Johannesburg, SA) orientierter Psychologischer Psychotherapeut in eigener Praxis, klinischer Supervisor und Dozent. Er veröffentlicht zu Biographieforschung, Psychoanalyse, Ästhetik und Religionsphilosophie.

Register

Register in Auswahl; zu häufig vorkommende Begriffe (Unbewusstes, religiöse Praxis, Religion) und Namen (Sigmund Freud), wurden nicht aufgenommen.

Abscheu 123, 132
Abwehr 84, 174, 184, 266, 267, 272, 303
Achtsamkeit 46, 51, 63, 246, 297
Affekt 99, 123, 176, 225, 226, 267, 268, 295–298
Aggression 69, 150, 152
Akteursumkehr 282–286
Alterität 125, 276, 291, 292, 304
Angst 48, 56, 65, 67, 74, 82, 83, 123, 150, 153, 156, 166, 167, 171, 179, 225, 227, 232, 266,–271, 274–276, 281, 285, 296, 298, 303, 305
Antlitz 192, 195
Apokalypse 265, 266, 269, 274
Begehren 123, 132, 140, 141, 151, 152, 163, 189, 190, 298
Bibel 100, 146, 202, 205, 207
Bibliodrama 182
Bion, Wilfred 112, 272, 297, 298, 303
Buddha 250–257
Cassirer, Ernst 106–109
Charisma 98
Christus (s. auch Jesus) 47, 79, 136, 161, 194
Container 100, 154
Dekonstruktion 298, 305
Deutung 50, 51, 55, 69, 103, 109, 112, 236, 281, 302
Dostoevskij, Fëdor M. 35, 36
Ehe 82, 146, 147, 148, 155, 156
Emotion 49, 64, 65, 69, 222–228, 234, 279, 298
Es 60, 127–138, 173, 178–184, 223, 224, 297, 298

Ethik 52, 109, 275, 276, 289
Evangelium 45, 50, 156, 176, 184, 195
Fischer-Lamberg, Otto 35–39
Fromm, Erich 68
Frömmigkeit 94
Gebet, Beten 86–93, 100, 158–171, 221, 233, 242, 243, 279–292
Geburt 149, 232, 252, 300
Gegenbesetzungen 296
Geist, Heiliger 98, 134, 221, 280
Genealogie 301
Generation 73, 107
Glaube 48, 51, 79, 99–102, 171, 177, 192, 193, 232–238, 246, 268, 270, 271, 272, 285
Gott 33, 45, 47, 51, 55, 57, 77–79, 83, 93, 98, 100, 112, 114, 134–137, 141, 146–148, 155–162, 168–176, 190–198, 206, 207, 219–233, 239–243, 247, 271, 272, 276, 279, 283–285, 289–292
Gräb, Wilhelm 109–111
Green, André 299, 306
Gruppe 50, 77, 79, 81, 84–100
Haendler, Otto 175–177, 183, 185
Hass 123, 126
Heiler, Friedrich 300, 306
Heilige, das 48, 57, 194, 280, 284
Heilung 48, 51, 52, 57, 89, 90, 92, 120, 261
Hermeneutik 37, 51, 55, 110, 111, 114
Hilflosigkeit 65, 74, 78, 83, 266, 271
Hoffnung 57, 96, 104, 114, 156, 161, 166, 171, 194, 238

Ich 60, 64, 65, 104, 110, 113, 121–137, 141, 158, 164, 171–184, 191, 223, 224, 243–247, 254,–260, 270, 272, 275, 286, 292, 299–305
Idealisierung 78, 96
Identifikation 152, 156, 190
Illusion 270, 271, 275, 289
Imaginäre, das 138, 191, 195
Imagination 65, 69, 114, 190, 191
Introjekte, Introjektion 150, 151
Jesus, s. auch Christus 89, 97, 146, 147, 161, 170, 282–290
Josuttis, Manfred 98, 101, 299, 306
Judentum 219–223, 230–233, 268
jüdisch 102, 107, 164, 219–222, 230–234, 265, 270, 285
Jung, Carl Gustav 51, 65, 175, 176, 178, 182, 223, 250, 260
Kasualien 14, 25, 33, 55, 155, 208, 211
Kernberg, Otto F. 297, 306
Klein, Melanie 150, 180
Kognitive Verhaltenstherapie (KVT) 59, 62–69
Kognitive Wende 62
Konstruktion 69, 120, 247, 298
Kontingenz 63, 114, 133, 177
Koran 202, 236–244
Körper 61–66, 70, 153, 165, 180, 187, 219–222, 231, 233, 279, 280, 297–303
Lacan, Jacques 138–140, 188, 195, 197, 298
Laplanche, Jean 159–165, 172, 276, 277, 291, 293, 298, 306
Leiblichkeit, leiblich 70, 123, 181, 294–297, 300, 304, 305
Lévinas, Emmanuel 189, 220, 276, 305
Liturgie, liturgisch 168, 183, 184
Lustprinzip 225
Luther, Henning 114, 177
Mediopassivität 289, 291, 301

Mentalisierungstheorie 99
muslimisch 235–239, 242, 246, 248
Mythos, Mythologie 107, 108, 147, 193, 251
Nächstenliebe 68, 98
Nachträglichkeit 269
Nationalsozialismus 33, 34, 37, 39
nirvāṇa 254, 256
Objektbeziehungstheorie 288
Offenbarung 189, 265, 266, 269, 272–276, 294
Ohnmacht 48, 65, 78, 84, 152, 190
Parentifizierung 75
Partialobjekt 188
Pastoralpsychologie 45, 47, 55, 56, 60, 201, 212
Pfarrer:in 51, 57, 76, 86, 88, 92–99, 202, 206–208, 212
Pfister, Oskar 10, 30
Phantasie 152, 159, 190, 289, 298
Praktische Theologie 46, 59, 67, 70, 175, 176, 201, 202, 206, 210–213
Predigt 175–178, 183–185, 204
Primärprozess, Primärvorgang 123, 124, 138, 140, 174
Psychiatrie, psychiatrisch 53, 86–92, 97–100, 160
Psychoanalyse 29–39, 45, 46, 49, 51, 54, 59, 64–67, 70, 102, 111, 119, 130, 145, 150, 154, 178–185, 193, 219, 223, 250, 259, 265–276, 280, 281, 291, 294–297, 304
Realitätsprinzip 110, 151, 225
Religionskritik, religionskritisch 51, 270, 281
Religiosität 76, 83, 84, 191, 193, 237–242, 270, 271, 305
Ressource 53, 66, 84, 297
Retroaktivität, retroaktiv 188, 198
Ricœur, Paul 110
Ritual 68, 222, 270
Rosenkranz 89, 160, 279, 284
saṃsāra 252

Scham 65, 75, 78, 79, 94, 153, 156, 161, 162, 166, 225, 267, 302
Scharfenberg, Joachim 29, 51
Schematherapie 64
Schleiermacher, F. D. E. 105, 135
Schuld 55, 65, 75, 149, 156, 225, 302
Seelsorge 29-33, 38, 45-57, 68, 69, 86, 120, 135, 141, 165, 176, 184, 201, 235-239, 243-248
Seelsorger:in 50, 87, 88-93, 165, 177, 235, 237
Segen 55, 88, 90, 146, 156, 232, 233, 299
Sekundärvorgang 127, 132, 138, 139, 140
Selbstbestimmung 121-140
Sexualität 82, 98, 153, 176, 226
Solms, Marc 186, 249, 296, 297, 307
Spiritualität 53, 55, 69, 70, 135, 219, 220- 223, 250, 279-281, 288-291
Stille 71, 160, 168, 304, 305
Stollberg, Dietrich 9, 11, 32, 50
Subjektivität 106, 152, 177, 305
Subjektwerdung 145, 153, 276
Symboldidaktik 193-196
Symbolische Prägnanz 107
Szene, szenisch 82, 113, 124-126, 135-139, 161, 287, 300-302
Thilo, Hans-Joachim 39, 177, 183, 184
Todestrieb 110, 150, 154, 299
transgenerational 73-82, 83, 84
Transgenerationale Weitergabe 75
Transgression (religiöse) 272, 282, 285, 286
Transzendenz, Transzendieren 221, 286- 288
Traum 191, 230, 258

Trauma 51, 65, 73-75, 82, 83, 161, 162, 165, 166, 171, 176, 297, 298, 305
Trauung 145-148, 156, 208
Triangulierung (auch transzendierende) 162, 287, 288
Trieb 130, 151, 174, 226-229, 296
Übergangsobjekte 167
Übergangsraum 159, 167, 170, 171, 289, 291
Über-Ich 60, 125, 126, 173, 174, 178-181, 184
Übertragung 30, 46, 50, 51, 52, 184, 190, 251, 252, 257, 258, 304
Überzeugungen 48, 61, 92, 176
Unverfügbares, Unverfügbarkeit 221, 274, 275, 279-281, 287-291
Verdrängung, Verdrängtes 38, 48, 66-69, 97, 164, 174-178, 184, 266, 267, 295, 297, 301
Verdrängungsprozesse 40
Vulnerabilität, vulnerabel 87, 93, 99
Wagner-Rau, Ulrike 54, 55, 151-154, 207
Wahrheit 54, 67, 69, 103, 109, 120, 134, 145, 150, 193, 266, 273
Widerstand 51, 60, 104, 153, 177, 182, 235
Winnicott, Donald W. 55, 100, 112, 152, 159, 166, 168, 269, 289, 291, 297
Wunscherfüllung 266, 271, 287
Wut 55, 69, 79, 94, 152, 153, 156, 226, 227, 296
Young, Jeffrey 64
Zen 250, 256-261
Zilleßen, Dietrich 195
Zweiter Weltkrieg 12, 32, 73, 76